优秀孩子

成长细节全书

张　鹏◎主编

团结出版社
UNITY PRESS

图书在版编目（CIP）数据

优秀孩子成长细节全书 / 张鹏主编 . —北京 ：团
结出版社，2018.8
ISBN 978-7-5126-6635-1

Ⅰ．①优… Ⅱ．①张… Ⅲ．①青少年教育－家庭教育
Ⅳ．①G782

中国版本图书馆 CIP 数据核字（2018）第 216655 号

出　　版：团结出版社
　　　　　（北京市东城区东皇根南街 84 号　　邮编：100006）
电　　话：（010）65228880　　65244790（出版社）
　　　　　（010）65238766　　85113874　　65133603（发行部）
　　　　　（010）65133603　　（邮购）
网　　址：http：//www.tipress.com
E－mail：65244790@163.com（出版社）
　　　　　fx65133603@163.com（发行部邮购）
经　　销：全国新华书店
印　　刷：北京中振源印务有限公司
开　　本：165 毫米×235 毫米　　16 开
印　　张：20
印　　数：5000 册
字　　数：268 千
版　　次：2018 年 8 月第 1 版
印　　次：2018 年 8 月第 1 次印刷
书　　号：978-7-5126-6635-1
定　　价：59.00 元

前 言

　　位于伦敦泰晤士河畔的威斯敏斯特大教堂地下室的墓碑林中，有一块扬名世界的墓碑。其实它十分普通，质地粗糙的花岗岩，造型一般，同那些达官显贵的墓碑相比，它更是微不足道，并且它的主人至今姓名不详。

　　但这块墓碑却名扬全球，每一个到过威斯敏斯特大教堂的人，必定会来拜谒它，他们都被这个墓碑深深震撼着，准确些说，他们都被这块墓碑上的碑文深深震撼着：

When I was young and free and my imagination had no limits, I dreamed of changing the world.

As I grew older and wiser, I discovered the world would not change, so I shortened my sights somewhat and decided to change only my country, But it seemed immovable.

As I grew into my twilight years, in one last desperate attempt, I settled for changing only my family, those closest to me, but alas, they would have none of it.

And now as I lie on my deathbed, I suddenly realize: If I had only changed myself first, then by example I would have changed my family.

From their inspiration and encouragement, I would then have been able to better my country, and who knows, I may have even changed the world.

　　少年时，意气风发，踌躇满志，当时曾梦想改变世界，但当我年事渐长，阅历增多，发现自己无力改变世界。于是，我缩小了范围，决定先改变我的国家，可这个目标还是太大了。接着我步入了中年，无奈之余，我将试图改变的对象锁定在最亲密的家人身上。但天不遂人愿，他们个个还是维持原样。

当我垂垂老矣之时，终于顿悟：我应该先改变自己，用以身作则的方式影响家人。若我能先当家人的榜样，也许下一步就能改善我的国家，再以后，我甚至可能改造整个世界。

长眠在墓碑之下的人，想把自己老了才弄明白的道理告诉人们：无论你拥有多大的梦想，也要从现在开始做起。即使你想要改变世界，也要先改变自己。只有自己先改变了，才可能影响到身边的一些人跟着改变；身边的一些人改变了，更多人才可能会跟着改变……正是在这个意义上说，只有先改变自己，才有可能改变世界。

但我们常有"不识庐山真面目，只缘身在此山中"的感慨，越是想要改变自己，越是难以跳出自己的思维来看待自己。特别是刚刚有自我意识的年轻人，想要冷静地分析自己，实在不是一件容易的事情。

罗马不是一天建成的，一个优秀的人也不是一夜之间造就的。每天积累一点点，便有了一个神圣庄严的罗马；每天进步一点点，才有了改天换地的本事。很多人在年轻的时候都有扭转乾坤的梦想，但缺少的只是细节上的改变。

无论是从内在的修身立志、智慧思考、性格养成上，还是从外在的高效学习、能力打造、孝顺父母、健康交往上，都有需要我们处处留心的细节。

泰戈尔说过："当鸟翼系上黄金时，就飞不远了。"要想长大、成熟，要想飞得更高、更远，唯有把问题解决掉，才不至于"让鸟翼系上黄金"。如果我们不能认清问题的根源及其危害，并坚持不懈地挑战和克服人生困局，积极主动地去寻找解决问题的方法，就只能碌碌无为，和那只永远飞不高、飞不远的鸟儿没有两样。

如果你一味逃避问题，甚至视遇到的困惑、问题为无足轻重，你所收获的只会是人生的黯淡风景。

《圣经》中说道："如果田地的麦子避开了所有的考验，麦子就会变得十分无能。对于一粒麦子，努力奋斗是不可避免的，一些风雨是必要的，烈日更是必要的，甚至蝗虫也是必要的，因为它们可以唤醒麦子内在的灵魂。"时常反思，才能让我们的心智不断成熟，才能让我们拥有更宽广的成长空间。

当然，一个优秀的青年也离不开父母的教育和影响。一个成功的人背后，肯定有一个了不起的家庭。因此，父母在孩子的成长过程中具有重要的作用。

俄国著名教育学家马卡连科说："教育必须从细节开始。"父母是孩子的第一任老师，是孩子灵魂的设计师，与其挖空心思为孩子设计远大前程，不如从一点一滴培养孩子的细节修养开始。

细节决定家庭教育的成败。青少年时期正是人生观、世界观、价值观逐渐形成的最具可塑性的关键时期，对于每个家长来说，无论是对孩子在品质形成、性格缔造上呕心沥血的大爱，还是在衣食住行、日常起居上悉心关怀的小爱，任何细微之处，都有可能改变孩子的一生。

《优秀孩子成长细节全书》是一本适合青少年和父母共同阅读的成长指南，全书分为上、下两篇，上篇"青少年完美细节全集"全面梳理了青少年的成长问题，为塑造青少年的品格、培养积极正确的心态、培养创新能力、学会抵御挫折、树立正确的人生观和金钱观等提供了切实可行的方法和指导，为青少年点亮了一盏智慧之灯，使其具有优秀的品德、良好的习惯、健全的人格和健康的心态。下篇"一个好家庭胜过100所好学校"从父母教育孩子的视点出发，对青少年教育问题的本质进行了深刻探讨，为每一个家长解决家教难题提供了有效的指导。本书道理深刻、技巧实用，是一部内容最全面、最具体的青少年成长秘籍。每一个看似不起眼的细节，都有可能改变孩子的成长之路，扭转孩子的人生方向。只有从细节出发，经过不断的打磨和努力，才能最终到达成功的彼岸。

一方面是孩子积极地完善自我，从内到外地提升自己；另一方面是家长积极地改变自己的教育方法，在相互的配合和鼓励中，才有了优秀的教育效果，优秀的孩子。

目 录

上篇 青少年完美细节全集

立世修身篇

积极心态篇

智慧思考篇

能力打造篇

下篇　一个好家庭胜过 100 所好学校

上 篇

青少年完美细节全集

立世修身篇

第一章　诚实是一生中最宝贵的财富

诚乃做人之本，立业之基

诚实的人，任何时候都值得我们去信赖。对一个处处为他人着想，绝不为个人利益放弃诚实的人，人人都会真诚接纳他，愿意和他交往。诚实，也是我们个人获取众人支持的基石，拥有一颗诚实的心，再加上言出必行的信用，所有的人都会为你敞开大门。

有这样一个商人，他从事的是绳索贩卖业务。由于资金有限，经营规模非常小。但他是一个非常聪明的人，想出了一个办法来改善经营状况。

他先从一家生产麻绳的厂家买进麻绳，每根麻绳的进价是五毛，照理说加上运输费、保管费、搬运费，每根麻绳卖出去的价格肯定要高于五毛钱。可是他却又以每根麻绳五毛钱的价格卖给了其他的工厂和零售商，自己不但一分钱没赚，还赔上了一大笔钱。后来，人们都知道有一个"做赔本买卖"的商人，于是订货单像雪片一样飞到他的手中，他的名字也像长了翅膀一样飞到人们的耳朵里。

他找到生产麻绳的厂家，说："过去的一年里，我从你们厂购买了大量的麻绳，而且销路一直不错。可我都是按进价卖出去的，赔了不少钱，如果我继续这样做的话，没几天我就要破产了。"

厂商看到他给客户开的收据发票，大吃一惊，头一次遇到这种甘愿不赚钱的生意人。厂商感动不已，于是一口答应以后每条绳索以 4 角 5 分的价格供应给他。

他又来到他的客户那里，很诚实地说："我以前为了扩大自己的影响，原价出售麻绳，到现在为止，我是 1 分钱也没赚你们的。但若长此下去，我只有破产这一条路了。"他的诚实感动了客户，客户心甘情愿地把货价提高到了 5 角 5 分钱。

这样两头一交涉，一条绳索就赚了1角钱。他当时一年有1000份订货单，利润就相当可观，几年后他从一个穷光蛋摇身一变，成为有名的绳索大王。

古往今来，商人成功的秘诀只有一个字，那就是"诚"，同样，做人成功的秘诀也只有一个字，那就是"实"。以诚心感动人，自己才能成功。而高尚的情操和纯洁的品质也注定能让人赢得信任和回报。所以说诚信是一种品格，同时是我们立身的根本。它往往能够在不经意间为我们换来更多的利益。在任何时候，都不能为了个人利益而放弃诚实。那些常为一己之利表现不诚实的人不会获得真正的成功。

美国著名的百万富翁、钢铁大王安德鲁·卡内基曾经说过："世界上很少有伟大的企业，如果有，那就一定是建立在最严格的诚信标准之上的。"信用不仅仅是一种素质，同时也是一种潜在资本，在很多时候，它能帮你打开成功的局面，让你在众人的帮助中站起来，不会陷入孤立的绝境。

有一次，美国亨利食品加工工业公司总经理亨利·霍金士突然从化验室的报告单上发现：他们生产食品的配方中，起保鲜作用的添加剂有毒，这种毒的毒性并不大，但长期食用会对身体有害。另一方面，如果食品中不用添加剂，则又会影响食品的鲜度，对公司将是一大损失。

亨利·霍金士陷入了两难的境地，诚实与欺骗之间他到底该怎样抉择？最终，他认为应以诚对待顾客，尽管自己有可能面对各种难以预料的后果，但他毅然决定把这一有损销量的事情向社会宣布，说防腐剂有毒，长期食用会对身体有害。

消息一公布就激起了千层浪，霍金士面临着相当大的压力，不仅自己的食品销路锐减，而且所有从事食品加工的老板都联合了起来，用一切手段向他施加压力，同时指责他的行为是别有用心，是为一己之私利，于是他们联合各家企业一起抵制亨利公司的产品。在这种自己食品销量锐减、又面临外界抵制的困境下，亨利公司一下子跌到了濒临倒闭的边缘。在苦苦挣扎了4年之后，亨利·霍金士的公司已经危在旦夕了，但他的名声却家喻户晓。

后来，政府站出来支持霍金士，在政府的支持下，加之亨利公司诚实经营的良好口碑，亨利公司的产品又成了人们放心满意的热门货。由于政府的大力支持，加之他诚实对待顾客的良好声誉，亨利公司在很短时间里便恢复了元气，而且规模扩大了两倍。因此，亨利·霍金士也一举登上了美国食品加工业第一的位置。

在诚信与欺骗之间，霍金士没有因为暂时的利益而选择欺骗，而是顶住重重压力，退而居守"诚信"。在许许多多成就大事的人物当中，诚实守信总是和他们成功的事业交错在一起。要取得成功就必须得到他人的支持，而要得到他人的支持首先要得到他人的信任，而信任必然来自你自己是否"诚实守信"，它是做大事的前提，是你最终获得成功的立业之基。诚实真的是一笔值得珍惜的财富。时时把"诚"放在心里，才能够把心激活，看到别人所看不到的，想到别人所想不到的，这是成功者最大的特征。

诚实是一个人最起码的品质

Google 副总裁李开复曾面试过一位求职者。他在技术、管理方面都相当出色。但是，在谈论之余，他表示，如果李开复录取他，他甚至可以把在原来公司工作时的一项发明带过来。随后，他似乎觉察到这样说有些不妥，特作声明，那些工作是他在下班之后做的，他的老板并不知道。

这一番谈话之后，李开复想：不论他的能力和工作水平怎样，这样缺乏诚信的人一定不能录用他。这样的人缺乏最基本的处世准则和最起码的职业道德——"诚实"和"讲信用"。如果雇佣这样的人，谁能保证他不会在这里工作一段时间后，把在这里的成果也当做所谓"业余之作"而变成向其他公司讨好的"贡品"呢？

人无信不立。一个人在为人处事上，如果不能够树立一个诚实可靠的形象，那么终其一生，也很难有所成就。诚信是一个人做人的根本。一个人失去了信用，就会失掉别人的信赖，也会因此而失掉成功的机遇。在一个人成功的道路上，诚实的品格往往比能力更重要。

李开复很重视一个人诚信的品质，在与大学生交流的时候，他常常要求大家做一个诚信的人，所以在面试的时候才会很重视选择具有诚信品质的人，由此可见诚实对于一个人来说是多么的重要。

青少年朋友们一定还记得那个关于"狼来了"的故事吧。这个故事能流传下来，就是因为它蕴涵了深刻的关于诚信的道理。在现实生活中，失去诚信就不仅仅是损失几只羊了。诚信是一个人最起码的品德，是一个人立足于社会的基础和前提条件，如果一个人没有诚信，就好像一座大楼没有地基一样，是不牢固的。

杭州市 6 所职业学校的 10 名学生给上海地铁运营公司领导写了一封信，

信封中央带着 10 元钱，信上说：我们将（买票时）少交的金额寄还给贵公司。原来，这 10 名学生在上海乘坐地铁时，买错了票，出站时无法通过闸机。由于不熟悉情况，加上时间紧，10 人直接越过闸机出了站。回住地后他们发现是因为当时每人少买了 1 元车票才导致出不了站，于是大家一致决定：集体补上少交的钱。

这封来信在上海地铁运营公司引起较大反响。上海地铁每天迎送乘客 100 多万人次，不时出现逃票、漏票现象，这 10 元补票款牵出的是 10 名杭州学生诚信为本的价值观。

青少年作为 21 世纪的接班人，面对各种各样的机会和竞争，讲诚信就显得尤为重要。但是，一些青少年却把诚信当儿戏，考试作弊、简历掺假、欠助学贷款不还，甚至称坚守原则的人是"傻子"。有的青少年有时会为了所谓的面子而答应别人去做自己做不到的事情，这样做或许是出于帮助人的好心，但是，一旦你自己办不到，就会给别人带来伤害，也会降低自己的诚信度。因此，在生活中，我们要学会判断，不能轻易对别人许诺。一旦答应了别人的事情，就一定要做到。

一个人不仅要对他人讲诚信，对自己也要讲诚信。承诺别人的，要信守，承诺自己的，也要信守。真实地面对自己，真实地面对别人，真实地面对社会，不屈从于自己的内心欲望，不屈从于自己内心的恐惧，不掩饰自己的错误。

在某著名学府流传着这样一则有趣的故事：一位教公共英语的老外，上课特别认真，为了教好中国学生，还特地和几个同事合编了一本配合教材的参考书。学期期末考试的时候，中国老师都要按照习惯划划重点，但这位老外却没有划重点，而是打开他们编的参考书的最后一课，学了一篇《关于诚实》的文章，文章中有一段令人终生难忘的话："听说作弊在中国是一种普遍现象，很多学生都作弊。可我不相信！因为，一个作弊的民族怎么可能进步和强大！而中国正一天天地进步，一天天地强大。"

课文的最后还说："即使你真的作弊了，我们也不会戳穿你，我们还会装作没有看见，眼睛故意向别处看，因为，生活本身对作弊者的惩罚要严厉得多！孩子，你的信誉价值连城，你怎么舍得为一点点考分就把它出卖了呢？"

诚实、守信是无价的。没有了诚信，人们就再也不会相信你，没有了诚信，社会将会抛弃你，信守诚信是走向成功的必备条件！

一个人要想做到诚信，赢得他人的信任，一般要做到以下几点：

1. 注意小节

许多人不注意在小事上守信用，比如借东西不还，与人约会却迟到甚至失约，答应替人办某事却迟迟不见动静……这样的小事多了，别人怎么看你且不说，你自己就会养成不守信用的习惯，以后遇到大事也会失信于人，给自己事业的发展埋下隐患。

2. 不要轻易许诺

真做不到，就真诚地说"不"，这才是诚信的态度。什么事都拍胸脯，或碍于情面而答应别人，不但给自己增加不必要的负担，而且办不到的结果还会使自己失信于人。当然，这不是说我们不要帮助别人，而是说在做出承诺之前要量力而行。

3. 注意自我修养

与人交往时必须诚实无欺——这是获得他人信任的最重要条件。要善于自我克制，做事必须诚恳认真，建立起良好的信誉；应该随时设法纠正自己的缺点；行动要踏实可靠，做到言出必行。

诚实做人，远离谎言

备受关注的美国第四届全国拼字大赛在华盛顿如期举办了，在这次比赛中，一个来自南卡罗来纳州的冠军——11 岁的罗莎莉·艾略特格外引人注目，她凭借实力一路过关斩将，进入了决赛。

当有人问她"招认"（avowal）这个词如何拼写时，她用她那轻柔的南方口音回答的不是特别清楚，使得评委们难以判断她第一个字母说的到底是 A 还是 E。

评委们商议了几分钟之后，他们决定将录音带倒带后重听，但是仍然无法确定她的发音是 A 还是 E。

解铃还须系铃人，评委们觉得确实难以辨清小女孩的发音。

最后，主评委约翰·洛伊德决定，将问题交给唯一知道答案的人。于是他走到小女孩面前，和蔼地问罗莎莉："你的发音是 A 还是 E？"

其实，罗莎莉根据他人的低声议论，已经知道这个词的正确拼法应该是

A，但她还是毫不迟疑地按实回答，她发音错了，发的是字母 E。

主评委约翰·洛伊德听后很震惊，又和蔼地问罗莎莉："我想你大概已经知道了正确的答案，完全可以获得冠军的荣誉，为什么还说出了错误的发音？"

罗莎莉天真地回答："我愿意做个诚实的孩子。"

她的话令在场的评委和观众非常感动。

当她从台上走下来时，所有的观众都为她的诚实而热烈鼓掌。

第二天，有一篇报道这次比赛的短文：《在冠军与诚实中选择》。短文中写道："罗莎莉虽没赢得第四届全国拼字大赛的冠军，但她的诚实却感染了所有的观众，赢得了所有观众的心。"

做人最要紧的就是诚实，一个人不诚实，别人就不相信你，失信于人，就不会有威信，就什么事情也干不成了。罗莎莉的做法说明，诚实的品行比任何荣誉和礼物都可贵，靠说谎得来的表扬或者奖赏都是暂时的。

我们在生活中，千万不要因为做错事怕受到打骂，用说谎来掩盖自己的错误，到最后，说谎的后果只会让你比受到惩罚更痛苦。如果你不愿意或者不能做某件事时，就直接说出来。说谎只会让自己承受失败的苦果。也不要因为一次奖励，一个面子，把一件本来不是自己做好的事情套在自己头上，更不能把自己做错的事情赖在别人头上。要记住，无论在家里还是在学校，都要保持自己诚实的一面，绝不说谎骗人。

"真理、正直、公平和高贵是永远分不开的，"一个美国著名的政治家给他的儿子写信说，"谎言来自卑鄙、虚荣、懦弱和道德的败坏。谎言最终会被揭穿，说谎者令人鄙视。没有正直、公平和高尚，就没有人能够取得真正的成功，能赢得他人的尊敬。说谎的人迟早都会被发现，甚至比他自己想象得还要快。你真正的品格一定会为人所知晓，一定会受到公正的评价。"

一本西部杂志讲了一个有趣的故事。一个人在火车上坐下后，把自己的包裹和行李放在了旁边的座位上。后来，车上人越来越多，车厢越来越拥挤。这时，有一位先生问他旁边的座位是否有人。他说："有人。那人刚刚去了吸烟车厢，他一会儿就回来。你看，这些东西就是他的。"但这位先生怀疑他所说的话，就说："好吧，我坐在这儿等他回来。"于是，这位先生把行李和包裹拿下来，放在了地板上和行李架上。这个人怒目而视，却什么话也说不出来。因为那位在吸烟车厢的人是他编造出来的。不久，这个人到站了，他开始收拾自己的东西。但那位先生说："对不起，你说过这些行李是一个在吸烟车厢的人的。我有义务替他保护这些行李不被你拿走，因为你说这些行李不是你的。"这个人发怒了，他开始骂人，却不敢去碰那些行李。乘务员被叫来了，他听了这两个人的话后说："那好吧。我来掌管这些行李，我会把它放到这一站。如果没有人认领，那就是你的。"乘务员对着那个为了占座位而否认是自己行李的人说。在乘客们的哄笑声和鼓掌声中，这个人没带行李就灰溜溜地下了车。他刚下车，火车就开动了。第二天，他拿到了自己的行李。为了霸占一个不属于他的座位，他撒谎了，为此也受到了惩罚。

太阳是最好的消毒剂，诚实地待人处世，不仅对个人的心理健康有益，而且有助于消除人际间的种种猜疑，有利于增进人际间的互信与团结。如果一个人一开始就有坚定的意志，保证他所说的每一句话都是完全真实的，他的每一个诺言都要兑现，每一个约定都要忠实地遵守；如果他把自己的声誉看做无价之宝，觉得全世界的人们都在注视着他，他不能说一丝一毫的谎话；如果他在人生之初就有这样的立场，那么他就会最终获得无上的声誉，获得所有人的信任，成为一个高贵的人。

说了就要努力做——信守承诺

美国总统华盛顿曾经说过："自己不能胜任的事情，切莫轻易答应别人，一旦答应了别人，就必须实践自己的诺言。"

公元前4世纪，在意大利，有一个名叫皮斯阿司的年轻人触犯了国王，被判绞刑，在某个法定的日子中将被处死。皮斯阿司是个孝子，在临死之前，他希望能与远在百里之外的母亲见最后一面，以表达他对母亲的歉意，因为他不能为母亲养老送终了。他的这一要求被告知国王。国王被他的孝心所感动，允许他回家，但是他必须为自己找个替身，暂时替他坐牢。这是一个看似简单其实近乎不可能实现的条件。有谁肯冒着被杀头的危险替别人坐牢，这岂不是自寻死路。但，茫茫人海，就有人不怕死，而且真的愿意替别人坐牢，他就是皮斯阿司的朋友达蒙。

达蒙住进牢房以后，皮斯阿司回家与母亲诀别。人们都静静地观望着事态的发展。日子一天天过去了，皮斯阿司还没有回来，刑期眼看就快到了。人们一时间议论纷纷，都说达蒙上了皮斯阿司的当。行刑日是个雨天，当达蒙被押赴刑场之时，围观的人都在笑他的愚蠢，幸灾乐祸者大有人在，刑车上的达蒙面无惧色，慷慨赴死。

追魂炮被点燃了，绞索也已经挂在达蒙的脖子上。胆小的人吓得紧闭双眼，他们在内心深处为达蒙深深地惋惜，并痛恨那个出卖朋友的小人皮斯阿司。就在这千钧一发之际，在淋漓的风雨中，皮斯阿司飞奔而来，他高喊着："我回来了！我回来了！"

这一幕太感人了，许多人都以为自己是在梦中。这个消息宛如长了翅膀，很快便传到了国王耳中。国王闻听此言，也以为这是谎言，便亲自赶到刑场，他要亲眼看一看自己优秀的子民。最终，国王万分喜悦地为皮斯阿司松了绑，并亲口赦免了他的刑罚。

这个震撼人心的故事告诉我们，诚信的力量何等巨大！信守诺言，你将在孤独时得到友情的温暖，你将在困境中得到人们的援手。诚信，是一个人的形象和品牌，以此推销自己，你便会在事业上、婚姻上获得成功。

香港首富李嘉诚曾讲过这么一个有趣的小故事：

"20世纪50年代，我刚做塑胶花的时候，常在皇后大道中看到一个行乞的外省妇人，四五十岁，很斯文的样子。她从不伸手要钱，但我每次都给她钱。一天，我问她会不会卖报纸，她说有同乡干这行，我便让她带同乡来见我，我想帮她做这小生意。在约好的那天，有个客户刚好要到我工厂参观，客户至上，我必须接待。交谈时，我突然说：'Excuse me!'便匆忙离开。客人以为我上洗手间，其实我跑出工厂，飞车奔向约定地点。途中，违反交通规则的事差不多全做了，但好在没有失约。见到那妇人和她的同乡，问了一些问题后，就把钱交给了她。她问我姓名，我没说，只要她答应我一件事，就是要努力工作，不要再让我看见她在香港任何地方伸手向人要钱。"

"事后，我又飞车回工厂，客户正着急，他说：'为什么洗手间里找不到你。'我笑一笑，这事就过去了。"

一件小小的事，却折射出杰出人物身上的诚信光彩。生活中，一些青少年有意无意地忘了自己的承诺，以为无足轻重。其实不然，许下诺言，就一定要去实现它，这是你在这个社会立足的根本。你一再地违背自己的诺言，就没有人会再相信你，在别人眼里你也就成了一个十足的小人。跟你打交道的时候，别人会一直在想："这小子会不会又想骗我？还是别搭理他吧！"一个说话不算话的人，就像一个骗子。不仅欺骗了别人的感情，伤了别人的心，更可能失去更多人的信任。试想，在这个人际关系十分重要的社会里，没有了朋友，你还能做什么？随着我国诚信制度的建立、健全，一个人的诚信将与他的生存能力直接挂钩。未来社会将会这样：不诚信者，寸步难行。

信守承诺应从一点一滴做起，无论答应别人的事情是多么的细小，都不要忽略它。当你许诺的时候是否想过"我真的能履行诺言吗?"这句话，当感到自己做不到时，你最好不要轻率地向别人许诺。在已经许诺了以后，你就应该认真地对待，努力地去实现它。即使是一个小小的承诺，比如"明天把书还给你"，在你完全可以做到的情况下也不要掉以轻心。如果你做不到你曾许诺过的事，就应该及时地通知对方。你充足的理由和真诚的歉意会使别人原谅你的，同时也可避免不必要的误解和名誉上的损失。

用诚实赢得尊重

古罗马著名哲学家西塞罗曾经说过："没有诚实，何来尊严?"诚实是一种正直的品格，它可以让一个人的心灵变得尊贵，品格变得高尚。

1829年，年方20岁的门德尔松开始了他第一次的旅行演出生涯。他的足迹遍及了欧洲各个文化名城，当他到英国演出时，由于他的艺术才华，伦敦人对他的演奏佩服得五体投地，他的演出轰动了整个伦敦。消息很快传到了维多利亚女皇那里，女皇也想见见这位年轻的天才音乐家。

于是维多利亚女皇热诚地邀请门德尔松进宫，并特意在白金汉宫为他举行了盛大的招待会。为答谢女皇的盛情，门德尔松为女皇演奏了几支曲子。晴朗的夜晚，一弯明月悬挂在白金汉宫的上空，人们静静地欣赏着，为他精彩的演奏所倾倒。女皇也听得入了迷。

当门德尔松刚刚演奏完《伊塔尔兹》一曲，维多利亚女皇便不禁连声称赞这支曲子作得好，并说："单凭你能写出这样动人的曲子，就可以证明你是一个十分了不起的音乐天才!"参加招待会的其他人更是赞不绝口。听到这赞扬声，门德尔松不但没有高兴，脸反而一下子红到耳根，急忙说道："不，不，不，这支钢琴曲不是我作的。"所有在场的人都不相信，认为他这样说是太谦虚了。女皇说："你太自谦了，只有你这样的天才，才能谱出如此优美动听的曲子。"但是，门德尔松却认真地向女王和在场的人们解释道："这支曲子真的不是我写的，而是我妹妹芬妮亚的作品。"

原来，门德尔松出生在德国一个有名的知识分子家庭，很多名人都是他家的常客。在这些人的影响下，他和妹妹从小就对艺术有着浓厚的兴趣。妹妹芬妮亚天资聪慧，因而也成了一个相当出色的作曲家。只是由于门德尔松的家庭不赞成用女人的名字发表作品，所以妹妹才用了门德尔松的名字。

虽然别人并不知道这件事，可是诚实的门德尔松却不欺世盗名，在大庭广众面前公布了这支曲子的真正作者。门德尔松的诚实使他赢得了维多利亚女皇以及在场每个人的尊重，也正是这种诚实的品质使他能够在天才的光环下仍然保持谦虚认真、勤奋不懈的创造态度，为后世留下了大量淳朴典雅、清新自然的音乐作品。

诚实的品格来自于一颗正直无私的心。诚实是一种能够打动心灵的品质，诚实的美德即便是从小孩子身上表现出来，也会在周围的人中产生积极的影响。

"去吧，孩子，我把你交给上帝了。"小卡特的母亲这样告诉他，在给了他40个银币之后，母亲又让他发誓，无论什么时候都不要撒谎，"孩子，可能在接受上帝的审判之前，我们再也没机会见面了。"

这个年轻人离开家去赚钱了。但是几天之后，他们一行人遇上了强盗抢劫。

"你身上有钱吗？"一个强盗问他。

"有40个银币缝在我的外衣里面。"小卡特老实地回答，但是这个回答却令强盗们狂笑起来。

"你身上到底有多少钱？"另一个强盗恶狠狠地问道。这个老实的年轻人又重复了他刚才的回答。但是，根本没有人将他的话放在心上，就是因为他说得太坦白了，反而没有人相信了。

"到这边来，孩子，"强盗团伙的首领说，他早就注意到了他的两个手下盘问的这个年轻人，"告诉我，你身上到底有没有钱？"

"我已经告诉过你的两个手下了，我的衣服下面缝了40个银币，但他们看来并不相信我。"

"把他的外衣掀起来。"强盗首领命令道，很快地，那些银币就被搜了出来。

"你为什么要说出来？"那伙强盗诘问他。

"因为我不能背叛我的母亲，我向她发过誓——我永远都不能撒谎。"

那伙强盗听到这句话，都被感动了。那位首领对他说："孩子，你虽然年纪轻轻，但却对向你母亲作的承诺如此认真，而我的所作所为与你有天壤之别。尤其是我作为一个成年人，对于上帝赋予我的责任怎么能如此熟视无睹呢？把你的手伸给我，我要按在你的手上重新发誓。"他说到做到，他的手下也被深深地打动了。

"在犯罪的时候，你是我们的首领，"他的一个下属说，"那么，最起码，在走上正轨的道路上，你也是我们的领袖。"那人也握住男孩子的手，像他的首领那样重新发誓。然后，这些人一个接一个地效仿他们的首领，在男孩子的面前重新发起了誓。

诚实的品格能够打动心灵，虽然它未必能够产生像这则故事中那样惊人的效果，但无论如何，周围的人是能够感受到这种关注的影响的。每个人都从心底尊重那些内心诚实、不说谎言的人。

诚信做人，你将收获更多

在许多人心里，认为"老实的人吃亏"，"老实就是无用的代名词"，这种偏见是非常有害的。曾经有人说过，"诚实的人从不为自己的诚实而感到后悔"，也有无数事实证明，诚实的人并不吃亏，诚实的人往往会因为自身的正直而得到更多。

从前有一位贤明而受人爱戴的国王，把国家治理得井井有条。国王年纪逐渐大了，但膝下并无子女。最后他决定，在全国范围内挑选一个孩子收为义子，培养成未来的国王。

国王选子的标准很独特，给孩子们每人发一些花种子，宣布谁如果用这些种子培育出最美丽的花朵，谁就成为他的义子。

孩子们领回种子后，开始精心地培育，从早到晚，浇水、施肥、松土，谁都希望自己能够成为幸运者。

有个叫雄日的男孩，也整天精心地培育花种。但是，十天过去了，半个月过去了，花盆里的种子连芽都没冒出来，更别说开花了。

国王决定观花的日子到了。无数个穿着漂亮的孩子涌上街头，他们各自捧着开满鲜花的花盆，用期盼的目光看着缓缓巡视的国王。国王环视着争奇斗艳的花朵与漂亮的孩子们，并没有像大家想象中的那样高兴。

忽然，国王看见了端着空花盆的雄日。他无精打采地站在那里，国王把他叫到跟前，问他："你为什么端着空花盆呢？"

雄日抽咽着，他把自己如何精心侍弄，但花种怎么也不发芽的经过说了一遍。没想到国王的脸上却露出了最开心的笑容，他把雄日抱了起来，高声说："孩子，我找的就是你。"

"为什么是这样？"大家不解地问国王。

国王说："我发下的花种全部是煮过的，根本就不可能发芽开花。"

捧着鲜花的孩子们都低下了头，他们全部另播下了其他的种子。

世界上假的东西很多，它们在一时间也确实蒙蔽了不少人，但假的终究是假的，经不起真实的考验。无论身边的人如何弄虚作假，我们一定要坚守住自己内心的诚信。诚实的人会因为自己诚实的品格而获得奖赏。

汤姆是一个 10 岁的小男孩，他是一个勤劳懂事的孩子，上学之余，还给附近的邻居送报纸，以赚取他所需要的零用钱。

在他送报的客户中，有一位叫贝勒太太的老夫人。贝勒太太是一位慈祥而又充满爱心的老人，她曾为小汤姆上了难忘的一课。汤姆从来都没忘记过这件事，他希望有一天能把它传授给别人，让人们也从中得到教益。

在一个风和日丽的午后，汤姆和一个小朋友躲在贝勒太太家的后院里，朝她的房顶上扔石头。他们饶有兴味地注视着石头像子弹一样飞出去，又像彗星一样从天而降，并发出很响的声音。他们觉得这样玩很开心、很有趣。

汤姆又拾起一枚石头，也许因为那块石头太滑了，当他掷出去的时候，一不小心，石头偏了方向，一下子飞到贝勒太太后廊的一面窗户上。当他们听到玻璃破碎的声音时，就像兔子一样从后院逃走了。

那天晚上，汤姆一夜都没有睡着，一想到贝勒太太家的玻璃就很害怕，他担心会被她抓住。很多天过去了，一点动静都没有。他确信已经没事了，但内心的犯罪感却与日俱增。他每天给贝勒太太送报纸的时候，她仍然微笑着和他打招呼，而汤姆却觉得很不自在。

汤姆决定把送报纸的钱攒下来，给贝勒太太修理窗户。三个星期后，他已经攒下 7 美元，他计算过，这些钱已经足够了。他写了一张便条，把钱和便条一起放在一个信封里。他向贝勒太太解释了事情的来龙去脉，并且说出了自己的歉意，希望能得到她的谅解。

汤姆一直等到天黑才小心翼翼地来到贝勒太太家，把信封投到她家门口的信箱里。他的灵魂感到一种赎罪后的解脱，重新觉得自己能够正视贝勒太太的眼睛了。

第二天，他又去给她送报纸，这次汤姆坦然地对她说了一声："您好，夫人！"她看起来很高兴，说了"谢谢"之后，就递给汤姆一样东西。她说："这是我给你的礼物。"原来是一袋饼干。在这袋饼干的下面，汤姆突然发现了一个信封。他小心地将信封打开，发现里面装了 7 美元纸钞和一张彩色信笺。信笺上大大地写着一行字："诚实的孩子，我为你感到骄傲。"

汤姆因为自己的诚实获得了贝勒太太的一袋饼干和一句衷心的鼓励，这些让小汤姆明白了一个道理：诚实的人终将获得奖赏。

忠于内心的使命感

"对真理之神的忠诚，胜过其他所有的忠诚。"甘地曾经如是说。忠诚来自于内心的使命感，不论人心与世风如何变化，忠诚这一优良的品质，都永远焕发着它的光芒，一个忠诚于自己内心使命的人，无论在什么情况下都不会轻易放弃自己的职责，更不会背叛自己的组织。

在一个雪天的傍晚，莫里斯少校匆忙地走在回家的路上。当他路过公园时，他看见一个小男孩在哭泣。莫里斯走了过去，敬了一个军礼，然后说："下士先生，我是莫里斯少校，你站在这里干什么？"

"报告少校先生，我在站岗。"小男孩停止了哭泣，回答说。

"雪下得这么大，天又这么黑，公园门也要关了，你为什么不回家？"莫里斯问。

"报告少校先生，这是我的责任，我不能离开这里，因为我还没有接到命令。"小男孩回答。

"那好，我是中士，我命令你现在就回家。"

"是，少校先生。"小男孩高兴极了，还向莫里斯回敬了一个不太标准的军礼。

小男孩的举动深深打动了莫里斯，他的倔强和坚持看起来似乎有些幼稚，但这个孩子所体现的对使命的信守和忠诚却是很多成年人都无法做到的。

使命感是一种强大的动力。忠于内心的使命感，你就会拥有无穷的动力去战胜困难，走向胜利。一个忠于自己的事业和内心使命的人，无论多么小的一件事，他们都会竭尽全力去做。青少年要拥有成功的人生，就应当忠于内心的使命，不要养成逃避责任和玩忽职守的坏习惯。

但在培养忠诚品质的过程中需要注意的是，真正的忠诚不是愚忠，而是要明辨是非，是要有原则地服从，而不是盲目听从他人的指挥。只知道一味地服从并不是真正的忠诚，那只是盲目的忠诚和形式上的忠诚，有时候，这样的忠诚往往会带来严重的后果。

一家报纸报道，有一位喝多了酒的老人在散步时不小心掉进了某一化肥厂旁的水沟里，当一些好心的路人试图下水沟救那位老人时，老人养的一只狗纵身跳进水沟，而且朝着准备救助的人们狂吠。它瞪着一双眼睛，不让任何人接近老人。

那只狗十分雄壮和凶猛。为了不激怒这只已经急红了眼的狗，人们只好暂时放弃救助老人的行动。人们不知道这只狗究竟怎么了，为什么不让人们去救助它的主人。就在路人无计可施之时，围观的人越来越多了。在围观的群众里面，有人提出，可能这只狗以为别人想要伤害它的主人，所以它才不想让别人接近老人。

于是围观的人群都自行散开，以免进一步激怒那只狗，同时有一些人赶快就近寻找一些救助工具，还有一些人则去打电话报警，希望警察能够驱走这只护主心切的狗。

正在这时，人们看到那只狗用尽力气将老人从水沟中拖出。因为老人的身体有些重，而且又不省人事，所以狗拖起来很是辛苦。为了把主人"救"出水沟，那只狗一会儿紧紧咬住主人的胳膊，一会儿又用力地撕扯主人的大腿。离事发地点较近的一些人看到老人的身体已经被狗咬伤了多处。

焦急的人们想要阻止那只狗的行为，可是又差一点遭到狗的猛烈袭击。而且人们发现，周围的人越是接近老人，那只狗的行为就变得越发狂躁，老人因此面临的危险也就越大。人们只能看着老人被狗拖拉和撕扯着。过了一会儿，人们看到，那只狗居然将老人拉出了河沟。

看到奄奄一息的老人，周围有人想将他马上送到医院救治。可是这只狗仍然坚守在老人身边不让任何人救助，无论周围的人用什么东西引诱，这只狗都不肯走开。

当接到报警的警察赶到出事地点时，那只性情凶猛的狗依然"不屈不挠"地守在老人身边，而且仍旧以一副凛然不可侵犯之势与警察对峙。看到已经被狗在拖拽的过程中撕扯得血肉模糊的老人，无奈之下，警察只好先将那只"誓死保护主人不受侵犯"的狗打死。之后，随同警察一起赶来的医护人员迅速将老人抬到医院，可是老人最终还是没能得救，原因是失血过多，耽误了救治的最佳时机。

这个故事带给我们很大的震撼和思考：任何一种忠诚，都必须有着合理而明确的目标，而且还要讲究科学的方式，否则这样的忠诚就会与善良的初衷相违背。缺少理智的忠诚，虽然有着良好的初衷，但是却只重过程而不顾结果，没有人能够承受得起。

第二章 以勇气和责任推开成功之门

把苦难和失败当做人生中一道独特的风景

苦难可以激发生机，也可以扼杀生机；可以磨炼意志，也可以摧垮意志；可以启迪智慧，也可以蒙蔽智慧；可以高扬人格，也可以贬低人格。这完全取决于每个人本身。苦难就像一柄双刃剑，它能让强者更强，练就出色而几近完美的人格，但是同时它也能够将弱者一剑削平，从此倒下。

帕格尼尼，世界超级小提琴家。他是一位在苦难的琴弦下把生命之歌演奏到极致的人。

4岁时患了一场麻疹和强直性昏厥症。7岁患上严重肺炎，只得大量放血治疗。46岁因牙床长满脓疮，拔掉了大部分牙齿。其后又染上了可怕的眼疾。50岁后，关节炎、喉结核、肠道炎等疾病折磨着他的身体与心灵。后来声带也坏了。他仅活到57岁，口吐鲜血而亡。

身体的创伤不仅仅是他苦难的全部。他从13岁起，就在世界各地过着流浪的生活。他曾一度将自己禁闭，每天疯狂地练琴，几乎忘记了饥饿和死亡。

像这样的一个人，这样一个悲惨的生命，却在琴弦上奏出了最美妙的音符。3岁学琴，12岁首场个人音乐会。他令无数人陶醉，令无数人疯狂！

乐评家称他是"操琴弓的魔术师"。歌德评价他："在琴弦上展现了火一样的灵魂。"李斯特大喊："天哪，在这四根琴弦中包含着多少苦难、痛苦与受到残害的生灵啊！"苦难净化心灵，悲剧使人崇高。也许上帝成就天才的方式，就是让他在苦难这所大学中进修。

苦难，在这些不屈的人面前，会化为一种礼物，一种人格上的成熟与伟岸，一种意志上的顽强和坚韧，一种对人生和生活的深刻认识。然而，对更多人来说，苦难是噩梦，是灾难，甚至是毁灭性的打击。

其实对于每一个人，苦难都可以成为礼物或是灾难。你无须祈求上帝保佑，菩萨显灵。选择权就在你自己手里。一个人的尊严所在，就是不轻易被苦难压倒，不轻易因苦难放弃希望，不轻易让苦难占据自己蓬勃向上的心灵。

在巴西，男孩子要做的一件事就是踢球，贝利很小的时候便和小伙伴们一起光着脚玩起了足球。

贝利与伙伴们都是贫穷人家的孩子，他们买不起球。但困难没有阻挡他们踢球的热情，于是他们就自己做了一个：先找一只最大的袜子，塞满了破布或旧报纸，然后把它尽量揉成球形，最后外面用绳子扎紧。他们的球越踢越精，球里面塞的东西也越来越多，越来越重。

7 岁那年，贝利的姑姑送给他一双半新的皮鞋。他把这双鞋当成了宝贝，只有星期日上教堂才舍得穿，穿上它感到很神气。他特别记得这一双鞋是因为有一天他穿着它踢球，结果鞋踢坏了，为这还他挨了妈妈的罚。他本来只是想知道穿着鞋踢球是什么滋味！

也就是从 7 岁起，贝利经常去体育场，一边看球一边替观众擦鞋挣钱。贝利 8 岁时进入包鲁市的一所学校学习。他仍然光着脚踢球，不管严冬，还是酷暑。他的球技在日复一日的磨炼中已经让许多大人刮目相看了。人们开始带着赞美叫他"贝利"了。

如果幸福是人生的目标，那么，苦难就是达到这一目标所必不可少的条件。要享受成功的快乐就必须能够承受痛苦和挫折。事实上，人生从来没有真正的绝境，无论遭受多少艰辛与苦难，只要一个人仍具有坚持信念的勇气，那么，总有一天，他能走出困境，让生命重新开花结果。

1948 年，牛津大学举办了一个题为"成功的秘诀"的讲座，邀请丘吉尔前来演讲。

演讲的那一天，会场上人山人海，全世界各大新闻机构的记者都到齐了。

上台后，丘吉尔用手势止住掌声，说："我的成功秘诀有三个：第一是，绝不放弃；第二是，绝不、绝不放弃；第三是，绝不、绝不、绝不放弃。我的演讲结束了。"

说完他就走下了讲台。

会场上沉寂了一分钟后，突然爆发出热烈的掌声，久久不息。这成为他最著名的一次演讲。

可见，不轻言放弃，再难的事也能成功。没有恒心，遇到困难就中途放弃，则一事无成，再容易的事也会成为困难的事。

生活中，青少年朋友面对失败、厄运时，不妨试试如下建议：

1. 认清失败的本质。如何看待失败，完全是一个态度问题，只要你不服输，失败就不是定局。检讨失败，吸取教训。

2. 把失败看做是学习的机会，毅力要与行动结合，告诉自己："我一定能做到!"如果你一遇到困难就认为无法解决，那么就真的不会找到出路，因此一定要拒绝"无能为力"的想法。不要钻牛角尖。如果遇到一个难以解决的困难，不妨先停下来，找出原因，然后再重新开始。

3. 看清自己的弱点。从失败中学习，最难的是找出并正视导致失败的个人弱点。这个过程需要有真正坦诚的个性。一旦你看清自己的弱点，就要开始努力克服。

要记住，成功是一连串的奋斗。千万不要把失败的责任推给你的命运。如果你失败了，那么继续奋斗吧!

泥泞的路上才能留下脚印

当人们竭尽全力却依然要面临失败的结局，当面临一切束手无策、宣告绝望的结局之时，勇气便惠然来临，帮助人们取得胜利、获得成功。

因为凭着无坚不摧的勇气而做成的事业是神奇的。当一切力量都已消失了、一切才能宣告失败时，勇气却依然坚守阵地。依靠忍耐力，依靠持久心终能克服许多困难，甚至最后做成许多原本已经认为是不可完成的事情。

当人人都停滞不前的时候，只有具有勇气的人才会坚持去做，人人都因感到绝望而放弃的信仰，只有具有勇气的人才会坚持着，继续为自己的信仰坚持。所以，具有这种卓越品质的人，才能最终获得良好的声誉和理想的实现。

我们在这个世界上生存，有许多事情仍然是个未知数，但也已有许多的未知被人们的胆量与智慧变成已知，并被人类所利用，为人类的生存服务。未来的世界是我们的，我们必须去开拓和探索，这是社会的要求和使命。人生的第一次尝试便是开拓和探索，也是人生存必备的能力。鲁迅说过："世上本没有路，走的人多了也便成了路。"第一个去走的人一定是勇敢的人。我们何不去做勇敢的第一人呢?

鉴真和尚刚刚剃度遁入空门时，寺里的住持让他做了寺里谁都不愿做的行脚僧。

有一天，日已三竿了，鉴真依旧大睡不起。住持很奇怪，推开鉴真的房门，见床边堆了一大堆破破烂烂的芒鞋。住持叫醒鉴真问："你今天不外出化缘，堆这么一堆破芒鞋做什么？"

鉴真打了个哈欠说："别人一年一双芒鞋都穿不破，我刚剃度一年多，就穿烂了这么多的鞋子，我是不是该为庙里节省些鞋子？"

住持一听就明白了，微微一笑说："昨天夜里落了一场雨，你随我到寺前的路上走走看看吧。"

寺前是一座黄土坡，由于刚下过雨，路面泥泞不堪。

住持拍着鉴真的肩膀说："你是愿意做一天和尚撞一天钟，还是想做一个能光大佛法的名僧？"

鉴真说："我当然希望能光大佛法，做一代名僧。"

住持捻须一笑："你昨天是否在这条路上走过？"鉴真说："当然。"

住持问："你能找到自己的脚印吗？"

鉴真十分不解地说："昨天这路又干又硬，小僧哪能找到自己的脚印？"

住持又笑笑说："今天我俩在这路上走一遭，你能找到你的脚印吗？"

鉴真说："当然能了。"

住持听了，微笑着拍拍鉴真的肩说："泥泞的路才能留下脚印，世上芸芸众生莫不如此啊。那些一生碌碌无为的人，不经风不沐雨，没有起也没有伏，就像一双脚踩在又干又硬的大路上，脚步抬起，什么也没有留下；而那些经风沐雨的人，他们在苦难中不停跋涉，就像一双脚行走在泥泞里，他们走远了，但脚印却印证着他们行走的价值。"

鉴真惭愧地低下了头。

选择泥泞的路才能留下脚印，不经历风雨，没有起伏的人总想在一片坦途上行走，终究不会有任何收获。

拿破仑·希尔说："每种逆境都含有等量利益的种子。"你想想：过去你似乎有巨大的困难或不幸的经历，但它们却鼓舞你去夺取属于你的成功和幸福。这是为什么呢？是你的斗志，是困难和不幸激发了你的斗志，使你不但没有被打败，反而获得了更大的动力，从而取得新的成功。

1914 年 12 月，大发明家爱迪生的实验室在一场大火中化为灰烬。损失超过 200 万美元。那个晚上，爱迪生一生的心血成果在极为壮观的大火中付之一炬。

大火最凶的时候，爱迪生的儿子在浓烟和灰烬中发疯似的寻找他父亲。他终于找到了爱迪生：他正平静地看着火中的实验室，脸在火光的摇曳中闪着光。爱迪生看见儿子就大声嚷道："你母亲去哪儿了？去，快去把她找来，她这辈子恐怕再也见不着这样的场面了。"

第二天早上，爱迪生看着一片废墟说道："灾难自有它的价值，瞧，这不，我们以前所有的错误都给大火烧得一干二净，感谢上帝，这下我们又可以从头再来了。"

火灾刚过去三个星期，67 岁的爱迪生就开始着手推出他的第一部留声机。

成功的人都明白，没有人能一步登天。真正使他们出类拔萃的，是他们一步接一步往前迈进，不管路途多崎岖，勇敢的他们是不会轻易被打败的。泥泞的路上才留得下他们努力前行的脚印，而脚印印证了他们行走的价值，记载了他们辉煌的人生历程。

带着勇气上路

有一个叫珍的女孩，她老是说将来要做演说家，可是当老师给她机会，叫她去讲台的时候，她就开始怀疑自己的能力，没有信心和勇气。

而她们班上一位说话结结巴巴的男孩却步伐迅速而坚定地走上讲台。当时同学们都带着怀疑的眼神，虽然他讲的时候少不了打打结巴，但他铿锵有力的话语，加上丰富的感情，赢得了大家的热烈掌声。

他讲完后，老师说："他非常有勇气地战胜了自己，我们都应该向他大家学习，从他的演讲中，我们也能感觉到他的渴望，我打算培养他，参加这次全省的演讲比赛。大家觉得应该没问题吧？"

珍不服气地站起来："我读课文比他好，只不过你没同我们说这次有全省演讲比赛……老师可以给我一次机会吗？"

老师看她认真的样子便说："你说机会来的时候会告诉你吗？只要你真的比他好，我给你机会让你和他竞争。"她想了想："还要竞争？虽然我读得是比他流利，但如果我没有感情色彩，或者……那岂不是更丢脸……"于是她找了个借口："我还是把机会让给他，下次……"

谁知本班一位调皮的男生看出了她的心思，于是就说了句："没有开刀的危险和打算开刀的勇气，哪来康复的希望和喜悦？"同学们都笑了，只有她脸红了。

在现实生活中，许多事情都需要勇气作支撑，放弃需要勇气，拒绝需要勇气，尝试需要勇气，冒险需要勇气……甚至连说话都需要勇气。一个人如果缺乏勇气，就失去了承担责任的基础，就只能生存于他人的庇护之下，无法面对人生的任何压力和挑战。

勇气是一种滋补剂，它是世界上最好的精神药物——如果以一种充满希望、充满自信的精神进行学习、工作的话；如果期待着自己的伟业，并且相信能够成就这番伟业的话；如果能让自己尽早展现出自己的勇气，并带着勇气上路的话——任何事情都不能阻挡我们前进。在前行的道路上可能会遇到让我们灰心失望的失败，但那只是暂时性的，胜利最终会握在手中。

春天到了。两颗种子躺在肥沃的土里，开始了下面的对话。

第一颗种子说："我要努力生长！我要向下扎根，还要'出人头地'，让茎叶随风摇摆，歌颂春天的到来……我要感受春晖照耀脸庞的温暖，还有晨露滴落花瓣的喜悦。"于是它努力向上生长。

第二颗种子说："我没那么勇敢。我若向下扎根，也许会碰到硬石。我若用力往上钻，可能会伤到我脆弱的茎。我若长出幼芽，难保不会被蜗牛吃掉。我若开花结果，只怕小孩子看了会将我连根拔起。我还是等情况安全些再做打算吧。"

于是它继续瑟缩在土里。

几天后，一只母鸡在庭院里东啄西啄，这颗种子就这样进了母鸡的肚子。

人，就要像第一颗种子一样，要对自己的能力充满信心，勇于挑战生活中的一切艰难困苦。对任何事情都兢兢业业、无所畏惧、永不退缩地去做，永远富有勇气和决断力。这样，我们才能坚强地去克服种种困难，发挥出聪明才智。

迈克·乔丹在高中时连篮球队都没办法进去，教练看乔丹打球以后，对他说："你技术不太好，你以后不能打大学篮球，更不可能进 NBA。"一般人听到这句话也许会自卑，也许以后会没勇气再打球。而乔丹却没因为这而自卑，他想打球的强烈欲望及迸发出的勇气使他坚定地说："教练，如果你觉得我身高不够高，我会想办法长高，如果你觉得我技术不够好，只要你让我跟这些球员一起练球，我不出场比赛，我宁愿帮所有的人提行李，他们流汗的时候，我帮他们递毛巾，他们汗滴到地上的时候，我拿毛巾擦地板，我只求跟这些球员练球，我也一定会学好、练好各项技术。"教练见他有这么大的勇气和决心，加上他这么好的态度，于是答应了他的请求。后来，他强烈的动机和激情在最短的时间内采取最大量的运动促使他长到 1.98 米，也使他获得了惊人的成绩。如今，迈克·乔丹曾经 10 次获得 NBA 的得分王，表示他的进攻能力在篮球场上是所向无敌的；10 次得 NBA 最佳防守前五名，表示他的防守也是滴水不漏，传球助攻也是 NBA 前十名，所以我们叫他"空中飞人"。

如果乔丹因为先天的不足开始自卑、丧失勇气，还会有今天一等一的能力、技巧和地位吗？当然也就不会有如此的命运。

优秀的人和成功的人，不是因为他们比别人更少经历困难和痛苦，而是他们身上流淌着强者的血液。别人不敢去做，他能要求自己去试试；别人不愿去做，他能要求自己说"让我来"，这样别人不能做的事情，他慢慢就会做了。

勇于冒险，没有尝试就没有成功

成功意味着冲破平庸，而其中的一条捷径就是——敢于冒险。石油大王哈默说过，"不会冒险的人永远也不会取得成功。"惧怕失败，不冒风险，平平稳稳地过一辈子，虽然可靠，虽然平静，但只是一个悲哀而无聊的人生，一个懦夫的人生，其中最令人痛惜的就是，你自己葬送了自己的潜能。因此，与其平庸地过一生，不如勇敢去冒险和闯荡，做一个敢于冒险的英雄。

有两位少年去求助一位老人，他们问着相同的问题："我有许多的梦想和抱负，但总是笨手笨脚，无从下手，不知道如何才能实现自己的目标。"老人给他们一人一颗种子，细心地交代："这是一颗神奇的种子，谁能够妥善地保存它的价值，谁就能够实现他的理想。"

几年后，老人碰到了这两位少年，顺便问起种子的情况。

第一位少年谨慎地拿着锦盒，缓缓地掀开里头的棉布，对着老人说："我把种子收藏在锦盒里妥善地保存着。为了这颗种子能够完整地保存，我为它专门建了一个恒温室。"老人听后，失望地点了点头。接着第二位少年，汗流浃背地指着旁边的一座山丘道："您看，我把这颗神奇种子埋在土里灌溉施肥，现在整座山丘都长满了果树，每一棵果树都结满了果实，原来的一颗种子现在变为了千万颗。这就是我实现这颗神奇种子价值的方法。"

老人关切地说："孩子们，我给的并不是什么神奇的种子，不过是一般的种子而已。如果只是守着它，永远不会有结果；只有用汗水灌溉，才能有丰硕的成果。让种子生根发芽，虽然会有被风霜雨雪侵蚀的危险，但正由于经历了这些锤炼，生命才焕发出神奇的力量，种子的价值才真正得到了实现和延续。"

不敢冒险去做，其实是冒了更多的险。有些人很聪明，对不测因素和风险看得太清楚了。不敢冒一点险，结果聪明反被聪明误，所以永远只能过一种平庸的生活。

勇于尝试可以让你发现机会，化危机为转机。有些在平时看似"不可能"的事情，在你的尝试中也可能变成现实。正如一位成功人士所说的那样，尝试可以创造奇迹。

一次，一艘远洋海轮不幸触礁，沉没在汪洋大海里，幸存下来的九位船员拼死登上一座孤岛，才得以幸存下来。但岛上除了石头以外没有任何东西，更严重的是，在烈日的暴晒下，每个人口渴得冒烟，水成为最珍贵的东西。

尽管四周是水——海水，可海水又苦又涩又咸，根本不能用来解渴。九个人唯一的生存希望是老天爷下雨或别的过往船只发现他们。等啊等，没有任何下雨的迹象，渐渐地，八个船员支撑不下去了，他们纷纷渴死在孤岛。

当最后一位船员快要渴死的时候，他实在忍受不住地扑进海水里，"咕嘟咕嘟"地喝了一肚子。船员喝完海水，一点儿觉不出海水的苦涩味，相反觉得这海水又甘又甜，非常解渴。于是他每天靠喝这里的海水度日，终于等来了救援的船只。

后来人们化验这水发现，这儿由于有地下泉水的不断翻涌，所以海水实际上全是可口的泉水。

冒险与收获常常是结伴而行。险中有夷，危中有利，要想有卓越的人生，就要敢冒险。石油大王哈默的成功就告诉我们这样一个道理：幸运喜欢光顾勇敢的人，巨大的风险往往能够带来巨大的成功。

1956年，58岁的哈默购买了西方石油公司，开始大做石油生意。石油是最能赚大钱的行业，竞争尤为激烈。初涉石油领域的哈默要想建立起自己的石油王国，无疑面临着极大的竞争风险。

首先碰到的是油源问题。1960年石油产量占美国总产量30%的得克萨斯州已被几家大石油公司垄断，哈默无法插手；沙特阿拉伯是美国埃克森石油公司的天下，哈默难以染指；如何解决油源问题呢？1960年，当花掉1000万美元的勘探基金而毫无结果时，哈默再一次冒险接受了一位青年地质学家的建议。旧金山以东一片被德士古石油公司放弃的地区，可能蕴藏着丰富的天然气，并建议哈默的西方石油公司把它租下来。哈默又千方百计地从各方面筹集了一大笔钱，投入了这一冒险的工程。当钻到 860 米深时，终于钻出了加利福尼亚的第二大天然油田，估计价值在 2 亿美元以上。

哈默成功的事实告诉我们敢想敢做敢于尝试，才能取得成功。与其不尝试而失败，不如尝试了再失败，不战而败是一种极端怯懦的行为。如果想成为一个成功者，就必须具备坚强的毅力，以及勇气和胆略。年轻人的前途充满了机遇和挑战，不畏惧困难和失败，勇敢地接受挑战，敢于冒险和尝试，你就能够拥有一个精彩成功的人生。

承担责任是不会褪色的光荣

名将刘易斯曾经说："尽管责任有时让人厌烦，但不履行责任，只能是懦夫，不折不扣的废物。"无论生活中还是工作中，敢于承担责任是一种永远不会褪色的光荣，而同时，不敢承担责任的人，是没有立足于社会和发展自我的机会的。一个懦弱的人，必须培养和树立责任心，才有可能勇敢地承担责任，才有可能去做自己想做的事，否则会畏首畏尾，永远走不出黑暗。

每个人都喜欢与敢于承担责任的人相处、共事和生活。然而生活中却常常有推卸责任的事情发生。

刘洁和王浩是同事，他俩工作一直都很认真，也很努力。老板也对他俩很满意，可是一件事却改变了两个人的命运。

一次，刘洁和王浩一同把一件很贵重的古董送到码头。没想到送货车开到半路却坏了。因为公司有规定：如果不按规定时间送到，他们要被扣掉一部分奖金。于是，力气大的刘洁，背起古董，一路小跑，他们终于在规定的时间赶到码头。这时，心存小算盘的王浩想，如果客户看到我背着邮件，把这件事告诉老板，说不定会给我加薪呢，于是他对刘洁说："先把古董交给我，你去叫货主吧。"

当刘洁把邮件递给他的时候，他一下没接住，古董掉在了地上，成为碎片。他们都知道古董打碎了意味着什么，没了工作不说，可能还要背负沉重的债务。果然，老板对他俩进行了十分严厉的批评。

在他们等待处罚的过程中，王浩避开刘洁，一个人走到老板的办公室，对老板说："老板，不是我的错，是刘洁不小心弄坏的。"

老板把刘洁叫到了办公室，刘洁把事情的原委告诉了老板。最后他说："这件事是我们的失职，我愿意承担责任。另外，王浩的家境不好，请求老板酌情考虑对他的惩罚。我会尽全力弥补我们所造成的损失。"

接下来的几天，他们就等待处理的结果。终于有一天，老板把他们叫到了办公室，对他们说："公司一直对你俩很器重，想从你们两个当中选择一个人担任客户部经理，没想到出了这样一件事，不过也好，这会让我们更清楚哪一个人是合适的人选。我们决定请刘洁担任公司的客户部经理。因为，一个勇于承担责任的人是值得信任的。王浩，从明天开始你就不用来上班了。"

"其实，古董的主人已经看见了你们俩在递接古董时的动作，他跟我说了他看到的事实。还有，我更看重的是问题出现后你们两个人的反应。"老板最后说。

王浩推卸责任最终落得个失业的下场。你也会像他一样不敢承担责任，害怕灾难降临吗？但是你的不负责任决定了你被淘汰的结果。灾难就是喜欢不敢承担责任的人，老板就是喜欢敢于承担责任的人。

现实生活中，有人为了躲避痛苦，而选择逃避问题、逃避责任。其实，成长就是要经历无数挫折与失败，能够忍受痛苦、承担责任的人，他的生活才能平平安安、顺顺利利。如果一个人不能在重大的事情上接受生命的挑战，他就不可能有平和，不可能有快乐的感觉，同样，也不可能摆脱这些困扰。

你的内心深处有一种别人听不到的声音，而你自己却无法将这个声音平息下来："你缺少勇气，你没有勇气，你逃跑了，你是逃兵。"

与其受这种声音的困扰，还不如以普通的方式忍受不快。或者接受，或者不接受，我们每个人都必须作出选择。

一个人可以用以下四种方法中的一种来对待生命：可以逃跑；可以游移不定；可以将其接受，随波逐流；还可以用信仰和目标紧紧抓住生命，超越生命。

面对竞争，面对压力，面对坎坷，面对困厄，有人选择了逃避，有人选择了面对和征服，结果不言而喻，越是逃避越是躲不开失败的命运，越是敢于迎头而上，越是能够品尝到成功的甘甜。

那么，怎样做才能克服逃避心理呢？

首先，要克服自己的怯懦心理。很多人逃避责任不是因为没有能力，而是因为内心存在怯懦心理。因此，要克服逃避心理，必须先克服自己的怯懦心理。

其次，告别懒惰。懒惰是逃避者的一大通病，任何懒惰的人都不会获得成功。

再次，切实负起责任。一个总是逃避的人，必须培养和树立责任心，才有可能勇敢地承担责任，才能去做自己想做的事，否则会畏首畏尾，永远走不出黑暗。不论遇到什么问题，哪怕是面临失败，也不要灰心丧气，要勇敢地正视它，以积极的态度寻找应变的方法。一旦问题解决了，自信心也会随之增加，逃避的行为就会消失。

生命在责任中开出花朵

人生好比一个旅程，从拥有生命的那一刻起，我们就载上了一种叫生存的使命与责任，这不仅仅是为我们的生存负责，更是为其他人的生命负责。这样，负责的灵魂就能闪耀出异常夺目的光辉。在危难的时刻，责任感甚至可以挽救一个人的生命。

有一个由业余登山爱好者组成的登山队，他们要对世界第一峰——珠穆朗玛峰发起进攻。虽然人类攀登珠峰已经不止一次了，但这是他们第一次攀登世界最高峰。队员们既激动又信心十足，他们有决心征服珠穆朗玛峰。

经过考察后，他们选择自己状态很好、天气也很好的一天出发了。攀登一直很顺利，队员们彼此互相照应，没有出现什么问题，高原缺氧的情况也基本能够适应，在预定时间，他们到达了1号营地。大家都很高兴，因为一个良好的开始，就等于成功了一半。

第二天，天气突然发生了变化，风很大，还有雪。登山队长征求大家的意见，要不要回去，因为要确保大家的生命安全。生命只有一次，登山却还有机会。但是大家都建议继续攀登，登山本来就是对生命极限的一种挑战。

于是，登山队继续向上攀登。尽管环境很恶劣，但是队员征服自然，征服珠穆朗玛峰的信心却十足，大家小心翼翼地向上攀登。"队长，你看！"一个队员大喊，大家循声望去，在离他们很远的地方发生了雪崩。虽然很远，但雪崩的巨大冲击力波及到了登山队，一名队员突然滑向另一边的山崖，还好，在快落下山崖的那一刻，他的冰锥紧紧地插进了雪层里，他没有滑落下去，但他随时有可能被雪崩的冲击力推下去。

情况十分危险，如果其他队员来营救山崖边的队员，有可能雪崩的冲击力会将别的队员冲下山崖。如果不救，这名队员将在生死边缘徘徊。队长说："还是我来吧，我有经验，你们帮我。大家把冰锥都死死地插进雪层里，然后用绳子绑住我。""这很危险，队长。"队员们说。"已经没有犹豫的时间了，快!"队长下了死命令。大家迅速动起手来,队长系着绳子滑向悬崖边,他拼命地拉住了抱住冰锥的队员,其他队员使劲把他俩往上拉。就在下一轮雪崩冲去到来之前,队长救出了这名队员。全队沸腾了,经过了生死的考验,大家变得更坚强了。

最终,登山队征服了珠峰。站在山峰上,他们把队旗插在山峰的那一刻,也把他们的荣誉和责任留在了世界上最纯净的地方。后来,队长说:"当时我也非常恐惧,知道随时可能尸骨无还,但我认为,我有责任去救他,我必须这么做。责任的力量太大了,它战胜了死亡和恐惧。真的。"

责任可以战胜死亡和恐惧,可以让一个人变得勇敢和坚强。面对困难和危险,牢记心中的责任,你就能够从中汲取战胜困难的勇气和力量。即使是在日常生活中,责任感也同样能够让平凡的生命展现出动人光亮的一面。

怀特先生在市郊买下了一套新居。迁入新居几天后,有人敲门来访,怀特先生打开房门一看,外面站着一位邮差。

"上午好,怀特先生!"他说起话来有种兴高采烈的劲头,"我的名字是麦克,是这里的邮差。我顺道来看看,向您表示欢迎,介绍一下我自己,同时也希望能对您有所了解,比如您所从事的行业。"麦克中等身材,蓄着一撮小胡子,相貌很普通。尽管外貌没有任何出奇之处,他的真诚和热情却溢于言表。这真让人惊讶:怀特先生收了一辈子的邮件,还从来没见过邮差做这样的自我介绍,但这确实使他心中一动。

一天,怀特先生出差回来,刚把钥匙插进锁眼,突然发现门口的擦鞋垫不见了。难道连擦鞋垫都有人偷?不太可能。转头一看,擦鞋垫跑到门廊的角落里了,下面还遮着什么东西。事情是这样的:在怀特先生出差的时候,快递公司误投了他的一个包裹,放到沿街再向前第五家的门廊上。幸运的是,有邮差麦克。看到怀特的包裹送错了地方,他就把它捡起来,送到怀特的住处藏好,还在上面留了张纸条,解释事情的来龙去脉,又费心地用擦鞋垫把它遮住,以避人耳目。

麦克不仅仅是在送信,他现在做的是别人分内应该做好的事!他的行为使怀特先生大为感动。麦克是一个金光灿灿的例子,人性化的贴心服务正该如此,他为所有渴望在工作中有所作为的人树立了榜样。

这名普通的邮差具有一种难能可贵的品质,那就是负责。他把自己的工作做得有声有色,秉承一种对客户负责的态度,他做到了最好。负责,使平凡变得光彩夺目,使普通变得异常出色。对事、对人负责是我们永远要学习的品德。

对小事负责才能担当大任

"一屋不扫，何以扫天下"，一个人不愿意做小事，不愿意对小事负责，就不可能在大事面前担当责任。就像罗曼·罗兰曾说过的那样——在这个世界上，最渺小的人和最伟大的人同样有一种责任。

卡菲瑞先生回忆比尔·盖茨小时候，写下这样一段文字：

1965 年，我在西雅图景岭学校图书馆担任管理员。一天，有同事推荐一个四年级学生来图书馆帮忙，并说这个孩子聪颖好学。

不久，一个瘦小的男孩来了，我先给他讲了图书分类法，然后让他把已归还图书馆却放错了位置的图书放回原处。

小男孩问："像是当侦探吗?"我回答："那当然。"接着，男孩不遗余力地在书架的迷宫中穿来插去，小休时，他已找出了三本放错地方的图书。

第二天他来得更早，而且更不遗余力。干完一天的活后，他正式请求我让他担任图书管理员。又过两个星期，他突然邀请我上他家做客。吃晚餐时，孩子母亲告诉我他们要搬家了，搬到附近一个住宅区。孩子听说要转学，担心地说："我走了谁来整理那些站错队的书呢?"

我一直记挂着他。但没过多久，他又在我的图书馆门口出现了，并欣喜地告诉我，那边的图书馆不让学生干，妈妈又把他转回我们这边来上学，由他爸爸用车接送。"如果爸爸不带我，我就走路来。"

其实，我当时心里便应该有数，这小家伙决心如此坚定，内心充满责任感，则天下无不可为之事。不过，我可没想到他会成为信息时代的天才、微软电脑公司大亨、美国首富——比尔·盖茨。

从中我们可以看出，许多伟大或杰出人物身上，总有优于常人之处或早或迟地显示出来。比尔·盖茨对待图书馆工作这样的小事，就已经表现出一种超乎同龄人的责任感，这也是他日后能取得卓越成就的一个重要原因。

一位大公司的老板曾经讲过这样的故事。有个人来他公司应聘，经过交谈，他觉得那个人其实并不适合他们公司的工作，因此，他很客气地和那个人道别。那个人从椅子上站起来的时候，手指不小心被椅子上跳出来的钉子划了一下。那人顺手拿起老板桌子上的镇纸，把跳出来的钉子砸了进去，然后和老板道别。就在这一刻，老板突然改变了主意，他留下了这个人。

事后，这位老板说："我知道在业务上他也许未必适合本公司，但他的责任心的确令我欣赏。我相信把公司交给这样的人我会很放心。"

对小事负责才能够在未来的社会中担当大任。家庭和学校是我们培养责任感的最好地方。无论在家庭和学校，我们都要主动去做一些小事情，去充当一些有意义的角色，体会自己的行为对集体所产生的重要性，同时也培养战胜自己弱点、增长各种能力的信心。

艾森豪威尔小时候的家庭境况不错。后来父亲的生意破产，欠下一笔数目不小的债务，家里的日子开始拮据起来。艾森豪威尔的母亲是一名勤快乐观的女性。她巧妙地在3间屋子里给6个孩子安置舒适的床铺，安排孩子们轮流值日、做家务，让他们学会帮厨、洗碗和洗衣；学会修剪果树，采摘果实，并把它们储存过冬；学会给菜园除草、堆草垛；学会喂鸡、挤牛奶。

在全家人的共同劳动中，孩子们不仅可以体会到劳动的乐趣，更领悟到对家庭的责任。反思自身，在家庭中，我们应主动承担一些力所能及、与自己年龄相当的劳动任务。可以和父母谈谈建设家庭的计划，在我们大一些后，甚至可以与父母商讨家庭财政安排。

比如，可以从家庭理财开始，可以和父母商量一下，了解家里每月有多少固定收入，每月计划开支的金额和实际支出的数目、家庭有哪些方面的投资、准备投资的方向、家庭所需大件商品的购买与否等等，与此同时，还可以参与家庭采购，如买菜等等，以便与实际有所接触。在参与理财之后，对当家理财有亲身的体会，就能有效地改变自己原先对家庭经济状态漠不关心的态度，也能对市场、物价、商品和家庭等方面情况有所了解和认识，并丰富这方面的知识。要知道，人需要多方面的知识和实践，而当家理财这方面的知识又是我们今后所不可缺少的。那么，提前接触这方面的知识又有什么坏处呢？至于担心因此而影响学习，显然是多余的。

总之，无论是在学校还是在家中，点滴的小事都可以培养出我们的责任感。做好身边的每一件小事，从中培养自己的能力和责任心，我们就能够在未来的社会中担当责任。

第三章　自尊和自省是人立于世的重要根基

废除骨子里的奴性

在现实生活中，有这样的人，他们自己看不起自己，自己作践自己，自己愿意与人为奴，供人驱使，而且，表现得比自卑的人更为严重，他们会因此而扭曲自己的性格，改变自己的正确看法，做出违心之举；他们会动辄迷失自己，任人任意驱使；他们会在权势者面前唯唯诺诺、小心翼翼，给自己徒增苦恼。这样的人，生来就带有一种"奴性"。

奴性的人喜欢仰人鼻息，看人眼色行事，以溜须拍马为能事。他根本没有自我意识，根本想不到自己也是个堂堂正正的人。只有将骨子里的奴性废除掉，才能捍卫自己的尊严，才能够克服重重困难，获得辉煌的人生。

一年冬天，美国加州的一个小镇上来了一群逃难的流亡者，善良好客的当地人家家生火做饭，款待这群逃难者。镇长约翰给一批又一批的流亡者送去粥食，这些流亡者接到东西个个狼吞虎咽，连一句感谢的话也来不及说。只有一个年轻人例外，当约翰镇长把食物送到他面前时，这个骨瘦如柴、饥肠辘辘的年轻人问："先生，吃您这么多东西，您有什么活儿需要我做吗？"

约翰镇长想，给一个流亡者一顿果腹的饭食，每一个善良的人都会这么做。于是，他说："不，我没有什么活儿需要你来做。"

这个年轻人听了约翰镇长的话之后显得很失望，他说："先生，那我便不能随便吃您的东西，我不能没有经过劳动，便平白得到这些东西。"

约翰十分赞赏地望着这个年轻人，但他知道这个年轻人已经两天没有吃东西了，又走了这么远的路，可是不给他做些活儿，他是不会吃下这些东西的。约翰镇长思忖片刻说："小伙子，你愿意为我捶背吗？"那个年轻人便十分认真地给他捶背。捶了几分钟，约翰镇长便站起来说："好了，小伙子，你捶得棒极了。"说完将食物递给年轻人，他这才狼吞虎咽地吃起来。

约翰镇长微笑地注视着那个青年说："小伙子，我的庄园太需要人手了，如果你愿意留下来的话，那我就太高兴了。"

那个年轻人留了下来，并很快成为约翰镇长庄园的一把好手。两年后，约翰镇长把自己的女儿詹妮许配给了他，并且对女儿说："别看他现在一无所有，可他将来100％是个富翁，因为他有尊严！"

尊严无价。一个人若失掉了尊严，做人的价值和乐趣就无从谈起。尊严是一个人做人的根本，无论在什么时候，我们都应当挺直做人的脊梁，用行动捍卫自己的尊严。自尊，是人的一种美德，是无价的，是人最珍贵、最高尚的东西。尊严是一种甚至比生命更为可贵的东西，有时值得我们用尽一切去维护。

有一天，杨格博士和几位贵妇人乘坐游艇，泛舟泰晤士河上。他吹着长笛，尽量逗那些贵妇人快活。这时，离游艇不太远的地方，有只被军官们占用的船。博士看到那只军官船向游艇靠近时，就不吹长笛了。于是军官当中有人问他，为什么他要把长笛收进口袋里不吹了。

"我把长笛放进口袋里，与我把它从口袋里拿出来是同样的理由，都是为了使自己高兴。"博士回答说。

那位军官怒气冲冲地威胁说，要是他不立刻把他的长笛掏出来吹，那就不客气了，要把他扔进河里。博士怕吓着那些贵妇人，便忍气吞声地拿出他的长笛吹起来。

傍晚时分，他又遇见了那个对他粗暴无礼的军官，于是他朝那军官走去，说："今天，我是为了避免引起我的同伴和你的同伴的烦恼，才服从你那傲慢的命令的。现在为了使你真正相信，一个普普通通的人，也会像一个披着军服的人那样有勇气。明天一早，就在此地，我们来一场决斗吧。"那个军官同意了。

第二天早晨，这两个决斗者在约好的时间里，在指定的地方碰面了。军官正站在准备决斗的位置上。就在那个时候，博士举枪瞄准了他。

"干什么？"军官说，"你想暗杀我吗？"

"不是的！"博士说，"不过，你得在这儿跳一分钟的舞。否则，你就会是一个死人了。"

接着是一场小小的争执。可是博士似乎是如此暴怒、如此坚决，军官只好被迫屈服了。

当他跳完舞的时候，杨格说：

"昨天，你违反我的意愿，逼着我吹长笛；今天，我违反你的意愿，强迫你跳舞。现在，我们两人的事儿都以游戏的方式了结了。"

尊严也好，人格也罢，在一个正直的人身上是不容丝毫侵犯的，它甚至超越于生命，是人之为人的根本。尊严就好比是一个人挺立着的脊梁，也是人活在世上最根本的支撑。如果一个人连尊严都丢失了，便也失去"主心骨"，只能坍塌下来，成为一个爬行的"人"，在地上匍匐前行。

尊重自己才能赢得别人的尊重

俄国作家契诃夫曾写过一篇小说，名为《小公务员之死》。小说讲，有一个小公务员有次不小心打了一个喷嚏，口水溅到了前排一位官员的脑袋上。小公务员十分惶恐，赶紧向官员道歉，那官员没说什么。小公务员不知官员是否原谅了他，散戏后又去道歉。官员说："算了，就这样吧。"这话让小公务员心里更不踏实了。他一夜没睡好，第二天又去赔不是。官员不耐烦了，让他闭嘴、出去。小公务员心想，这下子得罪官员了，他又想去道歉。就这样，因为一个喷嚏，小公务员背上了沉重的心理负担，最后，他死了。

这是一个看似荒诞的悲惨故事，我们在为小公务员的死惋惜的同时，也为他的软弱和缺乏自尊而叹息。

自尊自爱是一个独立自主的人所必备的品格。智利作家尼高美德斯·古斯曼说过："尊严是人类灵魂中不可糟蹋的东西。"俄国作家陀思妥耶夫斯基也说过："如果你想受人尊敬，那么首要的一点就是你得尊敬你自己。"只有这样，只有自我尊敬，你才能赢得别人的尊敬。一个人无论地位和才干如何平凡，只要懂得尊重自己，就能够赢得别人的尊重。

乔治·萧伯纳是20世纪爱尔兰著名的戏剧作家，他写过许多享有世界声誉的作品，深受各国人民的喜爱。

一次，萧伯纳代表英国去苏联参加一个活动。当他在大街上散步时，见到一位可爱的俄罗斯小姑娘，胖乎乎的脸蛋，长长的辫子，俏皮极了。他忍不住停下脚步，把自己当成一个孩子一样，和小姑娘玩了起来。小姑娘也很喜欢这个和蔼可亲的外国人，和他高兴地玩了起来。

玩了很长时间，萧伯纳该走了。分别的时候，萧伯纳俯下身，一只大手放在小姑娘的脑袋上，说："你回去可以告诉你妈妈，就说今天陪你玩的，是世界上有名的剧作家萧伯纳。"

他原以为小姑娘听完以后会高兴地跳起来，没想到，小姑娘听到后却十分平静，她拉着萧伯纳的手，抬起头天真地说："哦，我不像你那么出名，我只是一个和别人一样的小姑娘而已，不过，你回去时可以告诉别人，就说今天陪你玩的，是苏联的一位小姑娘。"

萧伯纳听了，心里愣了一下，他意识到自己有些太自以为是了，同时也深深地佩服这位小姑娘自信的神情。

从那以后，每当说起此事，萧伯纳还会说，这位俄罗斯小姑娘是他的老师，他一辈子都忘不了她。

自尊是一种平等的要求，一个人如果狂妄自大，那就是对别人的不平等，当然，这样的人也不会赢得别人的尊重。自尊是一种平和淡定的心态，既不自傲，也无须自卑，是以一种不卑不亢的态度去对待周围的每一个人。

阿勒克斯·洛伊是法国一位著名的电影明星，有一次他到一个汽车检修站去修车，负责为他修车的是一个年轻的女修车工。她熟练灵巧的双手和年轻俊美的容貌一下子吸引了他。

整个巴黎都知道他，但这个姑娘却没有表示出丝毫的惊讶和兴奋。"您喜欢看电影吗？"他不禁问道。

"当然喜欢，我是个电影迷。"修车女工边忙手上的活边回答。

她手脚麻利，半小时不到，她就修好了车。

"先生，您的车修好了，您可以开走了。"

洛伊依依不舍地说道："小姐，您可以陪我去兜兜风吗？"

"对不起先生，我还有自己的工作要做。"她回答得很有礼貌。

"这同样是您的工作。您修的车，难道不亲自检查一下吗？"

"好吧，是您开还是我开？"

"当然我开，是我邀请您的嘛。"

车跑得很好。姑娘说："看来没有什么问题，请让我下车好吗？我还有其他的工作。"

"怎么，您不想再陪陪我吗？我再问您一遍，您喜欢看电影吗？"阿勒克斯·洛伊觉得不可思议，难道这个修车女工真的不认识自己吗？

"我回答过了，喜欢，而且我是个电影迷。"

"您不认识我？"

"怎么不认识，您一来我就认出，您是当代影帝阿勒克斯·洛伊。"

"既然如此，您为何对我这样冷淡？"

"不，您错了。我没有冷淡，只是没有像别的女孩子那样狂热。您有您的成绩，我有我的工作。您今天来修车，就是我的顾客，我就要像接待顾客一样地接待您，为您提供最好的修车服务。将来如果您不再是明星了，再来修车，我也会像今天一样接待您，为您提供服务。人与人之间不应该是这样的吗？"

洛伊沉默了，在这个普通修车女工的面前，他清楚地感觉到了自己的浅薄与狂妄。

正如这位年轻的修车女工所说的那样，人与人之间是互相平等的。无论是明星还是普通人，都应当保持一颗平和的心态，平等地对待身边的人，只有这样才能做到自尊和尊重别人。

守护你的尊严

卢梭曾经说："每一个正直的人都应该维护自己的尊严。"自尊，是人的一种美德，是无价的，是人最珍贵的、最高尚的东西。我们可以贫穷，可以困苦，但无论如何，都不能失去做人的尊严。

阿里是世界上最著名的拳击冠军。他出生在一个穷苦的黑人家庭，靠刻苦训练取得了骄人的战绩。1960年，阿里代表美国出赛，在奥林匹克运动会上获得了重量级金质奖章。

二十世纪五六十年代的美国，黑人受到的歧视非常严重，阿里自以为为美国争得了荣誉，黑人地位能有所提高。但是，偶然的一件事改变了他的想法。

奥运会奖章为美国赢得了荣誉，阿里本人更是十分珍惜，连睡觉都挂在脖子上。一天，阿里和一位朋友到一家食品店买东西，里面正好坐着几个白人流氓，其中一人喊道："黑鬼，滚出去！"阿里的朋友激动地说："他是奥运会冠军！"并把金牌高高举起来。阿里忍住了，他退了出来。不过，这几个流氓并不善罢甘休，他们骑着摩托车把两人拦在一座桥上。"黑鬼，把你的金牌交出来！"其中一个流氓叫嚷着。

这次，阿里再也不能忍受了，他和朋友把这伙流氓打得抱头鼠窜。事后，阿里默默地把金牌摘下来，低头看了看它，然后把它抛进了河里。他的朋友急了："那是你用血汗得来的啊！"阿里沉重地说："它不是金的，是假的……"

从此以后，阿里的拳击生涯中多了一份动力：为提高黑人地位而战，打败那些不可一世的白人选手！

尊严无价，一个人失掉了尊严，做人的价值和乐趣就无从谈起，当一个人正直人格形成的关键期时，一定要在内心树立起捍卫自身尊严的意识。当你的尊严受到冒犯的时候，一定要告诉自己：没有什么事比捍卫尊严更重要。

老作家许行在《最准确的回答》中讲过这样一个故事：

敌伪时期，我16岁，报考沈阳一所日本人办的中等专业学校。这所学校以教育有方出名。报考人很多，因之录取也很严。笔试合格之后，还要面试。

面试考啥？报考者都不得而知。

我跟许多年龄相仿的小青年在外边排队等候。对前边进去出来的人都很关心，总想摸个底，却又不便问，但见有的竟捂着半边脸出来，痛得龇牙咧嘴，不知怎么回事。

临到我了，被叫进去。对面坐着3个日本人，像神像一样庄严。居中的是一年近五旬的老者，两边是两个中年人。他俩仿佛一文一武，武者留一撮小胡，颇似日本军人，文者倒也慈眉善目，但不失考试官的威严。

我挺胸阔步走到中间站住。

"坐下。"胡子命令说。

"是。"我挺直腰板坐下。

"你为什么想到这来上学？"中间的老者发问。

"想当公司经理。"因为这是一所培养企业人才的专科学校。

"这里是培养雇员的地方。"老者严肃地对我说。

"我从雇员干起。"

"一定能当经理吗？"

"一定能。"

"好家伙，野心可不小。"

"这不是野心，这是志向。"我反驳了一句。

"你知道当经理的条件吗？"老者并未生气，依然平静地问。

"知道，熟悉业务，善于应酬，不怕吃苦。"我在一本书上见到过，说主要就这3条。"好！"老者对我的回答可能感到满意，他对旁边两人说。

又问了几个问题后，小胡子对我蓦地一声令下："立正！"

"是。"我迅速起立。

"向前两步走。"

我正步走到他们3位前边，立正站在那里。这时，小胡子站起来，突然，出手重重地抽了我一记耳光子!

"这是什么滋味?"他问。

我因看前边有人捂着脸出去,思想上已有准备,至此灵机一动,用尽全身力气,马上狠狠回敬了他一记耳光子,并且挺起胸脯,理直气壮地回答:"就是这个滋味!"

"好!"中间老者伸出了大拇指说。

出来后,同外边等待面试的人一说,他们抓住我扔起来老高。特别是前边挨了打的,好像也跟着解了恨。

发榜时,我名列前茅,被录取了。

故事令读者大喊痛快。尊严,尤其是满腔热血的青少年的尊严,岂容他人践踏?

一个人,即使是一个弱者,如果能唤醒自己心底的尊严,他将会获得重新积聚力量的机会和重新审视自己的能力。

当然,自尊不等于唯我独尊,不等于刚愎自用,更不等于自负、自夸、自命清高。一个人若总是过于自爱自贵,最后总会遭受失败。

青少年朋友,无论今后是春风得意,还是贫困、潦倒,你都要保持做人的尊严,唯有你自己自爱、自尊、自敬,才会得到他人的尊敬。因为你把自己看成什么样的人,你在别人的眼里就是什么样的人。

尊重他人就是尊重自己

尊重他人,是一个人走向文明的起点。尊重他人是做人的基本美德。一切不文明的行为都是不尊重他人的表现。将心比心,凡事不仅要为自己想,也要为别人着想,你有自尊,人家也有,你尊重别人、爱护别人,别人才会尊重你、爱护你。

也许你曾见过或者听说过,有人问路时言语不礼貌,人家就会不理睬,甚至故意指错方向让他吃苦头;和人家一起办事情,如果傲慢无礼,人家就不会合作。我们每个人都有自尊心,都希望别人友好地对待自己,尊重自己,因此,尊重他人是人与人接近的必要且首要的态度。一个不懂得尊重别人的人当然也不会赢得别人的尊重。

有一天,一位中年妇女领着一个小男孩走进了一座豪华的写字楼下面的花园里,并在一张长椅上坐下来。这座写字楼是一个知名国际集团的总部。

而这位中年妇女就是这家公司的一名主管人员。她不停地在跟男孩说着什么，似乎很生气的样子。不远处有一位头发花白的老人正在修剪灌木。

忽然，中年妇女从随身挎包里揪出一团白花花的卫生纸，一甩手将它抛到老人刚剪过的灌木上。老人诧异地转过头朝中年妇女看了一眼。中年妇女也满不在乎地看着他。老人什么话也没有说，走过去拿起那团纸扔进一旁装垃圾的筐子里。

过了一会儿，中年妇女又揪出一团卫生纸扔了过来。老人再次走过去把那团纸拾起来扔到筐子里，然后回原处继续工作。可是，老人刚拿起剪刀，第三团卫生纸又落在了他眼前的灌木上……就这样，老人一连捡了那中年妇女扔的六七个纸团，但他始终没有因此露出不满和厌烦的神色。

"你看见了吧！"中年妇女指了指修剪灌木的老人对男孩说，"我希望你明白，你如果现在不好好上学，将来就跟他一样没出息，只能做这些卑微低贱的工作！"

老人放下剪刀走过来，对中年妇女说："夫人，这里是集团的私家花园，按规定只有集团员工才能进来。"

"那当然，我是集团所属一家公司的部门经理，就在这座大厦里工作！"中年妇女高傲地说着，同时掏出一张证件朝老人晃了晃。

"我能借你的手机用一下吗？"老人沉吟了一下说。

中年妇女极不情愿地把手机递给老人，同时又不失时机地开导儿子："你看这些穷人，这么大年纪了连手机也买不起。你今后一定要努力啊！"

老人打完电话后把手机还给了妇人。很快一名男子匆匆走过来，恭恭敬敬地站在老人面前。老人对那个男子说："我现在提议免去这位女士在集团的职务！"

"是，我立刻按您的指示去办！"那个男子连声应道。

老人吩咐完后径直朝小男孩走去，他用手抚了抚男孩的头，意味深长地说："我希望你明白，在这世界上最重要的是，要学会尊重每一个人。"说完，老人撇下三人缓缓而去。

中年妇女被眼前骤然发生的事情惊呆了。她认识那个男子，他是集团主管任免各级员工的一个高级职员。"你怎么会对这个老园工那么尊敬呢？"她大惑不解地问。

"你说什么？老园工？他是集团总裁詹姆斯先生！"

"啊，他是总裁？！"

中年妇女一下子瘫坐在长椅上。

尊重他人，除了要平等待人之外，还要尊重他人的职业。而这位中年妇女虽然身为一个国际集团的主管，却不懂得这个道理，结果吃亏的还是她自己。

有这么一则小故事，读来耐人寻味。

有一个人经过热闹的火车站，看到一个双腿残障的人摆设铅笔小摊，他漫不经心地丢下了一百元，当做施舍。

但是走了不久，这人又回来了，他抱歉地对这位残疾人说："不好意思，你是一个生意人，我竟把你当成一个乞丐。"

过了一段时间，他再次经过火车站，一个店家的老板在门口微笑喊住他。

"我一直期待你的出现，"那个残疾人说，"你是第一个把我当成生意人看待的人，你看，我现在算是一个真正的生意人了。"

由此可见，尊重他人能给人带来意想不到的惊喜。尊重他人的职业尊严，既是一种对他人劳动价值的肯定，促使他人更加热爱自己的职业，更好地为社会服务，也是一种对自己的约束和鞭策，促使自己把工作做好，以报答别人为自己付出的劳动。所以对于别人从事的职业，我们都要投去理解的目光，对于别人为自己付出的劳动，都要深情地道一声"谢谢"，这样才能使我们的生活更加和谐、更加温馨。

唯自省的人才能有进步

一个人之所以能够不断地进步，在于他能够不断地自我反省，找到自己的缺点或者做得不好的地方，然后不断改正，以追求完美的态度去做事，从而取得一个又一个的成功。

英国著名小说家狄更斯的作品是非常出色的。但是他对自己却有一个规定，那就是没有认真检查过的内容，绝不轻易地读给公众听。每天，狄更斯会把写好的内容读一遍，每天去发现问题，然后不断改正，直到六个月后读给公众听。

与此相同，法国小说家巴尔扎克也会在写完小说后，花上一段时间不断修改，直到最后定稿。这一过程往往需要花费几个月甚至几年的时间。正是这种不断自我反省、自我修正的态度，让这两位作家取得了非凡的成就。

富兰克林是美国著名的科学家、物理学家和社会活动家，他的一生在很多领域都取得了杰出的成就，不仅发明过双焦距透镜，而且还参与起草了美国《独立宣言》。他的成功除了他的天才勤奋之外，从《富兰克林自传》中我们还了解到他成功的另一个秘诀："一日三省吾身"的自我激励。他依靠每天反省自己是否做到了 13 种道德标准，从而暗示自己、提醒自己、告诫自己、激励自己，不断地向成功人生努力。这对于我们现代人的成长仍然有很积极的启示。

富兰克林所列举的 13 种品德以及他给每种品德所注的箴言（自我暗示）如下：

（1）节制——食不过饱，饮酒不醉。

（2）寡言——言必于人于己有益，避免无益的聊天。

（3）生活有序——置物有定位，做事有定时。

（4）决心——当做必做，决心要做的事应坚持不懈。

（5）俭朴——用钱必须于人或于己有益，换言之，切戒浪费。

（6）勤勉——不浪费时间，每时每刻做些有用的事，戒掉一切不必要的行动。

（7）诚恳——不欺骗别人，思想要纯洁公正，说话也要如此。

（8）公正——不做损人利己的事，不要忘记履行对人有益而又是你应尽的义务。

（9）适度、避免极端——人若给你应得的处罚，你应当容忍。

（10）清洁——身体、衣服和住所力求清洁。

（11）镇静——勿因小事或普通的不可避免的事故而惊惶失措。

（12）贞节——克制自己的欲望，珍惜自己的身体，不过于放纵自己。

（13）谦虚——仿效耶稣和苏格拉底。

富兰克林将上述 13 种品德写在了一个笔记本上，并制成一个小册子，每日都要对着小册子逐条反省自己的行为。他在自己的自传中提到了这种方法，他写道：

"我的目的是养成所有这些美德的习惯。我认为最好还是不要立刻全面地去尝试，以致分散注意力，最好还是在一个时期内集中精力掌握其中的一种美德。当我掌握了那种美德以后，接着就开始注意另外一种，这样下去，直到我掌握了 13 种为止。因为先获得的一些美德可以便利其他美德的培养，所以我就按照这个主张把它们像上面的次序排列起来。……"

富兰克林的经验告诉我们，自省可以帮助一个人取得进步。经验可以变成商品，变成钱财，变成货币，经验是价值之源。然而只有记录下来的经验，经过认真思索沉淀的经验，才能将它们转变为有价值的东西。一个人命运上的差别不是由他们的遭遇决定的，而是由他们对待遭遇的态度决定的。为了能做一些对生活有益的事，我们必须从遭遇中汲取有价值的信息。

理想的反省时间是在一段重要时期结束之后，如周末、月末、年末。在一周之末用几个小时去思索一下过去 7 天中出现的事件。月末要用一天的时间去思索过去一个月中出现的事情，年终要用一周的时间去审视、思索、反省生活中遇到的每一件事。

自我反省的时间越勤越有利。假如你一年反省一次，你一年才知道优缺点，才知道自己做对了什么，做错了什么。假如你一个月反省一次，你一年就有了 12 次反省机会。假如你一周反省一次，你一年就有 54 次反省机会。假如你一天反省一次，你一年就有 365 次反省机会。反省的次数越多，犯错的机会就越少。

自我反省能让自己知道明天应该做什么，应该如何去做，可以让自己不再盲目地生活。

那么，我们该反省什么呢？

1. 人际关系。你今天有没有做不利于人际关系的事？在与某人的争执中你是否也存在不对的地方？对某人说的那句话是否得体？某人对你不友善是否有什么特殊意义？

2. 做事的方法。今天所做的事，处理是否恰当？是否有不妥之处？怎样做才会更好？有没有补救措施？

3. 生命的进程。反省到目前为止，你做了些什么事，有无进步？时间有无浪费？目标完成了多少？

如果你真的做到了经常反省自己，相信你的人格会不断得到完善，才能会得到最大程度的发挥，成功也就离你不远了。

自省——跳出身外审视自己

人生本来就是一个不断实验，充满错误的过程。一个善于自省的人能够不断总结自己的行为，在错误中学习和成长。在一个人成长的过程中，经验的作用是无价的，只有经验才是真正的价值之源。一个人的经验可以借助于他的反省变成能力，变成成绩，变成财富。如果你真的能够做到经常反省自己，你的人格就会得到不断地完善，才能也会得到最大程度的发挥。

一个人如果能随时反复诘问自己过去的转变，就可以找出以往看待事物的观点是对还是错，若是正确，则往后当然可以继续以此眼光去面对这个世界，万一是错的，也可以加以修正。如此，则可以帮助你往后以正确的习惯去看待周遭的事物。

曾经有一个人很不满意自己的工作，他愤愤地对朋友说："我的领导一点也不把我放在眼里，改天我要对他拍桌子，然后辞职不干。"

"你对那家贸易公司完全弄清楚了吗？对于他们做国际贸易的窍门完全搞通了吗？"他的朋友反问。

"没有！"

"我建议你好好地把他们的一切贸易技巧、商业文书和公司组织完全搞通，甚至连怎么修理复印机的小故障都学会，然后辞职不干。"他的朋友建议，"你把他们的公司当作免费学习的地方，什么东西都通了之后，再一走了之，不是既出了气，又有许多收获吗？"

那人听从了朋友的建议，从此便默记偷学，甚至下班之后，还留在办公室研究写商业文书的方法。

一年之后，那位朋友偶然遇到他。

"你大概多半都学会了，可以准备拍桌子不干了吧？"

"可是我发现近半年来，老板对我刮目相看，最近更总是委以重任，又升官、又加薪，我已经成为公司的红人了！"

"这是我早就料到的！"他的朋友笑着说，"当初你的老板不重视你，是因为你的能力不足，却又不努力学习。而后你痛下苦功，进步神速，当然会令他对你刮目相看的。"

正确的自省总能使你进步。每个人要经常跳出自身反省自己，取出自己的心，一再检视它，这样才能真正了解自己。

大多数人就是因为缺乏自省习惯，不晓得自己这些年以来的转变，才会看不清楚自己的本质。而一个不晓得自身变化的人，就无法由过去的演变经验来思考自己的未来，当然只能过一天算一天。

人非圣人，孰能无过。人生允许出现错误，但不能允许同样的错误犯第二次，人的一生如果充满着错误，那么他的结果就无法正确。犯错不可怕，可怕的是不知道错在哪里。

从失败中求得成功，从错误中发现正确是我们认识事物的途径之一。毫无疑问，在生活中出现错误也不是毫无用处，毫无价值的。假若在过去的昨天、今天做错了某些事，经由自我反省，就不会让它再次出现在明天中。

能够时时审视自己的人，一般来讲，他的过错都非常少，因为他会时时考虑：我到底有多少力量？我能干多少事？我该干什么？我的缺点在哪里？为什么失败了或成功了等等。这样做就能轻而易举地找出自己的优点和缺点，为以后的行动打下基础。

有一个青年，有一天在街角的小店借用电话。他用一条手帕，盖着电话筒，然后说："是王公馆吗？我是打电话来应征做园丁工作的，我有很丰富的经验，相信一定可以胜任。"电话的接线生说："先生，恐怕你弄错了，我家主人对现在聘用的园丁非常满意，主人说园丁是一位尽责、热心和勤奋的人，所以我们这儿并没有园丁的空缺。"

青年听罢便有礼貌地说："对不起，可能是我弄错了。"跟着便挂了电话。小店的老板听了青年人的话，便说："年轻人，你想做园丁的工作吗？我的亲戚正要请人，你有兴趣吗？"

青年人说："多谢你的好意，其实我就是王公馆的园丁。我刚才打的电话，是用以自我检查，确定自己的表现是否合乎主人的标准而已。"

在生活中，不断做自我反省，才可以令自己立于不败之地。

一般地说，自省心强的人都非常了解自己的优劣，因为他时时都在仔细检视自己。这种检视也叫做"自我观照"，其实质也就是跳出自己的身体之外，从外面重新观看审察自己的所作所为是否为最佳的选择。这样做就可以真切地了解自己了，但审视自己时有个需要保证的前提是，自我审视的角度必须是坦率无私的，这样才能获得一个客观的结果。

遇到问题，从自己身上找原因

有一只色彩斑斓的大蝴蝶，常嘲笑对面的邻居——一只懒惰的小灰蝶。

"瞧，他的衣服真脏，永远也洗不干净，总是灰突突的，还有斑点，看看我，一身的衣服多漂亮，飞到哪儿，都是人们眼里的宠儿，在公园里，小孩们追着我，单身的男子说希望将来的女朋友像我一样漂亮，甚至有几只小蜜蜂追着我不放，以为我是一朵飘舞的美丽的鲜花呢。"大蝴蝶喋喋不休地向朋友们炫耀着自己的美丽，嘲笑着邻居小灰蝶的懒惰与丑陋。

直到有一天，有个明察秋毫的朋友到他家，才发现对面的小蝴蝶并非懒惰，而是他本身的衣服就是灰色的，但大蝴蝶却始终坚持自己的观点。

这位朋友只好把大蝴蝶带到医院眼科检查，医生说："大蝴蝶的眼睛已高度近视了。"

其他蝴蝶纷纷说："他应该反省一下，其实是自己有问题。"

一个善于自省的人遇到问题往往会反求诸己，从自己的身上找原因，而不是总把问题推到别人身上。

布森是一位优秀的电影制片人，但却先后被3家公司革职，在不断地被革职后他才体会到大机构生活对他不合适。他在好莱坞晋升为20世纪霍士公司第二号人物，后来建议摄制《埃及妖后》，不料这部影片卖座奇惨。接着公司大裁员，他也被裁掉了。

在纽约，他在新阿美利坚文库任编纂部副总裁，但是几位东主延聘了一位局外人，而他和这人意见不合，于是又被开除。

回到加州，他又进了20世纪霍士公司，在高层任职6年，不过董事局不喜欢他所建议拍摄的几部影片，他又一次被革职。

布森开始仔细检讨自己的工作态度。他在大机构做事一向敢言、肯冒险，喜欢凭直觉处事。这些都是当老板的作风。他痛恨以委员会的方式统筹管理，也不喜欢企业心态。

分析了失败的原因之后，布森自立门户，摄制了一系列受人欢迎的影片，如《大白鲨》、《裁决》、《天茧》等。

面对一次次挫败，布森并没有把失败的原因推到别人身上，也没有怨天尤人，而是仔细地反省自身，从自己身上找原因，最后终于自立门户，获取了事业的成功。这个事例告诉我们，当一个问题出现后，问题并不在别的地方，很可能就出在我们自己身上。

有这样一则寓言：

一只狐狸在跨越篱笆时滑了一下，幸而抓住一株蔷薇才不致摔倒，可它的脚却被蔷薇的刺扎伤了，流了许多血。

受伤的狐狸很不高兴地埋怨蔷薇说："你也太不应该了，在我向你求救的时候，你竟然趁机伤害我！"

蔷薇回答说："狐狸啊，你错了！不是我故意要伤害你，我的本性就带刺，是你自己不小心，才被我刺到了。"

在我们的周围，也有很多这样的人，他们在遭遇挫折或犯了错误的时候，不是反躬自省，而是责怪或迁怒别人。

他们是缺乏自省思维的人，责怪别人的结果丝毫无益于解决问题。因此，一个真正具有自省思维的人，在这样的时刻更多地会从自己身上寻找原因，而不是将责任推给别人。

我们应当把自己对自省思维的培养，渗入到生活中的每一件事当中。这种培养和要求有助于训练我们健康地对待贪婪和享受的习惯。做一个自我约束能力强的人，对一生都是有好处的。

积极心态篇

第一章　快乐的心态让一年四季遍布阳光

心态决定人生

著名诗人席慕蓉说过："有一个方法可以让自己好看，就是尽量保持快乐的心境。"不仅仅是样貌，甚至连人生的轨迹都和心态紧密相连，不同的心态会导致不同的人生境遇。

有两只狐狸，结伴出来闲逛。忽然一个很大的葡萄园出现在它们眼前，园内果实累累，每颗葡萄看起来都很可口，让它们垂涎欲滴。

葡萄园的四周围着很密集的铁栏杆，狐狸们想从栏杆的缝隙钻进园内，却因身体太胖了，钻不过去。于是其中一只狐狸决定减肥，让自己瘦下来。它在园外饿了三天三夜后，果然变苗条了，真是皇天不负苦心人，它终于顺利钻进了葡萄园内。而另外一只嫌减肥太过痛苦，从一开始就放弃了。

钻进葡萄园的狐狸在园内大快朵颐。葡萄真是又甜又香啊！不知吃了多久，它终于心满意足了。

但当它想溜出园外时，却发现自己又因为吃得太胖而钻不出栏杆，于是只好又在园内饿了三天三夜，瘦得跟原先一样时，才顺利地钻出园外。

没有钻进葡萄园的那只狐狸，看到整个过程，讥讽道："空着肚子进去，又空着肚子出来，何必呢，真是白忙一场啊！"

而从葡萄园钻出来的那只狐狸却说："可是，我吃到了香甜的葡萄，那可真是一次享受啊。你呢？"

心态不同，对于同样一件事情的看法自然不同。同样，不同的心态，产生的后果也自然不同。

有一个女儿经常对她的父亲抱怨，说她的生命是如何如何痛苦、无助，她是多么想要健康地走下去，但是她已失去方向，整个人惶惶然，只想放弃。她已厌烦了抗拒、挣扎，但是问题似乎一个接着一个，让她毫无招架之力。

当厨师的父亲，二话不说，拉起心爱的女儿的手，走向厨房。他烧了三锅水，当水滚了之后，他在第一个锅里放进萝卜，第二个锅里放了一颗蛋，第三个锅中则放进了咖啡。

充满狐疑的女儿望着父亲，不知所以，刚要张口询问，父亲温柔地握着她的手，示意她不要说话，静静地看着滚烫的水以炽热的温度烧滚着锅里的萝卜、蛋和咖啡。

一段时间过后，父亲把锅里的萝卜、蛋捞起来各自放进碗中，把咖啡滤过倒进杯子，问："宝贝，你看到了什么？"女儿说："萝卜、蛋和咖啡。"

父亲把女儿拉近，要女儿摸摸经过沸水烧煮的萝卜，萝卜已被煮得软烂；他要女儿拿起蛋，敲碎薄硬的蛋壳，细心观察这颗水煮蛋；然后，他要女儿尝尝咖啡，女儿笑起来，喝着咖啡，闻到浓浓的香味。

女儿谦虚恭敬地问："爸，这是什么意思？"

父亲解释，这三样东西面对相同的逆境，也就是滚烫的水，反应却各不相同，原本粗硬、坚实的萝卜，在滚水中却变软了、变烂了；这个蛋原本非常脆弱，它那薄硬的外壳起初保护了它液体似的内容物，但是经过滚水的沸腾之后，蛋壳内却变硬了；而粉末似的咖啡却非常特别，在滚烫的热水中，它竟然改变了水。

"你呢？我的女儿，你是什么？"

父亲慈爱地摸着虽已长大成人，却一时失去勇气的女儿的头："当逆境来到你的面前，你做何反应呢？你是看似坚强的萝卜，但痛苦与逆境到来时却变得软弱，失去力量？或者你像是一颗蛋，有着柔顺易变的心？你是否原是一个有弹性、有潜力的灵魂，但是却在经历死亡、分离、困境之后，变得僵硬顽固？也许你的外表看来坚硬如旧，但是你的心和灵魂是不是变得又苦又倔又固执？或者，你就像是咖啡？咖啡将那带来痛苦的沸水改变了，当它的温度升高到一百多度时，水变成了美味的咖啡，当水沸腾到最高点时，它就愈加美味。

"如果你像咖啡，当逆境到来，一切不如意时，你就会变得更好，而且将外在的一切转变得更加令人欢喜，懂吗？我的宝贝女儿？你要让逆境摧折你，还是你来转变，让身边的一切人和事物感觉更美好、更善良？我相信你能做出最好的选择。"

有一位伟人曾经说过："要么你去驾驭生命，要么是生命驾驭你。你的心态决定谁是坐骑，谁是骑师。"不要让你的心态使你成为一个失败者。成功是由那些抱有积极心态的人所取得，并由那些以积极的心态努力不懈的人所保持。

要知道，任何事物都有健康的一面和消极的一面，心态也不例外，如果你的心态是健康的，你看到的就是乐观、进步、向上的一面，你的生活、工作、人际关系及周围的一切就都是成功向上的；如果你的心态是消极的，你所见到的就只有悲观、失望、灰暗，你的前途也很可能随之黯淡无光。

心是快乐的根

终南山麓，水清草美。据说这一带出产一种快乐藤，凡是得到这种藤的人，一定喜形于色、笑逐颜开，不知烦恼为何物。

曾经有一个人，历尽千辛万苦，终于找到了这棵快乐藤。但他并没有得到预想中的快乐，反而感到一种空虚和失落。

他把自己的疑问告诉了借宿处的老人。老人一听就乐了，说："其实，快乐藤并非终南山才有，人人心中都有。只要你有快乐的根，无论走到天涯海角，都能够得到快乐。"

"那么，什么是快乐的根呢？"

"心就是快乐的根。"

其实，快乐就在我们心里。当你跋山涉水寻找快乐时，为什么不往自己心里找一找呢？快乐就在身边，快乐就在我们心里。

一个人快乐与否，不在于他拥有什么，而在于他怎样看待自己所拥有的。在求学的日子里，我们不要总是拿着自己的缺点和别人的优点比，这样我们永远不会看到自己的长处，不懂得肯定自己的快乐。要知道快乐是一种积极的生活态度，谁都无法让我们无忧无虑地生活，谁都无法阻止我们在学习中寻找乐趣。只有战胜忧愁，认清自我的位置，才能享受快乐。

龙王与青蛙一天在海滨相遇，青蛙问龙王："大王，你的住处是什么样的？"龙王说："珍珠砌筑的宫殿，贝壳筑成的阙楼，屋檐华丽而又气派，厅柱坚实而又漂亮。"龙王说完，问青蛙："你呢？"青蛙说："我的住处绿藓似毡，娇草如茵，清泉潺潺。"

说完，青蛙又问龙王："大王，你高兴时如何？发怒时又怎样？"龙王说："我若高兴，就普降甘露，使五谷丰登；若发怒，则风起云涌、电闪雷鸣，叫千里以内寸草不留。那么，你呢，青蛙？"青蛙说："我高兴时，就面对清风朗月，呱呱叫上一通；发怒时，先瞪眼睛，再鼓肚皮，最后气消肚瘪，万事了结。"

每个人都要扮演一定的社会角色，或者是主角，或者是配角。主角有主角的活法，配角有配角的生活，不要一味地羡慕别人，小角色也有自己的生活乐趣，而这些乐趣是别人所不能体会的。如果你是班长，就要扮演好班长的角色，认真组织每一次活动。如果你是班里的一员，就要积极参加班集体的活动，为营造一个良好的班集体贡献自己的力量。

在我们身边每天都有快乐的事情发生，就看你有没有察觉到。正如有句话所说："你的生活中不是没有快乐，而是你缺少了一双发现快乐的眼睛。"

拉姆先生俯身去亲 6 岁的儿子杰克并道晚安。杰克皱了皱眉说："爸爸，您忘了问我今天最快乐的事情是什么。"

"你说吧。"拉姆先生在床沿坐下。杰克脸贴着枕头小声说："捉到一条鱼。这是第一次，爸爸。"

这个习惯怎样开始，为什么开始，拉姆先生已记不起来了，可是这种睡前的仪式给了拉姆先生不少安慰。

每天脑子静下来的时候，问问自己："今天最快乐的事情是什么？"一天也许很忙，甚至充满苦恼，但无论日子过得怎样，总有一件"最快乐"的事情。

平平淡淡的小事，往往能够给我们带来许许多多的快乐。睡前回忆一下一天最快乐的事情，能让人带着愉快的心情入睡，轻松地结束一天，并为第二天的好心情奠定基础。在睡觉之前，想一想今天克服了哪些难题，想一想你是怎样让同班同学感受到快乐的，回忆一下老师对我们无微不至的关怀，这些都能让我们的心感到温暖。当把感受快乐变成生活中的一部分，你会发现，原来生活无时无刻不充斥着快乐的分子。

一天清晨，在一列老式火车的卧铺车厢中，有五个男士正挤在洗手间里刮胡子。

经过了一夜的疲困，隔日清晨通常会有不少人在这个狭窄的地方漱洗一番。此时的人们多半神情漠然，彼此间也不交谈。

就在此刻，有一个面带微笑的男人走了进来，他愉快地向大家道早安，但没有人理会他的招呼。之后，当他准备开始刮胡子时，竟然自若地哼起歌来。他的这番举止令有些人感到极度不悦，于是有人冷冷地、带着讽刺的口吻问这个男人：

"喂！你好像很得意的样子，怎么回事啊？"

"是的，你说得没错。"男人回答，"我是很得意，我真的觉得很快乐。"然后，他又说道："我是把使自己觉得快乐这件事，当成一种习惯罢了。"

青春年少的我们，要养成快乐的习惯，这样忧愁就不再有，烦恼就不再来；当快乐成为一种习惯，生命的每一个瞬间都会留下欢声笑语的足迹；当快乐成为一种习惯，无论多么平凡的事情都会在你的生活画卷中留下精彩的一笔。

好心态助你踏上成功的阶梯

大概是40年前，福建某贫穷的乡村里，住了兄弟两人。他们忍受不了穷困的环境，便决定离开家乡，到海外去谋发展。大哥好像幸运些，到了富庶的旧金山，弟弟到了比中国更穷困的菲律宾。

40年后，兄弟俩又幸运地聚在一起。今日的他们，已今非昔比了。做哥哥的，当了旧金山的侨领，拥有两间餐馆、两间洗衣店和一间杂货铺，而且子孙满堂，有些承继衣钵，有些成为杰出的工程师或电脑工程师等科技专业人才。

弟弟呢？居然成了一位银行家，拥有东南亚相当数量的山林、橡胶园和银行。经过几十年的努力，他们都成功了。但为什么兄弟两人在事业上的成就，却有如此大的差别呢？兄弟聚头，不免要谈谈分别以来的遭遇。哥哥说，我们中国人到了白人的社会，没有什么特别的才干，唯有用一双手煮饭给白人吃，为他们洗衣服。总之，白人不肯做的工作，我们华人统统顶上了，生活是没有问题的，但事业却不敢奢望了。例如我的子孙，书虽然读得不少，也不敢妄想，唯有安安分分地去担当一些中层的技术性工作来谋生。

看见弟弟这般成功，做哥哥的，有些羡慕弟弟的幸运。弟弟却说，幸运是没有的。初来菲律宾的时候，担任些低贱的工作，但发现当地的人有些是比较愚蠢和懒惰的，于是便顶下他们放弃的事业，慢慢地不断收购和扩张，生意便逐渐做大了。

一个人能否成功，并不是由环境决定的，关键在于他的态度。心态控制了一个人的行动和思想。同时，心态也决定了自己的视野、事业和成就。成功人士与失败者之间的差别是，成功人士始终用最积极的思考、最乐观的精神和最辉煌的经验支配和控制自己的人生。失败者则恰好相反，他们的人生是受过去的种种失败与疑虑所引导支配的。

古代，有一个举人进京赶考，住在一个店里。考试前两天他做了三个梦，第一个梦是自己在墙上种白菜；第二个梦是下雨天，他戴了斗笠还打伞；第三个梦是跟心仪已久的表妹躺在一起，但是背靠着背。

这三个梦似乎有些深意，举人第二天就赶紧去找算命的解梦。算命的一听，连拍大腿说："你还是回家吧！你想想，高墙上种菜不是白费劲吗？戴斗笠打雨伞不是多此一举吗？跟表妹躺在一张床上，却背靠背，不是没戏吗？"

举人一听，觉得如同掉进了万丈深渊。他回到店里，心灰意冷地收拾包袱准备回家。店老板非常奇怪，问："明天就要考试，你怎么今天就要回乡呢？"

举人如此这般说了一番，店老板乐了："哟，我也会解梦的。我倒觉得，你这次一定要留下来。你想想，墙上种菜不是高种（中）吗？戴斗笠打伞不是说明你这次有备无患吗？跟你表妹背靠背躺在床上，不是说明你翻身的时候就要到了吗？"

举人一听，觉得更有道理，于是振奋精神参加考试，果然考中了。

一件事情可以有截然不同的解读，我们为什么不把它往好的方面解读，而偏偏要解读成让我们丧气的东西呢？要记住，心境不同，结果自然不同，我们的潜意识对现实生活往往具有意想不到作用。

一阵暴风雨过后，天气逐渐转晴。一只被风雨击落的蜘蛛艰难地向墙角已经支离破碎的蜘蛛网爬去。

然而，被雨水浇湿的墙壁却变得异常光滑，蜘蛛在潮湿的墙壁上艰难地爬行，当它爬到一定的高度，就会突然掉落下来。但是蜘蛛并没有因此而放弃，它还是一次次地向上爬，又一次次地掉下来……

这时，有一个人从墙边慢悠悠地走过，当他看到这种情形时，不禁联想到了自己的一生。他叹了一口气，自言自语道："我的一生不正如这只蜘蛛吗？一次次地失败，还这样固执地从头再来，只是这般忙忙碌碌而无所得，又有什么用啊！"于是，他日渐消沉，对生活彻底丧失了信心。

第二个人看到了这个场景，他很遗憾地说："这只蜘蛛真是愚蠢啊，为什么不从旁边干燥的地方绕一下爬上去呢？不仅省时间，还省力气。我以后可不能像它那样愚蠢，一定要学会走捷径，这样才能活得潇洒啊！"后来，他变得更加聪明起来，懂得从侧面来思考问题。

第三个人被蜘蛛屡败屡战的精神所感动了。"虽然是一只小小的蜘蛛，却具有一种不屈不挠的生活态度。"他这样想。于是，他变得更加坚强起来。

悲观主义者，轻易便被失败打倒，因为他们看不到生活的积极面，结果只能是自甘消沉；拥有良好心态的人，懂得思考，善于吸收优点，自然会走上成功的道路。培养良好心态，将使你紧随成功的步伐向前迈进。

想开了是天堂，想不开是地狱

生活中，不少青少年因高考落榜而精神萎靡，因失恋而痛苦忧伤，因无法适应快节奏的工作而丧失斗志……这些心理多半是他们意志薄弱、心态不成熟的一种表现。而这些异常的心理、悲观的心态往往导致痛苦的人生，往往影响青少年对环境的正确看法。悲观者实际上是以自己悲观消极的想法看待客观世界，在悲观者心中，现实是或多或少被丑化了的。现在社会上许多人，对未来和生活，常常持有一种悲观的迷茫心理。对自己的过去，不管有无成败，不管是否辉煌，都一概加以否定，心理上充满了自责与痛苦，嘴上有说不完的遗憾。对未来缺乏信心，一片迷茫，以为自己一无是处，什么事都干不好，认知上否定自己的优势与能力，无限放大自己的缺陷。

有时候，同一件事，想开了是天堂，想不开就是地狱。正如法国作家大仲马说过的那样："烦恼与欢喜、成功和失败，仅系于一念之间。"

俄国作家契诃夫写过这样一篇文章：

生活是极不愉快的玩笑，不过要使它美好却也不是很难。为了做到这点，光是中头彩赢了20万卢布、得了"白鹰"勋章、娶个漂亮女人、以好人出名，还是不够的——这些福分都是无常的，而且也很容易习惯。为了不断地感到幸福，甚至在苦恼和愁闷的时候也感到幸福，那就需要：第一，善于满足现状；第二，很高兴地感到"事情原来可能更糟呢"。这是不难的：

要是火柴在你的衣袋里燃起来了，那你应当高兴，而且感谢上帝：多亏你的衣袋不是火药库。

要是有穷亲戚上别墅来找你，那你不要脸色苍白，而要喜气洋洋地叫道："挺好，幸亏来的不是警察！"

如果你的妻子或者小姨练钢琴，那你不要发脾气，而要感谢这份福气：你是在听音乐，而不是听狼嗥或者猫的音乐会。

你该高兴，因为你不是拉长途马车的马，不是旋毛虫，不是猪，不是驴，不是茨冈人牵的熊，不是臭虫。

你要高兴，因为眼下你没有坐在被告席上，也没有看见债主在你面前。

如果你不是住在边远的地方，那你一想到命运总算没有把你送到边远的地方去，你岂不觉着幸福？

要是你有一颗牙痛起来，那你就该高兴：幸亏不是满口的牙痛起来。

你该高兴，因为你居然可以不必读《公民报》，不必坐在垃圾车上，不必一下子跟三个人结婚。

要是你给送到警察局去了，那就该乐得跳起来，因为多亏没有把你送到地狱的大火里去。

要是你挨了一顿桦木棍子的打，那就该蹦蹦跳跳，叫道："我多么运气，人家总算没有拿带刺的棒子打我！"

要是你的妻子对你变了心，那就该高兴，多亏她背叛的是你，不是国家。

依此类推，朋友，照着我的劝告去做吧，你的生活就会欢乐无穷了。

让我们学一学吧！青少年朋友，也许，你确有难言的烦恼，以致使你对以后的人生失去多半的兴趣，但是你却可以用另外一把钥匙去打开快乐之门——改变你忧闷不堪的心情。

励志大师卡耐基为我们提供了以下 4 个步骤来消除我们生活中的烦恼：

你担忧的是什么？

你能怎么办？

你决定怎么做？

你什么时候开始做？

乐观的人生，带给你的是永远的自信和隐不去的笑容。而自信和微笑带给你的是充满朝气的个人形象与和蔼可亲的交际性格。

乐观是一种美好的品格，青少年朋友，我们应营造追求快乐的环境，培养自己乐观的性格。

1. 让自己获得更多的友谊。你要创造条件让自己建立起良好的人际关系，学会怎样进行愉快融洽的人际交往。

2. 让自己行使更多的自主权。把握生活中的各种机会，自己决定选择什么不选择什么。

3. 调整好心态。当陷入痛苦或忧虑之中时，可以采取听音乐、阅读、骑自行车或与朋友交谈等方法，让自己从失望中振作起来，尽快恢复愉快的心情。

4. 控制自己的欲望。欲壑难填，当一个人物质占有欲太强，就极有可能"欲火焚身"，因此，应正确对待自己的物质追求，控制自己的物质占有欲。

5. 培养广泛的兴趣和爱好。为自己多寻求、开发良好的兴趣和爱好，积极参加各种有益的活动，就能使自己快乐起来。

多给自己积极的心理暗示

积极的人在每一次忧患中都看到一个机会，而消极的人在每个机会中都看到某种忧患。

约翰·伍登是全美所公认的史上最称职的篮球教练之一，曾经有记者问他："伍登教练，请问你如何保持这种积极的心态？"

伍登很愉快地回答："每天我在睡觉以前，都会提起精神告诉自己'我今天的表现非常好，而且明天的表现会更好。'"

"就只有这么简短的一句话吗？"记者有些不敢相信。

伍登惊讶地问道："简短的一句话？这句话我可是坚持了20年！重点和简短与否没关系，关键是在于你有没有持续去做，如果无法持之以恒，就算是长篇大论也没有帮助。"

的确，积极的心态能够催人上进，激发人潜在的力量。时刻鼓励自己，给自己积极的暗示，有助于我们走出困境，保持积极进取的精神。

有两个人到外地打工，一个去上海，一个去北京。可是在候车厅等车时都又改变了主意。因为邻座的人议论说，上海人精明，外地人问路都收费；北京人质朴，见吃不上饭的人，不仅给馒头，还送旧衣服。

去上海的人想，还是北京好，挣不到钱也饿不死，幸亏车还没到，不然真掉进了火坑。

去北京的人想，还是上海好，给人带路都能挣钱，还有什么不能挣钱的？我幸亏还没上车，不然真失去一次致富的机会。

于是，他们在退票处相遇了，互相换了票。原来要去北京的得到了上海的票，去上海的得到了北京的票。

去北京的人发现，北京果然好。他初到北京一个月什么也没干，竟然没有饿着。不仅银行里的纯净水可以白喝，而且大商场里欢迎品尝的点心也可以白吃。

去上海的人发现，上海果然是个可以发财的城市，干什么都可以挣钱。

带路可以赚钱，开厕所可以赚钱，弄盆凉水让人洗脸可以赚钱。只要想点办法，再花点力气都可以赚钱。凭着乡下人对泥土的感情和认识，第二天，他在建筑工地装了十包含有沙子和叶子的土，以"花盆土"的名义，向不见泥土而爱花的上海人兜售。当天就净赚了 50 元钱。一年后，凭着"花盆土"他竟然在大上海拥有了一间小小的门面。

一天，他又有了一个新的发现：一些商店楼面亮丽而招牌较黑，一打听才知道清洁公司只负责洗楼而不洗招牌。他立即抓住这一空当，买了梯子，水桶和抹布，办起一个小型清洁公司，专门负责擦洗招牌。如今他的公司越做越大，自己做起了老板。

不久前，他坐火车去北京考察清洁市场。在北京车站，当他要把喝空了的饮料罐丢进垃圾桶时，一个捡破烂的人把手伸了过来，向他要饮料罐。就在递罐时，两人都愣住了，因为 5 年前，他们曾经换过一次票。

积极心态引领成功的人生。消极心态只能给人带来失败和沮丧。心理学家认为，任何人都能拥有积极的心态和乐观的精神。天生悲观或者正深陷消极情绪的人，通过学习以及自我调控也能拥有乐观积极的心态。首先，你要学会控制情绪反应，留意并积累生活和工作中的各种经验，尽量使它们都能带给你正面情绪。你还可以有意识地结交心态积极乐观的人，像他们一样养成从任何事中寻找事物积极因素的习惯，直到它成为你的本能。

日本零售集团"八佰伴"的创造人和田一夫的乐观心态，也是他多年坚持"心灵训练"的成果。他曾说："如果想真正获得人生幸福的话，就需要有'没关系，一切都会好起来的'这种豁达的想法。"这种心灵的训练是很有必要的。从他涉足商场初期，他就一直坚持写"光明日记"，记录每天让他感到快乐的事。和田一夫说："如果想使自己的命运得以好转的话，就必须不断地用积极向上的语言来鼓励自己，并使自己保持开朗的心情。这是非常重要的。"

除了"光明日记"外，和田一夫还独创了"快乐例会"。即在每月的工作例会中，和田一夫规定：在开会前每个人要用 3 分钟的时间，从这个月发生的事情中找出 3 件快乐的事情告诉大家。"刚开始的时候，大家很难找出 3 件快乐的事。后来养成习惯后，别说是 3 件，人人都想发表 10 件快乐的事。每月这样延续下来，人人都逐渐露出了笑脸。"和田一夫对自己的成绩很自豪，这种别开生面的方式，的确有效地调动了员工的乐观情绪。

思维方式也是有惯性的，也许开始时，你需要勉强自己才能做到乐观。

但当这种思考方式养成习惯时，你就能自然而然地变成一个积极开朗的人，总能看到事情光明的一面，就像和田一夫以及他的员工一样，在有意识的"心灵训练"中，战胜悲观、失望等负面情绪，充满信心地面对种种困难，微笑着面对自己的生活。

不必事事追求完美，计较得失

以平常心待事，说起来容易做起来难。我们平凡人的一生，会有得意、失落、成功、失败，也会有属于自己的辉煌和挫折。而我们的情绪和心境，会随之起起落落，有时前途无量，有时又跌入万丈深渊；有时迷茫无助，有时又柳暗花明。

所以，要以平常心做事，不攀比，不虚荣，沿着自己期望的目标，一步一个脚印地往前走，心平气和，不浮躁，不刻意对每件事都锱铢必较追求完美，人生就会充实而美好。

有一只木车轮因为被砍下了一角而伤心郁闷，它下决心要寻找一块合适的木片重新使自己完整起来，于是离开家开始了长途跋涉。不完整的车轮走得很慢，一路上阳光柔和，它认识了各种美丽的花朵，并与草叶间的小虫攀谈，当然也看到了许许多多的木片，但都不太合适。

终于有一天，车轮发现了一块大小形状都非常合适的木片，于是马上将自己修补得完好如初。可是欣喜若狂的轮子忽然发现，眼前的世界变了，自己跑得那么快，根本看不清花儿美丽的笑脸，也听不到小虫善意的鸣叫，车轮停下来想了想，又把木片留在了路边，自个儿走了。

所以有时失也是得，得即是失。当我们有所失落的时候，生活才更加完整。从这个故事我们也可以渐渐体会到，许多苦恼的根源来自人们心中的一个误解：必须做到尽善尽美，才能获得别人的好感。当人们踏上追寻完美的不归之路时，生活便渐渐变成了专门为他们捕捉过失的陷阱。所以我们总是因怀疑自己做得不够好而愧疚和担心，担心爱我们的人会因此对我们感到失望，结果却适得其反。

人们当然要为其既定的目标积极努力，但无论怎样的生活都不会是一块无瑕的玉，环境的变化往往出乎你的意料。谁又能时时刻刻应付自如？

在人的一生，总会有许多或大或小的成功与失败。有的人因为一时的成功而沾沾自喜，固步自封，停滞不前；有的人因为一时的失败而心灰意冷，一蹶不振。人生需要放眼长远，超越成败得失，塑造平常心态。以平常心视不平常事，则事事平常。从人生的根本意义来理解，冒险失败胜于安逸平庸。轰轰烈烈地奋斗一生，即使到头来失败了，他的一生仍然是有价值的。

成功是人人向往的，但成功之后并不是什么问题都没有了，成功有时也会给人带来严重的障碍，而其根源就在于人们没能用平常心来正确看待成败得失。

美国著名心理学家和心理治疗医生卡瑟拉讲了这样一个病例：

在奥斯卡金像奖发奖仪式次日的凌晨3：00时，她被奥斯卡奖获得者克劳斯从沉睡中唤醒。克劳斯认为他所获得的成功"是由于碰巧赶上了好时间、好地方，有真正的能人在后边起了作用"的结果。他不相信自己获得奥斯卡奖是多年锤炼和勤奋工作的结果。尽管他的同事通过评选公认他在专业方面是最佳的，但他却不相信自己有多么出色和创新的地方。克劳斯进门后举着一尊奥斯卡奖的金像哭着说："我知道再也得不到这种成绩了。大家都会发现我是不配得这个奖的，很快都会知道我是个冒牌的。"

在卡瑟拉的经历中这样的事例还很多，他认为，这些严重影响成功的症状是由于缺乏平常心而引起的。

同样，每一次失败都是一次超越的机会，如果逃离失败，躲避失败，就会把一个人的活力与成长力剥夺殆尽，形同一个行尸走肉。所以，失败是超越自我的重要推动力，没有失败过的人，是从来没有做过事的人。

爱迪生在发明蓄电池的过程中，曾先后经历了5万余次的失败。面对一大堆失败的试验数据，助手们既灰心又沮丧。一个助手对继续试验感到厌烦和疑虑，他问爱迪生："这么多失败难道没告诉您什么吗？"爱迪生只是平淡地回答："是的，我知道了不起作用的东西有5万件。"

有时，失败来自于难以预知的偶然性因素。虽然人们付出了很多，但都在离成功只有一步之遥时发生了意料之外的事情，以致功亏一篑，即所谓的"谋事在人，成事在天"。这话是说谋事与成事的关系。

失败是大自然对人类的严格考验，是超越自我前的演习，它借此烧掉人们心中的残渣，使之变得更为纯净，可以经得起严格的考验。超越成败得失，以平常心看待结果，以平常心看待偶然因素，以平常心收拾残局，为未来继续努力，才能超越自我，才有可能赢得更大的成功。

每天送给自己一个希望

成功学大师拿破仑·希尔说："没有任何东西能够换取希望对于人的价值。当我们面对失败的时候，当我们面对重大灾难的时候，我们都应该将人生寄托于希望，希望能够使我们淡忘自己的痛苦，为我们汲取继续走向成功的力量。"

在一个偏僻的村落里，有一位历尽沧桑的老人。她几乎经历了一个女人所能遭遇的一切不幸。然而她却用一颗满盛着希望的心灵演绎了一个幸福美丽的人生。18岁时，她嫁给了邻村的一个生意人，可刚结婚不久，丈夫外出做生意，便一去不返。当时，她已经怀上了孩子。

丈夫不见踪影几年以后，村里人都劝她改嫁，但她没有走。她说丈夫生死不明，也许在很远的地方做了大生意，没准哪一天发了大财就回来了。她被这个念头支撑着，带着儿子顽强地生活着。她甚至把家里整理得更加井井有条。

这样过去了十几年，在她儿子17岁的那一年，一支部队从村里经过，她的儿子跟部队走了。儿子说，他到外面去寻找父亲。

不料儿子走后又是音信全无。有人告诉她说儿子在一次战役中战死了，她不信，一个大活人怎么能说死就死呢？她甚至想，儿子不仅没有死，而是做了军官，等打完仗，天下太平了，就会衣锦还乡。她还想，也许儿子已经娶了媳妇，给她生了孙子，回来的时候是一家子人了。

尽管儿子依然杳无音信，但这个想象给了她无穷的希望。她是一个小脚女人，不能下田种地，她就做绣花线的小生意，勤奋地奔走四乡，积累钱财。她告诉人们，她要挣些钱把房子翻盖了，等丈夫和儿子回来的时候住。

有一年她得了大病，医生已经判了她死刑，但她最后竟奇迹般地活了过来，她说，她不能死，她死了，儿子回来到哪里找家呢？

这位老人一直在村里健康地生活着，过了百岁的年龄，她依然还做着她的绣花线生意，她天天算着，她的儿子生了孙子，她的孙子也该生孩子了。这样想着的时候，她那布满皱褶与沧桑的脸上，即刻会变成像绣花线一样绚烂多彩的花朵。

希望是引爆生命潜能的导火索，是激发生命激情的催化剂。每天给自己一个希望，我们将活得生机勃勃、激昂澎湃，哪里还有时间去叹息、悲哀，将生命浪费在一些无聊的小事上呢？

每天给自己一个希望，我们就能够充满士气地面对自己的生活，而不是将时间花费在无尽的悲哀和苦闷上，生命有限但希望无限，每天给自己一个希望，我们就能够拥有一个丰富多彩的人生。

有一位医生医术精湛，生活幸福美满，但不幸的是，在某一天，身体一向很健康的他却被诊断患有癌症，这对他可谓当头一棒。他一度情绪低落，最终他不但接受了这个事实，而且他的心态也为之一变，变得更宽容、更谦和、更懂得珍惜所拥有的一切。在勤奋工作之余，他从没有放弃与病魔搏斗。就这样，他已平安度过了好几个年头。有人惊讶于他的事迹，就问他是什么神奇的力量在支撑着他。这位医生笑盈盈地答道："是希望，几乎每天早晨，我都给自己一个希望，希望我能多救治一个病人，希望我的笑容能温暖每个人。"这位医生不但医术高明，做人的境界也很崇高。

希望来自于一颗乐观豁达的心，心怀希望的人，无论自己面临多么恶劣的环境，都能够对未来充满希望。

在美国有一所小学，据统计，该校毕业生在当地警察局的犯罪记录最低，这是为什么？一位研究者通过对该校毕业生的问卷调查，得到了一个奇怪的答案——因为该校的学生都知道铅笔有多少种用途。

在这所学校，新生入学后接受的第一堂课就是：一支铅笔有多少种用途。在课堂上，孩子们明白了铅笔不仅有写字这种最普通的用途，必要时还能用来作尺子画线；作为礼品送人表示友爱；当做商品出售获得利润；笔芯磨成粉后可作润滑粉；演出时也可临时用于化妆；削下的木屑可以做成装饰画；一支铅笔按相等的比例锯成若干份，可以做成一副象棋，可以当做玩具车的轮子；在野外探险时，铅笔抽掉芯还能被当成吸管喝石缝中的泉水；在遇到坏人时，削尖的铅笔还能当做自卫的武器……

通过这一课，学生们懂得了：拥有眼睛、鼻子、耳朵、大脑和手脚的人更是有无数种用途，并且任何一种用途都足以使一个人生存下去。这种教育的结果是，从这所学校毕业的学生，无论他们的处境如何，都生活得非常快乐，因为他们永远对未来充满希望。

一支小小的铅笔有无数种用途，它可以用来画线，做礼品，做润滑粉，甚至还可以用来自卫。同样，我们身体的每一个部分比如眼睛和耳朵也有许多用途，任何一种用途都可让我们生存下去。明白了这个道理，无论处境如何，我们都可以保持积极乐观的心态。

第二章　用热忱点燃生命的激情

热情是一笔财富

热情，是一种无法抗拒的力量。每一个深陷困境、备受折磨的人都不能没有它。

对生活充满热情的人都有着积极的心态、积极的精神状态。在人群当中，热情是用一种极富感染力的表达方式来表示对别人的支持的。拥有热情的人，无论碰到什么事情，都能够以积极的心态去面对、去行动。

热情的人，往往是积极的人。热情不是来自外在空间的力量，而是自信、热忱、乐观、激情在人的内心翻转，最后有机地综合而来的。

剑桥郡的世界第一名女性打击乐独奏家伊芙琳·格兰妮说："从一开始我就决定一定不要让其他人的观点阻挡我成为一名音乐家的热情。"

她成长在苏格兰东北部的一个农场，从8岁起她就开始学习钢琴。随着年龄的增长，她对音乐的热情与日俱增。但不幸的是，她的听力却在渐渐地下降，医生们断定是由于难以康复的神经损伤造成的，而且断定到12岁，她将彻底耳聋。可是，她对音乐的热爱却从未停止过。

她的目标是成为打击乐独奏家，虽然当时并没有这么一类音乐家。为了演奏，她学会了用不同的方法"聆听"其他人演奏的音乐。她只穿着长袜演奏，这样她就能通过她的身体和想象感觉到每个音符的震动，她几乎用她所有的感官来感受着她的整个声音世界。

她决心成为一名音乐家，而不是一名耳聋的音乐家，于是她向伦敦著名的皇家音乐学院提出了申请。

因为以前从来没有一个聋学生提出过申请，所以一些老师反对接收她入学。但是她的演奏征服了所有的老师，她顺利地入了学，并在毕业时荣获了学院的最高荣誉奖。

从那以后，她的目标就致力于成为第一位专职的打击乐独奏家，并且为打击乐独奏谱写和改编了很多乐章，因为那时几乎没有专为打击乐而谱写的乐谱。

至今，她作为独奏家已经有十几年的时间了，因为她很早就下了决心，不会仅仅由于医生诊断她完全变聋而放弃追求，因为医生的诊断并不意味着她的热情和信心不会有结果。

热情的人总是面对朝阳，远离黑暗。因而，他们不仅性格光辉灿烂，而且命运也是铺满阳光，即使是危难之时，他们也总是转危为安。因为不仅命运之神青睐他们，人们也愿意把友谊奉送给感染自己的人。热情像是真善美的使者，热情的人就像一只吉祥的鸟儿，传递给人间幸运的福音。

热情的源自对生活的热爱和信赖，它可以通过各种方式表现出来。只要我们用积极和宽容的态度对待生活，由衷地欣赏、热爱并赞美我们所见到的每一个人和每一件事，我们周围的人就能体会到我们的热情。

热情会为成功的形象增加魅力的光环，是人一生中宝贵的财富。只要将热情时刻藏驻于心，你改变现状的日子就不会长久。

人的一生中会遇到各种各样的困难和挫折，逃避是解决不了问题的，唯有以乐观、热忱的精神才能直面生活的挑战。

无论是谁，心中都会有一些热忱，而那些渴望成功的人们的内心世界更像火焰一样熊熊燃烧，这种热忱实际上是一种可贵的能量。即使两个人具有完全相同的才能，必定是更具热情的那个人会取得更大的成就。

戴尔·卡耐基便是生活的强者，他不仅克服了生活中的种种障碍，而且在自己的演讲生涯中创造了非凡的业绩。

在戴尔·卡耐基的生活中始终充满着乐观的情绪，每一次失败不仅没有击倒他，反而增强了他与困难作斗争的信心、勇气、力量和经验。他乐观热忱的精神也感染着他周围的人，包括他的朋友、同学和学生，甚至只见过他一面的人，也会为他的精神所鼓舞。

戴尔·卡耐基在课堂上比较喜欢引用纽约中央铁路公司前总经理的人生名言："我愈老愈更加确认热忱是胜利的秘诀。成功的人和失败的人在技术、能力和智慧上的差别并不会很大，但如果两个人各方面都差不多，拥有热忱的人将会拥有更多如愿以偿的机会。一个人能力不够，但是如果具有热忱，往往一定会胜过能力比自己强却缺乏热忱的人。"卡耐基觉得这句话清晰地反映了自己的观点，他在总结前人经验的基础上，把热忱注入了学员的灵魂中。

生活需要热情，工作需要热情。热情是一种执着，更是一种乐观，一个拥有热情的人，便有了源动力。他就能跨越任何困难和折磨，攀上辉煌的高峰。用热情面对工作和生活，你就能解决各种人生难题，走向成功。

让热情尽情沸腾

人生可以没有其他东西，但是不能没有热情，一旦没有了热情，人生之树便枯萎了。热情是人类天然真情和率直感情发展到足够强烈程度的自然表现，是人类对自身及周围各类对象的真情关注，以及受外来影响而激发出的强烈真情。

热情是一把火，它可以燃烧起成功的希望，改变一个人的命运，卡耐基对此深有体会。卡耐基在他的著作中多次讲到这样一个故事：

"在我9岁的时候，我的父亲便娶继母进门。当时我们是居住在弗吉尼亚州乡下的贫苦人家，而她则来自较好的家庭。

我的父亲一边向她介绍我，一边说：'多希望你注意这个全县最坏的男孩，他可能会在明天早晨以前就拿石头扔你。'

我的继母走到我面前，并托起我的头看着我，接着，她看着我的父亲说：'你错了，这不是全县最坏的男孩，而是最聪明但还没有找到发泄热情地方的男孩。'

我们就凭着她这一段话而开始建立友谊，也就是这段友谊，使我创造了成功的二十八项黄金法则，并将这些法则的影响力发扬光大。在她来之前，没有人称赞过我聪明。我的父亲和邻居们都认定我是坏男孩，而我也真的表现一些坏行为给他们看，但是我的继母就只说了那一句话，便改变了一切。

她还改变了许多事情，她鼓励我的父亲去念牙医学校，而我父亲也从那所学校光荣毕业。她把我们家迁到县府所在地，以便父亲的牙科诊所在那里会有较好的生意，而我和兄弟也可接受较好的教育。我的父亲最初反对这些建议，但最后还是屈服在她的热情之下。

当我14岁时，她给我一部二手打字机，并且告诉我她相信我会成为一位作家。我了解她的热情，而且我也很欣赏她的那股热情，我亲眼看到她的那股热情是如何改善我们的家庭生活。我接受她的想法，并开始向当地的一家报社投稿。我不是唯一得到我继母恩惠的人，我的父亲最后成为城里最富裕的人，而我的兄弟之中有物理学家、牙医师、律师和大学校长。"

热情与你成功过程之间的关系，就好像汽油和汽车引擎之间的关系一样，热情是行动的动力。它能不断地注入你心灵引擎的汽缸中,并在汽缸内被明确目标发出的火花点燃并爆炸,继而推动信心和个人进取心的活塞。热情是一股力量,它和信心一起将逆境、失败和暂时挫折转变成行动。然而此变化的关键在于你控制思维的能力,因为稍有不慎,你的思绪就会从积极转变成消极。借着控制热情,你可以将任何消极表现和经验转变成积极表现和经验。

西方成功学之父塞缪尔·斯迈尔斯的公司办公桌和家里的镜子上都挂着同样一块牌子,上面写着同样的座右铭:

你有信仰就年轻,

疑惑就年老;

有自信就年轻,

畏惧就年老;

有希望就年轻,

绝望就年老;

岁月使你皮肤起皱,

但是失去了热情,

就损伤了灵魂。

这是对热情最好的赞词。热情可以保养灵魂,培养并发挥热情的特性,我们就可以给我们所做的每件事情加上火花和趣味。

热情就像汽油一样,如果能善用它,它就会做一些有意义的工作;如果用之不当的话,就可能出现可怕的后果。

热情是世界上最大的财富。它的潜在价值远远超过金钱与权势。热情摧毁偏见与敌意,摒弃懒惰,扫除障碍。热情是行动的信仰,有了这种信仰,我们就会无往不胜。就我们的未来而言,热情比滋润麦苗的春雨还要珍贵。时间飞逝,热情不绝,我们一定会变得对自己、对世界更有价值。

当日历一页页翻过,年轻总有一天会不再年轻。年轻多好啊,我们身上有不可抗拒的魅力,热情洋溢,像高山上的泉水。在热情者的眼中,没有黑暗的前途,没有无处可逃的陷阱。我们忘记了世界上还有一种叫做失败的东西,我们深信不疑的是,世界等待我们的到来,等待我们去点燃真理、热情与美丽的火种。

身体健康是产生热情的基础。一个人如果行动充满了活力。他的精神和情感也会充满了活力。很多推销员、教师、商界高级人物、专业人士以及其他很多人,每天一早起来就做些体能活动,像柔软操、慢跑或骑自行车等等,这不但可以增进他们的健康，而且可以提高他们一天活动的精力和热情。

让我们的内心也充满热情吧，对生活、对别人、对未来，如果能做到这一点，成功与致富的机遇一定会降临到我们身上！

用热情融化心底的冷漠

在我们的日常生活中，冷漠的人随处可见，看到需要救助的人转身就走的有之，遇到坏人行凶躲避忍让的有之，面对别人的伤痛怡然自得的有之……这些也是缺乏热忱的表现。

一个人在热忱缺失的情况下，没有高兴，没有忧伤，一味冷漠下去，只会让自己变成一个感情和思维逐渐僵化的人，一个逐渐走下坡路的人。冷漠并非人的天生本能，大多数的冷漠者是在后天生活的环境中逐渐遇事冷漠，并最终把冷漠处世作为人生哲学的。

据媒体报道，2006 年 4 月 28 日，一位老人在北京某花鸟鱼虫市场散步，突然发病，蹲在地上，现场过往行人很多，但没有一个人出手施救。

直到晚间，老人才被保安人员才发现，但老人已经死亡。

试想，如果在这些过路者中有一位是这位老人的亲人或朋友呢？或许老人的命运就完全不同了吧。常常有一些人走出家门的前一分钟，还在喜笑颜开地高谈阔论，在后一分钟的电梯里，脸上就又立刻挂满了冰霜。改变就这样在不知不觉中发生。只是为什么一定要有这样的改变呢？

在和家人相处的时光，我们毫不吝啬地分享彼此的欢乐和哀愁，家人、朋友在生活中出现什么问题，我们都愿意热情地鼎力相助。因为他们是我们所熟识的人，我们与他们的生活总是有着千丝万缕的联系，我们关爱家人就像是关爱我们自己。不过，这种关爱应该在热忱的引导下，可以更广泛地体现在陌生人的身上。

某医院里，有两个重病人同住在一间病房里。房子很小，只有一扇窗子可以看见外面的世界。其中一个病人的床靠着窗，他每天下午可以在床上坐一个小时。另外一个人则终日都得躺在床上。

靠窗的病人每次坐起来的时候，都会描绘窗外的景致给另一个人听。从窗口可以看到公园的湖，湖内有鸭子和天鹅，孩子们在那儿撒面包片，放模型船，年轻的恋人在树下携手散步，人们在绿草如茵的地方玩球嬉戏，顶上则是美丽的天空。

另一个人倾听着，享受着每一分钟。一个孩子差点跌到湖里，一个美丽的女孩穿着漂亮的夏装……朋友的诉说几乎使他感觉到自己亲眼目睹了外面发生的一切。

在一个晴朗的午后，他心想：为什么睡在窗边的人可以独享外面的风景呢？为什么我没有这样的机会？他越是这么想，越觉得不是滋味，就越想换位子。这天夜里，他盯着天花板想着自己的心事，另一个人忽然醒了，拼命地咳嗽，一直想用手按铃叫护士进来。但这个人只是旁观而没有帮忙——他感到同伴的呼吸渐渐停止了。第二天早上，护士来时那人已经停止了呼吸，他的尸体被静静地抬走了。

过了一段时间，这人开口问护士，他是否能换到靠窗户的那张床上。他们搬动他，将他换到了那张床上，他感觉很满意。人们走后，他用肘撑起自己，吃力地往窗外张望……

窗外只有一堵空白的墙。几天之后，他在自责和忧郁中死去。他看到的不仅是一堵冷漠的墙，还有自己丑恶的心灵。

马丁·路德·金说："最终，我们记住的不是敌人的恶语，而是朋友的沉默。"

俗话说，在家靠父母，出门靠朋友。走出家门，我们就成为一个独立的个体。不论是今天走进学校，还是明天走上工作岗位，每一个新朋友的获得都是一个由陌生到熟悉的过程。随身带着一颗感恩的心，无论处于什么样的环境我们都能感到轻松自在。只要平时让自己脸上多一些笑容的同时，对对方多一点感激，我们的心门也就随之打开了。

正如在心里种入爱，恨就会自然消亡一样，消融冷漠需要培养热情，需要注入感激。比如，我们可以多培养一些兴趣爱好，主动深入地去了解更多的事物，带着热情做事情，常常微笑，多想想他人的好处等等。具体来说，我们不妨按照以下几个步骤来培养一颗热情的心：

1. 深入了解每个问题。要对什么事情都富有热情，要学习更多你目前尚不热爱的事物。了解越多，越容易培养兴趣。有兴趣就有热情，自然就驱赶了冷漠。

2. 做事要充满热情。你热心不热心或有没有兴趣，都会很自然地在你的行为上表现出来，没有办法隐瞒。比如，微笑活泼一点，眼睛要配合你的微笑才好，当你对别人说"谢谢你"的时候，也要真心实意、充满热情。

3. 你的谈话要真挚热情。当你说话时能自然而然渗入真挚热情，就已经拥有引人注意的良好能力了。因此，说话热情的人都会受到欢迎。当你说话很有热情时，你自己也会变得很有热情。你必须时时刻刻活泼热情，这样才能消除冷漠。

从现在开始，携带一颗热情的心上路，打开你尘封的心，释放心中的爱吧，你的生命会因此而精彩。

用热情温暖周围的世界

一个人热情的能力来自于一种内在的精神特质。你唱歌，因为你很快乐，而在唱歌的同时你又变得更快乐。热情就像微笑一样，是会传染的。

上大学半年多了，同学们从没见汤姆笑过，这引起了班长杰克的注意。平时汤姆从不和别人主动聊天，也不爱说话，只顾一个人低头学习。半年来除了学校他几乎没去过其他的地方，由于他性格孤僻，同学们给他起了一个外号叫"孤独大侠"。

有一次，汤姆的一个亲戚来看他，杰克才从汤姆的亲戚那里了解了他的不幸。原来汤姆很小的时候父母在一次车祸中丧生，由于没有了生活的依靠，汤姆和妹妹不知道该怎么活下去。幸好远方的舅舅闻讯赶来，把兄妹俩接到了舅舅家。舅妈是一个好生事端的人，对汤姆和妹妹十分苛刻，动不动就责骂甚至动手打他们。

一次妹妹发高烧，舅舅不在家，汤姆求舅妈带妹妹去看病，舅妈不理他，等舅舅回来后把妹妹送到了医院，可妹妹的眼睛再也看不见东西了。从此以后，他再也不愿意和别人说话，除了妹妹，可……

杰克知道一切后，主动找汤姆谈话，杰克说："汤姆，我为你的不幸深表同情，希望我能帮助你。"汤姆只是看看他，没有说话。可是杰克并没有放弃对他的帮助，他把汤姆的事告诉了同学们，并让大家一起想办法，让汤姆快乐起来。

因为汤姆的拒绝，谁也没想到更好的办法。杰克忽然想到汤姆的妹妹是发烧导致的失明，也许能治好，于是他请教了医生。医生告诉他要看什么情况，一般情况下是可以治好的。

这一点希望燃烧了杰克的心，他回去组织同学策划捐款行动，然后背着汤姆把他的妹妹接到医院。经过检查，医生说可以治好，这让他和同学们也高兴不已。

这段时间汤姆见同学们都怪怪的，而且他们都用一种异样的眼光看他，以为是杰克把他的事向同学们宣扬开而导致的，于是对杰克更加冷漠。

直到一天，杰克对汤姆说："汤姆，门口有人找你。"汤姆疑惑不解，因为平时从来没有人找过他，但他还是向门口走过去。当他看见自己的妹妹时，眼睛湿润了，妹妹也流下了高兴的泪水，"那是你吗，我的妹妹？"

"是的。哥哥，我是你的妹妹。"汤姆再也控制不住自己的感情，跑过去抱住了妹妹。

"怎么，你的眼睛？"

"是的，我可以看见你了！"

汤姆不解地问："到底发生了什么事？"

妹妹把发生的一切告诉了汤姆，汤姆一切都明白了。从此，汤姆和杰克成了好朋友，他的性格也逐渐变得开朗起来。

发自内心的热情，往往能造成震撼人心的效果，能给人带来阳光，带来温暖。热情确实是人生最珍贵的资产。

热情是一股力量，它和信心一起将逆境、失败和暂时挫折转变成为行动。借着控制热情你可以将任何消极表现和经验转变成积极表现和经验。

真正的热情意味着你相信你所干的一切是有目的的。你坚信不疑地去实现你的目的，你有火一样燃烧的愿望，它驱使你去达到你的目标，直到你如愿以偿。

热忱的态度，是做任何事必需的条件。我们都应该深信此点。任何人，只要具备这个条件，都能获得成功，热情是开启任何成功之门的钥匙，是你着手任何一件事须迈出的第一步。有意识地培养热忱的态度，使自己常有热情的习惯，坚定地迈出第一步吧！

1. 养成积极自我对话的方式。如："我是最好的"，"我是最棒的"，"我充满着激情"。

2. 养成使用正面、积极词语的习惯。比如，不说"我不行"，而说"我可以"，不说"我试试看"，而说"我会"等正面词汇代替负面词汇。

3. 舍得，放下，忘了。太多的人每天花很多时间想着过去的创伤。不要把你的精力浪费在这些地方。用你的明智去学会原谅，然后遗忘吧。

4. 尽可能多的做好事。从来没有人在生活富足和所得财产里找到恒久的满足。真正的快乐来自慈善行为、慷慨的付出和感恩的心态。

5. 光明思维，乐观态度。

6. 在团体里去寻找热情和快乐。世界著名潜能大师博恩·崔西说："一个人的幸福快乐 80% 来自于与他相处的人，20% 来自于自己的心灵。"一个正面、积极的团队是你热情的源泉，可以召集一些思想积极的人，每个月聚会一次，一起讨论达成目标的方法，彼此激发脑力。

7. 活在当下。最重要的是把每一天、每个晚上都变成最棒的时刻。时间一旦过去，就会永远消失。

8. 情绪左右动作。要有不一样的情绪，就要有不一样的动作。

9. 角色假定。假定自己是自己心里向往或是崇拜的人的样子。

10. 披风原理。披风一般是领袖、大人物穿的衣服，穿上披风会有一种自豪感。

充满热忱，成功就会上门

人的一生中会遇到各种各样的困难和折磨，逃避是解决不了问题的，唯有以乐观热忱的精神去迎接生活的挑战。若你能保有一颗热忱之心，生活就会给你带来奇迹。

热忱是发自内心的一种情绪，经常会被一些人表现在眼睛里或行动上。对事物保持热忱的人，做事的品质总会比别人好，行动力也比别人强。只要对人保持热忱，别人就会喜欢你。你对别人感兴趣，别人也会对你感兴趣。所以，不论做任何事情，千万不要失去你的热忱，不论跟谁在一起，都要做一个最主动、最热忱的人。

世界从来就有美丽和兴奋的存在，她本身就是如此动人，如此令人神往，所以我们必须对她敏感，永远不要让自己感觉迟钝、嗅觉不灵，永远也不要让自己失去那份应有的热忱。成功学的创始人——拿破仑·希尔指出，若你能保有一颗热忱之心，那是会给你带来奇迹的。热忱是富足的阳光，它可以化腐朽为神奇，给你温暖，给你自信，让你对世界充满爱。

有一家名为永丰栈的牙医诊所，是一家标榜着"看牙可以很快乐"的诊所。院长吕晓鸣医师说："看牙医一定是痛苦的吗？我与我的创业伙伴想开一个让每一个人快乐、满足的牙医诊所。"这样的态度加上细心地考虑患者真正需求，让永丰栈牙医诊所和一般牙医诊所很不一样。

当顾客一进门时，迎面而来的是 30 平左右的宽敞舒适的等待区。看牙前，可以在轻柔的音乐声中，坐在沙发上，先啜饮一杯香浓的咖啡。

真正进入看牙过程，还可以感受到硬件设计的贴心：每个会诊间宽畅明亮，一律设有空气清洁机。漱口水是经过逆渗透处理的纯水，只要是第一次挂号看牙，一定会替病患者拍下口腔牙齿的全景X光片，最后还免费洗牙加上氟。一家人来的时候，甚至有一间供全家一起看牙的特别室。软件方面，患者一漱口，女助理立即体贴地主动为患者拭干嘴角。拔牙或开刀后，当天晚上，医生或女助理一定会打电话到病患者家里关心病人的状况。一位残障人士陈国仓到永丰栈牙医诊所拔牙，晚上回家正在洗澡，听到电话铃响，艰难地爬到客厅接电话。听到是永丰栈关心的来电，他感动得热泪盈眶，说："这辈子我都被人忽视，从来没有人这样关心过我。"

从一开始就想提供令就诊者感动的服务，吕晓鸣热情洋溢的态度赢得了市场，也增强了竞争力，在同一行业中没有谁能及得上他们的影响力。虽然诊所位于商业大楼的6楼，但永丰栈牙医诊所一开业就吸引了媒体竞相报道，还有客人从很远的地方来看诊。吕晓鸣在竞争激烈的市场中，创造出了牙医师的附加价值。

无论做什么工作，无论境况如何，一个人都要对生活充满热忱。因为热情可以为你带来成功的机遇。

同样，热情可以让一个人更受欢迎。一个人最让人无法抗拒的魅力就在于他的热情。一个人是否热情，决定了人们是否喜欢他、亲近他、接受他，热情的品质影响着一个人生活的每一个方面。"热情"成为一个优秀形象所具备的基本品质，正如有人曾说过的那样："如同磁铁吸引四周的铁粉，热情也能吸引周围的人，改变周围的情况。"

一个人表现的是热情还是冷酷，决定了他在社交场上是被人喜爱还是排斥。仔细地回想一下我们身边热情的人，就不难理解热情在社交和工作中有着多么强烈的感染和吸引人的力量。

心理学家认为，热情的人之所以被人们喜欢是因为热情的品质包含了更多的个人内容，它让人们联想到与之相关的其他优良品质和特性，这正是"光环效应"的反映。一旦我们被热情所吸引，我们就会认为热情的人真诚、积极、乐观。热情感染着我们的情绪，带给我们美妙的心境，让我们感到愉快和兴奋。

热情能带来幸运和成功，因为人们都喜爱热情的人，对他们也宽容，容易满足他们的要求。

正因为热情的感染和蛊惑力，政治家们不惜一切代价，用充满了激情的语言、精力旺盛的姿态、热情洋溢的面部表情、生动的身体语言等来表现自己的热情，来赢得选民的喜爱。热情的政治家，轻易就会博得选民的喜爱，丘吉尔、肯尼迪、里根、克林顿、托尼·布莱尔等这些 20 世纪的领袖，无不具备热情的品质。

是热情还是冷漠，或许能够在关键的时刻成为决定我们成功与否的砝码。

热情是造就奇迹的火种

美国政治家亨利·克莱曾经说过："遇到重要的事情，我不知道别人会有什么反应，但我每次都会全身心地投入其中，根本不会注意身外的世界。那一时刻，时间、环境、周围的人，我都感觉不到他们的存在。"

一位著名的金融家也有一句名言："一个银行要想赢得巨大的成功，唯一的可能就是，它雇了一个做梦都想把银行经营好的人作总裁。"原来是枯燥无味、毫无乐趣的职业，一旦投入了热情，立刻会呈现出新的意义。

在进入这个香港人投资的家具厂之前，她先后干过不少工作——承包过农田，搞过运输，倒卖过袜子，还卖过雪糕。但是，都没有挣到钱。对于一个离了婚又带着孩子的女人来说，既没出众的长相，又无骄人的学历，生活的确不易。

她被分在材料车间，都是干些杂活，但她还是十分珍惜，也干得格外卖力且出色。有一次，一个本地木材商因质量问题与公司发生激烈冲突，她主动请缨，最后把事情处理得非常妥帖，为公司挽回了大笔损失。她由此得到了老板的赏识，并第一次赢得额外奖金。

她高兴了很久。但是，现实马上将她拉回到愁眉苦脸的状态中——需要补充的是，她来这个公司已经大半年时间了，基本上没有露过笑脸。而且，天天穿着那套老旧的工作服，就更别提化妆打扮了。

后来，车间领班荣升为经理助理。在大家眼中，空缺的位置非她莫属。但是很意外，老板提拔了另外一个人。老板把她叫去，说："你怎么每天都没有笑容呢？"她说："就咱们眼前这些活还需要笑吗？"老板忽然显得严肃起来："是的，依我看，确实是干什么都需要笑，你要是会微笑，付出同样的努力，就能比别人收获更多。相反，呆板会消损你的努力——我之所以把领班这个位置安排给另外一个人，就是因为她比你乐观。有时候，微笑也是一种力量啊。"

于是，她开始试着用微笑来面对身边的一切，许多熟人见了，都惊叹她的改变，并欣慰于她日渐好转的处境。

充满热情的人喜欢时常露出笑容，故事中的"她"如果能充满热情，时常面带微笑，机会可能早就降临到她头上了。

一个受热忱支配的年轻人，他的感觉也会因之变得敏锐，可以在别人看不到的地方发现动人的美丽，这样，即使再乏味的工作、再艰难的挑战，都可以坚韧地承受下来。

狄更斯曾经说过，每次他构思小说情节时，几乎都寝食不安，他的心完全被他的故事所萦绕、所占据，这种情形一直要持续到他把故事都写在纸上才算结束。为了描写一个场景，他曾经一个月闭门不出，最后再来到户外时，他看起来面容憔悴，简直像一个重病人一样。笔下的那些人物让狄更斯成天魂牵梦萦，茶饭不思。

无独有偶，伟大的作曲家莫扎特也是一个十分热忱的人。

有一个年龄只有12岁的小男孩钢琴弹得非常熟练。

一次，他问莫扎特："先生，我想自己写曲子，该怎么开始呢？"

莫扎特说道："哦，孩子，你还应该再等一等。"

"可是，您作曲的时候比我现在的年龄还小啊？"小孩不甘心地继续问。

"是啊是啊，"莫扎特回答说，"可我从来不问这类问题。你一旦到了那种境界，自然而然就会写出东西来的。"

有人认为"成功"、"潜能"这些充满诱惑力的字眼都是属于那些资质好的人，事实证明，每一个孩子身上或多或少都有一些将来可以成就大器的潜质，不仅那些反应敏捷、聪明伶俐的孩子是这样，那些相对木讷甚至看起来有些愚钝的孩子也有这样的潜质。他们一旦产生了热忱，凭借这种热忱的力量，原先人们在他们身上看到的"愚钝"也会慢慢消失。

盖斯特原本只是一个无名小辈，但她第一次在舞台上露面时，立刻就让人感觉到她的前途不可限量。她演唱时所投入的热忱，使听众几乎都像被催眠了一样。结果，她登台演出不到一星期，就成为了众人喜爱的明星，开始了独立的发展。她有一种提高演唱技艺的强烈渴望，于是，她把自己全部的心智都用在了这一方面。

爱默生曾说："人类历史上每一个伟大而不同凡响的时刻，都可以说是热忧造就的奇迹。"穆罕默德就是一个例子：他带领阿拉伯人，在短短的几年内，从无到有，建立起了一个比罗马帝国的疆域还要辽阔的帝国。虽然他们的战士没有什么盔甲，却有一种崇高的理念在背后支撑着，所以其战斗力丝毫不亚于正规的骑兵部队；他们的妇女也和男子一样在战场上纵横驰骋，杀得罗马人溃不成军。他们武器虽然落后，粮草严重不足，但军纪严明，从来不去抢夺什么酒肉，而是靠着小米大麦最后征服了亚洲、非洲和欧洲的西班牙。他们的首领用手杖敲一敲地，人们简直比看到一个人拿着刀枪还要害怕。

每个人都蕴藏着巨大的力量，只要我们运用自身的热忱，就能将此力量充分发挥出来，并创造出一个又一个奇迹。

点燃热情，全力以赴心中的梦

美国作家爱默生说过："一个人，当他全身心地投入到自己的工作之中，并取得成绩时，他将是快乐而放松的。但是，如果情况相反的话，他的生活则平凡无奇，且有可能不得安宁。"

一个对自己充满激情的人，无论他目前的境况如何，从事什么工作，他都会认为自己所从事的工作是世界上最神圣、最崇高的一项职业；无论工作是多么的困难，或是质量要求多么高，他都会始终一丝不苟、不急不躁地去完成它。

当一个人对自己的工作充满激情的时候，他便会全身心地投入到自己的工作之中。这时候，他的自发性、创造性、专注精神等便会在工作的过程中表现出来。

当贝特格刚转入职业棒球界不久，便遭到有生以来最大的打击，他被约翰斯顿球队开除了。他的动作无力，因此球队的经理要他走人。经理对他说："你这样慢吞吞的，根本不适合在球场上打球。贝特格，离开这里之后，无论你到哪里做任何事，若不提起精神来，你将永远不会有出路。"

贝特格没有其他出路，因此去了宾州的一个叫切斯特的球队，从此他参加的是大西洋联赛，一个级别很低的球赛。和约翰斯顿队175美元相比，每个月只有25美元的薪水更让他无法找到激情。但他想："我必须激情四射，因为我要活命。"

在贝特格来到切斯特球队的第三天，他认识了一个叫丹尼的老球员，他劝贝特格不要参加这低级别的联赛。贝特格很沮丧地说："在我还没有找到更好的工作之前，我什么都愿意做。”

一个星期后，在丹尼的引荐下，贝特格顺利加入了康州的纽黑文球队，在那一刻，他在心底暗暗发誓，我要成为整个球队最具活力、最有激情的球员。这一天成为他生命里最深刻的烙印。每天，贝特格就像一个不知疲倦的铁人奔跑在球场，球技也提高得很快。

在一次联赛中，贝特格的球队遭遇实力强劲的对手。在快要结束比赛的最后几分钟里，由于对手接球失误，贝特格抓住这个千载难逢的机会，迅速攻向对方主垒，从而赢得了决定胜负的至关重要的一分。

发疯似的激情让贝特格有如神助，它至少起到了三种效果：第一，使他忘记了恐惧和紧张，掷球速度比赛前预计的还要出色；第二，他“疯狂”般的奔跑感染了其他队友，他们也变得活力四射，他们首先在气势上压制了对手；第三，在闷热的天气里比赛，贝特格的感觉出奇的好，这在以前是从来没有过的。

从此，贝特格每月的薪水涨到了 185 美元，和在切斯特球队每月 25 美元相比，他的薪水在 10 天的时间里猛增了 700%，这一度让他产生不真实的感觉，他简直不知道还有什么能让自己的薪水涨得这么快，当然除了“激情”。

激情是高水平的兴趣，是积极的能量、感情和动机。你的心中所想决定着你的劳动果实。当一个人确实产生了激情时，你可以发现他目光闪烁，反应敏捷，性格好动，浑身都有感染力。这种神奇的力量使他以截然不同的态度对待别人，对待人生，对待整个世界。

真正的热情意味着你相信你所干的一切是有目的的。你坚信不疑地去实现你的目的，你有火一样燃烧的愿望，它驱使你去达到你的目标，直到你如愿以偿。

多丽·帕顿出生在田纳西州赛维县一个只有两间房的木棚里，她在 12 个孩子中排行第四。全家靠她父亲在一小块山地上辛勤劳作来勉强糊口。多丽·帕顿生来并不比别人强。她在早年过着山里人最贫穷的生活，木棚为家，洗刷操劳，困苦不堪。然而，多丽赋予了自己某种特别的东西，她不愿成为拖儿带女的山里妇人。

她从孩提时代开始学习歌唱，5 岁就能谱出歌词，她母亲替她写下来。7 岁时，多丽·帕顿用旧乐器的残件制作了自己的吉他。第二年，一位叔叔送给她一把真正的吉他。她一直坚持练唱。

上高中了，她没有什么漂亮衣服，但她有了自己的梦想，她有热情。她的一个妹妹后来回忆说："多丽向别人讲自己的梦想，一点也不害羞。在我们生活的山区，没有一个人这样想过，孩子们当然会笑话她。"

多丽·帕顿后来一辈子都在歌唱。她成了第一位唱片销售百万以上的明星。她的热忱永无停息。

一个没有热情的人不可能始终如一、高质量地完成自己的工作，更不可能做出创造性的业绩。如果你失去了热情，那么你永远也不可能从不利的环境中走出来，永远也不会拥有成功的事业与充实的人生。所以，从现在开始，对你的人生倾注全部的热情吧！

第三章　自信和坚定是摘取成功硕果的手杖

自卑和自信仅一步之遥

　　世上大部分不能走出生存困境的人都是因为对自己信心不足，他们就像一颗脆弱的小草一样，毫无信心去经历风雨，这就是一种可怕的自卑心理。所谓自卑，就是轻视自己，自己看不起自己。自卑心理严重的人，并不一定是其本身具有某些缺陷或短处，而是不能悦纳自己，总是自惭形秽，常把自己放在一个低人一等，不被自我喜欢，进而演绎成别人也看不起自己的位置，并由此陷入不能自拔的痛苦境地，心灵笼罩着永不消散的愁云。

　　湖南有一位大学生，毕业后被分配在一个偏远闭塞的小镇任教。看着昔日的同窗有的分配到大城市，有的分配到大企业，有的投身商海。而他充满梦想的象牙塔坍塌了，烦琐的现实，好似从天堂掉进了地狱。自卑和不平衡感油然而生，从此他不愿与同学或朋友见面，不参加公开的社交活动。为了改变自己的现实处境，他寄希望于报考研究生，并将此看做唯一的出路。但是，强烈的自卑与自尊交织的心理让他无法平静，在路上或商店偶然遇到一个同学，都会好几天无法安心，他痛苦极了。为了考试，为了将来，他每每端起书本，却又因极度的厌倦而毫无成效。据他自己说："一看到书就头疼。两分钟一个英语单词记不住；读完一篇文章，头脑仍是一片空白。最后连一些学过的常识也记不住了。我的智力已经不行了，这可恶的环境让我无法安心，我恨我自己，我恨每一个人。"

　　几次失败以后他停止努力，荒废了学业，当年的同学再遇到他，他已因过度酗酒而让人认不出了。他彻底崩溃了，短短的几年成了他一生的终结。

　　一个怀有自卑情结的人，往往坐失良机。当大好的人生机遇出现在眼前时，自卑者往往不敢伸手一抓，不敢奋力一搏。未战心先怯，白白贻误良机。

　　更重要的是，具有自卑情结，会造成人格和心理的卑怯，不敢面对挑战，不敢以火热的激情拥抱生活，而是卑怯地自怨自艾。久而久之，积卑成

"病"，失去应有的雄心和志气。

其实，自卑情结有的时候可以转化为巨大的动力，有的时候可能转化为巨大的消极因素，关键看你如何对待它。这种转化就是把自卑转化为自信。观念一旦转变，自卑就变成自信了。

一切靠自己打天下，谋身立命，创建生活，这是一个多么骄人的品格。当你有了一个成功的人生时，这是值得你回顾的一个人生意味。对于一个有点心理障碍，有点缺陷就自卑的人，可以告诉他：不必自卑。当你战胜了这些心理障碍，你肯定比别人富有。因为你对心理的体验能力绝对要比其他人更深刻，你有了解自己心理和了解别人心理的能力，消除了自卑，缺陷反而促成了你的成功。如果让你去寻找这个世界上最优秀的人，你会到哪里寻找？其实，在这个世界上，你时刻都要坚信这一点：最优秀的人就是你自己。要相信自己，才能做自己命运的主宰。

风烛残年之际，智者知道自己时日不多了，就想考验和点化一下他的那位平时看来很不错的助手。他把助手叫到床前说："我需要一位最优秀的承传者，他不但要有相当的智慧，还必须有充分的信心和非凡的勇气。这样的人选直到目前我还未见到，你帮我寻找和发掘一位好吗？"

"好的，好的。"助手很温顺、很诚恳地说："我一定竭尽全力地去寻找，以不辜负您的栽培和信任。"

那位忠诚而勤奋的助手，不辞辛劳地通过各种渠道开始四处寻找了。可他领来一位又一位，都被智者一一婉言谢绝了。有一次，病入膏肓的智者硬撑着坐起来，抚着那位助手的肩膀说："真是辛苦你了，不过，你找来的那些人，其实还不如你……"

半年之后，智者眼看就要告别人世，最优秀的人选还是没有眉目。助手非常惭愧，泪流满面地坐在病床边，语气沉重地说："我真对不起您，令您失望了！"

"失望的是我，对不起的却是你自己，"智者说到这里，很失望地闭上眼睛，停顿了许久，又不无哀怨地说："本来，最优秀的人就是你自己，只是你不敢相信自己，才把自己给忽略、给耽误、给丢失了……其实，每个人都是最优秀的，差别就在于如何认识自己、如何发掘和重用自己……"话没说完，一代哲人就永远离开了这个世界。

那位助手非常后悔，甚至整个后半生都在自责。

"相信自己，我就是主宰"，这是成功人士的座右铭。我们现在可能不是想象中的某种"人才"，但也要相信自己有潜力成为那样的人。自卑于现状裹足而行的，永远不可能成就自己。只有自信者，才会努力塑造自己，向着成功迈进。

告诉自己"我能行"

由于生理缺陷、家庭条件、学历、才能、生活挫折等各种原因的影响，青少年容易披上自卑的阴影。自卑，即一个人对自己的能力、品质等做出偏低的评价，总觉得自己不如人、悲观失望、丧失信心等。自卑是一种消极的心理状态，是实现理想或某种愿望的巨大的心理障碍。

当"毛孩"于镇环从容面对电视前的观众侃侃而谈时，谁也想不到他是在自卑中长大的。当他面对自己浑身的毛不能出门时，他说他甚至想到了自杀。从小到大他成了稀罕物，在别人的指指点点中，他看见自己在他人心中的怪异。自卑差点淹没了他，但强烈地活下去的念头就像沙漠中的一线碧绿，让他生出希望。于镇环说有一天他懂得了换个角度去想，不再以别人的眼光看自己，他认为自己是特别的，自己的那身毛是上苍赐予他的，他更要好好地活着。于是他学会了不在乎，并且找到了自己的长处，当他以自己的歌声终于赢得了世人对他的认可时，于镇环找回了自信。他开始相信上帝对每一个活着的生命都是公平的。

人是由来自父亲的 23 个染色体和来自母亲的 23 个染色体偶然结合而成。每一个染色体有几百个基因，任何一个基因变了，人也就变了。也就是说，这个世界上诞生你的几率只有 300 万亿分之一，假设你有 300 万亿个兄弟姐妹，那么你还是你，总有地方与他们不同。正如这个世界上有那么多的树叶，但绝对找不到两片完全相同的。所以，我们每一个人都应该珍惜自己、热爱自己。我们每个人都是太阳下面的一个新生事物，我们应该呼吸属于自己的一份氧气，占有属于自己的一份空间，充分地相信自己。

自信正是一种美妙的生活态度，正如一位成功者说："以前当我一事无成时，我怀疑我的能力，被自卑感所打倒，于是我觉得生活痛苦、黯淡无光；后来我取得了一些成就，恢复了对自己的信心，于是思想上也变得乐观、豁达，从而我的生活也随之变得美好了。"

而自卑是一种心理暗示，给你这种暗示的，正是你自己。你给自己贴了失败者的标签，就注定自己的一生是失败的！有人说：自卑像一把潮湿的火柴，再也燃不起兴奋的火花。长期被自卑笼罩的人，不仅斗志易被腐蚀，心理失去平衡，而且生理也会出现失调和病变的现象。

自卑的人，总哀叹事事不如意，老拿自己的弱点比别人的强处，越比越气馁，甚至比到自己无立足之地。有的人在旁人面前就脸红耳赤，说不出话；有的人遇上重要的会面就口吃结巴；有的人认为大家都欺负自己因而厌恶他人。因此，若对自卑感处置不妥，无法解脱，将会使人消沉，甚至走上邪路，坠入黑暗的深渊，或走上自毁的道路。不良少年为了逃避自卑感会加入不良集团。

因而，如果你发现自己自卑，就要用理性的态度把它铲除掉。其实铲除自卑并不难，只要我们拥有驱除自卑的灵丹妙药——自信。以下就是一些树立自信心的方法：

1. 每天照三遍镜子

清晨出门时，对着镜子修饰仪表，整理着装，务必使自己的外表处于最佳状态。午饭后，再照一遍镜子，修饰一下自己，保持整洁。晚上就寝前洗脸时再照照镜子。这样，一整天你都不必为自己的仪表担心，而会一心去工作、学习。

2. 参加集会时，坐在前面

坐在前排，是培养自信的一个好方法。坐在前面比较显眼，没错！虽然坐在前排较醒目，但是别忘了想不醒目而成功是不可能的。成功本身就很显眼，引起别人注意可以增强你的心理承受能力。

现在起，你可以在参加各种集会时尽量以坐在前排为原则。只要走入人群，就坐到人群的最前面去。如果你能养成自动坐到前面的习惯，那么，这种习惯会带给你无限自信。

3. 和别人谈话时，注视对方的眼睛

凝神注视对方，等于告诉对方："我是正直的人，对你绝不隐瞒任何事情。我对你说的话，是我打心底里相信的事情。我没有任何恐惧感，我对自己充满了信心。"

4. 微笑，给自己更多自信

微笑是自信缺乏者的特效药，微笑能给自己带来自信，使你祛除恐惧与

烦恼，击碎消沉的意志。微笑能唤起对自我的认同，当你微笑时，说明你看重自己和自己的状态，对自己感到满意，这将有助于你更上一层楼；你微笑，在别人看来你是一位大方开朗的人，无形中会让对方产生好感并吸引对方，由此更能赢得别人的尊重。

5. 走出自信

经常用一些新的姿势走路，这对自信形象的树立既简单又有效。比如，你可以比别人快 20％的速度走路，一个人步伐的加快将大大地促进自己心态的调整和改变。走路姿势是你是否自信的外在表现，因此，如果你自信，不妨时刻提醒自己：抬头！挺胸！走快点！步子迈大点！

相信自己是最棒的

土耳其有句谚语："每个人的心中都隐伏着一头雄狮。"不言而喻，这头雄狮就是你自己，雄狮一旦从沉睡中醒来，你就会势不可挡，所以每个人都可以做最棒的自己。

比尔·盖茨的成功看起来似乎是商业达尔文主义和全球资本主义联姻下的奇迹，是自由竞争和市场强权双重杠杆游戏下的神话。但从另一个角度看，他那种与生俱来的自信、进取以及持之以恒的积极心态给了他无比的动力，激励他从容应对生活的挑战，并最终成为全球最年轻的白手起家的亿万富豪。

盖茨曾就读于西雅图的公立小学和私立的湖滨中学。在那里，他表现出了在软件方面的极大兴趣，并且在 13 岁时开始编写计算机程序。

1973 年，盖茨考进了哈佛大学。在那里他和现在微软的首席执行官史蒂夫·鲍尔默住在一起。在哈佛的时候，盖茨为第一台个人计算机开发了 BAS-IC 编程语言的一个版本。

大学三年级，盖茨从哈佛退学，全身心投入其与童年伙伴艾伦于 1975 年合伙组建的微软公司。盖茨深信个人计算机将是每一部桌面办公系统以及每一个家庭的非常有价值的工具，并根据这一信念开始为个人计算机开发软件。

盖茨有关计算机行业的预见及自信一直是微软公司在软件业界获得成功的法宝。盖茨积极地参与微软公司关键的管理和战略性的决策，并在新产品的技术开发中发挥着重要的作用。他的相当一部分时间用于会见客户和通过电子邮件与微软公司的全球雇员保持联系。

在盖茨的带领下，微软的使命是不断地提高和改进软件技术，并使人们更加轻松、更经济有效、更有趣味地使用计算机。微软公司拥有长期的发展战略，并投入大量资金到研究与开发中。不断进取是盖茨对自己和微软公司的要求。

他本人自始至终都是一个以工作狂而著称的人，即使到了39岁结婚的时候，他还经常加班工作到晚上10点以后。尽管微软公司一向以员工习惯性加班和拼命工作而闻名，但那些员工还是心悦诚服地说，他们之中没有谁能比盖茨付出的多。更重要的是他那种对事业执著的、坚持不懈的奋斗，谁都难以企及。

盖茨自己曾经不止一次地说过："微软是我永远的情人。"其实，在通往微软帝国辉煌的道路上，盖茨经历过无数次痛苦和无奈的选择，当求学、爱情、婚姻和事业发生矛盾或者冲突的时候，他都会毫不犹豫地放弃学位、心爱的女人，而选择微软和自己的事业，因为他坚信自己在这一行是最棒的。

这一切，带给他的是永垂千古的辉煌成就：白手起家创立微软公司，31岁时成为有史以来最年轻的亿万富翁（后来这个记录被打破）；39岁时身价一举超越华尔街股市大亨沃伦·巴菲特而成为世界首富；同年，以一票之差击败通用电器的杰克·韦尔奇，被《工业周刊》评选为"最受尊敬的CEO"。微软公司上市之后，市值也节节攀高，超越波音、IBM，接着又超过三大汽车公司市值总和，直至突破5000亿大关超越通用电器（GE），成为全球市场价值最高的公司，年营业额超过世界前50名软件企业中其他49家的总和。即使在2002年被美国司法部和19州围追堵截的境况下，仍被评为"最受尊崇的公司"。

盖茨和微软，创造了20世纪最美丽的财富神话，吹响了信息时代最嘹亮的号角，尽管在这个过程中充满了刀光剑影的厮杀和不平等的残酷竞争。盖茨是魔鬼还是天使，微软是新科技的缔造者，还是商业规则的破坏者，现在还没有谁能下一个公正的结论，但有一点是毋庸置疑的：盖茨不是靠幸运取得成功的，微软也不是建立在偶然基础上的软件帝国；盖茨是电脑天才，但更是一个能激励自己的天才；他在微软的成长过程中付出的心血和汗水，他非凡的事业心、自信心和进取心，他高瞻远瞩的眼光和异常敏锐的市场嗅觉以及他持之以恒的奋斗是常人无法超越的。

青少年朋友，请告诉你自己：你是最棒的！

你不是随意来到这个世上的，你的出生就是一个奇迹，你为什么不能再创造奇迹呢？你要竭尽全力成为群峰之巅，将你的潜能发挥到最大限度。同样是人，别人成功，你为什么不能？别人富有，你为什么不能？上帝从不偏心，我们都有健全的四肢和大脑，你为什么不可以过你想过的生活？你为什么不可以拥有积极的人生观，使生命更富有朝气？你为什么不可以帮助那些在苦难中挣扎的人们，使他们重新找到自己的人生坐标，走上成功、幸福的康庄大道？

生命只有一次，你焉能寄希望于来生？你要让生命中的每一分钟都有价值，你不要辜负上天赐给你的生命权利。你若不利用时间，就会被时间耗尽。你只有在春季里播下希望的种子，在夏季里辛勤地耕耘，才可以在秋季里收获生命的果实，而当雪花飘飞的冬季悄悄来临时，你可以自豪地向世界宣告：我是最棒的！

自信多一分，成功多十分

自信是我们战胜困难，取得成功的重要动力。自信是成功的助燃剂，自信多一分，我们的成功就可以多十分。

世界酒店大王希尔顿，用200美元创业起家，有人问他成功的秘诀，他说："信心。"

拿破仑·希尔说："有方向感的自信心，令我们每一个意念都充满力量。当你有强大的自信心去推动你的致富巨轮时，你就可以平步青云。"

美国前总统里根在接受《SUCCESS》杂志采访时说："创业者若抱有无比的信心，就可以缔造一个美好的未来。"

自信是成功不可少的条件。而当机会来临的时候，我们是否能把握住，往往取决于我们是否有足够的自信。

麦克是《纽约时报》的一位著名记者，当他第一次来《纽约时报》面试时，他紧张兮兮地等在办公室门外，申请材料已经送进去了。过了一会儿，门开了，一个小职员出来："主任要看您的名片。"而麦克从来就没有准备过什么名片，灵机一动，他拿出一副扑克抽出一张黑桃A说："给他这个。"

半个小时后，麦克被录取了。黑桃A真是一张好牌。麦克若是没有足够的自信，怎敢用它当名片？

鲍勃·卢斯曾被40位著名的运动员评为美国运动史上最伟大的运动员。他们认为他善用他的天才，他给予运动界的冲击是无与伦比的。至于他为何会这么伟大，大家一致认为那是因为他自信十足。

有一次，在世界冠军赛争夺战中，大家就等着他击出一支全垒打而获得冠军。后来，他在对方投出两分球而未挥棒后，第三球终于击出了一支全垒打，全场观众为之疯狂。

事后，在休息室里，有位队友问他万一第三球失败的话怎么办？

"哦……我从未想到这点。"他回答道。

这就是自信，相信你能完成你的目标。有自信的人会说："我能干，我可以跟环境配合。不只如此，我还能赢得这场生活游戏。"

人是自己命运的舵手，自信就是指引人生小舟航向的罗盘。

人生前途的成败得失和幸福与否，关键在于是否树立了坚定的自信心。一个人心中充满了自信，他的前程必然是一片坦途。这一点美国旅馆大王、世界级的巨富威尔逊的经历可给我们以启示。

威尔逊在创业之初，全部家当只有一台分期付款赊来的爆米花机，价值50美元。第二次世界大战结束后，威尔逊做生意赚了点钱，便决定从事地皮生意。如果说这是威尔逊的成功目标，那么，这一目标的确定，就是基于他对自己的市场需求预测充满信心。

当时，在美国从事地皮生意的人并不多，因为战后人们一般都比较穷，买地皮修房子、建商店、盖厂房的人很少，地皮的价格也很低。当亲朋好友听说威尔逊要做地皮生意时，异口同声地反对。

而威尔逊却坚持己见，他认为反对他的人目光短浅。他认为虽然连年的战争使美国的经济很不景气，但美国是战胜国，它的经济会很快进入大发展时期。到那时买地皮的人一定会增多，地皮的价格会暴涨。

于是，威尔逊用手头的全部资金再加一部分贷款在市郊买下很大的一片荒地。这片土地由于地势低洼，不适宜耕种，所以很少有人问津。可是威尔逊亲自观察了以后，还是决定买下这片土地。他的预测是：美国经济会很快繁荣，城市人口会日益增多，市区将会不断扩大，必然向郊区延伸。在不远的将来，这片土地一定会变成黄金地段。

后来的事实正如威尔逊所料。不出三年，城市人口剧增，市区迅速发展，大马路一直修到威尔逊买的土地的边上。这时，人们才发现，这片土地周围风景宜人，是夏日避暑的好地方。于是，这片土地价格倍增，许多商人竞相出高价购买，但威尔逊不为眼前的利益所惑，他还有更长远的打算。后来，威尔逊在自己这片土地上盖起了一座汽车旅馆，命名为"假日旅馆"。由于它的地理位置好，舒适方便，开业后，顾客盈门，生意非常兴隆。从此以后，威尔逊的生意越做越大，他的假日旅馆逐步遍及世界各地。

威尔逊的经历告诉我们，一个人的成败和他的自信心息息相关。如果一个人时刻对自己充满自信，能够坚定不移地去做自己心中认定的事情，那么即使他才能平平，也可以取得卓越的成就。

坚韧是一种精神

李书福是国产吉利牌汽车集团的董事长。1997 年，当李书福开始造汽车的时候，中国的汽车市场已经被大众、通用、标致、丰田这样的跨国巨头蚕食得一片狼藉，根本没有国产自主品牌的立足之地。但当时李书福不顾亲友反对，决意投资 5 亿元资金进军汽车行业，并抛出一句"汽车不过就是四个轮子加两张沙发"的疯话，无疑让跨国巨头们贻笑大方。在此之前的 1996 年，李书福改装两辆奔驰造车的故事在当地更是引起轰动，甚至有人去问他这两台改装车的卖价。

李书福不止一次地对《第一财经日报》表示，他要打造一家百年汽车公司，要让吉利的车走遍全世界，而不是让外国车走遍全中国。为了实现他的造车梦，他还曾到国家各部门游说，当某官员曾告诉他"民营企业干汽车无异于自杀"时，他豪壮地说，"那你就给我一次跳楼的机会吧"，可见他对自己梦想的执著。以前他把造车自嘲为"自杀"，而今他已经有底气对世人宣告他的光荣与梦想。

世界首富比尔·盖茨认为，巨大的成功靠的不是力量而是韧性。如今社会的竞争常常是持久力的竞争，有恒心有毅力的人往往能够成为笑到最后、笑得最好的人。

英特尔公司总裁格鲁夫说过："只有偏执狂才能生存。"引申开来，"偏执"在某种程度上不就是要执著于某一个方面吗？这句话如今被许多人接受并且传诵，甚至成为他们的座右铭。在这个高速发展的经济时代，正是像李书福这样执著于自己想法并坚持下去的人才能取得巨大的成功，所以青少年要有执著的精神和坚强的毅力，这是我们赢得美好未来的必要条件，若是半途而废，浅尝辄止，那么梦想永远只能是梦想。

美国淘金热时，杰克的叔叔也在西部买到一块矿地。辛苦几周后，他发现了闪闪发光的金矿，但他需要用机器把金矿弄到地面上来。他很镇静地把矿坑掩埋起来，除掉自己的脚印，火速赶回老家，把找到金矿的消息告诉亲戚和邻居。大家凑了一笔钱，买来所需的机器，托人代送。这位叔叔和杰克也动身回到矿区。

第一车金矿挖出来了，送到一处冶金工厂，结果证明他们已经挖到了科罗拉州最富的一个矿源。只要挖出几车金矿，就可以偿还所有债务，然后大赚特赚。

叔叔和杰克高高兴兴地下坑工作，带着无限的希望出坑来。但在这时，发生了他们意想不到的事，金矿的矿脉竟然不见了，黄金没有了。他们继续挖下去，焦急地想要挖出矿脉来，但毫无收获。最后他们放弃了。然而根据一位工程师的计算，只要从杰克和他叔叔停止挖掘的地点再往前挖90公分，就能找到金矿。

果然，后来有人在工程师所说的那个地方找到了金矿。请工程师的人是一位售货员，他把从矿坑中挖出来的金矿出售，获得了几百万美元。他之所以能够发财，主要是因为他懂得寻找专家协助，而不轻易放弃。

这件事过了很久之后，杰克先生获得了成功，赚进了超过他损失金钱的数倍。这是他在从事推销人寿保险以后取得的。

杰克没有忘记在距离金矿90公分远的地方停下，而损失了一大笔财富，所以现在他吸取了这个教训。他说："我在距离金矿90公分远的地方停下来，如今，在我向人们推销人寿保险的时候，绝不因为对方说'不'就停下来。"

杰克后来成为一位每年推销100万美元以上人寿保险的优秀推销员。他锲而不舍的精神，应归功于挖矿时轻易放弃的教训。

卡勒先生曾经说过："许多青年人的失败，都应归咎于他们没有恒心。"的确如此，大多数青年，虽然都颇有才情，也都具备成就事业的能力，但他们缺少恒心、缺少耐力，只能做一些平庸安稳的工作，一旦遭遇些微小的困难、阻力，就立刻退缩下来，裹足不前。可见，不屈不挠、百折不回的精神，是获得胜利的基础。

一旦你拥有坚韧的精神和永不言弃的品质，不论在任何地方，你都不难找到一个适当的职位。坚持到底，这是成功的必然之路，唯有坚持，才能有丰收的果实。

换种思维考虑，困难其实就意味着机会，解决问题，你就能够实现成功。如果我们能够看清困难背后的现实意义，抱着执著的心态去面对每一项任务，一步一步地坚持努力，那我们终将克服这些困难，远大的目标也会在这一步一步的努力中最终得以实现。所以，我们青少年要想获得成功，拥有美好的未来，就需要像李书福那样拥有坚韧、执著的精神，才能克服重重困难，挖到我们想要的金矿。

认定了就风雨兼程

大家都听过精卫填海的故事吧？直到今天，你如果到了东海边，还会看见一种脑袋上带着花、白嘴红爪的小鸟在海上飞来飞去，那就是精卫。一只小小的鸟，抱定了要填海挽救众生的性命，于是它风雨兼程，即使刮风下雨它也不放弃，这种精神，在现在的生活、学习中更需要。

1932年，男孩读初中二年级。因为是黑人，他只能到芝加哥读中学，家里没有那么多钱。那时，母亲做出了一个惊人的决定——让男孩复读一年。她则为50名工人洗衣、熨衣和做饭，为孩子攒钱上学。

1933年夏天，家里凑足了那笔血汗钱，母亲带着男孩踏上火车，奔向陌生的芝加哥。在芝加哥，母亲靠当佣人谋生。男孩以优异的成绩中学毕业，后来又顺利地读完大学。1942年，他开始创办一份杂志，但最后一道障碍，是缺少500美元的邮费，不能给订户发函。一家信贷公司愿借贷，但有个条件，得有一笔财产作抵押。母亲曾分期付款好长时间买了一批新家具，这是她一生最心爱的东西。但她最后还是同意将家具作了抵押。

1943年，那份杂志获得巨大成功。男孩终于能做自己梦想多年的事了：将母亲列入他的工资花名册，并告诉她算是退休工人，再不用工作了。那天，母亲哭了，男孩也哭了。

后来，在一段反常的日子里，男孩经营的一切仿佛都坠入谷底。面对巨大的困难和障碍，男孩已无力回天。他心情忧郁地告诉母亲："妈妈，看来这次我真要失败了。"

"儿子，"她说，"你努力试过了吗？"

"试过。"

"非常努力吗？"

"是的。"

"很好。"母亲果断地结束了谈话，"无论何时，只要你努力尝试，就不会失败。"

果然，男孩渡过了难关，攀上了事业新的巅峰。这个男孩就是享誉世界的美国《黑人文摘》杂志创始人、约翰森出版公司总裁、拥有三家无线电台的约翰·H·约翰森。

约翰森的经历告诉我们：命运全在搏击，奋斗就是希望。认定了就要风雨兼程。同样，坚定的信念在困难的时刻更能突显神奇的力量，助你披荆斩棘，斩断生命中的枷锁，重获新生。

14世纪，苏格兰在与英格兰军队的战斗中，连续六次都失败了。国王布鲁斯不得不率领部下躲进了森林和群山深处。森林里的生活是十分艰苦的，这里没有粮食，没有药品，士气低落到了极点。

一个阴郁的雨天，布鲁斯躺在深山中的一间简陋的茅屋里，听着棚顶上淅淅沥沥的下雨声，他感到疲惫无力，心烦意乱。他一遍又一遍地问自己，难道就这样向英格兰人认输吗？

正当他万念俱灰的时候，猛一抬头，他看见一只蜘蛛在他头顶的屋角上正忙着来回织网。布鲁斯注视着这只蜘蛛慢慢地、小心翼翼地劳作着。眼见这只蜘蛛连续六次试图把那纤细的蛛丝从这一道横梁连到另一道横梁上去，结果六次都失败了。

"哎，可怜的小东西！"布鲁斯暗自叹息道，"你也知道失败是什么滋味了吧。"

但是，眼前的这只小蜘蛛并没有像布鲁斯那样灰心丧气，只见它更加小心谨慎地开始做第七次努力，在柔弱的细丝上摆动着身体，最终把蛛丝稳妥地带到了另一道横梁上，而且牢牢地粘在那儿了。

"啊！成功了！它成功了！"布鲁斯兴奋得从地上跳了起来，"蜘蛛是我的榜样！我要学蜘蛛！我也要做第七次尝试！"他边喊边冲出了茅屋，迅速地把垂头丧气的战士们召集起来。

"我的勇士们！快，快围过来！我要告诉你们一件事，这是一只蜘蛛带给我的启示。我知道，如果第七次又失败了，这只蜘蛛也还是会继续努力的。我看不出它有任何沮丧和灰心，只是不屈不挠地朝着自己的目标奋斗。难道我们还不如这只小小的动物吗？不！我们要同敌人进行第七次、第八次、第九次乃至无数次的斗争，直至把英格兰军队赶出我们的国家为止。我相信，只要我们坚持斗争，胜利是一定会属于我们的。"

布鲁斯的一番话深深地打动了战士们，他们决心紧跟国王，重整旗鼓。布鲁斯又组成了一支勇敢的苏格兰军队，决心再同敌人进行第七次战斗。

1322年，战斗又打响了。

就这样，苏格兰人凭借坚韧的毅力，终于战胜了强大的英格兰军队，把侵略者赶出了苏格兰。

拿破仑曾经说过："我们应当努力奋斗，有所作为。这样我们就可以说，我们没有虚度年华，并有可能在时间的沙滩上留下我们的足迹。"青少年有的是时间，有的是青春，不要因一次的挫折就把自己彻底否定，只要你重新站起来，努力再努力，你就可以拥有成功。

坚定信念，坚忍不拔

由无坚不摧的持久心而做成的事业是神奇的。当一切力量都已逃避了，一切才智宣告失败时，持久心却依然坚守阵地。依靠忍耐力、依靠持久心终能克服许多困难。

伯纳德·帕里希在 18 岁时离开故乡，去追求自己的事业。按他自己的说法，那时候他"一本书也没有，只有天空和土地为伴，因为它们对谁都不会拒绝"。当时他只是一个不起眼的玻璃画师，然而，满腔的艺术热情促使他勇往直前。

一次，他被精美的意大利杯子完全迷住了，他过去的生活就这样完全被打乱了。此后，他经年累月地把自己的全部精力都投入到对瓷釉各种成分的研究中。因为从这时候起，他内心完全被另一种激情占据了——他决心要发现瓷釉的奥秘，看看它为什么能赋予杯子那样的光泽。

为了改进自己的试验，帕里希亲自动手用砖头建了一个玻璃炉。终于，到了决定试验成败的时候了，他连续高温加热了 6 天。可出乎意料的是，瓷釉并没有熔化，但他已经一文不名了。他只好通过向别人借贷来买陶罐和木材，并且想方设法找到了更好的助熔剂。准备就绪之后，他又重新生火，然而，直到燃料耗光也没有任何结果。他跑到花园里，把篱笆上的木栅栏拆下来充当柴火，但依然不能奏效；然后是他的家具，但仍然没有起作用。最后，他把餐具室的架子都一并砍碎，扔进火里，奇迹终于发生了：熊熊的火焰一下子把瓷釉熔化了。

秘密终于被揭开了。事实再次证明了这一点：锲而不舍，金石可镂。

勤快的人能笑到最后，耐跑的马才会脱颖而出。滴水穿石，绳锯木断。如果三心二意，哪怕是天才，终有疲惫厌倦之时；只有仰仗持久心，点滴积累，才能看到成功之日。

对于暂时的困难、短暂的痛苦，一般人是能够忍受的，但当希望较小而痛苦又旷日持久时，就唯有拥有持久心态者才能坚持。卡耐基指出："世界上大部分的重大事情，都是由那些在似乎一点希望也没有时，仍继续努力的人们所完成的。"在行动的最后阶段，更是对意志的考验，俗话说："行百里者半九十。"因为越到最后越觉得精疲力竭，只有拥有相当的持久心，才能一以贯之。

　　一个慈祥、和蔼、诚恳和乐观的人，再加上富有持久心的卓越品质，实在是非常幸运的，没有什么比竭尽全力、坚定意志去完成自己既定目标的人，更能获得他人的钦佩和敬仰。而那些意志不坚定，缺乏持久心的人，往往就要为别人所轻视，最终逃脱不了失败的命运。著名的作家芬妮·赫斯特的奋斗史就是一部有关信念的历程史。

　　芬妮·赫斯特1915年底带着成为一位名作家的梦想来到了纽约，但纽约给她的第一份礼物就是失败。她邮出去的文章都被退回。但她没有放弃，仍怀着梦想不停地写作，走遍了纽约的大街小巷，奔波于各个杂志社、出版社之间。当希望还是很渺茫的时候，她没有说："我放弃，算你赢了。"而是说："很好，纽约，你可能打倒了不少人，但是，绝不会是我，我会逼你放弃。"

　　她没有像别人那样，碰到一次退稿就放弃了，因为她决心要赢。4年之后，她终于有一篇故事刊登在周六的晚报上，之前该报已经退了她36次稿。

　　随后，她得到的回报更是一发而不可收。出版商开始络绎不绝地出入她的大门。再后来是拍电影的人也发现了她。

　　事实上，很多人在失败后不是没有尝试过通过其他手段继续努力，他们也采取过行动，也有过辉煌的奋斗史。他们没有成功的原因之一就是他们让自己的奋斗永远成为历史了。他们轻言放弃。他们一切辉煌的过去，都因为放弃而黯然失色。他们正干得轰轰烈烈、红红火火的时候，突然发生了一个变故，使其遭受了损失和挫折。大多数未成功者都是在这个时候很轻易地就放弃了。于是奋斗者的行列中再也找不到他们的身影，他们的豪迈和自豪永远地成为了历史。他们没有成功可以炫耀，只能去炫耀历史。

　　我们不妨分析一下成功者，我们会发现他们走过的道路，都与失败顽强地抗争过，当挫折降临的时候，他们都坚定地说一句"还要干，绝不放弃"，都是以铮铮铁骨挺了过来。

　　成功只属于坚忍不拔并为之付出汗水的人。因为成功者大多会以这种精神来创造未来。也许你身处劣势，但如果你坚持不懈，黄土也会变成金子，沙漠也会变成绿洲。

智慧思考篇

第一章　思考＋记忆，加速人生之舟前行的马达

思考是一种深入的力量

一个人如何保持在生活里具有创意的快乐，对事物有精深的感受，有博大的思想，在生活中却又精确、清晰而有条理呢？——那就是思考。

詹姆斯·艾伦曾说："当一个人在思考时，他就因此而存在。"这指出了人存在的全部意义，那就是懂得思考。人是在思考中成长起来的，一个人的一言一行、喜怒哀乐、性格习惯等等，无不是思考使然。这就像幼小的种子不断地萌发，然后长成参天大树，树上的每一片叶子、每一朵花、每一颗果实，都含有这个种子的信息。同样的道理，人的行为也带有心灵思考的痕迹。

美国一位工程师和一位逻辑学家是莫逆之交。一次，两人相约赴埃及参观金字塔。到埃及后，有一天，逻辑学家住进宾馆后，便写起自己的旅行日记。工程师则徜徉在埃及的街头，忽然耳边传来一位老妇人的叫卖声："卖猫啊，卖猫啊！"

工程师顺着声音找去发现，在老妇人身旁放着一只黑色的雕塑猫，标价500美元。这位妇人解释说，这只玩具猫是祖传宝物，因孙子病重，不得已才出卖以换取住院治疗费。工程师用手一举猫，发现猫很重，看起来似乎是用黑铁铸就的。不过，那一对猫眼却是珍珠的。

于是，工程师就对那位老妇人说："我给你300美元，只买下两只猫眼吧！"

老妇人琢磨了一下，觉得行，就同意了。工程师回到了宾馆，高兴地对逻辑学家说："我只花了300美元竟然买下两颗硕大的珍珠！"

逻辑学家一看这两颗大珍珠，绝不止300美元，少说也值上千美元，忙问朋友是怎么一回事。当工程师讲完缘由，逻辑学家忙问："那位妇人还在那里吗？"

工程师回答说："她还坐在那里。想卖掉那只没有眼珠的黑铁猫！"

逻辑学家听后，忙跑到街上，给了老妇人200美元，把猫买了回来。

老朋友见后，嘲笑道："你呀，花200美元买个没眼珠的铁猫！"

逻辑学家却独自坐下来摆弄、琢磨这只铁猫，突然，他灵机一动，用小刀刮铁猫的脚，当黑漆脱落后，露出的是黄灿灿的一道金色的印迹，他高兴地大叫起来："不出我所料，这猫是纯金的！"

原来，当年铸造这只金猫的主人，怕金身暴露，便将猫身用黑漆漆过，俨然如一只铁猫。

对此，工程师十分后悔。此时，逻辑学家转过来笑着对他说："你虽然知识很渊博，可就是缺乏深入思考，分析和判断事情不全面、不深入。你应该好好想一想，猫的眼珠既然是珍珠做成，那猫的全身会是不值钱的黑铁所铸吗？"

正如逻辑学家所说的，思考能够带来智慧，促进原有的知识产生一股力量，可以吸引、带来财富，更可以带来思考过后收获的愉悦。

一个普通人，由平庸变成伟大一点也不出人意料。他只不过是在别人尚不觉察和思考时及时调整了自己的思考角度，改变了自己的思考和行为方式，而且实事求是地及时采取了行动而已。

一位名叫威廉·丹佛斯的人，小时候很瘦弱，他告诉朋友，他的志向也不远大。他对自己的感觉很差，加上瘦弱的身体，这种不安全感加深了。

但是，后来一切都改变了。他在学校里遇到一位好老师。有一天，这位老师私下把他叫到一旁说："威廉，你的思想错了！你认为你很软弱，就真会变成这样一个人。但是，事实并非一定会这样，我敢保证你是一个坚强的孩子。"

"你是什么意思？"这个小男孩问，"你能吹牛使自己强壮吗？"

"当然可以！你站到我面前来。"

小丹佛斯站到老师的面前去。"现在，就以你的姿势为例。它说明你正想着自己弱的一面。我希望你做的是考虑自己强的一面，收腹挺胸。现在，照我所说的做，想象自己很强壮，相信自己会做得到。然后，真正去做，敢于去做，靠自己的双腿站在世上，活得像个真正的男子汉。"

小丹佛斯照着他的话去做了。后来，他成为一家名为希瑞纳的公司的老总。人们最后一次见到他时，他已经85岁，仍然精力充沛、健康、有活力。他对人们讲的最后一句话是："记住，要站得直挺挺的，像个大丈夫！"

百年哈佛有句大家熟悉的谚语："一天的思考，胜过一周的蛮干。"要想我们的行动、生活更有力量，就需要进行积极思考。积极思考是一种思维模式，它使我们在面临弱势的情形时仍能寻求最好的、最有利的结果。换句话说，在追求某种目标时，即使举步维艰，仍有所指望。事实也证明，当你往好的一面想时，你便有可能获得成大事的能力。积极思考是一种深思熟虑的过程，也是一种主观的选择，更是一种积极进取的标志！

多问几个为什么，就多几分把握

美籍华人李政道教授一次在同中国科技大学少年班学生座谈时指出："为什么理论物理领域做出贡献的大都是年轻人呢？就是因为他们敢于怀疑，敢问。"他还强调说："一定要从小就培养学生的好奇心，要敢于提出问题。"

爱因斯坦说："提出一个问题比解决一个问题更重要。"能否提出独特的问题对一个人的创造能力是非常重要的。一个人善于动脑和思考，就会不断发现问题。对一个青少年而言，学会提问更是学习积极主动的表现，有疑而问，由问而思，有利于培养创新精神和创造能力；相反，如果提不出问题，说明你的学习过程还不够深入，对自身能力的培养还不到位。

爱因斯坦小时候发育比较迟缓，到了三四岁时还不大会说话。但是，他小小的脑袋里却装满了各种各样稀奇古怪的问题。他经常托着下巴，一副全神贯注思考的模样。他经常想："雨为什么会从天上掉下来？月亮为什么不会从天上掉下来？"

爱因斯坦四五岁时，爸爸给了他一个罗盘。他特别喜欢这个玩具，于是总是爱不释手地反复摆弄。渐渐地，爱因斯坦发现了一个奇怪的现象：罗盘的指针轻轻抖动、转动，但是只要一旦静止，涂着红色的一端总是指着北方，而另一端总是指着南方。

"这是为什么呢？"爱因斯坦陷入了思考。

于是，他开始不断地尝试，他先是小心翼翼地转动罗盘，想偷偷地让罗盘指针指向别的方向。但是，罗盘仿佛早就猜出了他的心思，让爱因斯坦失望的是，红色的一端仍然固执地指向北方。他继续琢磨着妙招，他突然猛转身子，想让罗盘措手不及，但等指针停来时，罗盘上红色的一端还是指向北方。

"真奇怪！"小爱因斯坦惊讶极了。

"为什么它总是指向南北，而不指向东西呢？"他喃喃地向自己提出了一个许多小朋友没有想到的问题。

这个罗盘显然紧紧地抓住了他的心，他为罗盘的指南性着了迷，也为自己提出的罗盘问题着了迷。他一个人玩着，尝试着，他痴痴地思考着，整天精神恍惚，甚至是沉默不语，他的父母还以为他生病了呢！

终于，他找到了一个答案："这根针的周围一定有什么东西在推着它！"他终于想到了是因为罗盘的周围藏着某个神秘的东西。

古人云："学贵有疑"、"学则须疑。"提问是获取知识的重要途径，去积极思考、积极主动地提问。学会提问，须经历一个从敢问到善问的过程。多参与社会实践活动，丰富自己的知识，与他人多交流、相处，提高自己的胆量，敢于在众人面前表现自己。

养成善于自我提问的习惯，能提出有价值的问题，是心到的结果，是解决问题的前提。从某种意义上说，学习的过程是一个不断提出问题、不断解决问题的过程。要养成"非思不问"的习惯，善于提问是建立在多思的基础上，这样提出来的问题才会是高质量的。而在你多提问的过程中，你也就多了几分把握，多了儿成成功。

青少年要想成就大事，首先得学习思考，思考你自己，向自己提问题，只有这样才能在问题中把握方向，你成功的路才会越走越轻松！

我们都有思考、分析、储存大量的知识、发展智慧、评估、将知识做各种组合的能力，但这些能力，并没有得到真正的开发，据科学家证实，像爱因斯坦、苏格拉底和爱迪生这些天才，他们也只用了不到10%的脑力。

如何运用和发展你的思考能力呢？以下方法可供你尝试：

1. 清洗你的思想。把所有不定和自我失败的思想过滤掉，并一直以积极、肯定的方式来思考问题。

2. 警觉训练。你的思想会因训练而成长，使你的"思维雷达"不断工作。

3. 培养你的理解力，让自己去做一些新的组合游戏。

4. "喂饱"你的思想。读、听和观察一切事情，要确定你的脑子一直有东西在输入。

5. 培养好奇心。对你不懂的事提出问题来，发展你的想象力。

6. 组织你的思想。实践你已知道的事，发现你所不知道的事。

7. 要有开放的心，绝不视任何主意为无用。倾听跟你观点不同的人的建议，任何人都有东西让你去学。

8. 客观地实践，永远肯去查明跟你不同的意见或方法。

9. 训练你的思想来为你工作。让你的脑子做你要它做的事，而且当你要它做的时候才做。

10. 培养常识，真正的智慧是学以致用。

不做他人思想的附庸

人生好比一张白纸，你可以在白纸上用不同的色彩描画你未来的蓝图。但是，如果你漫无目的地画，你手中的画笔就会被人夺走。爱因斯坦曾经说过："要是没有能独立思考和独立判断的有创造能力的个人，社会的向上发展就不可想象。"

一个人如果总感觉自己不如别人，尽管他实际上可能是有能力的，但他的表现也确实不如别人，因为思想主宰行动。一个人心里是怎么想的，他的行为就会反映出来，没有任何伪装能够把这种感觉长期遮盖起来。

也就是说，一个人如果觉得自己没有独立做事的能力，不可能超越其他的人，那么他就真的不会独立，只能跟在别人的身后。

有位才女不但琴棋书画无所不通，口才与文采也是无人可比。大学毕业后，在学校的极力推荐下，才女去了一家小有名气的杂志社工作。谁知就是这样的一个让学校都引以为自豪的人物，在杂志社工作不到半年就被炒了鱿鱼。

原来，在这个人才济济的杂志社内，每周都要召开一次例会，讨论下一期杂志的选题与内容。每次开会很多人都争先恐后地表达自己的观点和想法，只有才女总是悄无声息地坐在那里一言不发。她原本有很多好的想法和创意，但是她有些顾虑，一是怕自己刚刚到这里便"妄开言论"，被人认为是张扬，是锋芒毕露；二是怕自己的思路不合主编的口味，被人看作幼稚。就这样，在沉默中她度过了一次又一次激烈的讨论会。有一天，她突然发现，这里人们都在力陈自己的观点，似乎已经把她遗忘在那里了。于是她开始考虑要扭转这种局面。但这一切为时已晚，再没有人愿意听她的声音了，在所有人的心中，她已经根深蒂固地成了一个没有实力的花瓶人物。最后，她终于因自己的过分沉默而失去了这份工作。

让自己仅仅是跟在别人身后的理由真是太多了，但是如果没有敢于突破的勇气，不做自己想做的事，只会成为平庸者。而敢想就会有欲望，欲望一旦被利用就是力量。

保罗·盖蒂在取得成功前有过 3 次失误。第一次是在保罗·盖蒂年轻的时候，他买下了一块他认为相当不错的地皮，根据他的经验和判断，这块地皮下面会有相当丰富的石油。他请来一位地质学家，对这块地进行考察。专家考察后却说："这块地不会产出一滴石油，还是卖掉为好。"盖蒂听信了地质专家的话，将地卖掉了。然而没过多久，那块地上却建成了高产量的油井，原来盖蒂卖掉的是一块石油高产区。

保罗·盖蒂的第二次失误是在 1931 年。由于受到大萧条的影响，经济很不景气，股市狂跌。盖蒂认为美国的经济基础是好的，随着经济的恢复，股票价格一定会大幅上升。他于是买下了墨西哥石油公司价值数百万美元的股票。随后的几天，股市继续下跌，盖蒂认为股市已跌至极限，用不了多久便会出现反弹。然而他的同事们却竭力劝说盖蒂将手里的股票抛出，这些被大萧条弄怕了的人们的好心劝说，终于使盖蒂动摇了，最终将股票全数抛出。可是后来的事实证明，盖蒂先前的判断是正确的。

保罗·盖蒂最大的一次失误是在 1932 年。他认识到中东原油具有巨大的潜力，于是派出代表前往伊拉克首都巴格达进行谈判，以取得在伊拉克的石油开采权。和伊拉克政府谈判的结果是，他们获取了一块很有前景的地皮的开采权，价格只有几十万美元。然而正在此时，世界市场上的原油价格产生了波动，人们对石油业的前景产生了怀疑，普遍的观点是，这个时候在中东投资是不明智的。盖蒂再一次推翻了自己的判断，令手下终止在伊拉克的谈判。

1949 年盖蒂再次进军中东时，情况和以先已经大不相同，他花了 1000 多万美元才取得了一块地皮的开采权。

保罗·盖蒂的 3 次失误，使他白白损失了一笔又一笔的财富。他总结自己这些年的失败说："一个杰出的商人应该坚信自己的判断，不要迷信权威，也不要见风使舵。在大事上要有自己的主见，以正确的思维方法战胜一切！"

在以后的岁月中，保罗·盖蒂吸取教训，屡战屡胜，最终成为全美的首富。

如果你总躲在别人的背后，那么你只能一辈子碌碌无为。

青少年朋友大可不必把自己的命运交给别人来决定，青少年要学会独立思考，要想成功，必须把思考的权利掌握在自己手里。

明确记忆意图，增强记忆效果

很多青少年都有这样的体会：课堂提问前和考试之前看书，记忆效果比较好，这主要是因为他们记忆的目的明确，知道自己该记什么，到什么时候记住，并知道非记住不可。这种非记住不可的紧迫感，会极大地提高记忆力。

原南京工学院讲师韦钰到德国进修，靠着原来自修德语的一点基础，仅用了四个月的时间就攻下了德语关，表现出惊人的记忆能力。这种惊人的记忆力与"一定要记住"的紧迫感有关，而这种紧迫感又来自韦钰正确的学习目的和研究动机。

韦钰的事例证明，记忆的任务明确，目的端正，就能发掘出各种潜力，从而取得较好的记忆效果。一般来说，重要的事情遗忘的可能性比较小，就是这个道理。

不少人抱怨自己的记忆能力太差，其实这主要是在于学习的动机和目的不端正，学习缺乏强大的动力，不善于给自己提出具体的学习任务，因此在学习时，就没有"一定要记住"的紧迫感，注意力就不容易集中，使得记忆效果很差。

反之，有了"一定要记住"的认识，又有了"一定能记住"的信心，记忆的效果一定会好的。

心理学家做过这样一个实验：他们请老师给两个班的同学布置了默写课文的作业，都说第二天测验，第二天果真测验了，结果两个班成绩差不多。测验后，只告诉一班同学两星期后还要测验一次，二班同学不知道。两个星期后又进行测验，一班同学的成绩比二班同学要好得多（一班同学在测验前也没有复习）。这说明，并不是一班同学比二班同学更聪明，记忆更好，而是由于老师在第一次测验后，对一班提出更长久的记忆目标，结果一班同学就记得长久些。

基于以上原因，青少年朋友在记忆之前应给自己提出识记的任务和要求。例如，在读文章之前，预先提出要复述故事的要求；去动物园之前，要记住哪些动物的外形、动作及神态，回来后把它们画出来，贴在墙壁上。这就调动了在进行这些活动中观察、注意、记忆的积极性。

另外，光有目的还不行，如很多学生在考试之前，花了很多时间记忆学习，但考试之后，他努力背的那些知识很快就忘记了，因此，记忆时提出的目的还应该是长远的、有意义的、有价值的、有一定难度的。记忆目标是由记忆目的决定的。要确定记忆目标，首先要明确记忆的目的，即为了什么去进行记忆，然后根据记忆目的确定具体的记忆任务，并安排好记忆进程。对于较复杂的、需要较长时间来进行记忆的对象来说，应把制定长远目标和制定短期目标相结合，把长远目标分成若干不同的短期目标，通过跨越一个个短期目标去实现长远目标。

明确记忆目标，主要不是一个记忆的技巧问题，而是人的记忆动机、态度、意志的问题。在强大的动机支配下，用认真的态度和坚强的意志去记忆，这就是明确记忆目标的实质。青少年懂得记忆的意义后，便会对记忆产生积极的态度。

确定记忆意图还要注意以下两个方面：

1. 要注意记忆的顺序

例如，记公式，首先要理解公式的本质，而后通过公式推导来记住它，再运用图形来记住公式，最后是通过做类型题反复应用公式，来强化记忆。有了这样一个记忆顺序，就一定会牢记这些数学公式。

2. 记忆目标要切实可行

在记忆学习中，确立的目标不仅应高远，还要切实可行。因为只有切实的目标才真正会激发人们为之奋斗的热情，才使人有信心、有把握地把目标变为现实。

总之，要使自己真正成为记忆高手，成为记忆方面的天才，你首先要做的就是要有一个明确的记忆意图。

找到记忆的诀窍

目前，随着"神童"的不断涌现，神奇记忆、天才记忆、魔力记忆等纷纷登场。其实，只要按照记忆规律，科学地去进行记忆，那么青少年的记忆力就能很快增强。下面介绍几种记忆方法，以供青少年朋友参考：

1. 三字法

马克思具有非凡的记忆力，即使在谈话时，也可随时指出书中的有关引文或数字。他的秘诀只有三个字：博、记、读。

博：由于马克思一生博览了各国的历史、哲学、政治经济学和文学等书籍，学识渊博。因此，对书中的理论问题领会快，理解深，记得牢。

记：有时马克思一个片段要看上好几遍，并在疑难地方用铅笔做出记号，重点记忆。当发现作者有错误的地方，就打上个问号或惊叹号。发现重要段落和语句，就用横线标出来或将它摘录下来。

读：马克思在青少年时代，就对语言特别感兴趣，他用外国语背诵海涅、歌德、但丁和莎士比亚等名人的诗歌作品，借以锻炼自己的记忆力。每隔一段时间，他就重读一次他的笔记本和书中的摘句，用来巩固记忆。

2. 反遗忘法

德国心理学家日耳曼·艾滨浩斯经过反复实验，发现遗忘是有规律的，将其绘成一条曲线，这就是著名的艾滨浩斯遗忘曲线。该曲线认为，识记过的事物，第一天后被遗忘的最多，遗忘率达 55.8％，保存率仅为 44.2％；一个月以后的保留量为 21.9％。自此以后就基本上不再遗忘了。这条曲线形象地表明了遗忘的一个重要规律是先快后慢。

遗忘的反面就是记忆，遗忘的少，记忆的就多，它们是成反比关系的。为了减少遗忘，每天所学过的各门知识，当天就要及时复习，学完一个单元后再复习一遍，考试前再复习一遍，这样对所学过的知识就能很好地记住了。

3. 理解记忆法

对材料在理解的基础上进行加工处理后再进行记忆是理解记忆法的基本条件。有些材料，如科学概念、范畴、定理、法则和规律、历史事件、文艺作品等，都是有意义的。青少年记忆这类材料时，一般都不要采取逐字逐句死记硬背的方式，而是首先理解其基本含义，即借助已有的知识经验，通过思维进行分析综合，把握材料各部分的特点和内在的逻辑联系，使之纳入已有的知识结构，以便保持在记忆中。

4. 多感官记忆法

要记忆外部信息，必先接受这些信息，而接受信息的"通道"不止一条，有视觉、听觉、动觉、触觉等。有多种感觉、知觉参与的记忆，叫做多感官记忆法。这种记忆方法效果比单一记忆强得多。

多感观记忆法动员脑的各部分协同合作，来接收和处理信息。这种方法在掌握各种语言文字的过程中效果最显著。因为不论哪一种语言，学习目的总是为了读、写、听、说，这四种能力恰恰涉及信息输入和输出的四种不同的感官通道。因此，青少年在学习语文、外语等课程时，最好采用感官记忆法。

5. 快乐记忆法

学习前先想想愉快的事情，看看令人愉快的东西，听听令人愉快的音乐，会有助于心情的平静，从而提高记忆力。把学习与自己的抱负联系起来，把学习与想象中的成功的喜悦联系起来，会大大提高记忆力。

6. 刺激大脑法

要使我们的脑细胞永葆青春，关键在于要常常给予刺激。观察一下我们的日常生活，这种情况也可以立刻得到理解。像松下幸之助那样的企业家或者政治家和学者等，都经常处于接受新刺激的环境中，所以过了 70 岁还是朝气蓬勃、机智敏锐。可是，我们也能看到，由于不是处于上述环境中，有的人不到 60 岁就已经神志不清了。更有甚者，有的人不到 40 岁就开始变得痴呆了。

7. 联想记忆法

联想，就是当人脑接受某一刺激时，浮现出与该刺激有关的事物形象的心理过程。一般来说，互相接近的事物、相反的事物、相似的事物之间容易产生联想。用联想来增强记忆是一种很常用的方法。美国著名的记忆术专家哈利·洛雷因说："记忆的基本法则是把新的信息联想于已知事物。"

例如，气球、天空、导弹、苹果、小狗、闪电、街道、柳树等 8 个词，你可以发挥自己的奇特想法，把它们串联起来：我被气球吊上天空，骑在一颗飞来的导弹上，导弹射出一个苹果，掉在小狗头上，小狗受惊后像一道闪电似的奔跑，窜过街道，撞在柳树上，死了。这样联系起来后，8 个词的记忆就易如反掌了。

8. 观察记忆法

经过辛苦的查询和一番周折而拜访了一次朋友的家以后，往往比看地图或听人告诉更不易忘记地址。这是因为，用眼睛观察比看图或耳闻都能更清楚地记住目的地。

同样，就高尔夫球和麻将的规则来说，实际到球场去打球，或到牌桌上去打牌，比读书记忆得更快。这是因为，仔细地观察会提高记忆力。

另外，还有一些较适用的方法：直观形象记忆法，如电视教学；归纳记忆法，即对知识进行条理化、系统化归纳，诸如示意图、表格、摘要等；联系实际记忆法，如做实验，看标本；分解记忆法：即将整体分解为个体，先记住个体，再连贯起来记住整体；重复记忆法：安排复习时间，不断重复练习；顺口溜记忆法：将要记的内容编成顺口溜加以记忆等。

提高记忆力，需要注意的一个要点是，针对不同的记忆内容选择适合的方法，并注意劳逸结合，才能最有效地提高记忆力。

用思维导图发掘你惊人的记忆力

思维导图是运用图文结合的技巧，表达发射性思维的有效的思维工具。放射性思考是人类大脑的自然思考方式，每一种进入大脑的资料，不论是感觉、记忆或是想法，包括文字、数字、符码、食物、香气、线条、颜色、意象、节奏、音符等，都可以成为一个思考中心，并由此中心向外发散出成千上万的关节点，每一个关节点代表与中心主题的一个联结，而每一个联结又可以成为另一个中心主题，再向外发散出成千上万的关节点，而这些关节的联结可以视为你的记忆。思维导图是最能善用左右脑的功能，借颜色、图像、符码的使用，有效增强你的记忆能力，最高效地提高你的记忆速度的思维方式。

让我们举一个简单的例子来说明这个观点：

上课听讲一般都需要记笔记，笔记常常不能及时将课堂上老师讲的内容进行归纳总结，课堂上的笔记也仅仅是对老师讲解内容的机械复制（而且这种复制常常是不完全的），相互之间没有关联、没有重点。等到课后再想总结，由于时过境迁，对授课内容记忆已经不再完全，课堂笔记便成为残缺不全的、不系统的知识记录，对于今后复习的价值已经不大。

而如果你采用"思维导图"为工具记录笔记，那么将老师讲解的一些可信内容记下来，并且将这些核心内容之间的联系用线条连接起来。此时，你的思维重点、思维过程以及不同思路之间的联系就可以清晰地呈现在图中。

这样的课堂笔记不仅能够迅速帮你进行归纳总结，而且整堂课的授课过程也被形象地记录在图中，以后复习时，只需将这幅图从头到尾再过一遍，那么当时的授课情景就会在你的脑海里重现一遍，这对于今后的复习无疑也是极大的帮助。

与传统记忆方法不同的是，采用思维导图记忆法更易于在关键词之间产生清晰合适的联想，人会处在不断有新发现和新关系的边缘，鼓励思想不间断和无穷尽地流动，这样大脑不断地利用其皮层技巧，越来越清醒，越来越愿意接受新事物，记忆力和联想力都得到了发展。

那么该如何绘制思维导图呢？

1. 拿到课本例如《背影》用大约 10 分钟的时间，对于所要记忆的内容作一个整体的了解，根据书本的目录做一张思维导图。

2. 根据课本的目录、自己对课本内容的难易度了解，把自己准备投入的时间分配到书的各个章节，并把它标注到我们刚刚完成的思维导图上。时间 5 分钟。

3. 选取书中的第一章，浏览《背影》课本的内容，并用彩色铅笔把书中看到的关键词、概念、名词解释，用不同的颜色进行标注。看完第一遍后，再顺着我们刚才标注的关键词，再一次进行快速阅读。如果有遗漏的内容，及时作出标注。时间 10 分钟至 30 分钟。

4. 根据自己标注的关键词制作思维导图，如有不清楚的内容，可以作出标记，继续阅读下面的内容，直至整个本章的思维导图做完。如果本章的内容分节太多或内容量太大，可以分成几张思维导图来制作。时间大约 10 分钟。

5. 学完文章后，需要检测自己对本章的知识掌握的情况如何。可以拿出一张空白纸，合上书本，根据自己的记忆和理解画出思维导图。画完后，把它与自己通过看课本做的思维导图，进行比较和对照，看看哪些知识和内容自己已经掌握，然后对相应的内容进行强化学习。

6. 依次按照上面的 2 到 5，分别作出其他文章的思维导图的学习和复习。

7. 把所有的内容完成的思维导图汇总成一张大的思维导图，对这张图进行复制，并做本书的总的知识的掌握。

在我们平常的学习过程中，我们就应该注意把课堂和书本的知识，把它们用思维导图整理好。临近考试时，把学习笔记进行小结，并制成思维导图。然后把思维导图上色，突出重点，并为每门功课制作一张巨大的、总的思维导图，还可在每门课程各章节中插入一些事例，以帮助自己加强记忆。通过这种方式，就能弄清楚一些更详细内容是在何处以何种方式连接起来的。此外，对课程也有更好的整体认识，这样，就可以十分精确地回忆，"蜻蜓点水"般地在该门课程的各个章节之间穿行。

坚持每周复习一次思维导图，越临近考试就要越有规律。试着不看书或者不看其他的任何笔记来回忆思维导图，并简要地画出自己所能记忆的知识以及对这门课程的理解的思维导图，并将这些思维导图与总的思维导图进行对比，找出其中的差别。然后再进一步做整理和修正，加强对于还未掌握好的那部分的记忆。

利用最有效的时间记忆

提高记忆力中最直接、也最好实现的小窍门在于——利用最有效的时间记忆，也就是说，如果你晚上的记忆最佳，那就利用晚上的时间记忆。

青少年朋友们认为想要保证高效的学习首先就要保证的是有良好的作息时间规律，而"利用最有效的时间记忆"看似和保证良好作息时间之间存在矛盾，但其实不然。虽然建议青少年朋友们最好不要熬夜，晚上一定要充分休息，主要是因为熬夜伤害身体，全身的各个器官无法得到妥善休息，从而影响记忆与学习，但任何事情都不能一概而论。

一般来说，看书 50 分钟，就应该让自己休息 10 分钟，可以起身做个伸展运动，到处走动走动，喝点水，让自己深呼吸，或者轻轻闭上眼睛，完全放松 10 分钟。但如果此时你记忆得非常投入，就不必拘泥于"现在一定要起身休息"的原则，因为有时候在非常投入的阶段被打断，注意力和集中力很难恢复原有的水平，结果休息反而使你的记忆效率打了折扣。

记忆时间、睡眠时间、休闲时间的安排应该灵活，不必迷信固定的生理时钟。有些人会说："我愈到晚上精神愈好，记忆效率愈佳！"也有些人对这种情形不以为然，认为晚上不睡觉是有碍健康的，应该强迫自己调回"正常"的生理时钟。但强迫自己调整有可能会招来更严重的反效果——白天精神涣散，夜晚早早就躺在床上翻来覆去，结果使睡眠质量更加低下。

其实，一日中的最佳记忆时间因人而异，大体来讲，主要有百灵鸟型、猫头鹰型、亦此亦彼型及混合型四种。

1. 百灵鸟型

有些习惯于"日出而作，日落而息"的人感悟到，一到白天就像百灵鸟那样欢快——脑细胞进入高度兴奋状态，记忆效率在某一时间段特别高。据说，艾青的最佳写作时间是上午 8～9 点钟。有的人最佳记忆时间是在上午 8 至 10 点钟，午睡后的 2 至 3 点钟的记忆效率也很高。

2. 猫头鹰型

有些习惯于夜战的人感悟到，一到夜间就像猫头鹰那样活跃——脑细胞进入高度兴奋状态，记忆效率在某一时间段特别高。

中国有些名人待夜幕一降临便身心俱安，养成了夜间写作的习惯，像鲁迅、巴金、何其芳等。法国作家福楼拜有挑灯写作、彻夜不眠的习惯，以致通宵亮着的灯光竟然成了塞纳河上的航标。

3. 亦此亦彼型

有些人则感悟到，起床后或临睡前的一段记忆时间效率最高，思维也最敏捷。

中国的姚雪垠、陈景润等习惯于早晨 3 点钟开始工作。

美国小说家司格特说过，觉醒和起床之间的半小时才是非常有助于他发挥创造性的工作的黄金时刻。

达·芬奇喜欢在睡觉前或睡醒后，独自于黑暗中躺在床上，将自己已研究过的物体的轮廓以及其他经过深思熟虑而理解了的事物，运用想象回忆一遍，以加深印象。

4. 混合型

有些人既有百灵鸟的最佳记忆时间段，又有猫头鹰型的最佳记忆时间段，即一日内有两个最佳时间段。

美国有人对一百多名医院护士进行了每日中不同时间段的记忆功能测验，结果发现：一些人的最佳记忆时间是上午的 8 至 10 点钟和晚间的 8 至 10 点钟。

他们的感悟是，经过一夜睡眠，大脑疲劳的细胞得到充分的休息，对事物的反应、联想都很敏捷，思维能力较强；夜间安静，注意力易于集中，思维迅捷。

总之，根据自己的生理特点找出可以让自己达到最高记忆效率的时间，这样记忆才能达到最佳效果。这里介绍一种方法可以测定你的最佳记忆时间：

将一天的学习时间按小时分为若干时区。选择四五组（每组 20 个，音节长短、难度相当）未学过的外语单词，分别在早晨、上午、下午和晚上各有代表性的时区进行背诵，并分别记录背诵的时间或次数。24 小时后再分别复查自己各时区的记忆成绩。复查时用重学法记下重学所用的时间或次数；用回忆法记下回忆的成绩，计算回忆量（与原来记忆总量的百分比）。这样，将前次所用时间或次数与后次的记忆成绩作比较，各时区中两者的比值为优的，那就是你的最佳记忆时区。

第二章　摆脱思维定式，拨开云雾见青天

冲出经验的怪圈

拿破仑一生中令人叹服的一大战绩，就是成功地跨越了高峻的阿尔卑斯山，以出奇制胜的方式把奥地利军队打得落花流水，顷刻间土崩瓦解。

当时人们都认为，阿尔卑斯山是"天险"，没有一支军队可以翻越。但拿破仑心中早拟好了翻越的具体方案，据此对士兵加以训练，因此他率领军队成功地越过了天险。

当位于阿尔卑斯山另一边的奥地利军队，发现数万法军正在逼近首都时，他们甚至以为这支军队是"天降神兵"！当奥军准备调兵迎战时，却为时已晚。

拿破仑善于出奇制胜，赢得了无数次的大小胜利。而导致他最终垮台的原因，却正是因为他曾经赢得了太多的战争。赢的次数多了，人就会自满，并且会用以前的经验来应付新的战争。可是事实证明，经验并不足以应付纷繁复杂的新情况，将经验套用在新形势上，无异于缚住了自己的手脚，等于作茧自缚，自毁前程。

当法军入侵俄国时，俄国大将库图佐图创造了一个焦土战术。这是拿破仑以前从未碰到过的，所以在俄军面前简直不知所措，无所适从。

每当看到法军，俄军便向后撤，并把所有他们认为可能落入法军手中的房屋和补给品统统烧掉。法军一直在追，俄军一直在退，沿途法军所见的尽是熊熊烈火。

拿破仑率军队追到莫斯科时，发现首都也是一片火海，克里姆林宫居然也被俄军给点燃了。拿破仑感到俄国人简直疯了！不过，他很快发现，法军找不到任何粮食和驻扎的房屋，从法国运送的补给品也遥遥无期。当时正值冬天，法军饥寒交迫，根本无法立足。

拿破仑此时才发觉形势十分不妙，便匆匆下令撤军。可是为时已晚，俄军反退为进，转守为攻，追击法军。在仓皇撤退的路途中，士气低落的法军

又遭到俄军的追击，终于在滑铁卢战败投降。

拿破仑所遭受的惨败，完全是盲目照搬自己以前成功经验的缘故。因此可以说，拿破仑不是败在敌军的手上，而是败在他自己的手上，是他成功的经验给他带来了失败的结果。

每个人都有各种各样的经验，同时又会从别人那里看到很多经验。对于经验，必须辩证地看待，灵活地运用。因为经验是一个既有用又无用、既有利又有害的东西，用得好可以使你继续成功，用得不好则会让你一败涂地。人既不能完全拒绝经验，也不要轻易上了经验的当。

古希腊有一个"戈迪阿斯之结"的故事：

凡是来到弗里吉亚城的朱庇特神庙的外地人，都会被引导去看戈迪阿斯王的牛车。人们都交口称赞戈迪阿斯王把牛轭系在车辕上的技巧。

"只有很了不起的人才能打出这样的结。"其中有人这样说。

"你说得很对，但是能解开这结的人更了不起。"庙里的神使说。

"为什么呢？"

"因为戈迪阿斯不过是弗里吉亚这样一个小国的国王，但是能解开这个结的人，将把全世界变成自己的国家。"神使回答。

此后，每年都有很多人来看戈迪阿斯打的结。各个国家的王子和政客都想打开这个结，可总是连绳头都找不到，他们根本就不知从何着手。

戈迪阿斯王已经死去几百年之久，人们只记得他是打那个奇妙的结的人，只记得他的车还停在朱庇特的神庙里，牛轭还是系在车辕的一头。

有一位年轻国王亚历山大，从遥远的马其顿来到弗里吉亚。他征服了整个希腊，他曾率领不多的精兵渡海到过亚洲，并且打败了波斯国王。

"那个奇妙的戈迪阿斯结在什么地方？"他问。

于是有人领他到朱庇特神庙，那牛车、牛轭和车辕都还原封不动地保留着原样。

亚历山大仔细察看这个结。他对身边的人说："过去许多人打不开这个结，都是陷入了一个窠臼，都认为只有找到绳头才能将结打开，我不相信我不能打开这个结。我也找不到绳头，可是那有什么关系？"说着，他举起剑来砍，把绳子砍成了许多节，牛轭就落到地上了。

亚历山大说："这样砍断戈迪阿斯打的所有的结，有什么不对？"

接着，他率领他那人马不多的军队踏上了征战亚洲之路。

没有人能够因跟随经验而获得成功。哪怕他是跟随一个伟大的成功者。

做事的资本不能从抄袭、模仿中得来。亚历山大之所以成功地做了亚洲王，就是因为他坚持自己的实践。

囿于经验不敢创新的人我们称之为"先例的奴隶"或者"先例的崇拜者"，因为他们把困难当做不可能，总是在说"这不会做，那不可能"，殊不知，世界上哪一件新事物不应归功于古往今来的先例破坏者呢？现代人生活中的种种安适、便利、奢华、幸福，又有哪一件不曾经是这些先例的破坏者们脑海中的产物？

突破定势思维

很多时候，阻碍我们进步和创新的并不是未知的知识，而是已知的知识。要培养自己的创新能力，我们就应当突破自己的思维定势，学会换一个角度看事物。下面一个小故事形象地说明了思维定势对人判断力的影响。

李凡是一所中学的心理辅导老师。一天，他对某中学的一个特长班的学生做了一次智力测试，结果发现这个班的学生得分很高，智商属于"天赋极高"之列。面对这群日益骄傲的少年，刚公布完答案的李老师笑了。他对同学们说："嗨，同学们，我来出一道题考考你们的智力，出一道思考题，看你们能不能回答正确？"

教室里安静下来，同学们纷纷表示同意。李老师便开始说思考题："有一位聋哑人，想买几根钉子，就来到五金商店，对售货员做了这样一个手势：左手食指立在柜台上，右手握拳做出敲击的样子。售货员见状，先给他拿来一把锤子，聋哑人摇摇头。于是售货员就明白了，他想买的是钉子。"

李老师接着说："聋哑人买好钉子，刚走出商店，接着进来一位盲人。这位盲人想买一把剪刀，请问：盲人将会怎样做？"

不少同学随口答道："盲人肯定会这样——"他们伸出食指和中指，做出剪刀的形状。听了同学们的回答，李老师开心地笑起来："是吗？这是正确答案吗？盲人想买剪刀，只需要开口说'我买剪刀'就行了，他为什么要做手势呀？"

同学们沉默了，只得承认自己的回答错误。而李老师在考问他们之前就认定他们肯定要答错。如果走不出自己的思维定势，即使有一个高高的智商分数也不会拥有高智能，当然更不会培养出创新的品质。

突破定势思维是打开创新之门的钥匙。日本丰田汽车公司的创造人丰田喜一郎说过这样的话："如果我取得了一点成功的话，那是因为我对什么问题都倒过来思考。"

犹太人以善于经商而闻名世界。他们在商业上的成功不仅得益于他们的精明和勤奋，而且还和他们善于打破常规思维的创新品质有关。有一个例子很好地展示了犹太人善于打破常规、积极创新的一面。

有一天，一个犹太人走进纽约的一家银行，来到贷款部，大模大样地坐了下来。

"请问先生有什么事情吗？"贷款部经理一边问，一边打量着来人的穿着：豪华的西服、高级皮鞋、昂贵的手表，还有领带夹子。

"我想借些钱。"

"好啊，你要借多少？"

"1美元。"

"只需要1美元？"

"不错，只借1美元。可以吗？"

"当然可以，只要有担保，再多点也无妨。"

"好吧，这些担保可以吗？"

犹太人说着，从豪华的皮包里取出一堆股票、国债等，放在经理的写字台上。

"总共50万美元，够了吧？"

"当然，当然！不过，你真的只要借1美元吗？"

"是的。"说着，犹太人接过了1美元。

"年息为6％。只要您付出6％的利息，一年后归还，我们就可以把这些股票还给你。"

"谢谢。"

犹太人说完，就准备离开银行。

一直在旁边冷眼观看的分行长，怎么也弄不明白，拥有50万美元的人，怎么会来银行借1美元这种事情。他慌慌张张地追上前去，对犹太人说：

"啊，这位先生……"

"有什么事情吗？"

"我实在弄不清楚，你拥有50万美元，为什么只借1美元呢？你要是想借30万、40万美元的话，我们也会很乐意的……"

"请不必为我操心。只是我来贵行之前，问过了几家金库，他们保险箱的租金都很昂贵。所以嘛，我就准备在贵行寄存这些股票。租金实在太便宜了，一年只需花 6 美分。"

贵重物品的寄存按常理应放在金库的保险箱里，对许多人来说，这是唯一的选择。但犹太商人没有囿于常理，而是另辟蹊径，找到让证券等锁进银行保险箱的办法。从可靠、保险的角度来看，两者确实是没有多大区别的，除了收费不同。由此可见，创新就在于你能不能从一些常规的思维或者是一些已成定论的事实中跳出来，换个角度来看问题。

很多人不敢打破常规的思维方式，所以他们走不出宿命般的可悲结局，而一旦走出了思维定势，也许可以看到许多别样的人生风景，甚至可以创造新的奇迹。

成功不是命，而是创造性思维的结果。每个人都渴望成功，只有打破常规思维，才能突破常规生活。只要积极思考，发挥创新思维，你就能在平凡的生活中找到成功路，实现成功梦想。

掌握几种思维方法

思维方法，简单地说就是思路，就是思考问题的路线、途径。思考问题都要遵循一定的路线途径，也就是都要运用一定的思维方法。碰到困难时，学会用正确的思维方法去思考，往往很轻易就找到了解决的方案。下面，我们简要地介绍三种常用的思维方法，供青少年朋友参照。

1. 发散思维法

发散思维又叫辐散思维、求异思维。根据已有信息，从不同角度不同方向思考，从多方面寻求多样性答案的一种展开性思维方式。

发散思维是不依常规，寻求变异，对给出的信息从不同角度、向不同方向、用不同方法或途径进行分析和解决问题的。没有想象和联想思维能力，就无法形成发散思维。发散思维是创新思维最重要的成分之一。

在一次欧洲篮球锦标赛上，保加利亚队与捷克斯洛伐克队相遇。当比赛剩下 8 秒钟时，保加利亚队以 2 分优势领先，一般说来，已稳操胜券。但是，那次锦标赛采用的是循环制，保加利亚队必须赢球超过 5 分才能取胜。可是，仅用剩下的 8 秒钟再赢 3 分，谈何容易。

这时，保加利亚队的教练突然请求暂停。许多人对此举付之一笑，认为保加利亚队大势已去，被淘汰是不可避免的，教练即使有回天之力，也很难力挽狂澜。

暂停结束后，比赛继续进行。这时，球场上出现了众人意想不到的事情，只见保加利亚队员突然运球向自家篮下跑去，并迅速起跳投篮，球应声入网。这时，全场观众目瞪口呆，全场比赛时间到。但是，当裁判宣布双方打成平局需要加时赛时，大家才恍然大悟。保加利亚队这出人意料之举，为自己创造了一次起死回生的机会。加时赛的结果，保加利亚队赢得了 6 分，如愿以偿地出线了。

2. 联想思维法

联想思维是指人们在头脑中将一种事物的形象与另一种事物的形象联系起来，根据它们之间共同或类似的规律，从而解决问题的思维方法。

1944 年 4 月，苏军决定歼灭盘踞在彼列科普的德军，解放克里木半岛。4 月 6 日，已进入春季的彼列科普突降大雪，放眼望去，大地一片银装素裹。苏联集团军炮兵司令在暖融融的掩蔽体里，注视着刚进来的参谋长，只见他双肩落满了一层薄薄的雪花，其边缘部分在室内的暖气中开始融化，清晰地勾画出肩章的轮廓。司令员突然联想到：天气转暖，敌军掩体内的积雪也将融化，为了避免泥泞，他们肯定要清除掩体内的积雪，暴露其兵力部署。于是，司令员立即命令对德军阵地进行连续侦察和航空摄像。苏军只用了 3 个多小时，就从敌军前沿阵地积雪出现湿土的情况中，推断出敌人的兵力部署。苏军立即调整了进攻力量，一举突破防线，解放了克里木半岛。

3. 超前思维法

超前思维，是指多角度、全方位地分析事物的历史和现状，从现实出发，认识未来，把握未来的发展趋势，获得常人不能得知的信息，从而提前做出正确判断的思维方式。它一旦被人们所掌握，就会对事业成功起巨大的推动作用。

二战后，战胜国决定在美国纽约建立联合国。可是，在寸土寸金的纽约，要买一块地皮，刚刚成立的联合国机构还身无分文。让世界各国筹资，牌子刚刚挂起，就要向世界各国搞经济摊派，负面影响太大。况且刚刚经历了第二次世界大战的浩劫，各国政府都财库空虚，甚至许多国家都是财政赤字居高不下。联合国对此一筹莫展。

听到这一消息后，美国著名的家族财团洛克菲勒家族经过商议，便马上果断出资 870 万美元，在纽约买下一块地皮，将这块地皮无条件赠予了这个刚刚挂牌的国际性组织——联合国。同时，洛克菲勒家族亦将毗连这块地皮的大面积地皮全部买下。

对洛克菲勒家族的这一出人意料之举，当时许多美国大财团都吃惊不已，870 万美元，对于战后经济萎靡的美国和全世界，都是一笔不小的数目，而洛克菲勒家族却将它拱手赠出了，而且什么条件也没有。这条消息传出后，美国许多财团主和地产商名流纷纷嘲笑说："这简直是蠢人之举！"并纷纷断言："这样经营不出 10 年，著名的洛克菲勒家族财团便会沦落为著名的洛克菲勒家族贫民集团！"

但出人意料的是，联合国办公大楼刚刚建成完工，毗邻它四周的地价便立刻飙升，相当于赠款数十倍、近百倍的巨额财富源源不断地涌进了洛克菲勒家族财团。这种结局，令那些曾经讥讽和嘲笑过洛克菲勒家族捐赠之举的财团和商人们目瞪口呆。

洛克菲勒家庭的超前思维，真令人拍案叫绝。

展开想象的翅膀

想象力是创造的源头，爱因斯坦说过："一切创造性劳动都是从创造性的想象开始的。"事实证明，许多新发明或者新创新就是在原有事物的基础上经过联想而裁减、增加、改造而成。可以说，没有了想象力，人类就不会有创造。

对于青少年而言，好奇心是求知的原动力，探索欲是成长的催化剂，而想象力就是创新的翅膀，是创造力中最宝贵的品质，是不可缺少的创新智慧。衡量我们创新思维能力高低的一个重要标准，就是想象能力的高低！

想象是创新的基础，想象是创新的源泉，想象是创新的翅膀。可以说，没有想象，就没有创新，创新的每一个环节都离不开想象力的作用。

大家都知道在衣服、鞋子上有一种一扯即开的"免扣带"，它以方便省时而大受现代人的欢迎。说到它的发明就要提到一个叫马斯楚的瑞典人的故事。

马斯楚就是"免扣带"的发明人，这个发明纯属偶然。

1948 年的一天，他和朋友兴致勃勃地去登山。登上顶峰后，他们随便坐在草地上吃午餐。这时，马斯楚突然觉得臀部又痛又痒。他知道这又是鬼针草的"恶作剧"，于是坐不住了，不耐烦地把鬼针草一根一根地从裤子上摘下来，但总也摘不干净。回家后，他把残留在裤子上的鬼针草取下来，想弄清楚它为什么"粘"人，结果发现鬼针草的结构十分特殊，粘在裤子上拍不下来。马斯楚顿生一想："如果模仿它的结构，做一种纽扣或别针，那该多好！"

一念之间，一项新发明创造诞生了。马斯楚先生制成了一种合上就不易分开的布，即一块布织成许多钩子，另一块布织成很多圆球，两者合起来，产生拉链的效果。他将其命名为"免扣带"，申请了专利，然后与一家织布公司合作生产。由于"免扣带"的使用范围很广，马斯楚足足赚了3亿多美元。

想象力是智力活动富于创造性的重要条件。作家的人物构思、艺术家的勾画创作、工程师的蓝图设计、科学家的发明创造、实践家的技术革新，都离不开想象这一心理过程，也正是想象力激励着他们获得成功的。

想象力和其他能力一样，都有待于后天的开发和培养，如果平时不重视想象力的培养，想象力就会逐渐枯萎。

美国著名的教育家何利思·曼恩有一次参观纽约市的一所公立高中时，走进一间高三的教室，拿起粉笔，在黑板上画一个实心的小圆。他问学生："这是什么？"90％以上的学生都说那是一个点，其他的学生则说是一个句号。

曼恩在小学三年级学生的教室里又重复一次这个实验。结果出现了27种不同的答案，从"我爸爸的秃头"到"上帝的眼睛"都有。

小学三年级和高三学生的答案为什么出现这么大的差异？答案就是，右脑充分发展所致。1981年罗杰·史派瑞因为发现人的大脑分为左右两半球，各有不同功能，而获得诺贝尔奖。我们的左脑职司逻辑、线性及分析性思考；而右脑则控制想象力、创造力及冲动性思考。左右两半球虽然各司其职，但运作却相辅相成。例如：当我们想到某人时，右脑的运作使我们想到他的脸，左脑则使我们联想到他的名字。

遗憾的是，我们在学校所受的教育，鼓励的是左脑的活动（例如记诵一些已发生的事实，然后来填写试卷），较少鼓励右脑的活动（创意思想等）。结果是，我们左脑的发展胜过右脑的发展。

那么，我们如何在日常的生活和学习中培养自己的想象力呢？

首先，为了有效地锻炼自己的想象力，可以经常想象自己所不了解的一些事物的细节。比如在只知道一个故事的梗概时，不妨尽可能地多去揣想一些它的具体细节，尽力把它"填充"为一个有血有肉、完整、生动的故事。

其次，多参加一些需要发挥想象力的竞赛与游戏活动。另外，经常看看电影、电视，以及欣赏包括漫画在内的各种文艺作品，也可以使扩充想象得到有效的训练。

再次，聪明伶俐、想象力强的人都能把一件看似平常的事物加以扩展，经常和这样的人接触，也会培养自己的想象力。人在年少时期的想法不受任何社会观念的影响和束缚，一般都富有想象。而随着年龄的增长，在生活中逐步学会了各种各样的"规则"以后，如果不是有意识地培养想象力，这种天性便很容易在长大的过程中越来越弱。正如著名的法国画家毕加索所说："每个儿童都是艺术家，关键是他长大后如何才能仍然是一个艺术家。"当你感到自己的想象力不强时，不妨多同聪明伶俐、善于想象的同龄人接触，也许你受益匪浅。

用发散思维激活大脑的潜在能量

发散思维可以激发出你思维的潜在能量，让你的思维像旋转水龙头一样由一点向四周发散。通过新知识、新观念的重新组合，往往就能产生更多、更新的答案、设想或解决问题的办法。

发散思维要求人们的思维向四方扩散，无拘无束、海阔天空，甚至异想天开。因此，发散思维又称为辐射思维、扩散思维。它是指人在思考问题时，思维以某一点为中心，沿着不同的方向、不同的角度，向外扩散的一种思维方式。

天底下许多事物，如果你仔细观察它们，就会发现一些共通的道理，这就是事物之间的相关性。下面我们就来看一个事例。

福特汽车是美国最重要的汽车品牌之一，在全球的销售量也名列前茅。在创立之时，创办人亨利·福特一直思考着，如何大量生产，降低单位成本，并提高在市场的竞争力。

有一天晚上，亨利·福特对孩子说完三头小猪如何对抗野狼的故事后，他突然有个想法，他可以去猪肉加工厂看看，或许会有一些新的发现。他参观了几家猪肉加工厂后，发现里面的作业采用天花板滑车运送肉品的分工方式，每个工人都有固定的工作，自己的部分做完后，将肉品推到下一个关卡继续处理，这样，肉品加工生产效率非常高。

亨利·福特立刻想到，肉品的作业方式也可以运用在汽车制造上。他之后和研发小组设计出一套作业流程，采用输送带的方式运送汽车零件，每个作业员只要负责装配其中的某一部分，不用像过去那样负责每部车的全部流程。亨利·福特所采用的分工作业，的确达到了他原先的要求，使得福特汽车成功地提高了全球的市场占有率，同时也变成以后不同车厂的作业标准。

他山之石，可以攻玉。我们常常可以在一些不相关的事物上，找到灵感的启发，这就是一种异中求同的归纳能力。当我们能在看来似乎毫无关联的对象中，找出更多的相同道理，也就代表着我们能发掘更多的创意题材。因为这些相通之处，往往是其他人没有发现的，这也正是我们的成功机会。

杰出青少年往往会撇开众人常用的思路，善于尝试多种角度的考虑方式，从他人意想不到的"点"去开辟问题的新解法。所以，当我们提倡大家要进行发散性的思维训练，其首要因素便是要找到事物的这个"点"进行扩散。

华若德克是美国实业界的大人物。在他未成名之前，有一次，他带领属下参加在休斯敦举行的美国商品展销会。令他十分懊丧的是，他被分配到一个极为偏僻的角落，而这个角落是绝少有人光顾的。

为他设计摊位布置的装饰工程师劝他干脆放弃这个摊位，因为在这种恶劣的地理条件下，想要成功展览几乎是不可能的。

华若德克沉思良久，觉得自己若放弃这一机会实在是太可惜了。可不可以将这个不好的地理位置通过某种方式得以化解，使之变成整个展销会的焦点呢？

他想到了自己创业的艰辛，想到了自己受到展销大会组委会的排斥和冷眼，想到了摊位的偏僻，他的心里突然涌现出偏远非洲的景象，觉得自己就像非洲人一样受着不应有的歧视。他走到了自己的摊位前，心中充满感慨，灵机一动：既然你们都把我看成非洲难民，那我就打扮一回非洲难民给你们看！于是一个计划应运而生。

华若德克让设计师为他设计了一个古阿拉伯宫殿式的氛围，围绕着摊位布满了具有浓郁非洲风情的装饰物，把摊位前的那一条荒凉的大路变成了黄澄澄的沙漠。他安排雇来的人穿上非洲人的服装，并且特地雇用动物园的双峰骆驼来运输货物，此外他还派人定做大批气球，准备在展销会上用。

展销会开幕那天，华若德克挥了挥手，顿时展览厅里升起无数的彩色气球，气球升空不久自行爆炸，落下无数的胶片，上面写着："当你拾起这小小的胶片时，亲爱的女士和先生，你的运气就开始了，我们衷心祝贺你。请到华若德克的摊位，接受来自遥远非洲的礼物。"

这无数的碎片洒落在热闹的人群中，于是一传十，十传百，消息越传越广，人们纷纷集聚到这个本来无人问津的摊位前。极旺的人气给华若德克带来了非常可观的生意和潜在机会，而那些黄金地段的摊位反而遭到了人们的冷落。

从上述案例中我们可以看出，发散思维有着巨大的潜在能量，它通过搜索所有的可能性，激发出一个全新的创意。这个创意重在突破常规，它不怕奇思妙想，也不怕荒诞不经。沿着可能存在的点尽量向外延伸，或许，一些在常规思路出发看来根本办不成的事，其前景便很有可能柳暗花明、豁然开朗。所以，在你平日的生活中，多多发挥思维的能动性，让它带着你在思维的广阔天地任意驰骋，或许你会看到平日见不到的美妙风景。

打破常规，敢于标新立异

创新作为一种最灵动的精神活动，最忌讳的就是呆板和教条，任何形式的清规戒律，都会束缚其手脚，使其无法大展所长，只有敢于打破常规标新立异的人，才能真正有所作为，才能敞开胸怀拥抱成功。

天才大都是能够自创法则的人。随着时代的发展，尤其是网络的普及，在如今瞬息万变的现代社会中，传统和经验的意义已经远远没有过去那么重要了，时代更加突出了创新的意义，创新重于经验！

对于年轻人来说，更是如此。年轻人要想成功，就必须敢于标新立异，推陈出新。在这里，美国商界奇才尤伯罗斯为我们做出了一个很好的榜样。

1984年以前的奥运会主办国，几乎是"指定"的。对举办国而言，往往是喜忧参半。能举办奥运会，自然是国家民族的荣誉，还可以乘机宣传本国形象，但是以新场馆建设为主的大规模硬软件投入，又将使政府负担巨大的财政赤字。1976年加拿大主办蒙特利尔奥运会，亏损10亿美元，当时预计这一巨额债务到2003年才能还清；1980年，前苏联莫斯科奥运会总支出达90亿美元，具体债务更是一个天文数字。奥运会几乎变成了为"国家民族利益"而举办，为"政治需要"而举办。赔老本已成奥运定律。最好的自我安慰就是：有得必有失嘛！直到1984年洛杉矶奥运会，美国商界奇才尤伯罗斯接手主办奥运，运用他超人的创新思维，改写了奥运经济的历史，不仅首度创下了奥运史上第一巨额盈利纪录，更重要的是建立了一套"奥运经济学"模式，为以后的主办城市如何运作提供了样板。

鉴于其他国家举办奥运的亏损情况，洛杉矶市政府在得到主办权后即做出一项史无前例的决议：第23届奥运会不动用任何公用基金。因此而开创了民办奥运会的先河。

尤伯罗斯接手奥运之后，发现组委会竟连一家皮包公司都不如，没有秘书、没有电话、没有办公室，甚至连一个账号都没有。一切都得从零开始，尤伯罗斯决定破釜沉舟。他以1060万美元的价格将自己的旅游公司股份卖掉，开始招募雇佣人员，把奥运会商业化，进行市场运作。

第一步，开源节流。

尤伯罗斯认为，自1932年洛杉矶奥运会以来，规模大、虚浮、奢华和浪费成为时尚。他决定想尽一切办法节省不必要的开支。首先，他本人以身作则不领薪水，在这种精神感召下，有数万名工作人员甘当义工；其次，延用洛杉矶现成的体育场；最后，把当地的3所大学宿舍做奥运村。仅后两项措施就节约了数以10亿计的美金。

第二步，举行声势浩大的"圣火传递"活动。

奥运圣火在希腊点燃后，在美国举行横贯美国本土的1.5万公里圣火接力跑。用捐款的办法，谁出钱谁就可以举着火炬跑上一程。全程圣火传递权以每公里3000美元出售，1.5万公里共售得4500万美元。尤伯罗斯实际上是在卖百年奥运的历史、荣誉等巨大的无形资产。

第三步，别具一格的融资、盈利模式。

尤伯罗斯创造了别具一格的融资和盈利模式，让奥运会为主办方带来了滚滚财源。尤伯罗斯出人意料地提出，赞助金额不得低于500万美元，而且不许在场地内包括其空中做商业广告。这些苛刻的条件反而刺激了赞助商的热情。一家公司急于加入赞助，甚至还没弄清所赞助的室内赛车比赛程序如何，就匆匆签字。尤伯罗斯最终从150家赞助商中选定30家。此举共筹到1.17亿美元。

最大的收益来自独家电视转播权转让。尤伯罗斯采取美国三大电视网竞投的方式，结果，美国广播公司以2.25亿美元夺得电视转播权。尤伯罗斯又首次打破奥运会广播电台免费转播比赛的惯例，以7000万美元把广播转播权卖给美国、欧洲及澳大利亚的广播公司。

门票收入，通过强大的广告宣传和新闻炒作，也取得了历史最高水平。

第四步，出售与本届奥运会相关的吉祥物和纪念品。

尤伯罗斯联合一些商家，发行了一些以本届奥运会吉祥物山姆鹰为主要标志的纪念品。通过这四步卓有成效的市场运作，在短短的十几天内，第23届奥运会总支出5.1亿美元，盈利2.5亿美元，是原计划的10倍。尤伯罗斯本人也得到47.5万美元的红利。在闭幕式上，国际奥委会主席萨马兰奇向尤伯罗斯颁发了一枚特别的金牌，报界称此为"本届奥运最大的一枚金牌"。

尤伯罗斯的故事告诉我们，创新具有强大的力量，它可以变废为宝，化腐朽为神奇。青少年是最具有创新精神的群体，是具有保守思想最少的群体，是最勇于开拓进取的群体，是最勇于打破常规的群体，是创新思维最为活跃、精力最充沛、最好动脑筋、创造欲最旺盛的群体。

如果找不到解决办法，那就改变问题

一件事情如果找不到解决的办法怎么办？一般的人也许会告诉你："放弃。"但善于运用逆向思维的青少年却会这样说："找不到办法，那就改变问题！"

在19世纪30年代的欧洲大陆，一种方便、价廉的圆珠笔在书记员、银行职员甚至是富商中流行起来。制笔工厂开始大量生产圆珠笔。但不久却发现圆珠笔市场严重萎缩，原因是圆珠笔前端的钢珠在长时间的书写后，因摩擦而变小，继而脱落，导致笔芯内的油泄露出来，弄得满纸油渍，给书写带来了极大的不便。人们开始厌烦圆珠笔，不再用它了。

一些科学家和工厂的设计师们为了改变"笔筒漏油"这种状况，做了大量的实验。他们都从圆珠笔的珠子入手，实验了上千种不同的材料来做笔前端的"圆珠"，以求找到寿命最长的"圆珠"，最后找到了钻石这种材料。钻石确实很坚硬，不会漏油。但是钻石价格太贵，而且当油墨用完时，这些空笔芯怎么办？

为此，解决圆珠笔笔芯漏油的问题一度搁浅。后来，一个叫马塞尔·比希的人却很好地将圆珠笔做了改进，解决了漏油的问题。他的成功是得益于一个想法：既然不能延长"圆珠"的寿命，那为什么不主动控制油墨的总量呢？于是，他所做的工作只是在实验中找到一颗"钢珠"在书写中的"最大用油量"。然后每支笔芯所装的"油"都不超过这个"最大用油量"。经过反复的试验，他发现圆珠笔在写到两万个字左右时开始漏油，于是就把油的总量控制在能写一万五六千个字。超出这个范围，笔芯内就没有油了，也就不会漏油了，结果解决了这个重大的难题。这样，方便、价廉又"卫生"的圆珠笔又成了人们最喜爱的书写工具之一。

其实，现实生活有时候往往如此，无论你做了多少研究和准备，有时事情就是不如你所愿。如果你尽了一切努力，还是找不到一种有效的解决办法，那就不妨像马塞尔·比希那样，从反方向思考出发，寻找解决问题的最佳途径，试着改变这个问题。这也是逆向思维的一种运用。

逆向思维是以悖逆常规的思维方法解决问题的思维方式，也就是转换视角，从相反的方向去寻求答案。有时候，直接从问题的正面入手并不能解决问题，这时我们就要冲破旧思维的束缚，从现有的思路返回，从与它相反的方向寻找解决问题的办法。

当你面对一个史无前例的问题，沿着某一固定方向思考而不得其解时，灵活地调整一下思维的方向，从不同角度展开思路，甚至把事情整个反过来想一下，那么就有可能反中求胜，捧得成功的果实。

宋神宗熙宁年间，越州（今浙江绍兴）闹蝗灾。庄稼颗粒无收。新到任的越州知州赵汴，面临着一场整治蝗灾的艰巨任务。灾荒之年，粮食比金银还贵重，一时间，越州米价飞涨。

面对此种情景，僚属们都沉不住气了，纷纷来找赵汴，求他拿出办法来。大家议论纷纷，但有一条是肯定的，就是依照惯例，由官府出告示，压制米价，以救百姓之命。

赵汴听了大家的讨论后，沉吟良久，才不紧不慢地说："今次救灾，我想反其道而行之，不出告示压米价，而出告示宣布米价可自由上增。""啊？"众僚属一听，都目瞪口呆，但官令如山倒，唯有服从。

这时，附近州县都纷纷贴出告示，严禁私增米价。而越州则贴出不限米价的告示，于是，四面八方的米商纷纷闻讯而至。头几天，米价确实增了不少，但买米者看到米上市的太多，都观望不买。然而过了几天，米价开始下跌，并且一天比一天跌得快。

米商们想不卖再运回去，但一则运费太贵，增加成本，二则别处又限米价，于是只好忍痛降价出售。这样一来，越州的米价虽然比别的州县略高点，但百姓有钱可买到米。而别的州县米价虽然压下来了，但百姓排半天队，却很难买到米。所以，这次大灾，越州饿死的人最少，受到朝廷的嘉奖。

僚属们这才佩服了赵汴的计谋，纷纷来请教其中原因。赵汴说："市场之常性，物多则贱，物少则贵。我们这样一反常态，告示米商们可随意加价，米商们都蜂拥而来。吃米的还是那么多人，米价怎能涨上去呢？"原来奥妙在于此。

思维逆转本身就是一种灵感的源泉。遇到问题，我们不妨多想一下，能否朝反方向考虑一下解决的办法。反其道而行是人生的一种大智慧，当别人都在努力向前时，你不妨倒回去，做一条反向游泳的鱼，去寻找属于你的路径。

第三章　创新思维，站在全新的角度看世界

拒绝模仿，让"金点子"飞翔

创新作为一种最灵动的精神活动，最忌讳的就是呆板和教条，任何形式的清规戒律，都会束缚其手脚，使其无法大展所长，只有敢于挑战传统、打破常规之人，才能真正有所作为，才能敞开胸怀拥抱成功。要想成功，就必须走出自己的路来，老跟在别人屁股后面，最后只能落个"跟屁虫"的臭名，所以青少年一定要有自己的个性，个性是区别大众的，伟大的剧作家莎士比亚曾说过："你是独一无二的。"这是对个性的肯定，大多数成功的人都是有个性的，他们都是根据自己的个性去思考自己的未来，去设计成功的路线和方法。一个人要想成功，就必须拒绝模仿，让"金点子"在脑中激荡进而飞翔。

我们时常认为，只有诗人、发明家等才具有"创造性的想象力"。其实，我们做每一件事时，我们的想象力都是有创造性的。原因何在，究竟想象力如何推动创造机能，历代的伟大思想家都无法找到答案，但他们皆承认这一事实，而且能善加利用。拿破仑有一次说道："想象力可统治整个世界。"格林·克拉克也说过："人类所有天赋之中，最像神的就是想象力。"想象力这种天赋，是人类活动的最大源泉，也是人类进步的主要动力……毁坏了这种天赋，人类将停滞在野蛮的状况中。一个人一生的成就，全归功于他能建设性地、积极性地利用想象力。

青少年朋友应该还记得司马光砸缸的故事吧！

司马光，北宋陕西夏县人，曾任宰相，是一名杰出的史学家。俗话说："三岁看老，麦地看苗。"司马光自幼聪慧非凡。

有一天，他在花园里和一群小朋友玩耍，大家正玩得高兴的时候，突然，一个小朋友扑通一声，掉进一口盛满浇花水的大缸里，他拼命地挣扎着，小脑袋忽而露出水面，忽而被水淹没，眼看就要淹死了！

周围没有一个大人，小朋友有的急得啼哭喊叫，有的惊呼着跑去找大人。情况万分危急，小朋友的生命危在旦夕！

这时的小司马光却临危不慌，立刻有了主意。他在附近抱起一块大石头，猛地向大缸砸去，只听"哗啦"一声，大缸肚子出现了一个窟窿，水哗哗地流了出来。

缸里的小朋友得救了！

小司马光智救小朋友的故事，迅速传开，家喻户晓。

试想，如果当时司马光不积聚"金点子"，恐怕就会少一个生命，也会少一个千古佳话，"金点子"应该是随时积攒随时开放的。

普天之下的人都敬仰那种有勇气在众人面前抬起头来的人，那种能够大步向前、善于表现自我的人。所以，人人都应为自己闯出道路，发扬自己的才能，否则将永远不会闻名于世。而唯有惊人的创新，才会吸引他人的注意。

无论你从事何种职业，千万不要去模仿他人、追随他人。不要做人家已做过的事情，要做那些新奇独特的事情。要让别人承认，你所做的事业是空前绝后的伟大创新。

你该立志，不管你在世界上成就之大小，但凡有所成就，一定要是开创性的成就。不要害怕以自己特殊的、勇敢的方式，来显露你自己的真面目。要知道，创新才是力量，才是生命，而模仿就是死亡。

能够使自己的生命延长的人，绝不是由于模仿，而是由于创造；不是由于追随，而是由于领导。你应当立志做一个有主张的人、一个有思想的人、一个时刻求改进的人、一个创新的人，这样的人，无论如何都可以立足于社会。

因循守旧者的典型特征是抱着自己的老观念不放，不去主动接受新事物，进行脑力革命。这本身就是思维上的惰性所致。想成功的人必须学会时刻"洗脑"，摈弃因循守旧，创新求变才会成功。我们有很多人常抱怨自己脑子太笨，这是因为不开动脑筋，在过去的思维模式中打转转。

青少年朋友应该努力创新，去做一个时代的新人，不要害怕自己成为"创始人"。一味地模仿前人其实是极愚拙的做法，因为大自然赋予每一个人、每一样东西一种特殊的品质：每一个人天然地应该做一项创造性的工作。如果去抄袭他人，做他人已做过的工作，便是对自己天赋品质的抛弃，便是对自己神圣职责的背离。

没有一个一味模仿他人的人，能够成就大业。抄袭不能获得成功，模仿也不能获得成功，能使人获得成功的，唯有创新。愈是模仿他人的人，愈容易失败。因为能力是潜伏于个人的身体里面的，只有通过创新发挥潜能，才能成就伟大的事业。

、创新能力会为自己的前进开辟道路，与别人用同样方法做事的人，虽然你具有卓越的才干，却总难以引起大众的注意。

青少年无论做什么事都要有创新精神，多开动脑筋，让出其不意的"金点子"尽情地在你脑海中飞翔吧！

创新思维——突破思维的枷锁

有效的创新会撞击出人生火花，成为突击生存的梦想和手段。谁有创新思想，谁就会成为赢家；谁要拒绝创新，谁就会平庸。一个有着思考创新习惯的人，绝对拥有闪亮的人生。

有一次，阿伟应邀到一位朋友家做客，发现他家有一个很大的玻璃鱼缸，里面摆了许多奇形怪状的石头，石缝中寄养着成双成对的小虾。问过方知，这种生长在南方海礁中的小虾，自幼就有一雌一雄钻进石头缝隙中的习性，稍加装饰，就可作为观赏产品出售。

阿伟仔细欣赏了一番，激发起他的灵感：龟，在人们的心目中有着特殊含义，它象征着久远、长寿、吉祥等，如果将龟用小虾的生存方式饲养，便是从一而终，坚贞不变的实体象征，可以喻为相伴永久、幸福美满、健康长寿，必是一种极有卖点的新婚或祝寿礼品。

于是，阿伟订购了一批口小肚大的圆形玻璃缸，买来幼小的七彩龟，将一雌一雄放在里面饲养。不到半年，它们已长得不能再从缸口取出来。于是他便设计出以"偕老同心"、"永世不离"等命名的漂亮装饰拿出去销售，立即在市场上成了非常畅销的结婚、祝寿礼品。后来，他专门开办了一个七彩龟饲养场，供不应求。

同样一对彩龟、一只玻璃缸、几斤清水，稍给思维来点创新，销量便大为增加，为阿伟带来巨大的收益。

常规思维的惯性，又可称之为"思维定势"，这是一种人人皆有的思维状态。当它在支配常态生活时，似乎有某种"习惯成自然"的便利，所以不好说它的作用全不好。但是，当面对创新的事物时，如若仍受其约束，就会形成对创造力的障碍。

许多习以为常、耳熟能详、理所当然的事物充斥着我们的生活，使我们逐渐失去了对事物的热情和新鲜感。经验成了我们判断事物的唯一标准，存在的当然变成了合理。随着知识的积累、经验的丰富，我们变得越来越循规蹈矩，越来越老成持重，于是创造力丧失了！想象力萎缩了！思维定势已成为人类超越自我的一大障碍。

而标新立异者常常能突破人们的思维常规，反常用计，在"奇"字上下工夫，拿出出奇的经营招数，赢得出奇的效果。

在伦敦，一家名不经传的小饭店在激烈的竞争中竟独占鳌头，终日门庭若市。直接原因是该店的广告十分引人注目："本店饮食卫生无与伦比——汤菜中任何时候见不到一根毛发！"吸引许多顾客进饭店一瞧，原来饭店的全体人员一律秃顶！

创新指的是开拓、认识新领域的一种方法，简单地说，创新思维就是指有创见的思维，是人们在已有经验的基础上，从某些事实中更深一步地找出新点子，寻求新答案的思维。

创新思维是潜伏在你头脑中的金矿，它绝不是什么天才之类的独特力量和神秘天赋。创新思维运用于你的头脑，可以顺利解决大到宏伟的计划，小到日常纠纷中的难题。

对于试图成大事的人来说，必须明白：人们为了取得对尚未认识的事物的认识，总要探索前人没有运用过的思维方法，寻求没有先例的办法和措施去分析认识事物，从而获得新的认识和方法，从而锻炼和提高人的认识能力。

我们必须明确那些不能突破自身局限的人，之所以在许多场合毫无起色，是因为固守常规性思维，从而决定了自己不可能成大事。创新性思维的核心是创新突破，而不是过去的再现重复。在实践过程中，运用创新性思维，提出的一个又一个新的观念，形成的一种又一种新的理论，做出的一次又一次新的发明和创造，都将不断地增加一个人成为成大事者的能力。

为了培养自己创新思维的能力，也为了让创造性思维结出丰硕的成果，请你这样做：

1. 要随时把新的想法记下来。你不妨一想到认为自己以后可能用得着的新点子，就马上记下来，就像记者采访随身带一个记事本。虽然不可能件件都用得上，但起码你拥有了许多"矿石"，有了这么多"矿石"，还愁炼不出好东西来吗？当创新的思维翩翩来临时，你千万不要让它无缘无故地飞走了！

2. 经常审视你曾有过的创新思维。经常翻看你的记录本，将有价值的想法留下，没意义的删除，很现实的就马上应用起来。

3. 不断总结完善你的创新思维。对你的新想法要不断增加它的范围和深度，把相关的想法连接起来，从各种角度去分析、研究，说不定会从中提炼出一个博大、新颖、极具价值的大策划呢。

可以说，"人人都是创造之人"。是否能够发挥出创造性是成功者与平庸者的分水岭，一个人的成功与否关键取决于自身的思想素质，而不是环境。

打开创造力的闸门

我们知道，创新能力是人的能力中最重要、最宝贵、层次最高的一种能力。凡是能想出新点子、创造出新事物、发现新路子的思维都属于创新思维，创新思维是一切创新活动的开始。爱因斯坦曾说："人是靠大脑解决一切问题的。"青少年要学好、用好创新思维，融会贯通，充分激发出自己的创新潜能。

有人说创新思维就是指有创见的思维，它是人们在已有经验的基础上，从某些事物中更深一步地找出新点子，寻求新答案的思维；也有人说创新思维是指对事物间的联系进行前所未有的思考，从而创造出新事物的思维方法；还有人说创新思维是一切具有崭新内容的思维形式的总和……不管是哪种解释，总之一句话，凡是能想出新点子、创造出新事物、发现新路子的思维都属于创新思维。

一个风雨交加的日子，有一个穷人到富人家讨饭。

"滚开！"仆人说，"不要来打搅我们。"

穷人说："求求你让我进去，我只想在你们的火炉上烤干衣服而已。"仆人以为这不需要花费什么，就让他进去了。

突然，这位穷人请求厨娘给他一个小锅，以便他"煮点石头汤喝"。

"石头汤？"厨娘说，"我想看看你怎样能用石头做成汤。"于是她就答应了。穷人于是到路上拣了块石头洗净后放在锅里煮。

"可是，你总得放点盐吧。"厨娘说，于是她给他一些盐，后来又给了豌豆、薄荷、香菜。最后，又把收拾到的碎肉末都放在汤里。

当然，你也许能猜到，这个可怜人后来把石头捞出来扔出去，美美地喝了一锅肉汤。

如果这个穷人对仆人说："行行好吧！请给我一锅肉汤。"那么他的下场肯定是被轰走。

创新并不是天才的特权，创新只在于找出新的改进方法。任何事情，只要能找出把事情做得更好的方法，就能取得更大的成功。

创新是文明进化永恒的动力。洛克菲勒有句名言："如果你想成功，你应开辟出一条新路，而不要沿着过去的成功的老路走……即使你们把我身上的衣服剥得精光，一个子也不剩，然后把我扔在撒哈拉沙漠的中心地带，但只要有两个条件——给我一点时间，并且让一支商队从我身边经过，那要不了多久，我就会成为一个新的亿万富翁。"世界上因创新而成功的人数不胜数。

松下幸之助在创业之初就是因为一个小小的创新获得成功的。

松下是由生产电插头起家的，由于插头的性能不好，产品的销路大受影响，不多久，他就陷入了三餐难继的困境。

一天，他身心俱疲地独自走在路上，一对姐弟的谈话引起了他的注意。

姐姐正在熨衣服，弟弟想读书，却无法开灯（那时候的插头只有一个，用它熨衣服就不能开灯，两者不能同时使用）。

弟弟吵着说："姐姐，您不快一点开灯，叫我怎么看书呀？"

姐姐哄着他说："好了，好了，我就快烫好了。"

"老是说快烫好了，已经过 30 分钟了。"

姐姐和弟弟为了用电，一直吵个不停。

松下幸之助想："只有一根电线，有人熨衣服，就无法开灯看书；反过来说，有人看书，就无法熨衣服，这不是太不方便了吗？何不想出同时可以两用的插头呢？"

他认真研究这个问题，不久，就设计出了两用插头。

试用品问世之后，很快就被卖光了，订货的人越来越多，简直供不应求。他只好增加工人，并扩建了工厂。松下幸之助的事业从此步入正轨，并如日中天地发展着。

比尔·盖茨认为"创新是一种力量，是幸福的源泉"。英国著名哲学家罗素则把创新看作"快乐的生活"。前苏联教育家苏霍姆林斯基也认为"创新是生活中最大的乐趣，幸福是在创新中诞生的"。他在《给儿子的信中》曾提到："生活的最大乐趣寓于与艺术相似的创造性劳动之中，寓于高超的技艺之中。如果这个人热爱自己的事业，那么他一定会从他的事业中得到很多美好的事物，而生活快乐也就寓于此。"以上种种论点都揭示了创新与幸福的内在联系，说明了创新是生活幸福的动力。

幸福来源于物质生产和精神生产的实践中，由于感受到所追求目标的实现而得到精神上的满足。然而，怎样才能得到这样的满足呢？答案是劳动和创新。人们的需要是不断发展和提高的，低层次的需要满足了，又会产生高层次的需要。要满足人们不断提高的需要，实现人们的幸福追求，就要靠创新。

搞点小发明

生活中，许多青少年朋友爱开动脑筋，搞一些小发明，这项活动有趣而有益。历史上，任何发明都源自爱思考的头脑。

二战期间，新式武器的发展使战斗愈加残酷，大批伤兵被运到后方。

一天，法将军亚得里安去医院看望伤兵，一位伤兵向他讲述了受伤的过程。原来，在德国炮击时，这个士兵正在厨房值日，炮弹劈头盖脸地打来，弹片横飞，他在匆忙之中将铁锅举起来扣在头上，结果很多同伴都被炸死了，而他只受了点轻伤。

亚得里安由此联想到如果战场上人人都有一顶铁帽子不就可以减少伤亡了吗？于是，他立即指定了一个小组进行研究，制成第一代钢盔，并在当年装备了部队。据统计，在第二次世界大战中，世界各国的军队由于装备了钢盔，使几十万人幸免于难。

由此可见，小发明的作用不小吧！

在我们的身边，有无数发明的机会，这需要我们做有心人。

有个公务员叫杰克，繁忙的工作之余最大的爱好便是溜冰。收入微薄的杰克为到溜冰场溜冰花费了不少钱，手头非常拮据。杰克最向往冬天，因为冬天可以到冰天雪地"免费"溜冰。可是春天一来，这些天然溜冰场便消失了。

有什么补救的办法呢？杰克针对"冰天雪地"冥思苦想，除了想到人工制造冰场的方案外，也没有什么好的办法。即使有了人工冰场，皮夹子空空的杰克也只能望场兴叹。

一天，杰克的头脑中突然闪过一个念头：我干嘛老在"冰场"上兜圈子呢？溜冰不就是一个溜字吗？只要能让人的身体溜来溜去，不就是一种乐趣吗？

于是，杰克开始集中思考怎样让人"溜"起来。他在观察了会溜的玩具汽车后，突然一个灵感涌上来："要是在鞋子底面装上轮子，能不能代替冰鞋？这样的话，一年四季都可以溜冰了。"

经过几个月的努力，杰克终于把这种鞋做出来了。不久，他便与人合作开了一家工厂，专门生产这种被称为旱冰鞋的产品。他做梦也没想到，产品一问世，就成为世界性商品。没几年的工夫，杰克就赚进了 100 多万美元。

因为一个灵感，杰克发明了旱冰鞋，不仅方便了他人，自己也因此得到了丰厚的回报。

发明，并非只是爱迪生等大发明家的专利。只要善于留意生活，善于动脑，善于动手，人人都可以搞点小发明。

四川曾有两位同学发明了"银行卡多密码系统"，这是他们在看报纸时，看到抢劫者逼迫持卡人说出银行卡密码的报道时想到的，而且他们设计的这套保护系统已经得到了银行的认可。

青少年发明的那些与日常生活联系紧密、实用可行的作品，尤其受人们欢迎。例如"防盗逃生两用窗"消除了目前普遍使用的防盗窗在遭遇火灾时所起到的"副作用"；"拖地机器人"可以模仿人的拖地、清洗、绞干等动作，都非常实用。

上海在建杨浦大桥时，因桥高使引桥很长且占地太多。为了解决这个矛盾，设计单位广泛征求解决矛盾方案。结果许多方案中最好的是一位小学生设计的，他把引桥设计成盘旋上升式。后来，人们建造大桥时采用了他的方案。

2005 年 9 月，在北京举办的第 15 届发明展览会青少年作品展区里，充满创意的小发明成为此次展览会的一大亮点。

对于免擦自动黑板、去油汤勺、公用净鞋器、交警机器人、汽车误踩油门机械智能补救系统等，专家指出：青少年创意发明有较高水平。

能从生活中一些不起眼的小事引出发明创造思想火花的人都是爱动脑子的人。这是一种联想的感悟，是一种创造性思维的魅力，是对生活的一种深刻理解，也是一种稍纵即逝的冲动。感悟是科学发明的"激光"。一旦这种"激光"闪现了，你就要善于运用它去撞击科学发明的大门，敢于去吃第一只"螃蟹"。那些纸上谈兵式的人物，是难于领略创造发明者的喜悦的。

下面提出的几点可以供你参考：

1. 从好奇开始，提出疑问，并阅读大量书籍，从中借鉴吸收、获取创意。
2. 根据生活中的经验，展开想象的翅膀，积极思考，大胆推测。

3. 以认真的态度对待实验，不马虎，严格论证。

4. 积极与他人合作，互相交流经验。

5. 要以诚实的态度看待自己，能改正错误的观念、假设或前提。

勇于创新，就不要畏惧失败

创新意味着机会，同时也意味着风险。创新求变意味着一定的风险，而对不可知的未来，人们承受压力的程度也大不相同。有的人对失败有一种天生的恐惧心理，或者怕丢面子，或者怕失去原有利益，归根到底，是不能正确认识失败。青少年要养成创新的品质，就不要畏惧失败。

1942 年 2 月 12 日中午，英国海军和空军重兵布防的英吉利海峡上空，一架英国战斗机在例行巡逻。突然，飞行员发现有一队德国舰队大摇大摆地从远处开了过来，他立即将这一发现向司令部报告。英国司令部的军官们大惑不解：德国舰队怎么可能在大白天从英吉利海峡通过，是不是飞行员搞错了？英国人忙于思考和争论，却没顾及到时间正一分分溜走。直到过了近一个小时，又一架英军侦察机发现德舰已经闯入海峡最窄也是最危险的地段了，并且正在全速行驶。

英军指挥官们这才意识到敌情的严重性，等他们判定真相，调集部队，下令进攻时，德国舰队已然远离了最危险的地段，给其致命打击的机会已然丧失。整个下午，英军虽然不断出动飞机、驱逐舰对德国舰队进行拦截，但由于仓促上阵，反而被严阵以待的德军给予了沉重打击。就这样，德国人在英国人的眼皮底下，将驻泊在法国布雷斯特港内的舰队顺利地移至挪威海面，增强了那里的战斗力。

原来，这一切都是德军为完成这次战略转移精心策划的大胆行动。因为从法国到挪威有两条路线可走，一条是向西绕过英伦诸岛北上，这条航线路途遥远，费时费力，如果遭遇兵力占绝对优势的英国军队，后果将不堪设想；另一条航线则是直穿英吉利海峡，但此处有英海、空军的重兵布防，同样是危机重重。

最后，德军指挥官经过反复权衡后，决定在英国根本没有想到的情况下，出其不意地闯过英吉利海峡，在夜间出发，白天通过英吉利海峡最危险的多佛和加莱之间的地段。

这一大胆冒险的行动果然成功，庞大的德国舰队在飞机的掩护下，在英国人认为绝不能的时候出现，在英军来不及判断和阻挠的情况下，明目张胆地闯过英吉利海峡，给英国人上了一堂生动的战争教学课。

这场战役带给我们一个启示：创新与风险并存，如果你要创新，就不能畏惧失败。

威尔士是美国东北部哈特福德城的一位牙科医生，是西方世界医学领域对人体进行麻醉手术的最早试验者。在威尔士以前，西方医学界还没有找到麻醉人体之法，外科手术都是在极残酷的情况下进行的。

后来，在英国化学家戴维发现笑气以后，1844年，美国化学家考尔考察了笑气对人体的作用，带着笑气到各地做旅行演讲，并做笑气"催眠"的示范表演。这天他来到美国东北部哈特福德城进行表演，不料在表演中发生了意外。那是在表演者吸入笑气之后，由于开始的兴奋作用，病人突然从半昏睡中一跃而起，神志错乱地大叫大闹着，从围栏上跳出去追逐观众。在追逐中，由于他神志错乱，动作混乱，大腿根部一下子被围栏划破了个大口子，鲜血涌泉般地流淌不止，在他走过的地上留下一道殷红的血印。围观的观众早被表演者的神经错乱所惊呆，这时又见表演者不顾伤痛向他们追来，更是惊吓不已，都惊叫着向四周奔去，表演就这样匆匆收了场。

这场表演虽结束了，但表演者在追逐观众时腿部受伤而丝毫没有疼痛的情状，却给牙科医生威尔士留下了非常深刻的印象。于是他立即开始了对氧化亚氮麻醉作用进行实验研究。

1845年1月，威尔士在实验成功之后，来到波士顿一家医院公开进行无痛拔牙表演。表演开始，威尔士先让病人吸入氧化亚氮，使病人进入昏迷状态，随后便做起了拔牙手术。但不巧，由于病人吸入氧化亚氮气体不足，麻醉程度不够，威尔士的钳子夹住病人的牙齿刚刚往外一拔，便疼得那位病人"啊呀"一声大叫起来。众人见之先是一惊，随之都对威尔士投去轻蔑的眼光，指责他是个骗子，把他赶出了医院。

威尔士表演失败了，他的精神也崩溃了。他转而认为手术疼痛是"神的意志"，于是他放弃了对麻醉药物的研究。

可是他的助手摩顿与其不同，他拿出勇气开始了自己的探索。1846年10月，他在威尔士表演失败的波士顿医院当众再做麻醉手术实验。结果在众目睽睽之下，他获得了成功。

由此可见，在创新的道路上，往往有失败和风险同行。成功属于能够不畏艰险，善于从失败中汲取经验并坚持到底的人。

失败往往是成功之母，只要态度正确、运用得当，失败常常孕育出成功的创新。

培养创新能力的步骤

培育创新能力要克服创新障碍，更要懂得方法。那么该如何培育创新能力呢？下面的三个步骤将给你提供帮助。

1. 全面深入地探讨创新环境

创新不是在真空中产生，而是来自艰苦的工作、学习和实践。想要获得创新，就要全面深入地探讨创新环境，为创新准备"土壤"。

亚历山大·弗莱明发现青霉素的过程，可以说是对这一步骤的最好的说明。发现青霉素从表面上看来，似乎是一系列偶然的巧合。虽然弗莱明多年来一直试图发现防止细菌传染的方法，但是，直到有一天，他鼻子里的一滴黏液恰巧掉在了一个盘子里，而在这个盘子里，恰巧盛有他一直用来做实验的溶液。这两种液体的混合导致了抗生素的初步产生，但是，它的效力还很弱。7年以后，一只四处游荡的孢子飘进了他开着的窗户，落在了他实验室内盛有相同溶液的盘子里，才最终导致了我们今天熟悉的抗生素，即青霉素。

2. 让脑力资源处于最佳状态

在对创新环境有了全面的认识之后，就可以把你的精力投入到你手头的工作上来了。要为你的工作专门腾出一些时间，这样你就能不受干扰，专注于你的工作了。当人们专注于创新的这个阶段时，他们一般就完全意识不到发生在他们周围的事，也没有了时间的概念。当你的思维处于这种最理想的状态时，你就会竭尽全力地做好你的工作，挖掘以前尚未开发的脑力资源——一种深入的、"大脑处于最佳工作状态"的创新思路。

3. 运用技巧促使新思维产生

创新的思考要求你的大脑松弛下来，创新的灵魂看着一件事，盯着另一件事，在这些事情之间寻找联系，从而产生不同寻常的可能性。为了把你自己调整到创新的状态上来，你必须从你熟悉的思考模式以及对某事的固定成见中摆脱出来。为了用新的观点看问题，你必须能打破看问题的习惯方式。

为了避免习惯的束缚，你可以用以下几种技巧来活跃你的思维：

（1）群策攻关法

群策攻关法是艾利克斯·奥斯伯恩于1963年提出的一种方法，它建立在与他人一起工作从而产生独特的思想，并创造性地解决问题这种方式所具有的力量的基础上。

在思考的时候要善于借鉴他人的观点，因为创造性的观点往往是多种思想交互作用的结果。你也可以通过运用你思想无意识的流动以及你大脑自然的联想力，来迸发出你自己的思想火花。

（2）创造"大脑图"

"大脑图"是一个具有多种用途的工具，它既可用来提出观点，也可用来表示不同观点之间的多种联系。你可以这样来开始你的"大脑图"：在一张纸的中间写下你主要的专题，然后记录下所有你能够与这个专题有联系的观点，并用连线把它们连起来。让你的大脑跟随这种建立联系的活动，自由地运转。你应该尽可能快地工作，不要担心次序或结构。让其自然地呈现出结构，要反映出你的大脑自然地建立联系和组织信息的方式。一旦完成了这个工作，你能够很容易地在新的信息和你不断加深理解的基础上，修改其结构或组织。

（3）让梦刺激你的创新思维

弗洛伊德认为，梦是通向无意识的捷径，是发现创新思维的丰富和肥沃的土壤。除了从你的日常生活中获取思想之外，梦也表达了你内心深处思想过程的逻辑和情感，而它们与你创新的"本质"紧紧相连。梦具有情感的力量、生动的图像以及不寻常的联结，它可以作为你创新思维的真正的催化剂。可以在你的床边放一个便笺簿，把你所能回忆起来的梦的情景记下来。记录完你做的梦以后，要想办法破译你做的梦的含义，同时让梦的内容刺激你的创新思维。

（4）留出充裕的酝酿时间

把精力专注于你的工作任务之后，创新的下一个阶段就是停止你的工作，为创新思想留出酝酿时间。虽然你有意识的大脑已经停止了积极的活动，但是，你的大脑中无意识的方面仍继续在运转——处理信息、使信息条理化、最终产生创新的思想和办法。

（5）追踪创造性的思想火花

创造性的思想火花一出现，很令人振奋，然而，这个时刻只是标志着创新的开始，而不是结束。拿出需要的时间，付出努力，才能使思想火花成为现实，就如发明家爱迪生说："天才是百分之一的灵感和百分之九十九的汗水。"

当你运用你的创造性的思考能力提出创新的观点后，接下来你必须运用你批判的思考能力对你的观点进行评价和再加工，并制定出切实可行的实施计划。然后，你需要有落实计划的决心，并克服在实施过程中遇到的不可避免的困难。依据这五种方法，你就可以培育你的创新能力，可以在实践中不断地创新，运用创新来达到成功。

创新要注重知识的积累

俗话说："巧妇难为无米之炊。"创新虽然是一种创造性的行为，但是却离不开一定的知识基础。知识是创新的根本，离开了知识，创新只能是闭门造车。因此，一个人若想力图创新，必须及时更新旧知识，汲取新知识，如今是知识经济时代，需要的人才是善于学习的人，欣赏的组织是学习型的组织，唯有懂得学习的人，才是知识真正的主人，方能做到融会贯通，举一反三。

现在许多知名企业在选择新进人员时，不像纯技术时代那样看重专业，而是用能力测试来选择善于学习的人，他们的理论是，既然一个人已经知道了怎么去学习，又何愁他学不会相关的专业知识呢？所以，在这个激烈变革的时代，知识才是创新真正的源泉。一个人要想让知识成为自己创新的基础和动力，可以从下面几个方面入手：

1. 不断提高自身的学习能力

学习能力主要指的是人们更新知识、不断进步的能力。这如同那根能够点石成金的手指，而相应的，知识如同金子，有再多的金子也不如拥有那个手指，因为那意味着永不贬值的"黄金"。

学习能力意味着我们应该明白从什么途径获得知识，知道在什么时间去进行"充电"，以及怎样最有效、最快地掌握知识。关键的是，怎样在实践中理解知识、运用知识、类推知识。如果我们能在上述各方面加强实力，取长补短，则一定会让自己的学习能力更上一层楼。

2. 要培养综合运用知识的能力

综合运用知识的能力指的是人们在实践过程中用来解决问题的能力，或者是从生活和工作中获取知识的能力。它是创新的灵魂，否则，创新只能是纸上谈兵，永远不可能实现或者运用。有的创新显然需要经过正规教育的专业知识，比如，计算机行业、医师、机械，但是，也有的创新仅仅用生活中的简单常识就足够了。所以，应用知识不是局限在学校里的，生活中也有许多机会，只要你有一双明亮的眼睛和一个聪明的头脑，那么，世界将是你的。

知识是死的，创新是活生生的过程，因而如何将知识转化为可用的东西是人们的创新中必备的能力。从根本上说，它是创新能否成功的决定性因素。如何运用知识，就其本身来说不是专门积累知识或者吸取知识，而是关于怎样把知识转化为效果、效益，使知识发挥作用的过程和能力。

3. 要注意学习和借鉴他人的智慧

创新需要积极学习和借鉴他人的智慧，著名的物理学家、诺贝尔奖的获得者杨振宁就是一个善于向他人学习的人。杨振宁博士大学毕业初出茅庐时，"两眼一抹黑"，不知从何处下手。可是，他很聪明，马上就去请教诺贝尔奖得主费米博士，很快得到了费米博士的指导。后来，费米又把他介绍给青年物理学家特勒。在费米和特勒的帮助和指导下，杨振宁没有辜负他们的希望，经过10多年的钻研，终于发现了"宇称不守恒"定律，一举夺得了诺贝尔物理奖。

从别人那里学习知识，借鉴别人的经验也是有讲究的，这里提供几点建议：

首先，要把握重点。即充分考虑自己的才能和爱好去加以选择。自己的才能如何？优势是什么？不足的地方又是什么？要做到心中有数。注意力不行的，就要学习人家如何集中注意力的技术；自制力不行的，就要向人家学习驾驭情感、控制行为的诀窍；记忆力不行的，就要学习人家培养记忆力的方法。

其次，要注重理解。"知其当然"，还要"知其所以然"。阿基米德为什么能发现皇冠的秘密？曹冲称象的方法是根据什么？都要从理论上把它搞清楚。吸取不是机械地吸取，要在理解的基础上吸取，如果囫囵吞枣，就会"消化不良"。

最后，要懂得创造性运用。吸取的目的是为了更好地创造，因此，吸取之后我们要会运用。医学上的叩诊，是100多年前奥地利医生奥恩布鲁格发明的。他父亲是个酒商，只需用手一敲酒桶，就能知道桶内有多少酒。由此，奥恩布鲁格联想到人的胸腔和酒桶相似，如用手敲胸腔，不也能诊断出里面的毛病吗？经过他反复实验，叩诊的方法诞生了。这位医生用的就是迁移原理。

在你身旁充斥着你想象不到的机会和方法，我们盼望你能像你的模仿者那样开始思考，经常留意那些有杰出成就者的模式。如果某人表现突出，心里要立刻跳出一句话："他是怎么办到的？"我们也希望你能不断地追求卓越，从你所看的每件事里挖掘特点，并学到实现的做法，那么只要你愿意，便能有相同的成就。

能力打造篇

第一章　自立＋自制＝成功自卫队

抛开拐杖才能跑起来

依赖心理源于人类发展的早期。幼年时期儿童离开父母就不能生存，在儿童印象中，保护他、养育他、满足他一切需要的父母是万能的，他必须依赖他们，总怕失去了这个保护神。这时如果父母过分溺爱，不让他们有长大和自立的机会，久而久之，在子女的心目中就会逐渐产生对父母或权威的依赖心理，成年以后依然不能自主。缺乏自信心，总是依靠他人来做决定，终生不能负担起选择采纳各项任务、工作的责任，形成依赖型人格。

生活中这样的例子屡见不鲜，有一个家喻户晓的民间故事极具代表性。

有一对夫妇晚年得子，十分高兴，把儿子视为掌上明珠，捧在手上怕摔，含在口里怕化，什么事都不让他干，儿子长大以后连基本的生活也不能自理。一天，夫妇要出远门，怕儿子饿死，于是想了一个办法，烙了一张大饼，套在儿子的颈上，告诉他想吃时就咬一口。等他们回到家里时，儿子已经饿死了。原来他只知道吃颈前的饼，不知道把后面的饼转过来吃。

这个故事讥讽得未免有些刻薄，但现实生活中类似的现象也不能说没有，特别是如今多数家庭都是独生子女，父母、爷爷奶奶、外公外婆都视其为宝贝，孩子日常生活严重依赖亲人，造成长大以后生活自理能力极差。

对于成大事者而言，拒绝依赖他人是对自己能力的一大考验。这就是说，依附于别人是肯定不行的，因为这是把命运交给别人，而失去做大事的主动权。从来没有一个等候帮助，等着别人拉一把，等着别人的钱财，或是等着运气降临的人能够真正成就大事。只有自强、自立、自尊的人才能打开成功之门。

一家大公司的老板说，他准备让自己的儿子先到另一家企业里工作，让他在那里锻炼锻炼，吃吃苦头。他不想让儿子一开始就和自己在一起，因为他担心儿子会总是依赖他，指望他的帮助。在父亲的溺爱和庇护下，想什么时候来就什么时候来、想什么时候走就什么时候走的孩子很少会有出息。只有自立精神能给人以力量与自信，只有依靠自己才能培养成就感和做事能力。

美国石油家族的老洛克菲勒，有一次带他的小孙子爬梯子玩，可当小孙子爬到不高不矮时，他原本扶着孙子的双手立即松开了，于是小孙子就滚了下来。这不是洛克菲勒的失手，更不是他在恶作剧，而是要小孙子的幼小心灵感受到：做什么事都要靠自己，就是连亲爷爷的帮助有时也是靠不住的。

人，要靠自己活着，而且必须靠自己活着，在人生的不同阶段，尽力达到理应达到的自立水平，拥有与之相适应的自立精神。这是当代人立足社会的根本基础，也是形成自身"生存支援系统"的基石。因为缺乏独立自主个性和自立能力的人，连自己都管不了，还能谈发展与成功吗？即使你的家庭环境所提供的"先赋地位"是处于天堂云乡，你也必得先降到凡尘大地，从头爬起，以平生之力练就自立自行的能力。因为不管怎样，你终将独自步入社会，参与竞争，你会遭遇到远比家庭生活要复杂得多的生存环境，随时都可能出现你无法预料的难题与处境。你不可能随时动用你的"生存支援系统"，而必须靠顽强的自立精神克服困难，坚持前进！

有这样一个青年，出来闯世界，在别人眼中，似乎是很独立、很有主见的人；可实际上，他之所以出来，是因为别人叫他出来。出来之后，当然得找工作，可他根本不会自己去找，而总希望由别人带着去。别人带着去当然可以，可是别人总不能一直带着他，一旦没有人管他，他就不知所措，一筹莫展。

后来他总算找到了工作，是给一个摆服装摊的老板做跟班。带他出来的人很奇怪，怎么做起了人家的跟班，不是有很多合适的工作可以挑选吗？他说，什么工作都得他去动脑筋，他去主动地做，他最怕这个。他宁愿做人家的跟班，人家叫他做什么，他就做什么。

试想，要是那个摆服装摊的老板不要他了呢？

要是不要他，他肯定会找到另一个可以追随的人。今天他是服装摊老板的随从，明天他可能是某个小官僚的秘书；今天他可能是人家的秘书，明天他可能是人家的佣人。

有着这样的依赖心理，他怎么能够独立成事呢？他怎么能够成为一个事业成功的人呢？说到底，他出来闯荡世界，又有什么意义呢？

他出来闯荡世界之前，是想跟着人家的。他以为人家成功了，他这个跟在后面的人，也会跟着成功。这个青年，就这样带着依赖心理闯荡。结果呢？可想而知，他不可能闯出什么名堂来。

对于这样的人，对于依赖心理如此严重的人，奉劝他们一句：及早掉头，要相信自己，甩开依赖的拐杖。只有这样，才能真正地跑起来，找到自己的人生位置。

对生活负责就是对自己负责

"在我的生活里，我就是主角。"这是台湾作家三毛的自信之言。

我们要做生活的主角，不要将自己看做是生活的配角。要做生活的编导、主角，而不要让自己成为生活的观众。我们要做自己命运的主宰。心理学家布伯曾用一则犹太牧师的故事阐述一个观点：凡失败者，皆不知自己为何；凡成功者，皆能非常清晰地认识他自己。失败者是一个无法对情境做出确定反应的人。而成功者，在人们眼中，必是一个确实可靠、值得信任、敏锐而实在的人。

成功者总是自主性极强的人，他总是自己担负起生命的责任，而绝不会让别人虚妄地驾驭自己。他们懂得必须坚持原则，同时也要有灵活运转的策略。他们善于把握时机，摸准"气候"，适时适度、有理有节。如有时需要"该出手时就出手"，积极奋进，有时则需稍敛锋芒缩紧拳头，静观事态；有时需要针锋相对，有时又需要互助友爱；有时需要融入群体，有时又需要潜心独处；有时需要紧张工作，有时又需要放松休闲；有时需要坚决抗衡，有时又需要果断退兵；有时需要陈述己见，有时又需要沉默以对；有时要善握良机，有时又需要静心守候。

亚瑟到一家广告公司面试。他对自己的能力和经验很自信，因为他专业成绩好，年年都拿奖学金，而且在学校里也是出类拔萃的人物。

广告公司在这座大厦的20层。这座大厦管理很严，两位精神抖擞的保安分立在两个门口旁，他们之间的条形桌上有一块醒目的标牌："来客请登记"。

他上前询问："先生，请问2010房间怎么走？"保安抓起电话，过了一会儿说："对不起，2010房间没人。"他忙解释："不可能吧？我刚才还跟他们打过电话，再说今天是他们面试的日子，您瞧，我这儿有面试通知。"

那位保安又抓起电话。"对不起，先生，2010还是没人。我们不能让您上去，这是规定。"时间一秒一秒地过去，他心里虽然着急，也只有耐心地等待，同时祈祷该死的电话能够接通。已经超过约定时间 10 分钟了，保安又一次彬彬有礼地告诉他电话没通。他当时压根也没想过第一次面试就吃了这样的"闭门羹"。面试通知明确规定："迟到 10 分钟，取消面试资格。"即使打通也不可能参加面试了。

他犹豫了半天，只得自认倒霉地回到了学校。晚上，他收到一封电子邮件："先生，您好！也许您还不知道，今天下午我们就在大厅里对您进行了面试，很遗憾您没通过。您应当注意到那位保安先生根本就没有拨号。大厅里还有别的公用电话，您完全可以自己询问一下。我们虽然规定迟到 10 分钟取消面试资格，但您为什么立即放弃却不再努力一下呢？祝您下次成功！"

生活中很多人都有出色的学习成绩，却缺乏生活的能力。他没有细心观察的能力，也没有全面考虑问题的能力，大厅还有别的电话，他却没有注意，更不懂变通，规定说 10 分钟后取消面试资格，他就不再去努力试一下。没有生活能力的人是可悲的，只能走向失败。

小彭从小学到高中毕业，学习成绩一直名列前茅，深得学校老师的称赞和父母的厚爱。父母为了让他集中精力读书，成为一个有出息的人，家中什么活儿都不让他干，做饭、洗碗、洗衣服等事，从不让他插手，甚至连他的床铺也是父母替他收拾的，每次吃饭都是母亲把饭端到他跟前。因此，到他十七八岁时，和他同岁的孩子，什么活都能干，而他却连叠被子、洗碗之类的基本家务活都不会干。

参加高考后，小彭以全县第一名、全省第三名的优异成绩考入了全国重点大学。同年 8 月，小彭以无比兴奋的心情，跨进了令人向往的大学。然而，开始大学生活没多久，由于他没有起码的生活能力，自己不会买饭，不会洗衣服，不能独立生活，小彭感到十分苦恼。尽管同学们也给了他一些帮助，但还是解决不了他的实际生活问题。在这种情况下，他只好向校方申请休学。学校根据他入学后的实际情况，批准了他的申请。

第二年开学时，学校给他寄去了复学通知书。但谁也没有料到，接到复学通知书的小彭，居然因惧怕离开父母后自己不能独立生活而悲观厌世，在这种思想的驱使下，他纵身从五楼跳了下去，过早结束了自己的生命。

这个悲剧告诉我们：人，不可缺失自理能力。自理，是青少年成人、成才和自身发展的需要，是面向未来的重要素质，也是迈向成熟的第一步。

自食其力才能赢得尊严

　　许多人不敢独立自主，是因为他们总是爱贬低自己，似乎很乐意暗示自己是一个渺小的人，一个毫无价值的人，觉得自己与别人相比简直就如一根稻草无足轻重，因而做任何事都显得无精打采，毫无斗志。这些人垮在了自己身上存在的缺点和毛病上，这是因为自我贬低无异于降价处理自己！如果你认为自己满身缺点和毛病；如果你自认为是一个笨拙的人，是一个总是面临不幸的人；如果你承认你绝不能取得其他人所能取得的成就，那么，你只会因为自我贬低而失败。

　　的确，其他人对我们的评价与我们自身的状况、成就有很大的关系，而我们不可能摆脱这种关系。因而，一个独立自主的人，从不降价处理自己，尽可能地依靠自己的能力，来实现生命的价值。

　　从前，老虎并不像现在这样威风，相反他是所有动物中最弱小的一个。因为捕捉不到动物，常常是饥一顿，饱一顿。狮王把所有的小动物都召集起来说："老虎是我们中的一员，我们不能眼睁睁地看着他饿肚子而不管不问。我建议，大家都伸出友谊之手，拉他一把，帮他渡过难关。"

　　于是，动物们都给老虎送去了好吃的东西，唯有猫什么东西也没有送。

　　狮王不高兴地对猫说："大家都为老虎送了东西，你怎么什么都不送呢？"

　　猫说："你们送给他的东西虽然很多，但总有一天会吃完的，我要送给他一件永远吃不完的礼物。"

　　狮王不屑地说："算了吧，你除能送几只老鼠外，还能送什么呢？"

　　猫回答说："以后你会看到的。"

　　几个月以后，狮王又来到老虎家。好家伙！老虎家里里外外到处都挂着好吃的东西。

　　狮王问："这些东西都是猫送的？"

　　"不，"老虎说，"他送的礼物要比这些东西贵重千万倍！"

　　狮王好奇地问："那究竟是什么东西？"

　　老虎说："他教我练壮了身体，又教我学会了捕食的本领。"

　　"噢！"狮王从头到尾把老虎打量了一番说，"难怪你那么崇拜他呢，连衣服也和他穿得一模一样！"

　　再多的好东西都比不上一身本领。要想在社会上立足，就要摆脱依赖他人的想法，不断提高自身的能力，练就一身谋生的好本领。这样才能为自己赢得尊严。一个在穷困中仍然能够保持自立精神，不依靠别人的施舍生活的人，最终必将获得人生的成功。

杰克7岁那年，他的父亲去世了，他还有一个两岁大的妹妹，母亲为了这个家整日操劳，但是赚的钱难以让这个家的每个人都能填饱肚子。看着母亲日渐憔悴的样子，杰克决定帮妈妈赚钱养家，因为他已经长大了，应该为这个家贡献一份自己的力量了。

一天，他帮助一位先生找到了丢失的笔记本，那位先生为了答谢他，给了他1美元。

杰克用这1美元买了3把鞋刷和1盒鞋油，还自己动手做了个木头箱子。带着这些工具，他来到了街上，每当他看见路人的皮鞋上全是灰尘的时候，就对他们说："先生，我想您的鞋需要擦油了，让我来为您效劳吧！"

他对所有的人都是那样有礼貌，语气是那么真诚，以至于每一个听他说话的人都愿意让这样一个懂礼貌的孩子为自己的鞋擦油。他们实在不愿意让一个可怜的孩子感到失望，他们知道这个孩子肯定是一个懂事的孩子，面对这么懂事的孩子，怎么忍心拒绝他呢！

就这样，第一天他就带回家50美分，他用这些钱买了一些食品。他知道，从此以后每个人都不需要再挨饿了，母亲也不用像以前那样操劳了，这是他能办到的。

当母亲看到他背着擦鞋箱，带回来食品的时候，她流下了高兴的泪水，"你真的长大了，杰克。我不能赚足够的钱让你们过得更好，但是我现在相信我们将来可以过得更好。"妈妈说。

就这样，杰克白天工作，晚上去学校上课。他赚的钱不仅为自己交了学费，还足够维持母亲和小妹妹的生活了。他知道，"工作不分贵贱，只要是靠自己的劳动赚来的钱就是光荣的"。

靠别人的施舍或者资助而生活的人，无法赢得别人的尊重，而他本人也体会不到劳动的价值和快乐。一个人只有自食其力才能够为自己赢得尊严，因此，青少年要摆脱依赖他人的想法，尝试着用自己的双手来养活自己。

不要成为情绪的奴隶

有自制力不仅仅是人的一种美德，在一个人成就事业的过程中，自制力也是一项决定成败的关键素质。

有人说：一个人要想在事业上取得成功，务必戒奢克俭，节制欲望，只有有所放弃，才能有所获得。自制不仅仅是在物质上克制欲望，对于一个想要取得成功的人来说，精神上的自制力也是非常重要的。衣食住行毕竟是身外之物，不少人都能自制，甚至是尽善尽美地克制，但精神上的、意志力上的自制却非人人都能做到。

想要成功必须使消极的情绪得到有效的控制，否则，人的生活质量、工作成效和事业成就将无法保证。米开朗基罗曾说："被约束的才是美的。"对于情绪来说也是如此，一个人的情绪如果不能得到有效的调控，那么，人就有可能成为情绪的奴隶，成为情绪的牺牲品。

芬妮是一个脾气暴躁、容易出现情绪波动的女孩，经常因为小事和别人吵架，她的人际关系因此愈来愈紧张，结果男友也难以忍受她的坏脾气，和她分手了。终于有一天，她觉得自己已经处于崩溃边缘。

她打电话向她的一个朋友詹森求救。詹森向她保证："芬妮，我知道现在对你来说是有点糟，可是只要经过适当的指引，一切就会好转。"

"你现在的第一件事是让自己安静下来，好好地享受一下宁静的生活，在你发脾气之前，不妨想想，究竟是哪一点触动了你？"

"你可以拥有两种思考，一种是让每件事情都在脑海里剧烈地翻搅，另一种则是顺其自然，让思想自己去决定。"说着，詹森拿出了两个透明的刻度瓶，然后分别装了一半刻度的清水，随后又拿出了两个塑料袋，分别装着是白色和蓝色的玻璃球。詹森说："当你生气的时候，就把一颗蓝色的玻璃球放到左边的刻度瓶里；当你克制住自己的时候，就把一颗白色的玻璃球放到右边的刻度瓶里。"

此后的一段时间内，芬妮一直照着詹森的建议去做。后来，在詹森的一次造访中，两个人把两个瓶中的玻璃球都捞了出来。他们发现那个放蓝色玻璃球的水变成了蓝色。原来，这些蓝色玻璃球是詹森把水性蓝色涂料染到白色玻璃球上做成的，这些玻璃球放到水中后，蓝色染料溶解到水中，水就呈现了蓝色。詹森借机对芬妮说："你看，原来的清水投入'坏脾气'后，也被污染了。你的言语举止，是会感染别人的，就像玻璃球一样。当心情不好的时候，要控制自己。否则，坏脾气一旦投射到别人身上的时候，就会对别人造成伤害，再也不能回复到以前。所以一定要控制好自己的言行。"

慢慢地，芬妮已学会把自己当成一个思想的旁观者，来看清自己的意念。

一旦有了不好的想法就很快发现，想法失控的时候就及时制止。这样持续了一年，她逐渐能够信任自己并且静观其变，生活也步入常轨，并重新得到了一位优秀男士的爱，美好在她的生活中渐渐展现。

任情绪控制、受坏情绪摆布的人往往是生活的弱者，当你要发脾气的时候，应该做的第一件事就是尽量让自己安静和放松下来，想一想目前出现了什么情况，而不是顺其自然让脾气发作，被情绪牵着走。

有一天，陆军部长斯坦顿怒气冲冲地来到林肯那里，抱怨一位少校公开指责他偏袒下属。林肯建议斯坦顿立即写一封信回敬那位少校。

"可以狠狠地骂他一顿。"林肯说。

斯坦顿立刻写了一封措辞激烈的信，然后拿给总统看。

"对了，对了。"林肯高声叫好，"要的就是这个！好好教训他一顿，真写绝了，斯坦顿。"但是当斯坦顿把信叠好装进信封里时，林肯却叫住他，问道："你要干什么？"

"寄出去呀。"斯坦顿有些摸不着头脑了。

"不要胡闹。"林肯大声说，"这封信不能发，快把它扔到炉子里去。凡是生气时写的信，我都是这么处理的。这封信写得好，写的时候你已经解了气，现在感觉好多了吧，那么就请你把它烧掉，再写第二封信吧。"

和别人生气的时候，要注意合理控制自己的情绪，既不要把自己的愤怒压抑在心底，也不要直接将愤怒发泄给别人，而要找出一个缓解愤怒情绪的合理步骤，让自己的情绪缓一缓，等自己的内心平静了再做决定。

除了愤怒情绪之外，忧郁、失望、苦闷等消极情绪也是阻碍我们走向成功的重要因素。一个人要取得成功，就要学会合理地控制自己的消极情绪。

要知道，一个人成功的最大障碍不是来自外界，而是自身，除了力所不能及的事情做不好之外，自身能做的事不做或做不好，那就是自身的问题，是自制力的问题。如果你能够恰当地掌握好情绪，那么将在别人心目中留下"沉稳、可信赖"的形象，你的人生也必定会因此而受益匪浅。

控制自己让你更强大

有自制力不仅仅是人的一种美德，而且在一个人成就事业的过程中，自制力也是一项决定成败的关键因素。自制对于青少年的成长和进步来说，有着十分重要的意义和作用。斯威夫特说过，只有自制的人才能拥有真正的美德。控制自己能够让一个人变得更强大。青少年要想成为能够主宰自己命运的强者，就必须学会克制自己，管理自己。

一个人要成就大的事业，就不能随心所欲、感情用事，对自己的言行应有所克制，这样才能使自己的错误、缺点得到抑制，不致铸成大错。高尔基说过："哪怕是对自己的一点小小的克制，也会使人变得强而有力。"德国诗人歌德说："谁若游戏人生，他就一事无成，不能主宰自己，永远是一个奴隶。"一个人要想成为能够主宰自己命运的强者，成就一番事业，就必须对自己有所约束、有所克制。

球王贝利从小就显现出非凡的足球天赋，他常常踢着特制的"足球"——用一个大号袜子塞满破布和旧报纸，然后尽量捏成球形，外面再用绳子捆紧。贝利经常光着黑瘦的脊梁，在家门前那条坑坑洼洼的小街，赤着脚练球。尽管他经常摔得皮开肉绽，但他始终不停地向着想象中的球门冲刺。

渐渐地，贝利有了些名气，许多认识不认识的人常常跟他打招呼，还向他递烟。像所有未成年人一样，贝利喜欢吸烟时的那种"长大了"的感觉。

有一次，当贝利在街上向别人要烟的时候，父亲刚好从他身边经过，父亲的脸色很难看，贝利低下头，不敢看父亲的眼睛。因为，他看到父亲的眼睛里有一种忧伤，有一种绝望，还有一种恨铁不成钢的怒火。

父亲说："我看见你抽烟了。"

贝利不敢回答父亲，一言不发。

父亲又说："是我看错了吗？"

贝利盯着父亲的脚尖，小声说："不，你没有。"

父亲又问："你抽烟多久了？"

贝利小声为自己辩解："我只抽过几次，几天前才……"

父亲打断了他的话，说："告诉我味道好吗？我没抽过烟，不知道烟是什么味道。"贝利说："我也不知道，其实并不太好。"说话的时候突然绷紧了浑身的肌肉，手不由自主地往脸上挡去，因为，他看到站在他跟前的父亲猛地抬起了手。但是，那并不是贝利预料中的耳光，父亲把他搂在了怀中。

父亲说："你踢球有点天分，也许会成为一名优秀的运动员，但如果你抽烟、喝酒，那就到此为止了。因为你将不能在90分钟内保持一个较高的水准。这事由你自己决定吧。"

父亲说着，打开他瘪瘪的钱包，里面只有几张皱巴巴的纸币。父亲说："你如果真想抽烟，还是自己买的好，总跟人家要，太丢人了，你买烟需要多少钱?"

贝利感到又羞又愧，眼睛里涩涩的，可他抬起头来，看到父亲的脸上已是泪水纵横……

后来，贝利再也没有抽过烟。他凭着自己的勤学苦练，终于成了一代球王。

自制对于一个人的成长进步，有着十分重要的意义和作用。一个人心智成熟的人，必定能控制住自己的情绪与行为。而这种成熟感来自个人成长和发展的强烈渴望。有了这样的愿望，人们才能形成如何有效地管理自己的思想、言论和行动的意识，才能自觉地去管理自己。

我们每个人都应当树立自我管理意识，在心中要有培养自我管理意识的紧迫感。这种紧迫感不能是别人强加的，必须是自己切身感觉到的。

首先，这种紧迫感来自个人成长和发展的强烈渴望。有了这样的愿望，人们才能形成如何有效地管理自己的思想、言论和行动的意识，才能自觉地去管理自己。反之，一个人自己没有成长和发展自己的愿望，当然不会产生如何管理自己的意识。

其次，这种紧迫感来自对社会现实的深刻认识。当今的社会，管理正在作为一门科学迅速应用于人们生活的各个领域，整个社会的经济管理、政治管理、思想管理、法律管理、道德文化管理等正在走向科学化，越来越多的人已经开始把管理科学运用于人生过程之中。人们盲目对待人生的时代正在宣告结束，人生正在朝着科学化的方向前进。科学化的人生需要科学的自我管理。人们如果能清醒地看到这一点，就会产生一种觉悟，即自己不科学地管理自己，就会失去人生的主动权，就会被别人远远地抛在后边。有了这种觉悟，就会主动地发展自己。

掌控好情绪的开关

歌德说过："一个人，即使驾着的是一只脆弱的小舟，但只要舵掌握在他手中，他就不会任凭波涛的摆布，而有选择方向的主见。"

情绪是人对事物的一种最浮浅、最直观、最不用脑筋的情感反应。它往往只从维护情感主体的自尊和利益出发，不对事物做复杂、深远和智谋的考虑，这样的结果，常使自己处在很不利的位置上或为他人所利用。

"东边日出西边雨"不仅是对一种自然现象的客观描述，而且也是青少年情绪特点的形象比喻：一边是情绪逐渐地趋向成熟、愉悦、平静、稳定，积极的情绪因素不断增加；一边是情绪问题陆续地出现，厌学、抑郁、焦虑、冷漠，诸如此类的情绪给我们的成长与发展罩上了阴影。有的阴影随着时间的推移而自然消逝，可有的阴影却需要施加人为的驱散力量，促使各类情绪问题的顺利解决。

青少年正处于身体发育或社会经验形成的增长时期，情绪波动比较大，容易发怒。青少年时期的人就像一部正在磨合的汽车，对情绪的控制远远没有到达得心应手的境界，经常会因为一点小事耿耿于怀，也经常由于"不顺心"、"不如意"而怨天尤人、意志消沉。

这些都是正常的现象，因为我们正处在思维以及人生观的"大碰撞"时期。另外，这些也是不正常的现象，因为人若是不能有效地控制自己的情绪，就变得和动物没有什么区别了。

其实，我们情绪的"开关"就掌握在自己手上，是我们自己而不是别人在控制我们的情绪。在同样的负担下，谁的情绪更好、身体更健康，取决于谁更善于控制这些"开关"，从而保持一种积极健康的情绪。

韩信在青年时期穷困潦倒，被人瞧不起。一天，一个屠夫指着韩信的鼻子说："你敢在我身上扎两刀吗？如果不敢，那么请从我的胯下爬过去。"真是欺人太甚！韩信听罢，不禁怒从心头起，想狠狠地教训教训他。但转念一想，我韩信为何要跟一个屠夫一般见识，来日方长，于是一咬牙，一狠心，便从屠夫的胯下钻了过去。后来，韩信被刘邦拜为大将，他不但没有杀掉这个屠夫，反而赏之以金，委之以官，使其深受感动，不仅消除了私怨，最后还成了舍命保韩信的勇士。

韩信的度量可谓大矣，忍耐之心可谓强矣！"士可杀而不可辱"是世人皆知的至理名言，但韩信还是忍受着奇耻大辱，心一横从屠夫胯下钻过去；飞黄腾达后，不但不杀这个侮辱自己的人，反而委之以官，这是令常人难以想象的。正是他的克己忍让，感化了屠夫，赢得了敌对者，屠夫才成了韩信的忠诚部下。

忍让、控制情绪并不是软弱可欺，而是一种大气与远见。控制情绪不是一件非常容易的事情，因为我们每个人心中永远存在着理智与感情的斗争。自我控制、自我约束也就是要求我们按理智判断行事，克服追求一时情绪满足的本能愿望。一个真正具有自我约束的人，即使在情绪非常激动时，也能够做到这一点。

我们每个人都在努力做使自己生活更有意义的事，并且在向着未来的目标奋进。但是，生活在现实的世界中，我们绝不应该采取仅使今天感到愉快而丝毫不顾及明天可能发生的后果的态度。我们的情绪大都容易倾向于获得暂时的满足，所以我们要善于做好自我约束。因此，在追求一种有意义的生活时，我们应当努力控制自己的情绪，使自己向好的一面发展。

　　青少年，问一问自己，你常常头脑发热吗？你曾经因冲动犯傻吗？你试过控制自己的情绪吗？这里我们介绍几种控制自己情绪的方法：

1. 正确评价自己

　　任何情绪和情感的产生都有其根源，有时它隐藏得很深，我们很难觉察，但是它却似一只无形的手，牢牢地把握着情绪的方向和发展，我们只有紧紧抓住这只无形的手，才能从被动转为主动，才能使情绪控制在自己理智所及的范围之内。有时候，情绪和情感发生的原因十分简单和明显，但我们却可能故意避开这种伸手可及的原因，找出许多次要的无关宗旨的理由，因为要正确地找出某些情绪的原因常常是使人痛苦的。例如，当我们内心受到严重的伤害时，我们不敢也不愿承认自己之所以受到伤害是由于自己本身的脆弱和无能，我们可能曲折而迂回地从外界去找原因，或把自己完全置于无辜的位置，以求得内心的平衡。不敢正视自己，不敢正确评价自己，阻碍着我们对自己进行理智的认识和评价。青少年一定要克服这种毛病。

2. 转移，换个环境

　　当我们受到无法避免的痛苦打击时，长期沉浸在痛苦之中，既于事无补，不能解决任何问题，又影响自己的学习和工作、损害健康，所以我们应该尽快地把自己的注意力转移到那些有意义的事情上去，转移到最能使你感到自信、愉快和充实的活动上去。这一方法的关键是尽量减少外界刺激，尽量减少它的影响和作用。

3. 品尝各种愉快的生活体验

　　每一个人的生活中都包含各种体验，青少年朋友可以多回忆积极向上、愉快的生活体验，这有助于克服不良情绪，保持乐观的心理状态。

　　比如说一次考试失利，不要总是沉浸在懊丧里自怨自艾。也许有些题目你的答案正确，可是分数高的同学却没有做出来，这说明你还是有能力的，成绩不好不过是暂时的。在这种情况下，振作精神，客观冷静地找出原因要比灰心丧气好得多。

同样，我们要有意识地搜集能让我们快乐的生活片断，将它们剪辑到我们的记忆中，并时时在脑海的荧幕里播放。

4. 学会换位思考

有一句话说得好，保持情绪的最好方法就是多看看比我们还不幸的人。悲观的失败者视困难为陷阱，乐观的成功者视困难为机遇，结果就有两种截然相反的生存轨迹。

凡事从好处想，就会看到希望，有了希望才能增添我们生存的勇气和力量。面对不良情绪困扰的时候，我们不妨换个角度想想，别人能做到的，我们为什么做不到呢？

从他律到自律，长大成人的过程

作为新时代的青少年，每个人都应随时随地遵守社会的行为规范，懂得作为社会的一分子，应约束自己的行为，不给他人造成伤害。唯有如此，我们的每个社会成员才可以享受平等、幸福的生活。

一个人要成就大事业，就不能随心所欲、感情用事，对自己的言行应有所克制，这样才能使较小的错误、缺点得到抑制，不致铸成大错。高尔基说："哪怕是对自己的一点小小的克制，也会使人变得强而有力。"自制能力是在日常生活中和工作中善于控制自己情绪和约束自己言行的一种能力。一个意志坚强的人是能够自觉控制和调节自己言行的。如果一辆汽车光有发动机而没有方向盘和刹车的调节，汽车就会失去控制，不能避开路上的各种障碍，就有撞车的危险。一个想要有所成就的人如果缺乏自制力，就等于失去了方向盘和刹车，必然会"越轨"或"出格"，甚至"撞车"、"翻车"。

如果一个人有比较强的自制能力，那么这个人一定能够战胜自我，远离祸害，做到快快乐乐。如果不幸遇到祸害，他一定能够泰然处之，化祸为福。可见，自制对平安快乐的人生是极其重要的。

这里有一些方法和习惯能够帮助你成长为一个有较强自制力的人：

1. 多进行自我分析

对自己多分析，找出自己在哪些活动中、何种环境中自制力差，然后拟出培养自制力的目标步骤，有针对性地培养自己的自制力；二是对自己的欲望进行剖析，扬善去恶，抑制自己的某些不正当的欲望。

2. 提高动机水平

心理学的研究表明，一个人的认识水平和动机水平会影响一个人的自制力。一个成就动机强烈、人生目标远大的人，会自觉抵制各种诱惑，摆脱消极情绪的影响。他考虑任何问题，都着眼于事业的进取和长远的目标，从而获得一种控制自己的动力。

3. 从日常生活小事做起

人的自制力是在学习、生活工作中的千百万小事中培养、锻炼起来的。许多事情虽然微不足道，却影响到一个人自制力的形成。如早上按时起床、严格遵守各种制度、按时完成学习计划等，都可积小成大，锻炼自己的自制力。

4. 绝不让步迁就

培养自制力，要有毫不含糊的坚定和顽强。任何事情，只要意识到它不对或不好，就要坚决克制，绝不让步和迁就。另外，对已经做出的决定，要坚定不移地付诸行动，绝不轻易改变和放弃。如果执行决定半途而废，就会严重地削弱自制力。

5. 进行自我暗示和激励

自制力在很大程度上就表现在自我暗示和激励等意念控制上。意念控制的方法有：在你从事紧张的活动之前，反复默念一些建立信心、给人以力量的话，或随身携带座右铭，时时提醒、激励自己；在面临困境或诱惑时，利用口头命令，如"要沉着、冷静"，以组织自身的心理活动，获得精神力量。

6. 经常进行自省

如当学习时忍不住想看电视时，马上警告自己管住自己；当遇到困难想退缩时，马上警告自己别懦弱。这样往往会唤起自尊，战胜怯懦，成功地控制自己。

很多年前就有一首歌曾经唱红了大江南北，歌词中有这么一句话："这个世界很精彩，这个世界很无奈。"相信很多人，尤其是青少年朋友应该对这句话感受很深。

"这个世界很精彩"，因为这个世界本来就五彩缤纷、生动绚烂，你可以自由徜徉在自己感兴趣的领域内。而"这个世界很无奈"，因为生活在社会中的人们会受到很多他律——来自外界的规定和约束。这些他律会让人感觉到自己并没有那么自由。其实，世界就是这样，在自由与规约中并行前进。如果用客观的眼光来看，其实这些精彩与无奈是可以中和的，而这个中和的过程也就是一个人从自律走向他律的过程。首先要学会自我约束，这样有助于形成一个宽松和谐的氛围，而在这个宽松和谐的氛围内，一些外界制定的必要的规定又往往能够更好地维护个人的自由。因此，这个世界并不那么"无奈"，关键是看自己怎么选择和处理。

正如德国诗人歌德所说的那样："谁若游戏人生，他就一事无成，不能主宰自己，永远是一个奴隶。"那么，从青少年时期就学会自律，这样往往能够帮助人成功地适应他律，而在这一过程中，自由并没有失去，而是在不断地得到稳固，最终受益的也一定是自己。

第二章　抵御挫折，风雨过后有彩虹

挫折是大自然的计划

著名诗人摩根有一篇名为《当大自然征召某人时》的诗，当中有这样几句——

当大自然征召某人时，
刺激这个人，
训练这个人。
当大自然想要塑造某个人
让他扮演最高贵的角色；
它全心全意渴望
创造一个如此伟大及勇敢之人
让全世界予以赞扬——
当大自然想要造就某人，
推动一个人，
唤醒这个人；
当大自然想要命令一个人
执行将来的意愿；
它以所有的技巧加以尝试
以全部心力渴望
完整而伟大地将他创造出来……

我们深信，挫折是大自然的计划，大自然就是通过这种方法，来考验人类，促使他们在磨难中不断成长。大自然偏爱那些努力奋斗的孩子，把高尚的品格、瞩目的成就和优越的地位作为他们战胜挫折的回报。

困境是人生的另一所大学。我们常常羡慕那些含着金汤匙出生的人，他们的老爸不是某某某，就是认识某某某；他们有钱有势，连上学都坐宝马车。

但事实上，未经挫折磨炼洗礼的人是很难有所作为的。

从前有一对夫妻，结婚多年一直没有孩子。或许是他们的诚心感动了老天，婚后的第十年，终于生了个儿子。夫妻俩整日开心得合不拢嘴，把孩子取名叫阿龙，希望他将来功成名就，成为人中之龙。

小阿龙长得白白胖胖，爸妈把他无微不至地捧在手心里，舍不得让他遭受到任何一点碰撞。

"孩子，走路时记得要看着脚下，当心别跌倒了。尤其是在瓷砖地板上走路，那上面又湿又滑，特别容易滑倒。还有，走山路时也要看脚下，一不小心踩滑了，说不定你会从山顶上摔下去的。"父母预想了各种状况，总是对着阿龙谆谆教诲，不希望孩子发生意外。

这对慈祥的父母在阿龙25岁那年先后去世了。言犹在耳，阿龙没有忘记父母亲千交代、万叮咛的嘱咐，时时刻刻都遵循着父母的指示：当他在街上走路，在山上踏青，在春天的草原里漫游，在神秘的森林里踟蹰时，他都小心翼翼地注意不让自己被任何东西绊倒。

从小到大，他几乎从来没有跌倒过，也从来没有扭伤过，更没有碰伤过头，就连踏到水坑的机会也没有。

只是，这样的步步小心并没有使他步步高升，他一直专注于自己的脚下，无论是蓝色的天空、明亮的彩霞，或是闪烁的星星、城市的灯火、人们的笑容，对他而言都只是惊鸿一瞥的影像，他从来不曾凝神留心地细看过。

终其一生，阿龙并没有功成名就，成为人中之龙；他最大的成就，充其量只是从未摔倒而已。

大自然让人们在奋斗的过程中不断成长、壮大与进步。未经磨难，一个人是不可能成功的。一个人从生到死，就是一连串的成长与考验，并从每一次面对挑战的经验中累积智慧。爱默生说过："放手去做，你就会有力量。"

迎接磨难并予以克服，你就会拥有所需的足够力量与智慧。如果一个人总是生活在一帆风顺的环境中，没有经历过挫折的磨炼和洗礼，就好像温室里的花朵，一旦脱离了优越的成长环境，就会面临自下而上的困境。森林中最强壮的树木，并未受到严密的保护，它们必须和环境搏斗，和周围的树木争夺养分才得以生存。

汤姆的祖父以制作马车为生。每回整地播种时，他总会留下几棵橡树，任凭它们在空旷的田地里承受风吹雨打。他这样告诫汤姆：

"那些大自然里努力求生存的橡树，比森林里受到保护的同伴更坚实，更具韧性。祖父用那些饱经风霜的橡木制作车轮，弯成弧形的零件，不必担心会断裂。因为它们受过磨难，有足够的力量承受最沉重的负担。

磨难同样可以强化人们的意志。大多数的人希望一生平坦顺利，然而，未经磨难与考验，往往会庸庸碌碌过一生。

我们应该勇于面对逆境，努力奋斗，才会有更多机会。

磨难迫使我们向前进，否则我们将停滞不前；它引导我们通过考验，获得成功。未经磨难，无法得到任何有价值的东西，人生是不断奋斗的过程，勇于面对困难，克服困难，继续迎接下一个挑战的人，就是最后的赢家。"

汤姆祖父的话指出了挫折在我们人生成长过程中的意义。苦难是人生的大学，挫败是成长的阶梯。伟大人物无一不是由苦难而造就的，一个人如果好逸恶劳，就无法战胜困难，也绝不会有什么前途。一个成功人士说："生前没有经历困难的人，他的生命是不完整的。"

困境好像运动器械，可以锻炼人，使人体格强健，所以，困境是我们成就事业最有利的基础。安德鲁·卡内基说："一个年轻人最大的财富莫过于出生于贫穷之家。"困境本是困厄人生的东西，但经过奋斗而脱离困境，便是无比的快乐。

把挫折燃烧成动力

美国 NBA 决赛有一段很有意思的电视广告。在广告里，迈克尔·乔丹走进体育馆，向热情的球迷们打招呼。你可以听出他自言自语的声音。在此辉煌的时刻，他在回忆一生中遭遇的挫折。他想起念中学时被开除出篮球队的情形，想到在职业棒球赛上的失败，想到他在 NBA 生涯中 38 次没有拿下决胜的一分。在广告的最后，乔丹对着镜头说："这就是我成功的原因。"多么震撼人心的哲理！

如果你还未曾遇到挫折，你也许习惯于一种懒散的状态，随波逐流，几乎不想或不愿去冒险，去挑战，以免让自己品尝到挫折的滋味。这将会使你失去可贵的进取心。你或许在学习和爱情上有过较小的挫折，但这不是一种刻骨铭心的失败，因此你对此可能不会留有深刻印象。可以这么说：几乎每个人都拥有相等的机会。没有一个人命中注定要过一种失败的生活，也没有一个人命中注定总会一帆风顺。机遇要靠自己去探索，去把握，去牢牢地抓住。要想成功，就要敢于冒险，敢于面对挫折，并要有战胜挫折的勇气。

英国的索冉指出："挫折不该成为颓丧、失志的原因，应该成为新鲜的刺激。"唯一避免遇到挫折的方法是什么事都不做，没有失败，没有挫折，就无法成就伟大的事。

一只蚌跟它附近的另一只蚌说，"我身体里边有个极大的痛苦。它是沉重的，圆圆的，我遭难了。"

另一只蚌怀着骄傲自满情绪答道："赞美上天也赞美大海，我身体里边毫无痛苦。我里里外外都很健全。"

这时有一只螃蟹经过，听到了两只蚌的谈话，它对那只里里外外都很健全的蚌说："是的，你是健全的，然而，你的邻居所承受挫折的痛苦，乃是一颗异常美丽的珍珠。"

造成痛苦的砂粒在蚌体内形成了可爱的珍珠。痛苦的时间越长，珍珠的价值越大。宝贵的生命是由挫折创造出来的，价值大小与挫折带来的痛苦成正比。

天下哪有不劳而获的事？如果能利用种种挫折，把它"燃烧"起来，化为动力，来促使你更上一层楼，那么一定可以实现你的理想。

教授们知道，从学生对于成绩不及格的反应可以推测出他们将来的成就。有一位教授讲过一件这样的事。

几年前，他给了毕业班的一个学生不及格，这件事对那个学生打击很大。因为他早已做好毕业后的各种计划，现在不得不取消，真的很难堪，他只有两条路可走：第一是重修，下年度毕业时才能拿到学位，第二是不要学位，一走了之。

在知道自己不及格时，他非常失望，并找到这位教授要求通融一下。在知道不能更改后，他大发脾气，向教授发泄了一通，这位教授等他平静下来后，对他说："你说的大部分都很对，确实有许多知名人物几乎不知道这一科的内容，你将来很可能不用这门知识就获得成功，你也可能一辈子都用不到这门课程里的知识，但是你对这门课的态度却对你大有影响。"

"你是什么意思？"这个学生问道。

教授回答说："我能不能给你一个建议呢？我知道你相当失望，我了解你的感觉，我也不会怪你。但是请你用积极的态度来面对这件事吧。这门课非常非常重要，如果不由衷培养积极的心态，根本做不成任何事情。请你记住这个教训，5年以后就会知道，这是使你收获最大的一个教训。"

后来这个学生又重修了这门功课，而且成绩非常优异。不久，他特地向这位教授致谢，并非常感激那场争论。

"这次不及格真的使我受益无穷。"他说，"看起来可能有点奇怪，我甚至庆幸那次没有通过。因为我经历了挫折，并尝到了成功的滋味。"

我们都可以从挫折中汲取教训，好好利用，就可以对挫折泰然处之。

世界上有无数人，一辈子浑浑噩噩、碌碌无为，他们对自己一直平庸的解释不外是"运气不好"、"命运坎坷"、"好运未到"，这些人仍然像小孩那样幼稚与不成熟，他们只想得到别人的同情，简直没有一点主见。由于他们一直不能从挫折中激励自己，吸取教训，才始终发现不到他们变得更伟大、更坚强的机会。

挫折能激发人的意志力，伴随着你的物质和精神的成长。遇到挫折之时正是播撒成功种子的最好季节。面对挫折绝不要低下头，不管挫折有多大，都要再次崛起。坚持奋斗，直到收获成功的回报！

如果做任何事情都一帆风顺，那么，人生还有什么喜悦可言？只有不断地面对挫折，挑战它，战胜它，成功之后的欢乐才更能打动人，这样的人生才更加丰富多彩。

笑对挫折，做命运的主宰

有这样一个故事：草地上有一个蛹，被一个小孩发现并带回了家。过了几天，蛹上出现了一道小裂缝，里面的蝴蝶挣扎了好长时间，身子似乎被卡住了，一直出不来。天真的孩子看到蛹中的蝴蝶痛苦挣扎的样子，十分不忍。于是，他便拿起剪刀把蛹壳剪开，帮助蝴蝶脱蛹出来。然而，由于这只蝴蝶没有经过破蛹前必须经过的痛苦挣扎，以致出壳后身躯臃肿、翅膀干瘪，根本飞不起来，不久就死了。

这个小故事也说明了一个人生的道理，要得到欢乐就必须能够承受痛苦和挫折。这是对人的磨炼，也是一个人成长必经的过程，正所谓："若非一番寒彻骨，怎得梅花扑鼻香？"

其实，适度的挫折对人生的成长具有一定的积极意义，它可以帮助人们驱走惰性，促使人奋进。挫折又是一种挑战和考验，生活中许多轻度挫折是意志力的"运动场"，当你大汗淋漓地跑完全程，克服了生活的挫折，就会获得愉快的体验。

莲娜有一个悲惨的童年，10岁时母亲因病去世，由于父亲是一个长途汽车司机，经常不在家，也无法提供莲娜正常的生活所需。因此，莲娜自从母亲过世以后，就必须自己洗衣做饭，照顾自己。

然而，老天爷并没有特别关照她。当她17岁时，父亲在工作中不幸因车祸丧生。从此莲娜再也没有亲人能够倚靠了。

可是，噩梦还没有结束，在莲娜走出悲伤，开始独立养活自己之时，却在一次工程事故中，失去了左腿。

然而，一连串意外与不幸，反而让莲娜养成了坚强的性格。她独立面对随之而来的生活不便，也学会了拐杖的使用，即使不小心跌倒，她也不愿伸手请求人们帮忙。

最后，她将所有的积蓄算了算，正好足够开一个养殖场。

但老天爷似乎真的存心与她过不去，一场突如其来的大水，将她的最后一丝希望都夺走了！

莲娜终于忍无可忍了，她气愤地来到神殿前，怒气冲冲地责问上帝："你为什么对我这么不公平？"

上帝听到责骂，现身后满脸平静地反问："哪里不公平呢？"

莲娜将她的不幸，一五一十地仔细说给上帝听。

上帝听完了莲娜的遭遇后，又问："原来是这样啊！的确很凄惨，那么，你干吗还要活下去呢？"

莲娜听到上帝这么嘲讽她，气得颤抖地说："我不会死的！我经历了这么多不幸的事，已经没有什么能让我感到害怕。总有一天我会靠着自己的力量，创造自己的幸福！"

上帝这时转身朝向另一个方向，"你看！"他对莲娜说，"这个人生前比你幸运许多，他可以说是一路顺风地走到生命的终点。不过，他最后一次的遭遇却和你一样，在那场洪水里，他也失去了所有的财富。不同的是，他之后便绝望地选择了自杀，而你却坚强地活了下来！"

人生之路，不如意事常八九，一帆风顺者少，曲折坎坷者多。成功是由无数次失败构成的。在追求成功的过程中，还须正确面对失败。乐观和自我超越就成为能否战胜自卑、走向自信的关键。正如美国通用电气公司创始人沃特所说："通向成功的路，即把你失败的次数增加一倍。"但失败对人毕竟是一种"负性刺激"，总会使人产生不愉快、沮丧、自卑的情绪。

要战胜失败所带来的挫折感，就要善于挖掘、利用自身的"资源"。应该说当今社会已大大增加了这方面的发展机遇，只要敢于尝试，勇于拼搏，就一定会有所作为。虽然有时个体不能改变"环境"的"安排"，但谁也无法剥夺其作为"自我主人"的权利。屈原被放逐乃赋《离骚》，司马迁受宫刑乃成《史记》，就是因为他们无论什么时候都不气馁、不自卑，都有坚韧不拔的意志。有了这一点，就会挣脱困境的束缚，迎来光明的前景。

若每次失败之后都能有所"领悟"，把每一次失败都当做成功的前奏，那么就能化消极为积极，变自卑为自信。作为一个现代人，应具有迎接失败的心理准备。世界充满了成功的机遇，也充满了失败的风险，所以要树立持久心，以不断提高应付挫折与干扰的能力，调整自己，增强社会适应力，坚信失败乃成功之母。

成功之路难免坎坷和曲折，有些人把痛苦和不幸作为退却的借口，也有人在痛苦和不幸面前寻得复活和再生。只有勇敢地面对不幸和超越痛苦，永葆青春的朝气和活力，用理智去战胜不幸，用坚持去战胜失败，我们才能真正成为自己命运的主宰，成为掌握自身命运的强者。

挫折是强者的起点

挫折是弱者的绊脚石，却是强者成功的起点。生活中的机遇并非一成不变地向我们走来，它们像脉冲一样有起有伏，有得有失。每当人们坐在一起相互安慰时总是说黑暗过后必有黎明，这才是隐匿在生活中的真谛。一个生命的强者，会把各种挫折和厄运当做另一个起点。

在某个地方有一家很大的农户，其户主被称为耶路撒冷附近最慈善的农夫。每年拉比都会到他家访问，而每次他都毫不吝惜地捐献财物。

这个农夫经营着一块很大的农田。可是有一年，先是受到风暴的袭击，整个果园被破坏了。随后，又遇上一阵传染病，他饲养的牛、羊、马全部死光了。债主们蜂拥而至，把他所有的财产扣押了起来。最后，他只剩下一块小小的土地。

这位农夫的太太却对丈夫说："我们时常为教师建造学校，维持教堂，为穷人和老人捐献钱，今年拿不出钱来捐献，实在遗憾。"

夫妇俩觉得让拉比们空跑一趟，于心不安，便决定把最后剩下的那块地卖掉一半，捐献给拉比。拉比非常惊讶在这样的状况下，还能收到他们的捐款。

有一天，农夫在剩下的半块土地上犁地，耕牛突然滑倒了，他手忙脚乱地扶起耕牛时，却在牛脚下挖出个宝物。他把宝物卖了之后，又可以和过去一样经营果园农田了。

第二年，拉比们再次来到这里，他们以为这个农夫还和以前一样贫穷，所以又找到这块地上来。附近的人告诉他们："他已经不住在这里了，前面那所高大的房子，就是他的家。"

拉比们走进大房子，农夫向他们说明了自己在这一年所发生的事，并总结道：只要不惧怕困难，并保持感恩的心，必定会赢得一切的。

这位农夫的经历告诉我们，面对挫折，绝不能害怕、胆怯。去做那些你害怕的事情，害怕自然会消失。狼如果因为遭遇过挫折而胆怯害怕，这个种群就不可能继续生存下去。

人生如行船，有顺风顺水的时候，自然也有逆风大浪的时候。这就要看掌舵的船夫是不是高明了。高明的船夫会巧妙地利用逆风，将逆风也作为行船的动力。人生、事业的发展也一样。如果你能始终以一种积极的心态去对待你人生中可能遇到的"逆风大浪"，并对其加以合理的利用，将被动转化为主动，那么，你就是人生征途上高明的舵手。

所有的人都会有失败的时候，重要的是当你犯了错误的时候，是否会及时承认错误并且想办法去弥补它。不要被失败所困，花点时间找出失败的原因，并从中汲取教训。如果你不能摆脱失败的阴影，那么你将会裹足不前。

一件事情上的失败绝不意味着你的整个人生都是失败的，失败只是暂时的受挫，不要把它当成生死攸关的问题。永远保持积极的心态，你将离成功更近一些。

相传康熙年间，安徽青年王致和赴京应试落第后，决定留在京城，一边继续攻读，一边学做豆腐以谋生。可是，他毕竟是个年轻的读书人，没有做生意的经验，夏季的一天，他所做的豆腐剩下不少，只好用小缸把豆腐切块腌好。但日子一长，他竟忘了有这缸豆腐，等到秋凉时想起来了，但腌豆腐已经变成了"臭豆腐"。王致和十分恼火，正欲把这"臭气熏天"的豆腐扔掉时，转而一想，虽然臭了，但自己总还可以留着吃吧。于是，就忍着臭味吃了起来，然而，奇怪的是，臭豆腐闻起来虽有股臭味，吃起来却非常香。

于是，王致和便拿着自己的臭豆腐去给自己的朋友吃。好说歹说，别人才同意尝一口，没想到，所有人在捂着鼻子尝了以后，都赞不绝口，一致公认这豆腐美味可口。王致和借助这一错误，改行专门做臭豆腐，生意越做越大，而影响也越来越广，最后，连慈禧太后也慕名前来尝一尝美味的臭豆腐，对其大为赞赏。

从此，王致和与他的臭豆腐身价倍增，还被列为御膳菜谱。直到今天，许多外国友人到了北京，都还点名要品尝这所谓"中国一绝"的王致和臭豆腐。

因为腌豆腐变臭这次失败，改变了王致和的一生。所以在人生路上，遇到失败时我们要学会转个弯，把它作为一个积极的转折点，选择新的目标或探求新的方法，把失败作为成功的新起点。

成功者与失败者最大的不同，就在于前者珍惜失败的经验，他们善于从失败中吸取教训，寻找新的方法，反败为胜，获得更大的胜利；后者一旦遭遇失败的打击就坠入痛苦的深渊中不能自拔，每天闷闷不乐，自怨自艾，直至自我毁灭。

学会从失败中获取经验，你就会获得最后的成功。

挫折只会让你的生命更精彩

卡耐基说："欲望是开拓命运的力量，有了想要获取成功的欲望，还需要有挫折去考验你是否承受得了更大的成功"。

人生中失败并不可怕，可怕的是你没有发现失败背后的经验，运动名将李宁有一句名言："所有的失败，与失去自己的失败比起来，都是微不足道的。"就让那些微不足道的失败，来铺垫我们的人生吧。

1983年，第22届世界体操锦标赛在匈牙利的布达佩斯举行。此时的李宁已经是闻名天下的"体操王子"，与童非同为中国男子体操队的重量级选手，一同出征世锦赛，众人也对他寄予了厚望。

转眼就到了最后一项比赛，这一场比赛将决定谁是最终的强者，夺得团队冠军。中国队的最后一项比赛是单杠，由李宁和童非二人压轴。首先出场的是李月久、李小平、许志强和娄云，前三人都夺得9.9分，而娄云仅得了9.75分，引得全场哗然。这样一来，压在李宁和童非肩上的担子便更重了。李宁甫一上场，现场便报以热烈的掌声，只要有李宁在，人们就还存有一分希望。但是这一次，李宁再次让大家大吃一惊。

李宁跃上单杠，开始做动作，一开始还比较顺利：前跨、后转、倒立、空翻、飞旋……动作流畅自然，似乎无懈可击，但众人眼前忽然一闪，只见李宁在做腾跃动作时没能抓住杠子，从杠上掉了下来。现场顿时响起一片惊呼声，有些观众甚至捂起了眼睛，不敢相信眼前的一切。最后，李宁的得分仅为 9.45 分，堪称惨淡！

好在最后出场的童非发挥稳当，一举夺得 9.9 分，稍稍挽回李宁所造成的损失。最终，中国队以 0.1 分的微弱优势战胜苏联队，首次夺得团队冠军。这是体操史上一次经典的战役，李宁却因为自己的失误而无颜享受这样的光荣，回国之后他不断提醒自己不要自大和疏忽，认真吸取上次的惨痛教训，为来年的奥运会做准备。

事实证明，李宁是真正的硬汉，虽然会有败绩，却从不服输，而是以更加凶猛的攻势卷土重来。一年后，在那场永远为华人铭记的洛杉矶奥运会上，李宁一举夺得三金、二银、一铜，再创体操历史上的奇迹，一洗前耻，也为中国体育代表团立下了赫赫战功。

这就是李宁，一个可以被打倒，却不会被打败的英雄；这就是李宁，一个知耻而后勇，时刻准备再创辉煌的"体操王子"。所以，我们要相信知耻而后勇所激发出来的潜力，它会让我们努力进取，获得成功。同样，挫折是检验证明意志的最好时机。

乔布斯刚出生，就被父母遗弃了。幸运的是，洛杉矶的一对好心的夫妻收留了他。乔布斯聪明、顽皮，学习成绩也很十分出众。

由于童年在著名的"硅谷"附近度过，从小耳濡目染，他也渐渐迷恋上了电子学。在一次聚会中，乔布斯第一次见到了电脑，几乎是一见钟情，他开始了自己的电脑研发之路。

21 岁的愚人节那天，乔布斯和朋友在家中的仓库里签署了一份合同，决定成立一家电脑公司。由于乔布斯偏爱苹果，他就给电脑起了一个名字——苹果。但在当时，乔布斯的经营理念就是一个异类，加上电脑行业的大哥大 IBM 公司也开始推出了个人电脑，苹果公司节节惨败，乔布斯成了这一失败的"替罪羔羊"。董事会决议撤销了他的经营大权，他几次想夺回权力均未成功，便愤然离开了。

没有乔布斯，苹果的形势未见起色。而乔布斯很快便开始了自己的又一次创业，他创办了"Next"电脑公司。

由于苹果坚持自己的封闭性，使用苹果电脑的人就必须使用与它相配套的程序，这种"捆绑式"的销售让很多喜欢苹果电脑的人望而却步，因为使用者必须适应电脑，而不是电脑适应人。

十二年之后的圣诞节前夕，全球各大计算机报刊的头版头条上都出现一则新闻："苹果收购 Next，乔布斯重回苹果"。超人归来的乔布斯，正因他的公司成功制作第一部电脑动画片《玩具总动员》而名声大振。苹果公司上下都将乔布斯视为大救星，乔布斯的境遇也和当年出走时完全不一样了。

危难之际，乔布斯果敢地进行了大刀阔斧的改革。他改组了董事会，抛弃旧怨，与苹果公司的宿敌微软公司握手言欢，乔布斯因此再度成为《时代》周刊的封面人物，苹果的命运也逐渐走向光明。

再也没有人说乔布斯是苹果公司的罪人了，相反，大家都称赞他是苹果的救世主，比任何时候都更加信任他。因为在离开苹果之后，乔布斯用行动证明了他的实力，新公司的成绩已经说明了一切。

也许你曾经被人误解，或者正在经历像乔布斯曾经经历的那种委屈。请不要气馁，也不用花太多的时间去解释什么。因为挫折正是证明自己的机会，如果你能把握现在的挫折，从中站起来，质疑你的声音就会自然消失。

挫折让人生更精彩，我们现在所经历的一切，都会成为人生中重要的一部分，慢慢走出一条属于自己的道路来。

用笑脸迎接挫折

困难和挫折是人生中不可避免的。有的人成功了，是因为他们能够坚强地面对，而有的人失败了，是因为他们面对困难一蹶不振，失去了继续拼搏的勇气。伟大的发明家爱迪生说过，厄运对乐观的人无可奈何，面对厄运和打击，乐观的人总会选择笑脸迎接挫折。

杰克也是一个具有超强乐观精神的人。他的心情总是特别好，而且对任何事情总是有正面的看法。

有一天，杰克出事了。他清晨出去锻炼时，忘记了关门。他回来时发现有3个人正在他家偷窃，其中一个歹徒因为紧张而对他开了枪。幸运的是，歹徒匆忙离开了，好心的邻居迅速把杰克送进了急救室。经过18个小时的抢救和几个星期的精心照料，杰克出院了。

事情发生后6个月，一个朋友去看杰克，问他近况如何，他答道："我快乐无比。想不想看看我的伤疤？"朋友弯下腰看了看他的伤疤，问道："当歹徒来时，你想些什么？"

"第一件在我脑海中浮现的事是，我应该关好门。"杰克答道，"当我躺在地上时，我对自己说：有两个选择，一是死，一是活。我选择了活。"

"你不害怕吗？你有没有失去知觉？"朋友又问道。

杰克回答说："医护人员都很好。他们不断告诉我，我会好的。但当他们把我推进急诊室后，我看到他们脸上的表情，从他们的眼中，我读到了'他是个死人'。我知道我需要采取一些行动了。"

"你采取了什么行动？"朋友紧追不舍地问。

"有个很可爱的护士大声问我问题，她问我有没有对什么东西过敏。我马上答：'有的。'这时，所有的医生、护士都停下来等着我说下去。我深深地吸了一口气，然后大声说道：'子弹！我对子弹过敏！'在一片大笑声中，我又说道：'我选择活下去，请把我当活人来医治，而不是死人。'"

杰克活了下来，一方面要感谢医术高明的医生，另一方面得感谢他那惊人的乐观态度。

我们在成长和生活中也会遇到各种障碍、困难，遭遇很多失败、痛苦。在挫折面前，有的人会出现暴怒、恐慌、悲哀、沮丧、退缩等情绪，影响了学习和工作，损害了身心健康。而有的人却能够像杰克一样笑对挫折，善于把不利条件化为有利条件，摆脱失败，走向成功。

安德鲁是石油界的一位知名人物，不仅仅是由于他成功地开采了石油，还由于他对事业的执著追求，以及面对工作中的逆境时的坚强乐观。

安德鲁是一个年过60岁的老人，他自认为他是一个遭受失败最多的人。他是一个热衷于石油的开采者，他说他一生中每打4口井，就有3口是枯井。可是他依然从逆境中走了出来，成了一个身价超过2亿美元的富翁。安德鲁自己回忆说："当年我被学校开除后，就跑到德克隆斯的油田找了一份工作。随着经验的逐渐丰富，我便想自己当一名独立的石油勘探者。那时候，每当我手里有钱了，我就自己租赁设备，做石油勘探。在连续的两年里，我一共开采了将近30口井，但全部都是枯井。当时，我真的失望极了。"安德鲁的确陷入了困境，都快接近40岁了，他依然一无所获。但是，他不但没有被逆境难倒，反而更加勤奋努力。他开始研读各种与石油开采有关的书籍，吸取了丰富的理论知识。等理论知识掌握得非常充分的时候，他又开始卷土重来，租好设备，找好地皮，又一次进行石油开采。但是，这一次没有遇到枯井，而是汩汩直冒的石油。

安德鲁正是由于积极乐观地面对逆境，没有对现实失去信心，反而取得了成功。由此可见，在逆境面前，充满希望才能有机会取得成功。

乐观的人在遭受挫折打击时，仍坚信情况将会好转，前途是光明的。其实，谁都有面临困难与逆境的时候，关键是看我们怎样处理。有些人在逆境中永远消极，成为一个永远的失败者；而有些人却能够积极地面对逆境，冲出重围，走向成功。

卡耐基认为，逆境是人生中不可避免的事件。既然逆境是不能避免的，那就让我们从逆境中找到动力吧，让逆境成为推动我们走向成功的动力。我们应该将逆境视为成功的预兆。卡耐基说过："困难与挫折其实是上天故意安排来考验我们的，其实它就是成功的化身。成功与失败把握在我们自己手中。"

因此，面对苦难和挫折，你要抬起头来，笑对它，相信"这一切都会过去，今后会好起来的"。希望是不幸者的第二灵魂。向往美好的未来，是困难时最好的自我安慰。在多难而漫长的人生路上，我们需要一颗健康的心，需要绚烂的笑容。苦难是一所没人愿意上的大学，但从那里毕业的，都是强者。

学会从失去中获得，不要放弃人生的希望

在人的一生中，许多事都不是自己所能够把握的，我们不要苛求自己能做到完美。在生命中，每时每刻都会有所失，在这个时候，我们必须学会多从失去中获取。

有个叫阿巴格的人生活在内蒙古草原上。有一次，年少的阿巴格和他爸爸在草原上迷了路，阿巴格又累又怕，到最后快走不动了，爸爸就从兜里掏出 5 枚硬币，把一枚硬币埋在草地里，把其余 4 枚放在阿巴格的手上，说："人生有 5 枚金币，童年、少年、青年、中年、老年各有一枚，你现在才用了一枚，就是埋在草地里的那一枚，你不能把 5 枚都扔在草原里，你要一点点地用，每一次都用出不同来。当你失去一枚金币，你就要有所得。这样才不枉人生一世。今天我们一定要走出草原，你将来也一定要走出草原。世界很大，人活着，就要多走些地方，多看看，不要让你的金币没有用就扔掉。"在父亲的鼓励下，那天阿巴格走出了草原。长大后，阿巴格离开了家乡，成了一名优秀的船长。

一位旅客去三峡旅游，站在船尾观赏两岸景色时，不小心将手提包掉落在江中，包中有不少钞票，他不假思索地跃身投水捞包，虽然包抓到手中，可人再也没有出来。这位旅客如果学会习惯失去，就不至于连生命也赔进去。

人赤条条地来到这个世界，又手握空拳地离去。人的一生不可能永久地

拥有什么，一个人获得生命后，先是童年，接着是青年、壮年、老年。然而这一切又都在不断地失去，在你得到一些东西的同时，其实你也在失去另一些东西。所以说人生的获得本身就是一种失去。

人生在世，有得有失，有盈有亏。有人说得好，你得到了名人的声誉或高贵的权力，同时，就失去了做普通人的自由；你得到了巨额财产，同时就失去了淡泊清贫的欢愉；你得到了事业成功的满足，同时也失去了眼前奋斗的目标。我们每个人如果认真地思考一下自己的得与失，就会发现，在得到的过程中也确实不同程度地经历了失去。整个人生就是一个不断地得而复失的过程。一个不懂得什么时候该失去什么的人，就是愚蠢可悲的人。

要知道失去是不可避免的，但你一定要学会从失去中获取，懂得从失去中获取的人，不论生活中出现什么样的恶劣状况，他都能从容应对，他的生命一定会更充实。同样，苦难能毁掉弱者，同样也能造就强者。因此，在任何时候都不要放弃希望。

罗勃特·史蒂文森说过："不论担子有多重，每个人都能支持到夜晚的来临；不论工作多么辛苦，每个人都能做完一天的工作，每个人都能很甜美、很有耐心、很可爱、很纯洁地活到太阳下山，这就是生命的真谛。"确实如此，唯有流着眼泪吞咽面包的人才能理解人生的真谛。因为苦难是孕育智慧的摇篮，它不仅能磨炼人的意志，而且能净化人的灵魂。如果没有那些坎坷和挫折，人绝不会有这么丰富的内心世界。苦难能毁掉弱者，同样也能造就强者。

城市被围，情况危急。守城的将军派一名士兵去河对岸的另一座城市求援，假如救兵在明天中午赶不回来，这座城市就将沦陷。

整整两个时辰过去了，这名士兵才来到河边的渡口。

平时渡口这里会有几只木船摆渡，但是由于兵荒马乱，船夫全都避难去了。

本来他是可以游泳过去的，但是现在数九寒天，河水太冷，河面太宽，而敌人的追兵随时可能出现。

他的头发都快愁白了，假如过不了河，不仅自己会当俘虏，整个城市也会落在敌人手里。万般无奈，他只得在河边静静地等待。

这是一生中最难熬的一夜，他觉得自己都快要冻死了。

他真是四面楚歌、走投无路了。自己不是冻死，就是饿死，要么就是落在敌人手里被杀死。更糟的是，到了夜里，起了北风，后来又下起了鹅毛大雪。他冻得缩成一团，甚至连抱怨自己命苦的力气都没有了。

此时，他的心里只有一个念头：活下来！

他暗暗祈求：上天啊，求你再让我活一分钟，求你让我再活一分钟！也许他的祈求真的感动了上天，当他气息奄奄的时候，他看到东方渐渐发亮。等天亮时他惊奇地发现，那条阻挡他前进的大河上面，已经结了一层冰壳。他往河面上试着走了几步，发现冰冻得非常结实，他完全可以从上面走过去。

他欣喜若狂，牵着马从上面轻松地走过了河面。

有些人一遇挫折就灰心丧气、意志消沉，甚至用死来躲避厄运的打击。这是弱者的表现，可以说生比死更需要勇气。死只需要一时的勇气，生则需要一世的勇气。每个人的一生中都可能有消沉的时候，居里夫人曾两次想过自杀，奥斯特洛夫斯基也曾用手枪对准过自己的脑袋，但他们最终都以顽强的意志面对生活，并获得了巨大的成功。可见，一时的消沉并不可怕，可怕的是在消沉中不能自拔。

做一个生命的强者，就要在任何时候都不放弃希望，我们最终会等到转机来临的那一天。

第三章 珍惜时间，果断行事

零碎时间可以成就伟大事业

片刻的时间比一年的时间更有价值，这是无法变更的事实。时间的长短与重要性和价值并不成正比。偶然的、意想不到的 5 分钟就可能影响你的一生。但谁又能预料这个重要时刻在什么时候来临呢？随时珍惜你的零碎时间，也可以成就你伟大的事业。

朱自清先生的散文《匆匆》里这样写道："洗手的时候，日子从水盆里过去；吃饭的时候，日子从饭碗里过去；默默时，便从凝然的双眼前过去。我觉察它去得匆匆了，伸出手遮挽时，它又从遮挽着的手边过去；天黑时，我躺在床上，它便伶伶俐俐地从我身上跨过，从我的脚边飞去了。等我睁开眼和太阳再见，这又算溜走了一日。我掩着面叹息。但是新来的日子的影儿，又开始在叹息里闪过了。"

有这样一个年轻人，他出门的时间比在家的时间还要多，有时乘火车，有时坐轮船，但无论到什么地方，他总是随身携带着一包书籍，以供随时阅读。一般人浪费的零碎时间，他都能用来自修、阅读。结果，他对于历史、文学、科学以及其他各国的重要学问，都有相当的见地，成为一个学识渊博的人，从而促成了自己一生的成功。但是，大多数人却在浪费自己的宝贵零碎时间，甚至在那些时间里去做对身心有害的事情。

从一个人怎样利用他的零碎时间上，怎样消磨他冬夜黄昏的时间上，就可以预言他的前途。可以看出他是否具有自强不息，随时求进步的精神，充分利用零碎时间是一个人卓越超群的标志，更是一个人成功的征兆。

一个人，只要能利用有限的零碎时间去读书，总会取得很大的成就，可恰恰相反，很多人却浪费了这些空闲时间，到头来等待他的肯定不会是成功。

宋代著名文学家欧阳修就是个挤时间的高手。他说他读书特别注意利用"三上"，就是"马上、枕上、厕上"。古人远行大多骑马，因此马上的时间便是欧阳修用来读书的时间；枕上是指临睡前的时间，欧阳修也常常夜读；而厕上是指上厕所的时候。当然，从健康与卫生的角度，欧阳修的做法也许不太科学，但他珍惜时间、勤奋读书的态度却值得我们学习。

在挤时间方面，著名数学家杨乐、张广厚是我们的典范。他们为了节约看报的时间，改在吃饭的时间用收音机听新闻；为了节约吃饭的时间，他们在喝热粥的时候，改用小碗喝。这样的挤时间，真称得上是争分秒、惜光阴了。

有些人是把挤出的时间累积到一起进行学习——白天利用零散时间把该处理的日常琐事抓紧做完，于是晚上学习的时间就挤出来了。在所有可积累起来的学习时间中，早晨和晚上的时间是最好的，因为这两段时间比较长、比较完整，环境比较安静，脑子又比较清醒，适于读书、思考、钻研问题。因此，古人有"一日之计在于晨"、"闻鸡起舞"的佳话；也常有"灯下漫笔"、"夜读拾零"之类的书文。

有些同学好不容易在书桌旁静下心来开始学习，不一会儿就发现一本重要的参考书不在手边，得回过头去找书；一会儿又发现做作业画图用的尺子、圆规不见了……这样零零碎碎地浪费了不少时间。而善于挤时间的同学，在学习之前先把学习中要用的工具书、作业本、文具等准备得一应俱全，以免受耽误，节约出更多的时间用于学习。

在车上时，在等待时，都可用于学习，用于思考，用于简短地计划下一个行动等。把零碎时间用来从事零碎的工作，从而最大限度地提高工作效率。充分利用零碎时间，短期内也许没有什么明显的感觉，但积年累月将会有惊人的成效。

鲁迅先生是"把别人用来喝咖啡的时间都用在了写作上"。

达尔文说："我从来不认为半小时是微不足道的很小的一段时间。完成工作的方法，是爱惜每一分钟。"

三国时期的董遇是个大学问家，他告诉去找他求学的人先"读书百遍"，之后才可能"其义自见"。当求学者抱怨说"没有时间"时，他回答说："当以'三余'，即'冬者岁之余，夜者日之余，阴雨者晴之余'也。"要充分利用寒冬、深夜和雨天学习。在古代人们就已经知道利用余暇时间来做学问了。现代人的生活节奏越来越快，许多人都常常感到时间紧张，根本没有时间干许多重要的事。而鲁迅先生曾说过："时间就像海绵里的水，只要愿挤，总还是有的。"实际上正是如此。

同样的，如果你觉得自己缺乏思考问题的空闲时间，不妨试着坚持每天睡前挤出十几分钟的时间，一旦形成了习惯，长期坚持下去就很容易了。要记住，没有利用不了的时间，只有自己不利用的时间。

小心时间陷阱，警惕时间"窃贼"

时间是宝贵的，浪费一分一秒都是犯罪。富兰克林说过："切勿坐耗时间，须知每时每刻都有无穷的利息，日计不足，岁计有余。"但是人们往往在不知不觉中与时间擦身而过，浪费了时间却还蒙在鼓里。这是中了时间的陷阱，因为时间是会伪装的，它伪装得越深沉，那你的时间被偷窃的就越多。

那时间是怎样扮演"窃贼"欺骗人类的呢？

1. 做事情漫不经心

有些时间管理者对时间漫不经心，抱着随便打发的无所谓态度，这是缺乏人生价值观念的表现。其口里经常念叨的是：做点什么呢？打发打发无聊的时间。而且在时间管理上，就是有事业心的人，有时也会因漫不经心而丧失时间。因此，要追求高速，就要特别注意漫不经心给我们设下的陷阱。

2. 不会自我约束

每个人都有兴趣偏好，喜欢做那些自己感兴趣的事，并乐此不疲，越是年轻人，这种偏好表现得越强烈。我们都可能有这方面的感受，当看到一本精彩的散文而入迷的时候会手不释卷，不顾其他；当球迷球兴正浓时会放弃本来打算要做的事。这些首先满足自身欲望的行为方式，常常使我们掉进时间陷阱，把该办的事拖延下来，造成了整个计划的被动。

因此，要跨越时间陷阱，就必须努力培养自我约束能力，改掉不良嗜好。要能抵抗兴趣偏好的诱惑，哪怕正在进行的活动是如此令人愉快，应该结束时就要适可而止；哪怕有的事情是自己乐意做的，只要它比起其他事情来还不那么紧迫和重要，就应该毫不犹豫地放下它。

3. 遇事墨守成规

有些人工作起来，从不知变通。对于这种情况，只要采取果断的办法，轻、重、缓、急分类处置，对可办可不办的事交由别人去办；对可阅可不阅的，不去阅览；抓住重要的事情认真处理，对次要的则快刀斩乱麻，才会卸掉重压，以更多的时间去做更重要的事。

4. 凡事喜欢亲力亲为

产生事事亲为的原因很多，主要在于：首先是不知道时间运筹术，即不知道自己有多少时间，不知道过多地把工作包揽到自己身上自己能否胜任，不知道有些不重要的琐事由自己来做是否值得，不知道自己的任务是统领全局而不是亲力亲为。其次是按自己的行为模式要求旁人，错误地注重表现而忽略结果。再次是只看到节省时间于一时一事，只看到自己动手可以免掉督促、检查和交代的时间，没有看到一旦让别人去做之后，再碰到类似的工作，就可以不再亲自动手，最终会为自己赢得更多的时间。

因此作为时间管理者，要是你希望把时间纳入掌握之中，就不能有亲历亲为的念头。否则你将会失去生活乐趣，繁重的工作会压得你喘不过气来。

5. 等待

生活中有许多时间都消磨在等待中了。等待的确是白白浪费时间，但我们也可以把它看作是一种超脱了日常的繁忙而得到的一份额外的时间馈赠。养成随身携带钢笔、明信片和邮票的习惯。当你在医院候诊室等着看病时，就可以利用这一小时的时间给朋友们写信，或带一本书看。你也可以带着一个笔记本，这样当别人无聊地一遍遍翻着旧杂志的时候，你的一部著作说不定就在这里诞生了呢？

6. 做些无望的空想

我们的生命时常消耗在对明天的期待上。这样我们就忘记了要好好利用眼前的时光。而时间是一去不复返的。为什么因焦急地盼望下周或明天就不珍惜现有的时间？如果我们能深刻理解现在是联结过去和将来的重要环节，我们就能更生气勃勃地利用眼前的光阴了。我们真应该说："谢谢你，今天。"

7. 犹豫不决

悬而未决的问题缠身往往会影响你的工作，使你在能自由支配的宝贵时间里变得心不在焉。关键不在于你是否有问题要解决，而在于它们是不是你一个月或一年前就已经有的老问题。如果是长期以来一直没解决的问题，那么它们消耗了你多少时间和精力啊？你至少应该解决一些这类老大难的问题，使自己舒舒服服地生活下去。

当你拿不定主意时，其实完全可以缩小你的选择面，迅速做出决定。干脆、果断至少可以在生活的某一方面使你受益匪浅。

8. 不停地看电视

最近一项调查表明：在美国，普遍家庭平均每天看电视的时间在 7 小时以上。虽然看电视是一种人们开心解闷的消遣活动，但是太耗费我们的时间了。为了避免那些毫无意义的节目，最好的办法是事先看看节目报，挑选那些你感兴趣的节目，而把省下来的时间更有效地加以利用。

9. 做事无的放矢

攻读一个学位要多长时间？完成一项工作要多少时间？你能照料多大面积的菜园？你有多少个晚上能用来参加社会活动？你还想做更多的事吗？精心地制定你的计划是减轻负担，节省时间的关键。

用好 80/20 法则

1897 年，意大利经济学家帕累托偶然注意到英国人的财富和收益模式，于是潜心研究这一模式，并于后来提出了著名的 80/20 法则，即二八法则。

帕累托研究发现，社会上的大部分财富被少数人占有了，而且这一部分人口占总人口的比例与这些人所拥有的财富数量具有极不平衡的关系。于是，帕累托从大量具体的事实中归纳出一个简单而让人不可思议的结论：如果社会上 20％的人占有社会 80％的财富，那么可以推测，10％的人占有了 65％的财富，而 5％的人则占有了社会 50％的财富。

这样，我们可以得到一个让很多人不愿意看到的结论：一般情况下，我们付出的 80％的努力，也就是绝大部分的努力，都没有创造收益和效果，或者是没有直接创造收益和效果。而我们 80％的收获却仅仅来源于 20％的努力，其他 80％的付出只带来 20％的成果。

显然，80/20 法则向我们揭示了这样一个道理，即投入与产出、努力与收获、原因与结果之间，普遍存在着不平衡关系。小部分的努力，可以获得大的收获。起关键作用的小部分，通常就能主宰整个组织的产出、盈亏和成败。

80/20法则告诉人们一个道理，就是要把自己的精力放在自己的主要目的上，这是提高一个人工作和生活效率的关键。80/20法则对工作的一个重要启示便是：避免将时间花在琐碎的多数问题上，因为就算你花了80％的时间，你也只能取得20％的成效。你应该将时间花在重要的少数问题上，因为解决这些重要的少数问题，你只需花20％的时间，即可取得80％的成效。

安德烈是一个十分珍惜时间的人，他从来不浪费一秒钟的时间，只要时间允许，他就一定在拼命工作。所有知道他的人都说："看，安德烈真是太会珍惜时间了！"人们都知道，为了能成为一名出色建筑师，他拼命地想要抓住每一秒钟的时间。

每天，他把大量的时间用在设计和研究上，除此之外，他还负责很多方面的事务，时间长了，他自己也感觉到很累。而其实，在他的时间里，有很大一部分时间都浪费在管理其他乱七八糟的事情上。无形中，他增加了自己的工作量。

有人问他："为什么你的时间总是显得不够用呢？"他笑着说："因为我要管的事情太多了！"

后来，一位学者见他整天忙得晕头转向的，但仍然没有取得令人骄傲的成绩，便语重心长地对他说："人大可不必那样忙！"

"人大可不必那样忙？"这句话给了他很大的启发，就在他听到这句话的一瞬间他醒悟了。他发现自己虽然整天都在忙，但所做的真正有价值的事实在是太少了！这样做对实现自己的目标不但没有帮助，反而限制了自己的发展。

从睡梦中惊醒的安德烈除去了那些偏离主方向的分力，把时间用在更有价值的事情上。很快，他的一部传世之作《建筑学四书》问世了。该书至今仍被许多建筑师们奉为"圣经"。

他的成功只是因为一句话："人大可不必那样忙！"

花一点时间去印证80/20法则，几分钟也好，几小时也行。找出在时间的分配与所得的成就（或快乐）两者之间，是否真的有一种不平衡现象。你最有生产力的20％的时间，是不是创造出了80％的价值？你80％的快乐，是不是来自生命中20％的时间？

当我们把80/20法则应用到时间管理上时，就会出现以下假设：一个人大部分的重大成就——包括一个人在专业、知识、艺术、文化或体能上所表现出的大多数价值，都是在他自己的一小段时间里达成的。在创造出来的东西与花在创造活动上面的时间这两者之间，有极大的不平衡，不论这时间是以天、星期、月、年或一生为单位来度量。如果快乐能测度，则大部分的快乐都发生在很少的时间内，而这种现象在多数的情况里都会出现，不论这时间是以天、星期、月、年或一生为单位来度量。

用 80/20 法则来表述就是，80％的成就是在 20％的时间内达到的；反过来说，剩余的 80％时间，只创造了 20％的价值。一生中 80％的快乐，发生在 20％的时间里；也就是说，另外 80％的时间，只有 20％的快乐。

如果承认上述假设，也就是上述假设对你而言属实的话，那么我们将得到 4 个令人惊讶的结论。

结论一：我们所做的事情中，大部分是低价值的事情。

结论二：我们所有的时间里，有一小部分时间比其余的多数时间更有价值。

结论三：若我们想对此采取对策，我们就应该彻底行动。只是修修补补或只做小幅度改善，没有意义。

结论四：如果我们好好利用 20％的时间，将会发现，这 20％是用之不竭的。

我们对于时间的品质及其扮演的角色所知甚少。许多人用直觉即可明白这个道理，而千百个忙碌的人并不知道学习管理时间，他们只是瞎忙。我们必须改一改我们对待时间的态度。

守时就是最大的礼貌

时间如同金钱，越是懂得利用的人，越感觉它的价值；越是贫穷的人，越感觉它的可贵。问题是当我们富有时，往往不知如何利用而任意挥霍，真正需求的时候，却已经所剩无几了。

摩根每天上午 9 点 30 分准时进入办公室，下午 5 点回家。有人对摩根的资本进行了计算后说，他每分钟的收入是 20 美元，但摩根认为不止这些。所以，除了与生意上有特别关系的人商谈外，他与人谈话绝不超过 5 分钟。

要想赢得时间，就必须做到恪守时间。

守时就是遵守对时间的承诺，是对自己和别人生命的尊重，是一个有助于打动别人的简单方法，守时是信誉，也是最大的礼貌。时间是生命的计量符号，是生命的格式特征，不守时就是对生命的践踏；守时即惜时，是珍爱生命、尊重生命的表现。时间可以成就一个人，成功的秘诀在于守时，有时间观念，这是一种信用。

德国哲学家康德计划去拜访老朋友威廉·彼特斯，他在动身前曾写信给彼特斯，说自己将于3月2日上午11点钟之前到达。

康德第二天早上租了一辆马车前往彼特斯的家。老朋友的家住在离小镇12英里远的一个农场里，小镇和农场中间隔了一条河。当马车来到河边时，细心的车夫告诉他说，桥坏了，不能过河。

康德下了马车，看了看桥，中间的确已经断裂了。河面虽然不宽，但水很深，而且表面结了冰。

"附近还有别的桥吗？"康德焦急地问。

车夫回答说："有，先生。在上游6英里远的地方还有一座桥。"

康德看了一眼怀表，已经10点钟了。

"如果要赶到那座桥，我们以平常速度什么时候可以到达农场？"

"我想大概得12点半。"

康德又问："如果我们经过面前这座桥，以最快速度什么时间能到达？"

车夫回答说："最快也得用40分钟。"

康德跑到河边的一座很破旧的农舍里，客气地向主人打听："请问你这间房子要多少钱才肯出售？"

农妇大吃一惊："您买如此简陋的破房子，究竟是为什么？"

"不要问为什么，您愿意还是不愿意？"

"那就给200法郎吧！"

康德付了钱，说："如果您能马上从破房上拆下几根长木头，20分钟内把桥修好，我将把房子还给您。"

农妇把两个儿子叫来，让他们按时修好了桥。

马车平安地过了桥，飞奔在乡间的路上，10点50分康德赶到了老朋友的家。

在门口迎候的彼特斯高兴地说："亲爱的朋友，您可真守时啊！"

康德在与老朋友相会的日子里，根本没有对其提起为了守时而买房子、拆木头过河的经过。

后来，彼特斯在无意中听到那个农妇讲了此事，便很有感慨地给康德写了一封信。信中说道："您太客气了，还是一如既往地守时。其实，老朋友之间的约会，晚一些时间是可以原谅的，何况您还遇到了意外。"

一向一丝不苟的康德，在给老朋友的回信中写了这样的一句话："在我看来，在一定意义上说，无论是对老朋友，还是对陌生人，守时就是最大的礼貌。"

守时就是遵守承诺，按时到达要去的地方，没有例外，没有借口，任何时候都做到。如果你对别人的时间不表示尊重，你别指望别人会尊重你的时间。如果你不守时，你就没有影响力或没有道德的力量。但守时的人会取得职员、助手、货商、顾客……每一个人的好感。

守时就是诚实守信，诚实守信是一种美好的品德，更是做人的基本原则。近年来，诚实守信在社会上的被重视程度逐渐提高。

约会准时问题是我们最常遇到的诚信问题之一。每逢节假日，朋友约好了出去是常事。事先我们都会定好时间和地点，可是到了时间后，总会有人迟到甚至不去。"路上堵车"、"起晚了"、"自行车坏了"……迟到者总是有千万条理由——搪塞焦急等待着他们的人。以如此草率的态度对待每次朋友间的约定，久而久之，这些人离背信弃义就不远了。其实，若是你真的有事情会影响你赴约，早一些告诉同行的人就会避免类似的局面出现，而你也算是坚持了诚信的原则。

生活中类似的问题还有许多，对于小事不加以重视的我们就这样一次次抛弃了诚信。我们在今后要做的，就是在小事上提高自己的注意力，将诚信的原则渗透到我们生活中的每一个细节。特别需要引起注意的是，在生活中，我们也许有过失信于人的经历，有些人会因此"破罐破摔"地反复践踏诚信，但我们真正应当以亡羊补牢的态度在今后的生活中努力改变自己失信的习惯。

优柔寡断是成功的大敌

世间最可怜的就是那些遇事举棋不定、犹豫不决、莫知所趋的人；也就是那些自己不能抉择，而唯人言是听的人。

对于那些总是摇摆不定、犹豫不决的人来说，世界上没有什么东西能帮助他们形成迅速决断的行动习惯。因此，一个人永远不要在冥思苦想中一会儿提出问题的这一方面，一会儿又提出问题的那一方面。试图面面俱到、万事平衡的人做出的无益而琐碎的分析，是抓不住事物的本质的。决策最好是决定性的、不可更改的，一旦做出之后就要用所有的力量去执行，就算有时候会犯错，也比某些人那种事事求平衡，总是思来想去和拖延不决的习惯要好。当我们致力于形成一种处变不惊、快速决策的习惯时，哪怕在最初的一段时间里这种做法显得有些机械，它也会让我们产生对自己判断力的信心。

东晋名相谢安就是一位做事从容不迫、处变不惊的人。有一次，他和朋友们一起坐船在海上游玩，忽然，狂风骤起，白浪滔天，船被颠簸得东倒西歪，船上的人都吓得面无血色，紧紧地抓着船舷，动也不敢动，只有谢安面不改色，依然如故，还迎着风浪吟唱呼啸。船夫倒是有雅趣的人，以为谢安在这样的风浪中行船很高兴，就继续费劲地向前划船。这时狂风恶浪越来越猛，船夫却只顾划船，别人都害怕得实在不行了，但又碍于面子，不好意思要求回去，这时谢安才不紧不慢地说道："像这样的天气，还要把船划到哪儿去玩？"船夫这才掉过船头往回划。大家对谢安遇难不乱的气度非常钦佩。

习惯于犹豫的人，对于自己完全失去自信，所以在比较重要的事件面前，他们总难决断。有些素质、人品及机会都很好的人，就因为寡断的个性，一生一事无成。威廉·沃特曾经说过："如果一个人永远徘徊于两件事之间，对自己先做哪一件犹豫不决，他将会一件事情都做不成。"

如果一个人原本做了决定，但在听到自己朋友的反对意见时犹豫动摇、举棋不定——在一种意见和另一种意见、这个计划和那个计划之间跳来跳去，像风向标一样摇摆不定，每一阵微风都能影响它，那么，这样的人肯定是个性软弱、没有主见的人，他在任何事情上都只能是一无所成，无论是举足轻重的大事还是微不足道的小事，概莫能外。他不是在一切事情上积极进取，而是宁愿在原地踏步，或者说干脆是倒退。古罗马诗人卢坎笔下描写了一种具有恺撒式坚忍不拔精神的人，实际上也只有这种人才能获得最后的成功——这种人会首先聪明地请教别人，并与他人进行商议，然后果断地决策，再以毫不妥协的勇气和坚强的意志力来执行他的决策。

墙头草般左右不定的人，无论他在其他方面有多强大，在生命的竞赛中，他总是容易被那些坚持自己意志且永不动摇的人挤到一边，因为后者明白自己想要做什么并立刻着手去做。甚至可以这样说，连最睿智的头脑都要让位于果敢的判断力。毕竟站在河的此岸犹豫不决的人，是永远不会渡登彼岸的。

一些伟大的人物都是一些果敢决策的高手，即使面对突然变故，仍然镇定自若，该出手时就出手。而有些人简直是无可救药的狐疑寡断。他们不敢决定各种事件，因为他们不知道这决定的结果究竟是好是坏，最终把事情给耽搁了。

该出手时不出手，究其原因，就是怕犯错，而怕犯错，又是一个人易犯的大错。犹豫不决是避免责任与犯错的一种"方法"，它有一个谬误的前提：不做决定，不会犯错。

犹豫不决的人有两种类型，第一种类型的人尽量不做太多的决定，而且尽量拖延决定，他们根本做不了事情，因为他们一点也没有行动。第二种类型的人习惯仓促地做决定，但他们所做的决定大都不成熟，而且一定半途而废，他们时常在冲动与考虑欠周的行动之间自寻麻烦。

世间最可怜的，是那些遇事举棋不定、犹豫不决、不知所措的人，是那些自己没有主意、不能抉择、依赖别人的人。这种主意不定、自信不坚的人，也难于得到别人的信任。假使你有寡断的倾向，你应该立刻奋起击败这个恶魔，因为它足以破坏你各种进取的机会。

果断是积累成功的资本

果断，是指一个人能适时地做出经过深思熟虑的决定，并且彻底地实行这一决定，在行动上没有任何不必要的踌躇和疑虑。果断是成大事者积累成功的资本。

果断的个性，能使我们在遇到困难时，克服不必要的犹豫和顾虑，勇往直前。有的人面对困难，左顾右盼，顾虑重重，看起来思虑全面，实际上渺无头绪，不但分散了同困难作斗争的精力，更重要的是会销蚀同困难作斗争的勇气。果断的个性在这种情况下，则表现为沿着明确的思想轨道，摆脱对立动机的冲突，克服犹豫和动摇，坚定地采纳在深思熟虑基础上拟定的克服困难的方法，并立即行动起来同困难进行斗争，以取得克服困难的最大效果。

果断的个性，能够帮助我们在执行学习计划的过程中，克服和排除同计划相对立的思想和动机，保证善始善终地将计划执行到底。思想上的冲突和精力上的分散，是优柔寡断的人的重要特点。这种人没有力量克服内心矛盾着的思想和情感，在执行计划过程中，尤其是在碰到困难时，往往长时间地苦恼着该怎么办，怀疑自己所作决定的正确性，担心决定本身的后果和实现决定的结果，老是往坏的方面想，犹犹豫豫，因而计划老是执行不好。而果断的个性，则能帮助我们坚定有力地排斥上述这种胆小怕事的、顾虑过多的庸人自扰，把自己的思想和精力集中于执行计划本身，从而加强自己实现计划、执行计划的能力。

果断的个性，可以使我们在形势突变的情况下，很快地分析形势，当机立断，不失时机地对计划、方法、策略等等做出正确的改变，使其能迅速地适应变化了的情况。而优柔寡断者，一到形势发生剧烈变化时就惊慌失措，无所适从。他们不能及时根据变化了的情况重新做出决策，而是左顾右盼，等待观望，以致坐失良机，常常被飞速发展的情势远远抛在后面。

可见，果断的个性在青少年的生活和学习方面是很重要的。

果断的个性，是勇敢、大胆、坚定和顽强等多种意志素质的综合。

果断的个性，是在克服优柔寡断的过程中不断增强的。人有发达的大脑，行动具有目的性、计划性，但过多的事前考虑，往往使人们犹豫不决，陷入优柔寡断的境地。实际上，事前追求百分之百的把握，结果却常常是一个真正有把握的办法也拿不出来。果断的人在做出决定时，开始也可能不是什么"万全之策"，只不过是诸想法中较好的一种。但是在执行过程中，他可以随时依据变化了的情况对原方案进行调整和补充，从而使原来的方案逐步完善起来。当消除那些不必要的顾虑后真正下决心干起来，做着做着事情就做顺了。

果断的个性，是在克服胆怯和懦弱的过程中实现的。果断要以果敢为基础，特别是在情况紧急时，要求人们当机立断，迅速地做出决定并且执行决定。比如在军事行动中就需要这样，因为，战机常在分秒之间，要抓住战机就必须果断。今天从事社会主义现代化建设事业同样需要果敢。大方向看准了，有七分把握，就要果断地下定决心。

果断的个性，要从干脆利落、斩钉截铁的行为习惯开始养成。无论什么事情，不行就是不行，要做就坚决做。生活中不少事情确实既可以这样又可以那样，遇上这样的小事，就不必考虑再三，大可当机立断。否则，连日常的生活琐事也是不干不脆，拖泥带水，你又怎么能够培养出果断的性格来呢？

要果断，还必须经常地排除各种内外部的干扰。果断不是一时的冲动，它必须贯穿于行为的所有三个环节（确定目的、计划和执行），在确定目的的时候需要同各种动机进行斗争，这时果断表现为能够抑制和目的相反的意向，抑制错误的动机，保证做出正确的决断。

当然，果断并不等于轻率。有人认为，果断就是决定问题快，实际上，在情况不要求立即行动，或者对于行动的方法和结果未加足够的考虑就仓促地采取决定，这并不是果断，而是轻率、冲动和冒失，是意志薄弱的表现。这种表现在优柔寡断的人身上可以观察出来，因为深思熟虑对于一个优柔寡断的人来说，乃是一个复杂而痛苦的过程，所以总想力求尽快地从中解脱出来，他的行动常常是仓促的、急躁的和莽撞的。果断的人采取决定时的迅速，和意志薄弱的人的仓促决定毫无共同之处。

必须把果断和武断加以区别。有的人刚愎自用，自以为是，遇到事情既不调查研究，也不深思熟虑，就说一不二地定下来，贸然从事。从表面看，好像果断得很，可实际上却同果断南辕北辙。果断并不排斥深思熟虑和虚心听取别人意见，正因为多想、多问、多商量，才能使人们对事情更有把握，从而更加果断。自以为是、主观武断的人，有果断的外表，无果断的实质，往往把事情办坏，是我们应当努力加以避免的。

凡事要果断

乌力吉小时候和小朋友去树林中捕山鸡。他们这一次采用了新方法：把木箱子用木棍支起，在木棍上系上绳子一直接到他们隐藏的草丛之中。只要山鸡飞下来去啄食撒在箱子下面的谷粒，乌力吉他们一拉绳子就可以把山鸡罩起来而抓到山鸡了。

他们隐藏起来，观察动静。一会儿，飞来了一群山鸡，共有 11 只。大概是山鸡太饿了，不一会儿就有 8 只山鸡走到了箱子下面。一个朋友让乌力吉拉绳，可他犹豫地说："再等一会儿，这样更稳妥一些。"

他们等了一会儿，非但那 3 只没有进去，反而又走出了 4 只。朋友劝他拉绳子，乌力吉说再有一只走进去才拉绳子。但是接着却又走出来两只。如果这时候拉绳子，还能套住 1 只，但是乌力吉担心剩下了一只，拉绳子也未必能罩住它。不幸的是，最后一只山鸡好像感到不妙，也走出来了。

结果乌力吉一只山鸡也没捕到。他应该从这次教训中得出一个道理：优柔寡断，只能使机会稍纵即逝。犹豫不决的人在机遇面前，没有果断力、没有信心，他们的一生也就注定要平庸。

成功的人能迅速地做出决定，并且不会经常变更；而失败的人做决定时往往很慢，且经常变更决定的内容。当遇到事情时，多听取他人意见以资参考固然重要，但决定如何处理的终究还是自己，要为此事负责也是自己。没有快刀斩乱麻的气魄，有时会错失良机。所以，一旦我们确立目标，行动一定要果断、迅速。

那些能够迅速做出决定的人从来都不怕犯错误。不管他犯过多少错误，与那些懦夫和犹豫不决的人相比较，他仍然是一个胜者。那些怕犯错误而裹足不前的人，那些害怕变化和风险而犹豫彷徨的人，那些站在小溪边，直到别人把他推下去才肯游泳的人，永远都无法到达胜利的彼岸，永远都无法摘取胜利的硕果。

当然，决断并非一意孤行的"盲断"，也非逞一时之快的"妄断"，更非一手遮天的"专断"。决断除了要有客观的"事实"根据，见解高超的预见性外，同时更要有决心与魄力。人生充满了选择，不管是读书、创业或婚姻，我们总要在几个可供"选择"的方案中，做出决断。对于我们所选择的结果究竟是好是坏，也往往没有明确的答案。机会难得，想再回头重新来过，是绝不可能的。因此，我们可以说：决断是各种考验的交集。那么怎样培养果断、决断的性格呢？

1. 要认识到英明的决断是抓住机会的保障

凡是"成功"立业者，在其人生的旅途中，很少有能一步登天的。他们依靠机智和过人的眼光，在充满困顿与挫折、失败的环境中做出扭转乾坤的决定，终于柳暗花明，攀登上事业的顶峰。

2. 必须有自己独到的见识

一般而言，生活和工作中所面临的问题都是"多元"的，单纯的问题或是例行公事，只要有相当的常识与经验，就可驾轻就熟、妥善地加以处理。至于错综复杂、牵涉较广的问题，除了要具备专业知识的素养外，更要有整体性的策略性思考。既不能被眼前的压力所慑服，又不被利害关系所迷惑，而要秉持公平、客观的态度，做应有的理性分析。因此，有自己独到的"见识"相当重要。

3. 必须有过人的见解和魄力

人的见识愈高愈远，就会有曲高和寡的现象。尤其是一般人常满足于现状，陶醉于既有成就的美梦中，任何太激进的做法都会被视为"异端"，遭到反对。这时若要力排众议，断然扫除"人为"的障碍，就必须具有胆识和实践能力。

4. 立场超然，当局不迷

人是有感情的动物，中国社会尤其讲究人情关系。一个人若是摆脱不了人情的包围，而身陷人事旋涡时，决断则常有偏差。

5. 反面思考寻求最佳决断

决策者应该是集"众智"的人。尽管他做决策要有相当的魄力，但他绝不能专断与独断，而应广泛请教，以求集思广益，甚至多听反对者或不满者的意见。

6. 培养"第六感"的敏锐性

很多事情都是一瞬间决定胜负的，到底如何抓住那一刹那的机会，这需要你触动每一个感官机能，培养你的敏锐性。

决断就是努力向前。时光在飞逝，唯有放眼天下，正视眼前的挑战，我们才能运用我们所拥有的决断智慧，迎接时代的挑战。

性格养成篇

第一章　善良和谦虚让品性更闪亮

善良是源于内心的一股山泉

善良是一种难得的品质，我们所能感受到的善良，有时像天使背部一片洁白轻柔的羽毛，让人感受到温暖，让人感觉到希望；有时又像大力神赫拉克勒斯宽阔而结实的胸膛，让人感到无比的振奋，让人感到无比的力量。善与正直、爱心、悲悯为伍，与邪恶、阴毒、冷漠为敌，柔软时的善良，可以融化冷傲的冰川；坚硬时的善良，可以穿透任何顽固的岩石。

善良是人性中的至纯至美，一切伪善、奸笑、冷酷、麻木在它面前都会退避三舍，任何顽固的丑恶都只能在阴暗角落里对善良咬牙切齿。善良啊，它是酷热中一股清凉的风，它是严寒里一团温暖的火，它是青黄不接别人悄然送来的一担粮食，它是久旱不雨从天而降的甘霖，它是你负重上坡时后背的推手，它是你快坠落悬崖时伸过来的一条缆绳，它是你穷困潦倒时没有署名的一张汇款，它是你富甲一方时的一句忠告，它是你失意时几句真诚的安慰，它是你得意时一串逆耳的话语……甚至，它只是一个真诚的、淡淡的微笑。

善的价值无可估量，像一粒种子生发出百倍千倍甚至上万倍的善良的果实。

一个男孩与他的妹妹相依为命。父母早逝，她是他唯一的亲人，所以男孩爱妹妹胜过爱自己。然而灾难再一次降临在这两个不幸的孩子身上。妹妹染上重病，需要输血，但医院的血液太昂贵，男孩没有钱支付任何费用，尽管医院已免去了手术费，但不输血妹妹仍会死去。

作为妹妹唯一的亲人，男孩的血型和妹妹相符。医生问男孩是否勇敢，是否有勇气承受抽血时的疼痛。男孩开始犹豫，10 岁的大脑经过一番思考，终于点了点头。抽血时，男孩安静地不发出一丝声响，只是向着邻床上的妹妹微笑。抽血完毕后，男孩声音颤抖地问："医生，我还能活多长时间？"医生正想笑男孩的无知，但转念间又被男孩的勇敢震撼了：在男孩 10 岁的大脑中，他认为输血会失去生命，但他仍然肯输血给妹妹。在那一瞬间，男孩所做出的决定是付出了一生的勇敢，并下定了死亡的决心。

医生的手心渗出汗，他紧握着男孩的手说："放心吧，你不会死的，输血不会丢掉生命。"男孩眼中放出了光彩："真的？那我还能活多少年？"

医生微笑着，充满爱心地说："你能活到 100 岁，小伙子，你很健康！"男孩高兴得又蹦又跳。他确认自己真的没事时，就又挽起胳膊——刚才被抽血的胳膊，昂起头，郑重其事地对医生说："那就把我的血抽一半给妹妹吧，我们两个每人活 50 年！"

所有的人都震惊了，这不是孩子无心的话语，这是人类最无私、最纯真的诺言。

我们心中的善良，就像雪山脚下的淙淙细流，每一滴都是圣洁纯净的雪水的聚合体。汇集成溪的善良之水，一路欢歌，荡涤着沿途的污浊、腐朽、风尘，理直气壮地汇入人生的江河大海。清澈的水来自雪山之巅，人的善良来自干净的心底。因为没有人能阻止你成为善良朴实的人，除非你自己不愿意成为这种人。

在生活中，你心中有善，你就能成为好人；你心中有恶，你就会成为恶人。从本质上讲，我们每个人的一生，都是由自己的心灵造就的。内心正直、胸怀雅量，才能包容万物，才能以美好善良之心看待万物。

那么，如何培养善心呢？简单来说，凡是小事，不要太过计较，要原谅别人的过失；不如意的事来临时，泰然处之，不为所累；受人讥讽，不要睚眦必报；学习吃亏，便宜让给别人；多看别人的优点，少盯着别人的缺点。

播下善良的种子

善良是世界上最可爱的东西，也是世界无时无刻不在呼唤的。

善良就如天使的翅膀，可以带来绚烂和美丽。只因你善良的回眸，可能就会使一颗在寒冬中挣扎的心享受到春的明媚。善良又如沙滩上的粒粒细沙，看似平凡琐碎，但又无处不在，于细微处见精神。

一天凌晨，一辆超载的卡车撞进了一栋民房里。顷刻间，房屋倒塌，卡车内的几个人当场死亡，房屋里也埋了 5 个人。

由于是凌晨时分，附近居民面对惨祸束手无策。在等待救助人员时，废墟里的一个人将头露在了外面。由于失血过多，他的呼吸越来越微弱。

这时候，一个青年男子俯身对那个探出头的人喊道："不要闭上眼睛！要坚强，你可以和我说说话，但千万不要闭上眼睛。"那个被埋者的眼睛睁开了，眼神中隐藏着一丝恐惧和一丝谢意。

年轻男子和那个被埋着的人说着话，问他：你今年多大年龄了？在哪里工作啊？做什么工作啊……

救援人员终于赶到了，被埋的男子被送往医院抢救。有人问喊话的年轻男子和被埋者是什么关系，喊话的年轻男子说道："我不认识他，我开出租车路过这里。"

原来，灵魂最美的乐章是善良。相逢不必曾相识，是内心的善良让这位年轻的男子帮助受伤的男子。

善行是人类一切行为中最感天动地的，也是最有感染力的行为。人们几乎可以不用任何语言，就可让他人感受到行善者心中强烈的爱，以及阳光般的温暖。相信善的存在，做善良的人，有一天这温情也能感染到你。

善良不仅是物质上的给予，也是对人心灵与精神的关怀。当别人尴尬的时候，报以一个宽容的微笑；当别人紧张的时候，给他一点鼓励的掌声。这样平凡的举动，对别人来说就是善良的理解。

他对这个冷漠的世界已经彻底失去了希望，除了死他找不到其他解脱的方法。一天，他来到一家商店，想买一把水果刀，准备杀掉仇人之后自绝于世。

他反复试着刀锋，终于选定了一把。正待离开，售货员忽然叫住了他，把刀要了回来。他冷冷地站在那里，困惑地看着她往刀锋上一层一层地缠着纸巾，缠好之后，她手握刀锋，将刀柄一方朝着他，把刀递到他的手里。

"你这是干什么？"他问。

"这样就不容易碰伤人了。"女孩笑道。

"其实你不用管那么多，只需要卖刀就行了。"

"这里卖出的刀是用来削水果还是做别的，确实和我没关系，但我希望大家都能生活得好一些。"女孩说。

他拿起刀走出了商店，心里忽然十分温暖。原来这世界上还有人不为任何利益地关心着他。虽然不多，但一点点也就足够珍贵了。

那天下午，他买了许多水果，仔细地用那把刀削着。他边吃边流泪，回想着那个陌生女孩的善意规劝，如果不是她，他的命运恐怕就要改写。自此，这把刀成了他警诫自己的法宝。

当内心绝望的时候，陌生人一句温暖的话，一个善意的举动，就能点燃内心对美好的信任和追求。这就是善良的力量，它能将人从痛苦的深渊中拯救出来，让人看到生活中光明的一面。也许平时我们所说的每一句话，每一个动作都能影响到他人，我们每一个人都有责任去传递友善，有一天这友善会回到我们的身上。

杰瑞特别喜欢帮助别人，甚至对陌生人也是如此。有一次，他的朋友追问其缘由，他说这缘于自己一生中最重要的一个决定。

那是一个晚上，他忙完工作独自驾车回乡下看望母亲，路上看到了一辆出了车祸的摩托车。他在犹豫要不要帮助那个人，最后他想还是算了吧，多一事不如少一事。

这时，母亲给她打来了电话，叮嘱他开车时一定要慢点，注意安全。他的父亲死得早，是母亲含辛茹苦把他和哥哥抚养大的，所以兄弟俩很孝顺。

挂了母亲的电话，他的头脑中总萦绕着刚才路边的那个人，心想：那人是否也有老母亲正在担心，正在盼儿子回家呢？

这个念头一出现，顿时像一片阴云紧紧地罩住了杰瑞的心。他立刻掉转车头向回驶去。"帮那个人一下吧，就算是为了自己更坦然地面对母亲！"他想。他真的做了一个正确的决定：那个出车祸的男子是他的哥哥。

我们每个人在遇到困难时都希望遇到善良的人伸出援助的双手，那么，当别人遇到困难的时候，我们也应该主动伸出那双援助的手。也许只是共撑一把雨伞，共听一首音乐，或者是找一个话题和他聊聊，都能让人感受到温暖和美好。播撒一颗善心的种子，收获的将是爱的森林。

帮助别人等于帮助自己

助人即是助己，真正爱心的付出是不应当追求回报的。一个充满爱心，经常帮助别人的人也会经常得到他人的帮助，虽然他最初并不指望会有所回报。

佛莱明是一个穷苦的农夫。有一天，当他在田里工作时，听到附近泥沼里有人发出求救的哭喊声，他放下农具，跑到泥沼边，发现一个小孩掉到粪池里，于是他跑过去把这个小孩从粪池中救了出来。

隔天，有一辆崭新的马车停在农夫家，车里走出一位优雅的绅士。他自我介绍是那被救小孩的父亲。绅士说："我要报答你，你救了我小孩的生命。"

佛莱明说："我不能因救你的小孩而接受报酬。"

就在那时，佛莱明的儿子走进茅屋，绅士问："那是你的儿子吗？"农夫很骄傲地回答说："是。"绅士说："我们订个协议，让我带走他，并让他接受良好的教育。假如这小孩像他父亲一样，他将来一定会成为一位令你骄傲的人。"

农夫答应了。后来农夫的小孩从圣玛利亚医学院毕业，并成为举世闻名的佛莱明·亚历山大爵士，也就是盘尼西林的发明者。他在 1944 年受封骑士爵位，并且获得诺贝尔奖。

数年后，绅士的儿子染上肺炎，什么能救活他呢？盘尼西林。那绅士是谁呢？是上议院议员丘吉尔。他的儿子是谁？是英国政治家丘吉尔爵士。

施爱予人，我们也能够因此而获得别人的帮助，如果你以一颗爱心去对待自己周围的人，那么，别人也会以同样的爱来回报你。

很多年前，在一个旅馆的大厅里，走进了一对老夫妇，外面雷雨交加，天色也不早了，两个人便走到旅馆大厅的前台，想订一间客房。

前台有一个年轻人在值班。"很抱歉，"他回答道，"我们饭店已经被参加会议的团体包下了。往常碰到这种情况，我们都会把客人介绍到另一家饭店，可是这次很不凑巧，据我所知，另一家饭店也客满了。"

他停了一会儿，接着说："在这样的晚上，我实在不敢想象你们离开这里，却又投宿无门的处境。如果你们不嫌弃，可以在我的房里住一晚，虽然不是什么豪华套房，却十分干净。我今晚就待在这里完成手上的工作，反正晚班督察员今晚是不会来了。"

这对老夫妇因为造成柜台服务员的不便，显得十分不好意思，但是他们谦和有礼地接受了服务员的好意。第二天早上，当老先生下楼来付住宿费时，这位服务员依然在当班，但他婉言拒绝道："我的房间是免费借给你们住的，我全天待在这里，已经赚取了很多额外的钟点费，那个房间的费用本来就包含在内了。"

老先生说："你这样的员工，是每个旅馆老板梦寐以求的，也许有一天我会为你盖一座旅馆。"

年轻的柜台服务员听了笑了笑，并没在意，他明白老夫妇的好心，但他只当它是个笑话。

又过了好几年，那个柜台服务员依然在同样的地方上班。有一天他收到老先生的来信，信中清晰地叙述了他对那个暴风雨夜的记忆。老先生邀请柜台服务员到纽约去拜访他，并附上了一张来回机票。

几天之后，他来到了曼哈顿。站在坐落于第五大道和三十四街间的豪华建筑前，他见到了老先生。老先生指着眼前的大楼解释道："这就是我专门为你盖的饭店，我以前曾经提过，记得吗？"

"您在开玩笑吧！"年轻人不敢相信地说，"都把我搞糊涂了！为什么是我？您到底是谁？"年轻的服务员显得很慌乱，讷讷地问。

老先生很温和地微笑着说："我的名字叫威廉·渥道夫·爱斯特。这其中并没有什么别的意思，只因为我认为你是经营这家饭店的最佳人选。"

这家饭店就是著名的渥道夫·爱斯特莉亚饭店的前身，而这个年轻人就是乔治·伯特，他成为这家饭店的第一任经理。

帮助别人等于帮助自己。你的每一次善举、每一个爱心最终都会成为你幸福的回忆，带给你生活的希望与动力。正如一句谚语所说的："送人玫瑰，手有余香。"付出的爱心不仅温暖了别人，也会温暖自己。要记住，帮助别人就是帮助自己，真正的爱心并不追求得到什么，但最终仍会得到回报。

气怕盛，心怕满

孙兴是一名名牌大学毕业生，他到一家大公司去应聘，结果被录用了。他主动找到公司人事主管，说自己不怕苦累，只是希望能到挣钱多的岗位上工作，原因是，自己是农村来的大学生，几年大学下来，花光了家里的所有积蓄不算，还欠着外债。人事主管很同情他，把他分配到了营销部当推销员。尽管孙兴是个新手，但他吃苦耐劳、聪颖好学，一年下来，得到的薪金倒比其他部门的员工多出好几倍，由此，他也就下定决心在营销部干下去。时间长了，他渐渐发现了营销部里一些工作上的疏漏，管理也不规范，因此他除了不断加强与客户的联系外，还把心思用到了营销部的管理上，还经常向经理提出一些意见，希望凭借自己的才能得到上司的赏识。对此，经理总是回答说："你提出的意见很好，可我现在实在太忙了，抽不开身，等改进工作之后再慢慢来吧。"

经过几次和经理谈话，孙兴发现一个秘密，那就是营销部墙上的组织结构图表中有副经理一名，可他到营销部已近半年，却从未见过副经理，难怪部里有些工作无人管理呢。随后，孙兴通过打听了解到，营销部经理的薪金有时高过公司副总经理，副经理的薪金也高过推销员的几倍，于是，他萌发了觊觎营销部副经理一职的想法。想了就干，"初生牛犊不怕虎"嘛，有抱负又何惧众所周知？于是在一次营销部全体员工会议上，他坦陈了自己的想法，经理当众表扬并肯定了他。可没想到，自那次会议后，孙兴的处境却越来越被动了。

他初来乍到，并不知道那个副经理之职，已有许多人在暗中等待和争夺，迟迟没有定下来的原因就在于此。而孙兴的到来，开始并未引起人们的关注，因他只是个小雏，羽翼未丰，不足刮目，但时间一长，他频频问鼎此事，又加之他有学历，人们便感到他的威胁了。这次他又公然地要争这个职位，无疑是捅了马蜂窝，大家越看他越可恶，一时间，控告他的材料堆满了经理的办公桌，什么孙兴不讲内部规定踩了我客户的点；他泄漏了我们的价格底线；他抢了我正在谈判中的生意……这些控告中的任何一项都是一个推销员所承受不了的。

于是，为了安定部里的情绪，不致影响营销任务，经理经与人事部门商定，不久，一纸通牒令下，孙兴也就"心不甘，情不愿"地离开了该公司。

"志当存高远"，一个年轻人，志向就应该远大高尚。但是，如果自恃有远大抱负，就目空一切，咄咄逼人，那只会招来更多人的厌恶、鄙视和攻击。失去了别人的支持和帮助，再大的志向、再高的才能又有什么用呢？孙兴的遭遇对于当代许多人来说，实在是一堂生动的教育课。平常倒不如把这些高远的志愿埋在心里，谦虚做人，平和行事，这样一来，避免了纷争，反倒便利于立身、处世，大家何乐而不为呢？

俗话说，气怕盛，心怕满。这是因为盛气就会凌人，心满就不求上进。真正成功的人都是极力做到虚怀若谷、谦恭自守的。如果一个人成功的时候，还能保持清醒的头脑，而不趾高气扬，他往往会取得更大的成功。如果你的计划很远大，很难一下子达到。那么，在别人称赞你的时候，你就把现在的成功与你那远大的计划比较一下，相比将来的宏伟蓝图，你现在的成功还只是万里长征的第一步，根本不值得去夸耀。这样一想，你就不会对此前的一点小成就沾沾自喜了。

洛克菲勒在谈到他早年从事煤油业时，曾这样说道："在我的事业渐渐有些起色的时候，我每晚把头放在枕头上睡觉时，总是这样对自己说：'现在你有了一点点成就，你一定不要因此自高自大，否则，你就会站不住，就会跌倒的。因为你有了一点开始，便俨然以为是一个大商人了。你要当心，要坚持着前进，否则你便会神志不清了。'我觉得我对自己进行这样亲切的谈话，对于我的一生都有很大的影响。我恐怕我受不住我成功的冲击，便训练我自己不要为一些愚蠢的思想所蛊惑，觉得自己有多么了不起。"

我们开始成功的时候，能够在成功面前保持平常心态，能够不因此而自大起来，这实在是我们的幸运。对于每次的成功，我们只能视其为一种新努力的开始。我们要在将来的光荣上生活，而不要在过去的冠冕上生活，否则终有一天会付出代价的。

放低姿态才有可能赢得未来

周文王是商末西方诸侯之首，他是一个很有心计、很善于招纳人才的君主。为了做好兴周灭商的准备，他在政治上广泛收罗人才，礼贤下士。他为了得到一个理想的驰骋天下、总揽全局的帅才，日思夜想。有一天晚上，他做了一个梦，梦见自己到天帝面前去求人才，天帝没有说话，却从其身后窜出一只带翅膀的黑熊，此物十分威武精神，连飞带跑地到了他的面前，向他侃侃而谈兴国之道，治国之策。

第二天，文王决定要到郊外去打猎。当文王等人信步走到溪边，看见一个老人端坐在潭边垂钓，此人长须飘拂，仪态安详怡然，文王见此人形象和梦里的飞熊形象有许多相似之处，见他一本正经，目不斜视地垂钓，走到近旁也不敢惊动。

过了一会儿，老人把鱼竿向上一提，没见提上鱼来，却见尾端系着一个直钩，文王情不自禁地说：“直钩钓鱼能钓上来吗？”老人慢条斯理地说：“我做事从不强求，愿者上钩嘛。”

文王见此人见识不凡，便上前深施一礼，并问起他的姓名。在交谈中文王才知道他姓姜名尚，又名牙，人称姜子牙。此人曾在商都朝歌屠牛卖肉，又在各处卖酒，一直贫困潦倒，连妻子也离他而去另嫁他人，年过花甲仍无用武之地。

他听说文王礼贤下士，就来投奔。但无人引见，只好天天在渭水边钓鱼，等待时机，他与文王一番谈话很有见地。文王丝毫不因为他的贫贱而产生傲慢心理，他说：“当年我的先祖太公曾说过，将来一定会有圣人来到我们这里，帮助我们兴旺发达起来。先生恐怕就是那位圣人吧？从我们太公起，到先父，到我，盼望您很久了。”

于是姜子牙随文王回国都，尽心辅佐周文王和周武王。而因为文王渭水屈身访贤，传遍全国，许多有本事的人知道文王礼贤下士，纷纷前来归附。文王对所有贤士都很恭敬、信赖，不讲地位、身份、贵贱，使众谋士鞠躬尽瘁忠心辅助文王。而姜子牙也是率领着千军万马，打败殷纣王，建立了周朝。

平等待人，别人才愿意接纳你，你才能够赢得别人的尊重和团结。如果你总是以居高临下的姿态去对待别人，你就会失去很多愿意和你做朋友的人。为人处世，应该要学会放低姿态，收敛锋芒。

为人处世一定要把握一个度，无论你有多么傲人的资本，多么出众的才智，你都不要把自己看得太了不起，不要认为自己是救国济民，一呼百应的圣贤君子，别人缺了你就不行，更不要到处争强好胜，非把人逼到"无脸见人"的边缘才善罢甘休，而是应收敛你的锋芒，平和你的心态，平平淡淡地处世，这样你才能在人生路上一路走好。

保持谦逊的习性

古人云："满招损，谦受益。"一个懂得谦逊的人，他懂得人生无止境，事业无止境，知识无止境。

为了启发人们谦虚处世，俄国作家列夫·托尔斯泰也做了一个很有意义的比方："一个人就好像是一个分数，他的实际才能好比分子，而他对自己的估价好比分母，分母越大，则分数的值越小。"

一个人不管自己有多丰富的知识，取得多大的成绩，推而广之，或是有了何等显赫的地位，都要谦虚谨慎，不能自视过高。应心胸宽广，博采众长，不断地丰富自己的知识，增强自己的本领，进而创出更大的业绩。如能这样，则于己、于人、于社会都有益处。

古希腊的著名哲学家苏格拉底，不但才华横溢，而且喜爱奖励后进，运用著名的启发谈话启迪青年智慧。每当人们赞叹他的学识渊博、智慧超群的时候，他总谦逊地说："我唯一知道的就是我自己的无知。"

音乐大师贝多芬曾谦逊地说自己："只学会了几个音符。"

一次，有人去问爱因斯坦，说："您在物理学界可谓是空前绝后了，何必还要孜孜不倦地学习呢？"爱因斯坦并没有立即回答他这个问题，而是找来一支笔、一张纸，在纸上画上一个大圆和一个小圆，对那位年轻人说："目前情况下，在物理学这个领域里可能是我比你懂得略多一些。正如你所知的是这个小圆，我所知的是这个大圆，然而整个物理学知识是无边无际的。对于小圆，它的周长小，即与未知领域的接触面小，他感受到自己的未知少；而大圆与外界接触的这一周长大，所以更感到自己的未知东西多，会更加努力地去探索。"

像爱因斯坦所指出的那样，不懂得谦虚的人，最喜欢的就是用自己的长处和别人的短处相比，喜欢挑别人的毛病，总觉得自己很优秀。这样的人，很难主动去学习别人身上的优点，只要自己稍微取得一点成绩就会兴高采烈，而一碰到挫折就会灰心丧气。这样的人，常常遭遇失败。

由于骄傲，"力拔山兮气盖世"的项羽，最终败在了他所轻视的刘邦手下；由于自大，"过五关斩六将"的关羽败走麦城。

在民国时期，有一次，伦敦举行中国名画展，组委会派人去南京和上海监督选取博物院的名画，蔡元培与林语堂都参与其事。法国汉学家伯希和自认是中国通，在巡行观览时滔滔不绝，不能自己。为了显示自己的内行，伯希和对蔡先生说这张宋画绢色不错，那张徽宗鹅无疑是真品，以及墨色、印章如何等等。林语堂注意观察蔡先生的表情，他不表示赞同和反对意见，只是客气地低声说："是的，是的。"一脸平淡冷静的样子。后来伯希和若有所悟，闭口不言，面有惧色，大概从蔡元培的表情和举止上他担心自己说错了什么，出了丑自己还不知道呢！林语堂后来在谈到蔡元培先生时还就伯希和一事感叹说："这是中国人的涵养，反映外国人卖弄的一幅绝妙图画。"

以上的故事告诉我们：人，贵有自知之明。谦虚谨慎才不致将自己置于不利的处境。

孔子年轻的时候，曾经拜老子为师请教学问。在谈到怎样为人处世时，老子说了一句话："良贾深藏若虚，君子盛德容貌若愚。"这句话的意思就是：善于做生意的人，总是把珍贵的宝贝隐藏起来，不让人轻易看到；有修养、品德高尚的人，往往在表面上显得很愚笨。

老子的这句话中其实隐含着做人的深刻道理，他是在告诫人们：不要傲慢无礼，务必谦虚谨慎；过分自高自大或对人炫耀自己的能力，是非常有害的。

谦逊不是要我们觉得自己渺小，而是为了更好地了解自己，给自己一个准确的定位，并能发挥自己的特长，规避自己的弱点，成就自己的人生。

所以，人立身处世，必须谦虚谨慎，温良恭让，善于隐匿，虚怀若谷，不矜功自伐，不肆意张扬，这样才能很好地保护自己，并受到别人的欢迎和拥戴。

生活中，青少年朋友如何保持谦逊呢？

1. 诚恳地对待每一个人。

2. 了解别人的优点，同时学会理解别人的不足。

3. 建立内在的自我价值，任谁的打击也不要动摇。

4. 即使自己的确才学过人，也要顾及他人的自尊。记住，尺有所短，寸有所长，别人未必没有比你强的地方。

第二章 勤劳和专注的孩子最迷人

懒惰会让你一事无成

懒惰，从某种意义上讲就是一种堕落、具有毁灭性的东西，它就像一种精神腐蚀剂一样，慢慢地侵蚀着你。一旦背上了懒惰的包袱，生活将是为你掘下的坟墓。

《颜氏家训》说："天下事以难而废者十之一，以惰而废者十之九。"惰性往往是许多人虚度时光、碌碌无为的性格因素，这个因素最终致使他们陷入困顿的境地。惰性集中表现为拖拉，就是说可以完成的事不立即完成，今天推明天，明天推后天。许多大学生奉行"今天不为待明朝，车到山前必有路"。结果，事情没做多少，青春年华却在这无休止的拖拉中流逝殆尽了。

"业精于勤荒于嬉"。产生惰性的原因就是试图逃避困难的事，图安逸，怕艰苦，积习成性。人一旦长期躲避艰辛的工作，就会形成习惯，而习惯就会发展成不良的性格倾向。比尔·盖茨说："懒惰、好逸恶劳乃是万恶之源，懒惰会吞噬一个人的心灵，就像灰尘可以使铁生锈一样，懒惰可以轻而易举地毁掉一个人，乃至一个民族。"这给我们敲响了警钟。

城市附近有一个湖，湖面上总游着几只天鹅，许多人专程开车过去，就是为了欣赏天鹅的翩翩之姿。

"天鹅是候鸟，冬天应该向南迁徙才对，为什么这几只天鹅却终年定居，甚至从未见它们飞翔呢？"渐渐地，有人这样问湖边垂钓的老人。

"那还不简单吗？只要我们不断地喂它们好吃的东西，等到它们长肥了，自然无法起飞，而不得不待下来。"

圣若望大学门口的停车场，每日总看见成群的灰鸟在场上翱翔，只要发现人们丢弃的食物，就俯冲而下。

它们有着窄窄的翅膀、长长的嘴、带蹼的脚。这种"灰鸟"原本是海鸥，只为城市的垃圾易得，而宁愿放弃属于自己的海洋，甘心做个清道夫。

湖上的天鹅，的确有着翩翩之姿，窗前的海鸥也实在翱翔得十分优美，但是每当看到高空列队飞过的鸿雁，看到海面乘风破浪的鸥鸟，就会为前者感到悲哀，为后者的命运担忧。

鸟因惰性而生死殊途，人也会因惰性而走向堕落。如果想战胜你的慵懒，勤劳是唯一的方法。对于人来说，勤劳不仅是创造财富的根本手段，而且是防止被舒适软化、涣散精神活力的"防护堤"。

有位妇人名叫雅克妮，现在她已是美国好几家公司的老板，分公司遍布美国27个州，雇用的工人达8万多。

而她原本却是一位极为懒惰的妇人，后来由于她的丈夫意外去世，家庭的全部负担都落在她一个人身上，而且还要抚养两个子女，在这样贫困的环境下，她被迫去工作赚钱。她每天把子女送去上学后，便利用余下的时间替别人料理家务，晚上，孩子们做功课时，她还要做一些杂务。这样，她懒惰的习性就被克服了。后来，她发现很多现代妇女都外出工作，无暇整理家务。于是她灵机一动，花了7美元买清洁用品，为有需要的家庭整理琐碎家务。这一工作需要自己付出很大的勤奋与辛苦。渐渐地，她把料理家务的工作变为一种技能。后来甚至大名鼎鼎的麦当劳快餐店居然也找她代劳。雅克妮就这样夜以继日地工作，终于使订单滚滚而来。

有些人终日游手好闲、无所事事，无论干什么都舍不得花力气、下工夫，但这种人的脑子可不懒，他们总想不劳而获，总想占有别人的劳动成果，他们的脑子一刻也没有停止活动，他们一天到晚都在盘算着去掠夺本属于他人的东西。正如肥沃的稻田不生长稻子就必然长满茂盛的杂草一样，那些好逸恶劳者的脑子中就长满了各种各样的"思想杂草"。

"无论王侯、贵族、君主，还是普通市民都具有这个特点，人们总想尽力享受劳动成果，却不愿从事艰苦的劳动。懒惰、好逸恶劳这种本性是如此的根深蒂固、普遍存在，以至于人们为这种本性所驱使，往往不惜毁灭其他的民族，乃至整个社会。为了维持社会的和谐、统一，往往需要一种强制力量来迫使人们克服懒惰这一习性，不断地劳动。由此就产生了专制政府。"英国哲学家穆勒这样认为。

那些生性懒惰的人不可能在社会生活中成为一个成功者，他们永远是失败者；成功只会光顾那些辛勤劳动的人们。懒惰是一种恶劣而卑鄙的精神重负。人们一旦背上了懒惰这个包袱，就只会整天怨天尤人，精神沮丧、无所事事，这种人完全是无用的人。

勤奋的人总能享受"累"的快乐

丁亮，创智集团的董事长，一个温文尔雅的年轻人，在短短的10年时间里，在软件行业里创造了一个又一个骄人业绩，推动了中国软件产业的发展。

丁亮的骨子里有着湖南人特有的争强好胜、勤奋、积极、不服输的个性。他乐观向上、真诚自信。记者们给这位"少帅"的评语是：冷静而不乏激情，睿智而不失幽默。他的自我评价则是："别人会觉得我工作起来像机器人，精力旺盛，不断看，不断学，不断总结，不断更新。人家觉得这样工作会累死，但是我觉得挺有追求，挺充实的。"

"谁不想睡安稳觉？谁不想早上睡到八九点？如果你要求的仅仅是得过且过，当然可以。但如果你想做成一番事业，就不能！凌晨一两点时给你打电话，手机拨不通拨你家里的电话：'喂，我们这个程序有点问题呀，你能不能帮我们改一改？'特别是冬天，从热乎乎的被窝里起来接这样的电话，你的心情怎样？真想把电话给砸了！但转念想想，我们为企业做软件方案，说到底就是4个字：服务意识！我们只有不断地强调它，抓牢它，让每一个员工克服自身的惰性，积极为客户服务，并且把这种意识变成创智软件园员工脑海里的潜意识、骨子里的基因，我们的企业才能实现腾飞。同样是一个车桥，同样是一个表壳，为什么德国人、瑞士人造得就那么精致漂亮、无可挑剔，而我们却做得这么粗糙，拿不出手？惰性！就是我们太多人无法丢掉这个惰性，才无法成就事业。小至企业，大到国家，我们每一个人都要下大力气，把骨子里的惰性打掉，我们才能比现在更加成功！"

在勤劳的人的眼里，学习和工作带来的是充实和快乐，而在懒惰的人眼里，带来的只能是痛苦和疲累。懒惰的人会认为学习和工作是一份压力，会让自己深陷痛苦之中，这样的心态必然不会给他们带去快乐；而勤奋的人往往乐在其中，因而才更可能到达成功的彼岸。

有一天，老鹰对鸡说："咱们俩飞上天吧，天空非常美丽，可以看到地上的一切，那有多好哇！"

"我连十步远的地方都飞不了，怎能飞上天呢？"鸡胆怯地说。

"这是因为我们的翅膀还不硬。俗话说，'百炼成钢'，只要咱们好好练，一定能飞上天空。"老鹰还是鼓励鸡说。

这样，鸡和鹰在一起练习飞翔。

在练习的过程中，鸡又懒惰又没有毅力，它认为练习飞翔的过程就是一个痛苦折磨的过程。稍微一累，就蹲在那里不动了。

而老鹰，不怕苦不怕累，只要飞到空中，就不轻易下来。在飞翔的过程中，它能俯视广阔的大地，还能享受美丽的蓝天。

老鹰在空中对鸡说："快练吧！天空可美啦，咱们俩一块儿飞翔吧！"鸡说："那样多累呀！我还是老老实实在地上待着吧！这样也不用再忍受痛苦的折磨了。"

从此，鸡和鹰分开了，一个在地上，一个在天上。

勤奋的鹰在练习飞翔的过程中，体会到了飞翔的快乐，能够俯视广阔的大地，还能和无边的蓝天做伴。其实，在日常生活中做每一件事情都应该如此，要时时体验工作和学习的乐趣，不要把工作和学习当做负担，要善于发现每一件事情给我们带来的快乐，这样我们就不会被生活所累，这是一个勤奋的人所能享受到的充实和快乐。

实际上，青少年朋友们只要能做到以下几点，我们就能养成一种勤奋的习惯，就能像丁亮那样，享受忙碌的工作和生活带给我们充实的快乐。

1. 不满足于现状，保持一颗进取心。进取心是一种永不停息的自我推动力，它会使我们的人生更加崇高。拥有进取心之后，那些不良的恶习也没有滋生的环境和土壤，久而久之，懒惰的习性就会逐渐消失，就会积极地去做事儿，带着愉悦的心情去做事儿。

2. 学会肯定自己，勇敢地把不足变为勤奋的动力。学习、劳动时都要全身心投入争取最满意的结果。无论结果如何，都要看到自己努力的一面。这样才能给自己足够的自信坚持下去，这样才能继续努力地生活。

3. 时刻不忘激发自己的兴趣。兴趣是勤奋的动力，一个人对某项事物产生了兴趣，便会积极主动地投入，消除怠惰。当你在勤奋努力做事情的时候，激发出自身的兴趣，是一件很让人欣慰的事情。因为兴趣会让我们很愉悦，这样就会牵引我们更主动前行。

美好的生活要靠勤劳获取

很久以前，有一个叫汉克的年轻人，一心想成为一个富翁。他觉得成为富翁的捷径便是学会炼金之术。

因此，他把自己所有的时间、金钱和精力都花在寻找炼金术这件事情上。

很快他就花光了自己的全部积蓄，家中也因此变得一贫如洗，连饭都没得吃了。妻子无奈，跑到父亲那里诉苦。她父亲决定帮女婿改掉恶习。

于是他叫来汉克并对他说："我已经掌握了炼金之术，只是现在还缺少一样炼金的东西……"

"快告诉我还缺少什么？"汉克急切地问道。

"那好吧，我可以让你知道这个秘密。我需要三公斤香蕉叶的白色绒毛。这些绒毛必须是你自己种的香蕉树上的。等到收齐绒毛后，我便告诉你炼金的方法。"汉克回家后立刻将巴荒废多年的田地种上了香蕉。为了尽快凑齐绒毛，他除了种以前就有的自家的田地外，还开垦了大量的荒地。当香蕉长熟后，他便小心地从每张香蕉叶下刮收白绒毛。而他的妻子和儿女则抬着一串串香蕉到市场上去卖。就这样，十年过去了。汉克终于收集够了三公斤绒毛。这天，他一脸兴奋地拿着绒毛来到岳父的家里，向岳父讨要炼金之术。

岳父指着院中的一间房子说："现在你把那边的房门打开看看。"

汉克打开了那扇门，立即看到满屋金光，竟全是黄金，他的妻子儿女都站在屋中。妻子告诉他这些金子都是他这十年里所种的香蕉换来的。面对着满屋实实在在的黄金，汉克恍然大悟。

美好的生活要靠勤劳获取。只有脚踏实地，靠自己的双手辛勤劳动，才能够让自己过上好的生活。只有靠自己的汗水和辛勤劳动换来的生活才是最真实、最美好的生活。俗话说，天下没有免费的午餐，要想收获美好的果实，就必须付出辛勤的劳动。

许多年前，一位很有智慧的老国王召集了他的大臣，要求他们："我要你们编一本《古今智慧录》留传给子孙。"接受任务的大臣离开后，工作了很长时间，最后终于完成了一套12卷的巨作。国王看了说："各位先生，我相信这些都可以称得上是古今智慧的结晶，但是太多了，我想没人会愿意把它读完。精简点！"

这些大臣又努力工作了一段时间，几经删减，写成了一卷书。可国王还是认为太长，又命令他们再浓缩。从一册到一章，从一章到一段，最后一段变成了一句："天下没有免费的午餐。"国王看后终于满意了，也很得意。"各位先生，"他说，"这的确是古今智慧的结晶，我们全国各地的人只要知道这个真理，大部分的问题就可以解决了。"

日本有一句著名的谚语：除了阳光、空气是大自然的赋予，其余的一切都要靠劳动才能获得。

克莱门斯的老师玛丽是一位虔诚的基督徒，每次上课之前，她都要领着孩子们进行祈祷。有一天，玛丽老师给孩子们讲解《圣经》，当讲到"祈祷，就会获得一切"的时候，小克莱门斯忍不住站了起来，他问道："如果我祈祷上帝，他会给我想要的东西吗？""是的，孩子，只要你愿意虔诚地祈祷，你就会得到你想要的东西。"

小克莱门斯当时的梦想是得到一块很大很大的面包，因为他从来没有吃过那样诱人的面包。而他的同桌，一个金头发的小姑娘每天都会带着一块这么诱人的面包来到学校。她常常问小克莱门斯要不要尝一口，小克莱门斯每次都坚定地摇头，但他的心是痛苦的。

放学的时候，小克莱门斯对小姑娘说："明天我也会有一块大面包。"回到家后，小克莱门斯关起门，无比虔诚地进行祈祷。但当他第二天起床后，发现面包并没有到来。他决定每天晚上坚持祈祷，一定要等到面包降临。

后来，金头发的小姑娘笑着问小克莱门斯："你的面包呢？"

小克莱门斯已经无法继续自己的祈祷了。他告诉小姑娘，上帝也许根本就没有看见自己在进行多么虔诚的祈祷，小姑娘笑着说："原来祈祷的人都是为了一块面包，但一块面包用几个硬币就可以买到，人们为什么要花费这么多的时间去祈祷，而不是去赚钱买面包呢？"

小克莱门斯终于明白，只有通过实际的工作才能获得自己想要的东西。于是他带着对生活的坚定信心走向了新的道路。

多年以后，小克莱门斯长大成人，当他用笔名马克·吐温发表作品的时候，他已经是勤奋而且多产的作家了。他再没有祈祷，因为在无数个艰难的日子中，他都记着：不要为卑微的东西祈祷！只有自己通过努力和辛勤的汗水换来的收获才是最真实的。

瞻前顾后只能使你停滞不前

在困境之中的人想要改变现状，更需要一心一意的专注精神，如果总是瞻前顾后，那你将会停滞不前。人处于困境之中，更应该专注，一心一意地去做改变现状的工作，如果你还是瞻前顾后，左顾右盼，那你永远也不能改变不利的现状。

成就一番事业，实现人生价值，是一切有志者的追求。然而，通向成功的道路往往并不平坦，影响成功的因素复杂多样。现实生活中常常会看到这样的情形：有的人对学业、工作、事业专心致志、不懈努力，不受外界诱惑的干扰，扎扎实实地向着既定目标迈进，最终获得了成功；而有的人却耐不住寂寞，经不起诱惑，好高骛远、见异思迁，对学业、工作、事业缺乏一种执著精神，结果是一事无成。无数事实说明，专注是走向成功的一个重要因素。

有些成功，不需要太强的实力，需要的往往是专注；有些失败，并非缺乏良好的时机，缺乏的往往是坚持。有一则寓言故事，也许更能说明这个道理：

从前，有一对仙人夫妻，喜欢下围棋，他们常常到山上下棋。一只猴子，经年累月地躲在树上，看这对仙人下棋，终于练就了高超的棋艺。

不久，这只猴子下山来，到处找人挑战，结果，没有人是它的对手。最后，只要是下棋的人，一看对手是这只猴子，就甘拜下风，不战而逃。

国王终于看不下去了，全国这么多围棋高手竟然连一只猴子也敌不过，实在是太丢脸了。于是国王下诏：一定要找到人来战胜这只猴子。

其实，猴子的棋艺卓绝，举国上下，根本没有人是它的对手。那该怎么办呢？

这时，有一个大臣自告奋勇地说要与猴子下一盘。国王问："你有把握吗？"他说绝对有把握。但是，在比赛的场地桌上一定要放一盘水蜜桃。

比赛开始了，猴子与大臣面对面坐着，在比赛的桌子旁边放着一盘鲜嫩的水蜜桃。整盘棋赛中，猴子的眼睛盯着这盘水蜜桃，结果，猴子输了。

所谓专注，就是集中精力、全神贯注、专心致志。可以说，人们熟悉这个词就像熟悉自己的名字一样。然而，熟悉并不等于理解。从更深刻的含义上讲，专注乃是一种精神、一种境界。"把每一件事做到最好"，就是这种精神和境界的反映。一个专注的人，往往能够把自己的时间、精力和智慧凝聚到所要干的事情上，从而最大限度地发挥积极性、主动性和创造性，努力实现自己的目标。特别是在遇到诱惑、遭受挫折的时候，他们能够不为所动、勇往直前，直到最后成功。与此相反，一个人如果心浮气躁、朝三暮四，就不可能集中自己的时间、精力和智慧，干什么事情都只能是虎头蛇尾、半途而废。缺乏专注的精神，即使立下凌云壮志，也绝不会有所收获，因为"欲多则心散，心散则志衰，志衰则思不达也"。

专注源于强烈的责任感。只有讲责任、负责任，才能凝聚忠诚和热情，激发干劲和斗志。韩愈说："业精于勤荒于嬉，行成于思毁于随。"古往今来，那些真正能干事、能干成事者，莫不具有敢担大任的胸怀和勇气。强烈的责任感，是专注的原动力。

专注来自淡泊和宁静。一个人在为工作和事业奋斗的过程中，困难和挫折在所难免，孤独和寂寞也在所难免。面对这些情况时，要能做到不受干扰、专注如一，关键是保持淡泊和宁静。经验表明，对一件事情，专注一时者众，而始终专注者寡。这其中的一个重要原因就在于，一般人很难长期耐得住寂寞、经得起考验。任何一个成功者的背后，都有着坚持不懈的执著追求和艰苦劳动。诸葛亮说："淡泊以明志，宁静而致远。"唯有保持淡泊和宁静，才能坚定信念和追求，做到专注和执著。

一个人生活在社会中，面对纷繁复杂的世界，要想成就一番事业，就必须努力克服各种消极因素的影响。一个人如果总是瞻前顾后，左思右想，就永远不可能取得成功。只有集中精力于自己的目标，才会在事业上脱颖而出，取得骄人的成就。拿破仑·希尔认为，衡量一个人做事是否成功，并不在于他们各自做了多少工作，而是在于他是否专注于自己的工作和人生目标，并从中挖掘出多少自身的价值，来为这个目标服务。

成功只在于专心做一件事儿

生活中，避免失败获得成功是没有捷径的，但是如果你能坚持专心做一件事情，你获得成功的几率就会大一些。马云在与青少年交流的时候，就跟他们讲要有专心做事的态度，这样才会在成长的路上少走弯路。实际上在阿里巴巴发展的过程中，马云一直都很重视专心做一件事儿的态度。

2005 年 12 月 6 日至 16 日，在中央电视台经济频道举办的"2005 中国经济年度人物评选创新"论坛上，马云应邀在北京大学中国经济研究中心演讲，他再次重申了专心致志地做好一件事的坚决态度。

马云不知道以后阿里巴巴是什么样子，但是在未来的三年到五年，他仍然会围绕电子商务发展自己的公司，阿里巴巴绝对不能离开这个中心。十年的创业告诉他，阿里巴巴永远不能追求时尚，不能因为什么东西起来了就跟着起来。

在这次演讲中，他将他和阿里巴巴所做的事情，确定为公司的发展目标——通过互联网帮助国外企业进入中国，帮助中国企业出口。这个目标显然不是一两年内就可以达成的。但马云一直坚持"专心做一件事"，坚持一切皆为目标服务，他的内心始终十分清楚，他想告诉所有人，创业、做企业，其实很简单。一个强烈的欲望就是，自己想做什么事情，想改变什么事情，想清楚之后，就永远坚持这一点。

实际上像马云那样坚持只做一件事情的态度是很难的，特别是正处于成长期间的我们，往往由于他人的建议和看法影响了自己坚持专心做一件事情的决心。但事实上，只有将全部注意力集中在你要做的一件事上，你才有可能做成这件事，取得成功。

卡朗是一家服装设计公司女士职业服装的首席设计师，她的公司以女性管理人员为主要顾客。由于卡朗不把时间花在其他服装（例如牛仔裤或泳装）的设计上，致使她成为该类服装的主要设计师。

布鲁斯特专心致力于一件单一工作：写一系列名为"追忆过去"的小说，就是这份专注，使他成为20世纪的主要小说家之一。

特蕾莎修女专注于减轻印度穷人的痛苦，就从这个个人使命开始，她已在全世界200多个地区付出了她的努力，并获得诺贝尔奖。虽然她的计划范围有所扩大，但是，她绝不会放弃她所专注的对象。

生活经验告诉我们，轻易接受建议是危险的，旁人的建议，不一定能使我们变成自己想要成为的样子，反而容易被操纵成别人理想的样子。这样我们就不能成为我们自己，做自己想做的那种人。

"无论做任何事情，开始时，最为重要的是不要让那些总爱唱反调的人破坏了你的理想。"芭芭拉·格罗根指出。这世界上爱唱反调的人真是太多了，他们随时随地都可能会列举出个理由，说你的理想不可能实现，在这种情况下你一定要坚定自己的立场，相信自己的力量，不要因为他人的评价而放弃自己内心的想法，坚持专心地做自己的事儿就好。

哈代是一个发明家，但他周围的朋友和同事都认为他是一个满脑子怪念头的"傻瓜"。当他发现电影发明的原理之后，便从电影胶卷的转盘中产生了灵感：他让胶卷上的画面一次只向前移动一格，以便老师能够有充足的时间详细阐述画面里的内容。

这个想法让哈代受到不少嘲笑，但是他没有因此退缩，经过反复试验之后，哈代终于成功地实现了让画面与声音同步进行的目标，创造了"视听训练法"。

另外，作为一名游泳运动员，哈代曾经两度入选美国奥运会游泳代表队，也曾经连续三届获得"密西西比河十英里马拉松赛"的冠军。哈代在游泳的时候，觉得大家在比赛时使用的游泳姿势不好，决心加以改变。

但是，当他把想法告诉教练时，教练认为他的想法太过荒唐，立刻加以拒绝。一位游戏冠军也告诫他不要冒险尝试，以免不小心在水里淹死。

当然，哈代还是没有理会他们的告诫，仍然不断地挑战传统游泳的姿势，最后终于发明了自由式，现在成为国际游泳比赛的标准姿势之一。

世界上成功的人之所以成功，不是因为他们幸运，避开了失败的可能，而是因为他们能专心地做自己想做的事儿，不因为别人的评价而改变自己的想法。只有相信自己内心的想法，努力去实现它，这样，你才能取得人生的胜利。在人生成长的道路上我们要认真对待每一件要做的事情，专注于一件事儿，这样就会避开失败的暗礁，一步步走向成功。

防止注意力分散的经验之谈

要想成功，必须保证自己的注意力集中，这是成功者的告诫。注意力是专注的代名词，甚至在一种极特别的情形之下，只要我们能找到每一个专心的对象，我们就可以摘取成功的桂冠。

拉尔维出生于德国法兰克福的一个犹太人家庭，从小喜欢绘画和音乐。但他的父母是犹太人，对犹太人深受各种歧视和迫害心有余悸，不断敦促儿子不要学习和从事那些涉及意识形态的行业，要他专攻一门科学技术。

在父母的教育下，拉尔维进入大学学习时，放弃了原来的爱好，进入斯特拉斯堡大学医学院学习。拉尔维是一位勤奋志坚的学生，他不怕从头学起，他相信，专心致志必定会成功。带着这种思维，他很快进入了角色，用心于医学课程的学习。

大学毕业后，拉尔维先后在欧洲及美国一些大学从事医学专业研究，在药理学方面取得较大进展。由于他在学术上的成就，1921 年，奥地利的格拉茨大学特聘请他为药理教授，专门从事教学和研究。在那里他开始了神经学的研究，通过对青蛙迷走神经的试验，第一次证明了某些神经合成的化学物质可将刺激从一个神经细胞传至另一个细胞，又可将刺激从神经元传到应答器官。他把这种化学特质称为乙醚胆碱。1929 年他又从动物组织中分离出该物质。

拉尔维对化学传递的研究成果是一个前人未有的突破，对药理及医学都做出了重大贡献，因此，1936年他获得了诺贝尔生理与医学奖。

拉尔维的成功告诉我们，找自己感兴趣的事做，注意力已经集中了百分之八十。

兴趣可以抓住人的注意力，有了兴趣，你的注意力还会分散吗？

福特在很小的时候就对机械产生了兴趣，由于父亲不支持他的爱好，几次因与父亲的意见不统一而发生争执，但父亲的意见根本就改变不了福特的兴趣。自1879年12月起，福特就自己到当时的机械制造业繁盛的底特律给人打工。

3年后，福特凭自己学到的知识，决心放弃外面的工作，自己做出一番事业。于是他回到家自己开了一家小工厂，在这期间福特做些小机械，以帮助父亲的农场完成某些人力所不能及的工作。一些小成功使福特的信心备受鼓舞，决心要更好更快地向自己设定的目标奋进。

由于看到了查尔斯·杜耶1893年在芝加哥世博会上展出的由汽油作动力的车子，福特决心自己制造一辆更好的汽车。但福特遇到了很多知识原理上的问题，于是他决定再次去底特律的爱迪生电灯公司学习电学原理。

在爱迪生公司工作期间，他充分利用业余时间来实现自己的目标——制造一辆汽车。经过无数次的失败和实验，福特自己制造的第一辆汽车终于在1896年6月面世了。车虽很简陋，但这个成功却再次鼓励了福特的决心。他坚信：只要努力向自己的目标奋进，就一定会成功！

福特在后来道路的选择上遇到了难题。爱迪生工厂要以每月500元的薪金和可分红利的条件聘他去做生产部门的总监，但附带条件是要专业专职，不得再分心研究汽车。而底特律汽车公司的董事长要请他去当工程师，但月薪只有200元。面临两种选择，福特认真地评估了自己，对自己热爱的事业和高薪两个方面做了全面细致的分析，最终决心选择自己当初选定的目标——汽车事业。

在与这家汽车公司合作期间，福特并没有放弃向更高目标发展的信心。他给自己设定了更远大的目标，决心戒除满足现状的惰性心理，积极地寻求和实现更宏伟的蓝图。

在1901年密歇根举行的汽车大赛上，福特将自己用近一年时间设计的26匹马力的赛车开上赛场，并以优异的成绩击败了上届赛车冠军温登，荣登冠军的宝座。

由于赛车的胜利，福特的名字一夜之间响遍美国。1903年，在各方的帮助和福特的努力下，一个给世界汽车行业带来巨大影响的福特汽车公司诞生了。

由此可见，给自己定一个目标，那你的注意力自然而然也就不会分散。

以下是防止注意力分散的经验之谈：

1. 给自己定一个准确的目标。

2. 找出自己的爱好兴趣。

3. 把你的注意力集中在某个具体、令人愉快、平静的事物上。如一幅画、一件摆设等。

4. 一旦你感到大脑有点僵化，不能很好地思考问题或不能集中注意力时，就应停止你手中的工作，让大脑得到片刻休息。例如，站起来，走一会儿，喝杯水，跟别人交谈几句，看一些有趣的读物，呼吸一些新鲜空气等。

5. 清除头脑中分散注意力、产生压力的想法，使自己完全沉浸于此时此刻，以便专心于所必须做的事。

6. 听听轻音乐。工作时或在家中听一些能使你放松的音乐，这有助于你保持一种积极的、富有成效的思考状态。

第三章　培养勤俭理财的好习惯

成由节俭败由奢

古人云："俭，德之共也；侈，恶之大也。"告诫我们要杜绝奢侈浪费，培养节约的美德。节俭不仅是积累财富的一块基石，也是许多优秀品质的根本。节俭不仅适用于金钱，而且也适用于生活中的每一件事。节俭可以提升个人的品性，是一个人在许多方面都卓越不凡的一个标志。勤俭节约是我们中华民族的传统美德，只有勤俭节约才能致富，挥霍无度，坐吃山空最终受苦受穷的还是自己。

很早以前，有户姓张的人家，有两个小子，老大叫张勤，老二叫张俭。日子过得平平常常，在村里是中等户。

有一年，老头儿得了病，日久天长就下不了炕。张勤对爹说："爹，有你在，俺兄弟俩也不轻易分家。将来剩下俺俩，这个家怎么个分法？"

老头儿一想，也是，兄弟大了得分家。就把两个小子叫到跟前说："咱家的光景你们也知道，爹没置下多少东西，就几亩地和这点房子。家好分：地按好坏搭配着分，分房子时再搭配。"

老大问兄弟："咱爹说的中不？"

"中，中，咱们兄弟俩，你好了也等于我好，我好了也等于你好。"

就这样，兄弟俩按照爹说的把家分了。老人的病一天比一天加重，不久咽了气。兄弟俩从此就各支各的锅台，各过各的日子。

张勤这人从小爱劳动，又勤快。常说：聚宝盆家家有，就凭你劳动两只手。但他有一个毛病：花钱大手大脚的，不懂节俭。结果，日子也不见得好过起来。

张俭这个人，肚里有点文化，知道细着过日子，就是有一样不好：懒散。光知道吃得俭，穿得俭，一切都省着用，就是不知道勤劳。他每天早晨睡懒觉，晚上又早早睡了，胖得看上去挺富态。地里的庄稼种一葫芦打两瓢，日子过得一天不如一天。

这事被他们舅舅知道了，这天舅舅来了，把兄弟两个叫到一块儿说："张勤、张俭，都说说你们的日子是怎么过的？"哥哥张勤说："我会勤谨。"弟弟张俭说："我会节俭。""叫我看，你们兄弟俩合到一块儿吧，你在外边辛勤劳动，他在家里节俭着过，日子一定过得好上加好。"张勤、张俭仔细一琢磨：是这个道理。从此，兄弟俩又合了伙。一个辛勤劳动，一个细着花费，日子越过越富，慢慢成了远近有名的富户人家。

这就是"勤俭节约"这个成语的由来。

古今中外，很多有识之士都十分重视节俭，竭力避免生活中的奢侈和浪费。尤其是在对待自己子女的教育上，更是注重他们节俭品质的培养。

季文子是春秋时期鲁国重臣，他是当时执掌鲁国大权的三家大夫之一——季孙氏的杰出人物，手里握着大半个鲁国，权高位重。但是他行为谨慎，讲求节俭，生活上从不浮夸奢侈。他虽然身为重臣，却从来不准自己妻妾花钱打扮，连衣服都不许穿丝帛料子的，只能穿自己织的粗布衣裳家里驾车的那几匹马，只喂草料，一点也不许加粮食。

鲁国的另一家执政大夫孟叔氏，有个贵公子，叫子服宅。年轻人爱奢华，可不像父辈那么节俭，对自己的这位伯父季文子的行为颇不以为然，终于有一天按捺不住，耻笑道："先生贵为上卿，是我国的两朝老臣，可如今妾不衣帛，马不食粟。吃穿如此寒酸，你就不怕有损咱们国家声威呀？""我也喜欢豪华漂亮，我也懂得奢侈享受，"季文子说，"可是，我看见国中百姓，不少人还吃糠咽菜，破衣烂衫，我因此不敢放纵自己。百姓食不饱腹，衣不遮体，我去打扮妻妾，拿粮食喂马，这哪是国家重臣做的事？"最后，他掷地有声地说："我听说能为国争光靠的是伦理道德，国富民强，没听说用妻妾车马来为国增辉的。"事后，季文子又把这件事透露给子服宅的父亲孟献子，一向节俭的孟献子怒不可遏，整整关了儿子七天禁闭。子服宅闭门思过，终于痛改前非，厉行节俭。

节俭可以帮一个人走向成功，浪费只能让一个人变得懒惰和不思进取。节俭不仅是积累财富的一块基石，也是许多优秀品质的根本所在。节俭可以提升个人的品性，厉行节俭对人的其他能力也有很好的助益。节俭在许多方面都是卓越不凡的一个标志。节俭的习惯表明人的自我控制能力，同时也证明一个人不是其欲望和弱点的不可救药的牺牲品，他能够支配自己的金钱，主宰自己的命运。

我们知道一个节俭的人是不会懒散的，他有自己的一定之规。他精力充沛，勤奋刻苦，而且比起那些奢侈浪费的人更加诚实。

如果养成了节俭的习惯，那么就意味着你具有控制自己欲望的能力，意味着你已开始主宰自己，意味着你正在培养一些最重要的个人品质，即自力更生、独立自主，以及聪明机智和独创能力。换而言之，就表明你有追求，你将会是一个卓有成就的人。

懂得节俭才能创造更多的财富

节俭是致富的秘诀。一个人只有懂得节俭，才能创造出更多的财富。

19世纪石油巨头众多，最后却只有洛克菲勒独领风骚，其成功绝非偶然。有关专家在分析他的创富之道时发现，精打细算是他取得成就的主要原因。

洛克菲勒踏入社会后的第一个工作，就是在一家名为休威·泰德的公司当簿记员，这为他以后的数字生涯打下了良好的基础。由于他勤恳、认真、严谨，不仅把本职工作做得井井有条，还有几次在送交商行的单据上查出了错误之处，为公司节省了数笔可观的支出，因此深得老板的赏识。

后来，洛克菲勒拥有了自己的公司，他更加注重成本的节约，提炼每加仑原油的成本也要计算到小数点后的第3位。他每天早晨一上班，就要求公司各部门将一份有关净值的报表送上来。

经过多年的商业洗礼，洛克菲勒能够准确地查阅报上来的成本开支、销售以及损益等各项数字，并能从中发现问题，并以此来考核每个部门的工作。

1879年，他质问一个炼油厂的经理："为什么你们提炼一加仑原油要花1分8厘2毫，而东部的一个炼油厂干同样的工作却只要9厘1毫?"他甚至连价值极微的油桶塞子也不放过，他曾写过这样的回信：

"……上个月你汇报手头有1119个塞子，本月初送去你厂10000个，本月你厂使用9527个，而现在报告剩余912个，那么其他的680个塞子哪里去了呢?"

一分钟微不足道，但它是财富得以生长的种子。如果我们想拥有娇艳的鲜花，吃上新鲜的蔬菜，就必须播种，把种子播种在肥沃的土壤里，一心一意地培植。如果我们足够幸运，或许可以栽上一株就要长成的花，否则，我们非得去播种，才会有收获。

每一个硬币都是一棵财富之树的种子，是人人羡慕、人人渴望拥有的财富之树的种子。如果你幻想自己拥有一棵这样的树，如果你想年老的时候能够过上安逸的生活，从现在开始，认真地对待每一个硬币吧！

有两个年轻人，小 A 和小 B，都是刚毕业的大学生。有一天，他们在路上偶然相遇了，说起工作的事情，两个人都对未来充满了希望，他们来到纽约后，就开始不断地寻找机会。

有一天，两人同行时，有一枚硬币躺在地上，小 A 看也不看就抬着头过去了，而小 B 却毫不犹豫地把那枚硬币捡了起来。小 A 看着小 B 不由得露出了鄙夷的神情，心想："真没出息，一枚硬币也要捡，哪像干大事业的人！"

小 B 却想："看着钱白白地从身边溜走，怎么能成就事业呢？"

两个人又同时走进一家小公司。工作很累，工资也低，小 A 不屑一顾地走了，而小 B 却高兴地留了下来，努力地工作着。

小 A 换了一家又一家的公司，他在不断努力地寻找着机会。

两年后的一天，两人在街上相遇了。小 B 由于努力地工作，已经干出了一番事业，自己成了老板，而小 A 却仍然没有一份固定的工作。

小 A 很不理解地问："你是一个连硬币都捡的人，这么没出息，怎么可能做出一番事业来呢？"

小 B 说："像你这样的人注定不能成功，因为你连一枚硬币都不要，只是一味地盯着大钱，而大钱总是在明天啊！小钱都抓不住，怎么能抓住大钱呢？"

"如果他有一定的才华和头脑，"菲利普·阿莫说，"一个节俭、诚实和有经济头脑的年轻人根本不会走投无路，相反他会拥有很多财富。"当被问到什么品质使他成功的时候，阿莫说："我个人的看法，节俭是关键原因。我从妈妈的教育中获益匪浅，我继承了苏格兰先辈们的优秀传统。他们都很节俭。"

罗素·塞奇说："每一个年轻人都必须明白，除非他养成节俭的习惯，否则根本不能积聚财富。在开始的时候，即使节约几分钱也强过不做任何储蓄；随着时间的推移，他将会发现拿出一部分作为积蓄不是很困难的事，做起来易如反掌。那些能够这样做并且持之以恒的人将会有一个完美的人生。有的人总是悲叹自己没有变得富裕起来，那是因为他花掉了全部积蓄。"

懂得节俭才能创造更多的财富，青少年要想取得成功，不妨从培养自己节俭的习惯入手，从小事做起，从自我做起，为将来的成功奠定坚实的基础。

用实践来奉行勤俭的理念

在奢靡之风渐盛的今天，节俭已不再被一些人视为美德，在那些富而骄、贵而奢的人眼里，家境清贫者节俭，被讥笑为"穷酸"；家境富有者节俭，被讥笑为"守财奴"；高居官位者节俭，被讥笑为"傻帽"。"古人以俭为美德，今人乃以俭相诟病。嘻，异哉！"世风如此，令人不禁想起司马光之叹。

有人说我们现在的生活水平已经大大提高了，不用再节俭了。随着社会的发展和时代的进步，人们生活水平不断提高，消费观念也在不断改变。在物质产品日益丰富的今天，"食无求饱，居无求安"的传统观念已逐步退出历史舞台，消费至上、享受第一的思想观念渐渐粉墨登场。但是我们更应该看到，汹涌而至的消费浪潮，使人们的视线都集中到只知享乐上，因此不劳而获的事情就不断地发生。人一旦沉迷于这种生活方式，贪婪、攀比、从众、追时髦、喜新厌旧等等就会随之而来，谓之穷奢极欲，而这就是一切罪恶的因缘。而节俭却可以让我们如出淤泥而不染的荷花，谓之俭以养德，让我们在物欲横流的社会，保持一颗纯净的心。奢华虽然给人一种繁荣、热闹，但是这种繁荣的背后却是一种难言的荒凉。而节俭却能让人平静、让人豁达，给人的是一种人格的魅力。

晏子是春秋时期齐国著名的政治家，虽然他当宰相多年，但生活一直十分节俭。平常只是穿一件有几个补丁的旧袍子，补丁的颜色与袍子的颜色也极不协调，看上去十分刺眼。

有人问他："您身为宰相，衣服这么破了，为什么不换一件新的呢？"晏子笑着回答说："衣服是为了挡风御寒的，何必穿得那么豪华呢，这件袍子虽然旧了一点，可穿在身上一点也不觉得冷，何必要扔掉它呢？那不是很可惜吗？"

晏子不但品德高尚，还特别善于治理国家，因此齐景公极为尊重他。晏子住的房屋也十分简陋，齐景公知道后，就想给他建一座新的，于是他便将这个想法告诉了晏子。

晏子急忙回答说："大王，多谢您对臣子的关心，可是我的祖辈一直在此居住，跟他们相比，我很平庸，没有理由去住豪华的房子。再说我家附近就是市场，买起东西来也比较方便。我在这里居住感到十分的惬意。"

齐景公一听，顿时对这位节俭质朴的臣子肃然起敬。没过多久，齐景公就趁晏子出使晋国的机会，派人将他的那座破旧房屋修建一新了。为了改善房子四周的环境，官吏们还强令周围的平民统统搬往别处。从晋国回来，晏子发现自己的旧房子不见了，四周的居民也不见了，他马上明白了其中的原委。

于是他赶紧到宫中去拜见齐景公，并再次陈述自己的想法。紧接着，他便吩咐手下将新房拆掉，恢复原来的模样。同时，他还派人请原先的邻居搬回原来的住处，并挨家挨户地亲自去道歉。

回到家之后，晏子再三嘱咐家人："我活着要和这些平民百姓住在一起，跟他们一起生活，死了之后，也要跟他们为伴。"晏子去世时，家人按照他的愿望，将他安葬在自家那简陋的院子里。

晏子的勤俭节约的精神，让人敬佩。节俭往往涉及自己的利益，好像是对自己的苛刻，所以也就成了"纸上谈俭"。因此，每一个青少年都要克服这种思想，用切切实实的行动来奉行节俭的理念。

这里给广大青少年朋友介绍一种既能拯救自己又能节约的方法，那就是经常给自己的收支记账，按月份和类别，简单记录每天的开支情况，合理分配生活费用；将生活费用按所需分成若干部分，留一部分做课外学习辅导，留一部分做后备资金。这样，一个有秩序、有条理的人能事先知道他需要什么，之后就会用必要的手段来获得它。他的预算就会平衡，他的花销也可以保持在收入线以内。养成记账的习惯，很显然可以知道自己把钱花在了什么地方，是该花的还是不该花的都一清二楚，而且慢慢地也就养成了该花的花、该省的省的好习惯。

另外，青少年也可以开一个个人储蓄账户，采用跟银行约定的零存整取的方式，每月定期从生活费中拿出几十元存入银行，或者将每个月用剩的钱全部存入银行，这样一学期下来也有不少的结余。这种零存整取的方式对学生存钱有一定约束力，也有利于养成节俭的好习惯。

钱应用在点子上

如何将钱用在点子上，也需要智慧。花钱不能简单地理解为消费，更不能看成是挥霍，它同时也包含着投资的意思。可以说，从如何花掉一元钱中，都能看出你对金钱的认知态度，反映出你的钱商的一个侧面。

按照泰森自己咬牙切齿的说法，经纪人唐·金骗走了自己总收入的三分之一；第二任妻子莫尼卡为了离婚的赡养费几乎把自己榨干；那些和自己各种龃龉官司有关的人，包括律师和受害人，都从他身上捞足了油水。而媒体普遍认为，归根结底，奢华糜烂、挥霍无度的生活，平时出手太过阔绰，才是其迅速破产的重要原因。

拳王泰森有着几亿美元的身家，在鼎盛时期所积累的财富，是一个普通美国人需要工作七千六百年才能拥有的。但他最后也因为 2700 万美元的债务不得不申请破产，实在是令人难以置信。泰森在一年时间里光手机费就花了超过 23 万美元，办生日宴会则花了 41 万美元。他想到英国去花 100 万英镑买一辆 F1 赛车，后来弄明白 F1 不能开到街道上，只能在赛场跑道里开才作罢，最后把这 100 万英镑变成了一只钻石金表，可才戴了不到十来天，就随手送给了自己的保镖。甚至动辄有几万、十几万美元的巨额花费，连自己都搞不明白去处。

可见，用不到点儿上，即使你拥有多少财富，也将流失殆尽。

青少年朋友也许都做过诸如"给你 100 万，你怎么去花"的测试题，其实这是对你的钱商的一种检验。有的人觉得这是意外之财，不花白不花，花了也白花，于是就在很短的时间内挥霍一空，最后又变成一文不名的穷光蛋，甚至还因此欠下了债。有人也意识到这是意外之财，但他懂得钱能生钱的道理，重视这个天赐良机，用这 100 万在不长的时间里又挣了 100 万，结果将原来的 100 万归还给别人之后，拥有了自己的 100 万。这才叫会花钱。

中国人讲"把钱花在刀刃上"，就是如何实现金钱的价值最大化的意思。中国人习惯于贫困的生活，一向主张勤俭节约，反对奢侈浪费；另一方面又爱面子，讲排场，出手时很大方慷慨；但终其一生也没有积累下什么资产。这是传统小农经济条件下的消费观念。

如今，校园里许多青少年不懂得把钱花在点儿上，跟起了"高消费"的流行风。

1. 吃。很多同学一日三餐保证丰富之外，又增添了第四餐、第五餐。于是，校园内外的商店里堆满了五花八门、包装精美的小食品，让人看了眼花缭乱。据报载，某校的小卖部门口每到下课就挤满了学生，还有一些校园"款哥、款姐"，吃不惯学校的大锅饭，经常下饭馆吃小灶，一顿花去几十元甚至上百元，可谓是挥金如土。

2. 穿。有些同学课下聚在一起，谈论的不是功课，也不是难题，而是一个个脱口而出的名牌：阿迪达斯、彪马、开拓、耐克、金利来、鳄鱼、老人头等。上千元一件的皮衣，四五百元一身的套服，两三百元一双的皮鞋，在当今中学生中已不足为怪。

3. 玩。如今"圣诞节"、"愚人节"已经成为我们必过的节日，"生日 Party"的火爆程度更是众人皆知。"Party"的形式更是多种多样，最常见的是请朋友到餐馆吃一顿，酒足饭饱后，还要请大家一起去娱乐一番，溜冰场、电子游戏厅这时就成了最受欢迎的地方。这样一个生日下来，花去几百元也不足为怪。

4. 名目繁多的礼尚往来。我过生日你送我一张音乐卡，你过生日我便不能再送贺卡，转而赠送精美的小礼物。下一轮便须打破上一轮的记录，变成你送我一只三四十元的小狗熊，我送你一个五六十元的大洋娃娃，出手越大方，友谊越牢固，情义无价。

这种现象实在令人担忧。青少年不了解钱的价值，不懂得工作的辛苦，在大人的宠爱下，养成乱花钱的习惯，这有可能会给他们的将来埋下祸根。

而今的中国人生活大为改善，更有一部分家庭进入富有阶层。有了钱，但要懂得节制，不能"有求必应"。中国有句俗话：富不过三代。意指第一代创业，第二代守业，第三代败家。从小在钱堆里长大的青少年，会过度重视物质享受，爱慕虚荣，缺乏刻苦奋发的毅力和精神，在现代社会无情的竞争与太多的诱惑面前，他们极易被淘汰。

青少年朋友如何把钱用在点子上呢？

1. 无论我们年龄多大，也无论家庭经济条件如何，我们在使用零花钱方面，一定要有所节制，把钱的数额控制在我们有能力支配的范围之内。一般来说，零花钱的数额并没有一个定数，要根据我们的日常消费来预算。这些开支大多包括买零食、午餐费、车费、购买学习用品等费用。

2. 尽量不和同学、朋友攀比，我们应坚持自己的个性。

3. 不盲目买名牌，跟潮流。真正的品位并非外表华贵。

4. 可买可不买的物品，就下定决心不买。

5. 学会精打细算、货比三家。

会理财的人，用金钱为自己服务

提到金钱，有人视之为万能之药，也有人视之为万恶之源。毕业于哈佛的文学家詹姆斯说："人类的一切罪恶不是源于金钱，而是源于人们对金钱的态度。"金钱本身并没有罪过，它只是人们谋生的手段，是交易的中介，而绝不应该成为人的主宰。占据大量的金钱，不代表你一定幸福，也不能代表你活得就有价值。而真正能够让自己活得自在、安宁的方法是善用金钱，让金钱为自己的幸福铺路。

正处于青春期的孩子们，只有树立正确的金钱观，不让钱财遮住自己的眼睛，合理利用手边的金钱，才能让自己收获真正的幸福。但青年人理财的现状却令人担忧。

据一项调查显示，上海 92.8％的青少年存在乱消费、高消费的现象，具体表现为花钱大手大脚、盲目攀比，消费呈成人化趋势；93％的学生缺乏现代城市生活经常触及的基本经济、金融常识，甚至不清楚银行信用卡的服务功能，不知道银行存款的利率等等。类似问题在其他城市也比较突出。这反映出青少年的理财观念尚未形成、理财能力不强等诸多问题。一位专家说："理财应从 3 岁开始。"理财并非生财，它是指善用钱财，使个人的财务状况处于最佳状态，从而提高生活品质。生活中，青少年在理财方面最容易犯以下这些错误：

1. 如果手中有几百元，他们就觉得富裕了。

2. 储蓄对他们来讲并不重要。

3. 花掉的要比储蓄的多。

4. 只能节省一点购买小件商品的钱。

5. 认为钱的能量并不很大，而且没有多少潜力可挖。

6. 花钱从来不做计划。

7. 不能正确地使用活期存款账户。

8. 不恰当地使用信用卡。

9. 从不了解钱的时效价值。

10. 现在享用，以后付钱。大多数青少年对钱的认识不够，没有忧患意识，眼前只知享受，认为以后会由父母把钱送到自己手上。

11. 没把钱当回事。不少青少年总以为家长有的是钱，每天都能有大数目的零花钱，所以买东西从不考虑价格。

12. 买东西时，把身上的钱花个精光。

13. 向广告看齐。许多青少年的早餐，不是"好吃看得见"的方便面，就是"口服心服"的八宝粥，他们不论是吃的还是用的都向广告看齐。

14. 向大人看齐。看见大人们经常泡桑拿、吃麦当劳，他们感到一种气派，于是心生羡慕，也学着去进行高消费。

15. 向明星看齐。据一家美容店老板介绍，她曾遇到不少崇拜明星的中学生来美容美发，常常甩出 100 元的人民币。

16. 许多青少年在钱花掉之前，已经有过数次的购买欲望。

17. 买了许多东西，但很少有令他们长期满意的。

18. 滥用别人的钱。

19. 只在花钱时他们才有一种满足感。

在美国石油大亨洛克菲勒给儿子写的一封信中有这样几句话：

"有一点你要记住，财富不是指人能赚多少钱，而是你赚的钱能够让你过得有多好。""不懂得控制开销的重要性，就必须付出很大的代价。""控制开销不能让你一夜之间或一年之内致富，但它所构建的是你未来的财富。"

理财要做到心中有数，要学会记账，明白家庭里的开销和支出情况，规划自己的理财目标、计划等。不少青少年由于在中小学时对理财所知甚少，等到他们步入大学的校门，理财能力的匮乏依然不能让家长放心。

想成为理财好手，其实也很简单：

1. 了解储蓄基本原则——配置自己的零花钱。可以将钱分成三份，第一份的钱用于购买日常必需品；第二份的钱用于短期储蓄，为购买较为贵重的物品积攒资金；第三份的钱作为长期存款放在银行里。

2. 减少开支。花钱应懂得克制，根据自己的家庭环境来考虑自己的消费水平，并向父母申请一定的日常零花钱。

3. 准备一个理财本，学会定期整理，做到收支平衡。

4. 与父母一起筹划家庭的金钱计划。例如假设家里要过一个重要的节日，怎么在有限的时间内安排，哪些东西是必须买的，哪些东西是次要的，该花多少钱，怎么购买。并自己设计一张预算表，从中引导自己规范花钱的方向及适度使用钱财。

5. 平时打工挣钱省下一半来，充当一部分学业开销。英国戏剧家萧伯纳曾经说过："其实世界上没有传奇，只有不为传奇而努力；其实赚一亿并不难，难的是让理财方式适合自己。"确实，赚一亿并不难，难的是学会一种适合自己的理财方式。

金钱会伴随人的一生，而成功理财能力的获得将会让人终生收益。因此，学着从支配自己的零花钱开始，培养自己的理财能力，这样才能做一个明明白白的人。

树立正确的金钱观

现实生活中，许多青少年或者是因为不满足，或者是因钱而导致朋友的纠纷，感情的背离，或是因为钱已够多而失去了目标。总之，他们对钱又爱又恨，没有钱烦恼，有了钱不一定就会得到快乐。

温哥华的一个普通建筑工人赖维奎尔，在 1986 年中了 760 万美元的彩券。当年他发横财的时候其他人正在失业，在一般人的眼里，赖维奎尔真是走了大运，有了这么多钱，他一定快乐得不得了。然而事实是，赖维奎尔不仅没有得到快乐，反而陷入了烦恼与不幸。自从赖维奎尔中了彩券后，他就再也没见过自己的女儿，而且好多亲朋好友也都离他而去，原因是他没有把这一大笔天降横财分给他们。赖维奎尔说："我现在要什么东西就可以买什么东西，但除此以外，我比其他任何人还要痛苦……有了这一大笔钱，我反而成了忌妒和仇恨的对象，人们不愿和我接近，我也时刻在担心有人接近我只是为了钱，我累极了……我买不到人心。有朋友就是有朋友，没有就是没有，爱是买不到的，爱一定要建立在真诚平等的基础上。"

在如何对待金钱的问题上，经常有两种极端做法。有些人只认钱、不认人，他们的唯一目标就是金钱，金钱成了支配他们生活的最重要的因素。

还有另外一个极端，这是一些在任何情况下都绝不希望成为守财奴的人士。只要可能，他们总是避免和金钱发生关系。他们把其他事物置于铜臭之上，例如人与人之间的关系、家庭、健康、精神生活、温情。反正这种类型的人总是尽量回避"金钱"这个题目，收到的账单不开封，银行账单看也不看，绝对不谈论金钱。

这两种做法都过于极端。我们必须明确，金钱对我们到底有多么重要，我们需要为此付出多少时间。我们必须学会把金钱变成我们生活中的助手。

生活中，不少青少年要么花钱毫无节制，如流水一般；要么小气吝啬，如一只"铁公鸡"。

凡吝啬的人都是金钱的奴隶，而不是主人。对这类人来说，唯有金钱、财物才是最为重要的。他们一般都不懂人与人的感情。他们不懂得亲情，不懂得友谊，不懂得人与人之间的感情，若是有的话，也要以金钱的标准去衡量。一般的处世原则是，认钱不认人。即使是家人，亲爱者，也始终毫不含糊，"账"总是算得清清的，为了金钱有的甚至达到了"六亲不认"的程度。

吝啬者"小气"、心胸狭窄，在他们身上很少体现亲情二字，所以其内心世界是极其孤独的。尤其是当他们有难的时候（譬如在病中），他们才会感到缺少感情支持的悲怆，才会感到因为吝啬而失去的东西实在太多了，才会充分感觉到金钱的真正无能。

富勒一心想成为千万富翁，而且他也有这个本事。多年打拼之后，他拥有了一幢豪宅，一间湖上小木屋，几千亩地产，以及快艇和豪华汽车。但问题也来了：他工作得很辛苦，常感到胸痛，而且他也疏远了妻子和两个孩子。他的财富在不断增加，他的婚姻和家庭却岌岌可危。

一天在办公室，富勒心脏病突发，而他的妻子在这之前刚刚宣布打算离开他。他开始意识到自己对财富的追求已经耗费了所有他真正珍惜的东西。他打电话给妻子，要求见一面。当他们见面时，他们热泪滚滚。他们决定消除掉破坏他们生活的东西——他的生意和物质财富。

他们卖掉了所有的东西，包括公司、房子、游艇，然后把所得收入捐给了教堂、学校和慈善机构。他的朋友都认为他疯了，但富勒从没感到比此刻更清醒过。

接下来，富勒和妻子开始投身于一桩伟大的事业——为美国和世界其他地方的无家可归的贫民修建"人类家园"。他们的想法非常单纯："每个在晚上困乏的人至少应该有一个简单而体面并且能支付得起的地方，用来休息。"美国前总统卡特夫妇也热情地支持他们，穿上工装裤来为"人类家园"劳动。富勒曾有的目标是拥有 1000 万美元家产，而现在，他的目标是 1000 万人甚至更多人建设家园。目前，人类家园已在全世界建造了 6 万多套房子，为超过 30 万人提供了住房。富勒曾为财富所困，几乎成为财富的奴隶，差点儿被财富夺走他的妻子和健康；而现在，他是财富的主人，他和妻子自愿放弃了自己的财产，而去为人类的幸福工作，他自认为是世界上最富有的人。

由此可见，善用金钱，你就会获得幸福和宁静。

对于金钱，青少年朋友应树立正确的观念：珍惜每一分钱，将它用在点子上。大手大脚、挥霍浪费只会损害你的将来；既不回避、鄙夷它，也不贪婪、吝啬，应保持平常之心；成为罪恶之源，还是人生的好帮手，钱的作用取决于你的驾驭之法。

下 篇

一个好家庭胜过
100 所好学校

从理念更新到方法升级——家庭教育的
"二合一"时代

教师被誉为"人类灵魂的工程师",其实,父母更接近这个崇高的角色。同一个班的孩子可能参差不齐,但一个家庭里的孩子,往往更趋向于整体的优秀和整体的平庸。父母的教育比教师更能塑造人,影响人。

但我们常有"不识庐山真面目,只缘身在此山中"的感慨,天天肩负教育责任的父母,却往往把自己当成了"外行",误认为树人是学校的责任;也有一些看重自己教育身份的父母,沿袭着上辈人教育我们的做法,让孩子像自己当年那样"糊里糊涂"就到了成家的年龄。

无论是为了唤醒那些太投入养育而忽略教育角色的父母,还是为了帮助那些有教育意识却没有教育方式的父母,我们都有必要发出一阵呼声,让家长们认识到自己应该说什么,做什么和怎样做。

父母身上有一个极容易被忽略的教育优势:在孩子成长的敏感期内与他(她)朝夕相处。在陪伴孩子成长的过程中,父母可以清楚地看到孩子变化的每一个细节。在日常的生活中,父母的言行举动都在潜移默化地影响着孩子,这些细节上的影响,会形成孩子日后待人处事的潜意识中的标准,可以说,父母的高度决定了孩子人生的宽度。

诚然,孩子是属于家长的,而孩子将来也更加属于这个社会,没有父母希望自己的孩子会被社会抛弃,也不希望自己的孩子只能做一个社会财富的消耗者。孔子说"以不教民战,是谓之弃"。拿军队来打比方,如果没有训练他们就带出去打仗了,那相当于让他们送死。一个孩子没有接受过教育就被推向了社会,那无疑是另一种"弃儿"。

很多父母抱怨现在的孩子太难管教:多元化的信息社会使孩子越发有自己的主见,他们敢于证明自己的与众不同,同时也敢于向父母的权威挑战。无法逾越的代沟、不可理喻的叛逆、对生活的懈怠、心灵的空虚,这些都形成孩子与父母交流的障碍。的确,时代变了,我们的教育方式也要从过去的"粗放型"向现在提倡的"精细型"转变,如今出现的"好妈妈"、"好爸爸"、"培养男孩"、"培养女孩"等等教育的新提法,就是精细教育的体现。如果父母还像从前一样把孩子看做是自己的附属品，教育的方式永远停留在说教的阶段，结果会很明显——不是父母被淘汰，就是孩子被淘汰。

那我们作为父母，究竟要教给孩子什么？要用什么样的方法来教？用什么样的心态来教呢？大多数的父母不知道教育成功的标准是什么，谈及教育时有满腔热情，又不知从何下手。

教育并不是单纯地付出。怎样让孩子接受自己的建议，如何让孩子向着自己心目中最好的目标走去。这其中，需要父母反思自我，也需要父母修养自我。要想栽培娇嫩的花朵除了需要细心、耐心，还需要方法和技巧，同样的道理，学会了教育技巧的父母就如同技艺不凡的园丁，一步一步地引领着孩子，耐心地扶持。

单向的教育方法已经无法满足现代社会的需要，成功的教育方式应该是能互补，也就是一种"二合一"式的教育思路，简单地说来就是教育理念上多一个"＋"。

"＋"是父母的配合。不管父亲还是母亲，都在孩子的人生中起着至关重要的作用，父亲的影响力和母亲的亲和力，是孩子成长中的两种力量。也许，一所好的学校能够帮孩子进入理想的大学，但一个好的家庭，能够让孩子走进好的人生中，拥有好的心态、习惯等等，父母的教育远比学校教育更加持久。

"＋"是姿态平等。父母不再是绝对的权威，在教育孩子的过程中，父母不能仅仅考虑到自己的感受，而且还要考虑到孩子的需要，照顾到亲子双方的感受，达到一种势力的均衡，使沟通更快捷更高效。

"＋"是注重能力。父母对学习能力的重视要远大于学习成绩，孩子的创造性可以通过学习之外的渠道体现，得到培养。父母只要发展孩子的兴趣，站在孩子的身后默默支持他，孩子自己发挥出来的潜能，会高于父母的期待。

"＋"是树立信念。我们不仅要给孩子生存的技能，更要给孩子生活的动力和精神源泉，我们的孩子不再是那些挣扎在生存线上的人，他们将来会有比我们更好的人生，也需要比我们更多的精神支持。在父母执行的教育方式中，还有一种积极向上的精神，也传达给了孩子，让他成长的不仅是身体，还有心灵。

我们不仅仅追求有效的教育方式，更追求能塑造健康人格的教育精神，所以提出了一个家教"二合一"的概念。在后文当中，我们将一些概念上相近或者相关的教育关键词组合在一起，希望父母在教育的时候，能够同时从多个方面去考虑，尽可能避免由于单一的教育思路给孩子造成的局限。

第一章　父母是孩子灵魂的设计师

没有爱坏的孩子，只有教坏的孩子

有位妈妈曾经这样说自己带孩子的经历："我的儿子还小的时候，晚上睡觉经常会踢被子，我很担心他会在半夜冻着，所以在晚上睡觉的时候自己只盖薄薄的一层，半夜自己冻醒了之后就到儿子那里去看一眼，帮他把被子盖好我再安心去睡觉。"

很多父母看到这里想必都会很有同感，孩子的一切几乎都占满了父母的心。可怜天下父母心，疼爱孩子是人之常情，但是如果当有一天我们发现自己深爱的孩子并不领会我们的一片苦心，甚至会做出伤透父母感情的举动。我们父母究竟是哪里做得不对呢？

一家幼儿园开展德育教育培训，在活动的最后一天请所有的小朋友上台来发表自己的心得。有个孩子上台就这样讲："通过这几天的学习我终于明白了什么是孝顺，原来做人要孝顺。"他的母亲坐在下面听到孩子这样讲，还是很欣慰地落下了眼泪。这句话很值得大人的反思，为什么这么本分的道理，孩子竟然不懂呢？

相比之下，我们和古人在这一方面实在是有太大的差距。根据史书上的记载，东汉的黄香在九岁的时候就懂得很好地照料父亲，夏天来了，晚上他会用蒲扇把席子扇凉再请父亲入睡，冬天的时候，他会用自己的身体把被子温热了，然后再请父亲入睡。有的父母听到这个故事，会说："我的孩子要是能这样，我会笑着死的。"

孩子就像是一块璞玉，要经过切磋琢磨才能发挥出光泽。如果我们做父母给孩子的只是无原则的疼爱而不是雕琢，相信最后的结果一定是两败俱伤。

一天早上，玲玲又起晚了，妈妈催促她赶快刷牙，一边帮她收拾东西，还把早餐做好摆在桌上。玲玲匆匆洗漱，在桌上胡乱吃口东西拔腿就要去上学，临走时发现水壶忘记拿了。妈妈这才想起来，忙了一早上，忘了帮她装水，于是赶快把水壶里的水灌好递到玲玲手里。这时，玲玲很生气地对妈妈讲："我上学要迟到了，都是你害的！"

看这个小家伙，把本来属于自己分内的事情都推脱给别人，还理直气壮地怪罪别人。面对这样的情况，很多家长真是束手无策，只得暗暗抱怨："这孩子啊。"但是很少有家长会反思是不是自己的问题，是不是帮孩子做的太多了，反倒让他们觉得心安理得。爱孩子并没有错，一个孩子成长在充满爱的环境中，相信将来一定会利于他健全的人格，关键是如何去爱能制造出最好的效果，这就需要家长们的修炼了。

中国自古最为重视的就是教育，有优秀的后代才会有兴旺的家庭，国家也才会有希望。教育，可以说是中国历史上的一个宏大的主题。

在中国古代，除了皇宫，只有两种建筑的等级是最高的，一个是寺院，另一个就是学校。而在古代的寺院也相当于现在的讲坛和国家图书馆，其实也是在起到教育的作用。

中国古代讲"礼乐治国，诗书传家"，即便是人们娱乐用的戏剧，所表达的题材几乎都是教育的主题。教育，是贯穿中国古代社会的一条主线。流传至今有大量的治家格言、教子庭训、名人家书，无不是说明了教育的重要性和必要性。

有些家长觉得教育是由幼儿园和学校来负责的事情，自己只要努力工作，为孩子创造最优越的成长环境就够了。家庭是对孩子教育的第一站，很多家长由于工作忙碌，把年幼的孩子委托给保姆来带，这是极大的失误，不仅与孩子的感情疏远，而且主动放弃了教育孩子的大好机会。

育才方案：给孩子的精神"断奶"

依赖是心理断乳期的最大障碍。当孩子进入青春期后，他已经具备了一定的独立意识，但对别人的依赖仍常常困扰着他。随着身心的发展，他要面对的问题，承担的责任将越来越多。有些人感到胆怯，于是他们讨厌成长，向如同儿童依赖父母一样去依赖别人，这样往往不能形成自己独立的人格。他们容易失去自我，遇到问题时，时常祈求他人的帮助，往往人云亦云，优柔寡断，丧失自我主宰的权利。

依赖心理产生的根源在于父母的溺爱。现在的父母对子女过度保护，一切为子女代劳，他们给予子女的都是现成的东西，使得子女养成了"衣来伸手，饭来张口"的习惯。当他们走向社会后，就会觉得别人也应该理所当然地给予他，关心他，让他可以去依靠。

孩子的依赖心理如果长时间得不到纠正，发展下去有可能形成依赖型人格障碍。出现恐惧、焦虑、担心、缺乏安全感等一些负面情绪，严重影响人际交往和学习生活。

一个已经在上高中的学生，还要他的妈妈为他去拉抽水马桶，不是不会拉，而是每次都懒得动手，后来，他去了美国。他从那里回信说：由于妈妈多管"闲事"，几乎毁了他的前程。

一位已经上了大学的女孩子，喜欢吃鱼，但不喜欢择刺儿。据说她妈妈"喜欢"择刺儿，而"不喜欢"吃鱼。于是母女多年来就成了理想的"搭档"。后来，她到了一个盛产鱼的国度。她从那里回信说，正是妈妈的"喜欢"帮助，几乎剥夺了她维生的"技术"。

溺爱实际上是一种低层次的爱，对孩子真正的爱其实是一种理智的爱。表面上是爱，其实是父母毁灭性的举动。在溺爱中成长的孩子会有很多缺陷，比如他喜欢追随别人、求助别人、人云亦云，在家中依赖父母，日后在外面宁愿依赖同事、依赖上司，也不愿自己创造，不敢表现自己，害怕独立。这都意味着他的人格还没有趋于成熟和健全。

夏洛特·梅森：家庭是教育孩子的第一站

夏特洛·梅森是英国著名的教育家，被誉为是"家庭教育之母"。她强调"教育是一种氛围，教育是一种训练，教育是一种生活"。就整个社会而言，最重要的工作就是抚养和教育儿童，在家庭中尤其应当如此，任何事业上的提升和尊严都不能代替家庭教育的地位。因此，父母要与孩子一同长大，引导他一点点地走向独立和成功，首先就是要创造健全的家庭环境。

梅森博士还强调，幼年时期是孩子生命中最重要的阶段，家长的主要职责是让孩子养成良好的性格。她告诫为人父母者，为了养成孩子良好的习惯，做父母的不可以专制，不可以对孩子漫不经心，不可以枯燥地说教，而应是民主的、温和的、公正的、宽大和善的，父母应更多地给予孩子表扬，而不是批评。

"孩子是船，家教是帆，家庭是孩子成功的港湾。"家庭既是孩子的第一课堂，也是终身课堂；家长是孩子的第一任教师，也是终身教师。想成为一名优秀的家长首先要不断提高自身素质，切实做到身教重于言教，以达到润物细无声的目的；其次要了解孩子在各年龄段的生理和心理特征，特别是个性特征，学会尊重孩子，选择有效的教育方式、方法，高瞻远瞩，不断激发孩子成功的动力；除此之外，家长还要努力创建和谐的家庭氛围，让孩子幸福愉快地成长。父母是人生涉世的第一师。家庭教育，特别是家长有意识的教育，对子女道德品质的形成和身心健康成长起着重要的作用。

1749年8月28日，歌德出生于莱茵河畔的法兰克福。他出生便家境殷实，父亲曾为莱比锡大学法学博士，当过地方官。母亲是法兰克福市长的女儿，一位典型的贤妻良母，爱好文学。

歌德4岁开始跟随父亲读书识字，并且跟随家庭教师学习多门外语。7岁编出饶有诗趣的《新帕利斯》童话，8岁就能阅读德文、法文、英文、意大利文、拉丁文、希腊文等多种文字的书籍，14岁创作剧本，25岁发表了一部用时四周完成的小说《少年维特之烦恼》，后来风靡全球。歌德早年的成就让世人给他"天才"的称号，但是真正让他卓尔不凡的，还应归功于良好的教育环境带给他的快乐童年。

从歌德出生开始，父亲就有了一套自己的教育方式。当歌德还是婴儿时，父亲就抱着他去郊外散步，有意识地让他接触自然。在路上，父亲总是耐心地给小歌德讲解遇到的各种事物，培养他的观察能力和认识能力，使歌德获得不少自然知识。后来歌德专门研究过自然科学，并撰写有关植物形态学和颜色学的论文。歌德一生都保持着对自然科学的浓厚兴趣。在父子俩休息的间隙，父亲为歌德朗诵歌谣。这些歌谣既好念，又易为儿童接受，每次外出歌德都能背上一两首。随着外出次数的增多，歌德的口语能力也不断提高。歌德稍大一些，父亲带他到各地旅游，每经一处，父亲总是讲讲当地的历史、风土人情。如果旧地重游，要求歌德将所知内容复述一遍，以加深记忆。旅游开阔了歌德的眼界和见识。

母亲平时喜欢给歌德讲故事，但是她的故事并不同于书上的那种来龙去脉清晰的故事，而是每讲到关键处，小歌德正听得津津有味，她就停下来，要孩子自己设想下面发生的事。如果猜得不对，也不说出答案，就让他继续想，直到找出合理的答案为止。

歌德的父母经常鼓励孩子与邻家的同龄人共同学习。他们一起做诗，在星期日聚会品评诗作，歌德的诗总是得到伙伴们的赞扬。他们还举办演讲活动，小歌德站在椅子上，面对家庭的亲朋好友们时，一开始有些紧张，但很快就变得口齿伶俐、声情并茂，极富感染力。

外祖母也是歌德的好伙伴，她请人在家中演木偶戏，还送给歌德一套表演浮士德故事的木偶戏玩具。歌德和其他孩子精心排演这个剧目，分配角色、背诵台词，很快他们又决定自己动手给木偶做衣服、装饰，自己编剧本排演。

在歌德晚年的回忆录中，他曾经这样写道："这种儿童的玩意和劳作从多方面训练和促进了我的创造力、表现力、想象力以及一种技巧，而且是在那样短的时间，那样狭小的地方，花那样小的代价，恐怕没有别的途径能够有这样的成就了。"他一直非常赞成并感激父母的教育方式，因为正是由于父母亲人的陪伴和启蒙，才得以将他的潜能充分地开发，才为他日后的成就铺就了道路。

育才方案：想方设法让孩子高兴

"玩"是孩子与生俱来的天分，通过玩，可以启发孩子的观察力、想象力与创造力，而大人还可以借此了解孩子的想法、和其他幼童的互动模式是否正确、游戏的安全等，更进一步导引和启发孩子更多的思考点。与生俱来，每个孩子都爱玩，也几乎曾经都因为玩耍而闯下大祸、小祸，遭到大人的呵斥与责罚。"我家孩子太爱玩了！真头痛！"当您因为孩子与生俱来的"本事"而大伤脑筋或感到麻烦，甚至担忧他因此耽误学习、跟不上别人时，其实，您极有可能弄错方向了。

上天既然赋予每个孩子玩耍的本能，自然有其用意。看看那些生来缺陷的特殊儿童，如脑性麻痹、自闭儿、智障儿及其他疾病的儿童等，即使老天剥夺了他们部分的能力，仍然仁慈智慧地保留了他们"玩耍"的权利。"玩耍"是每个孩子的天赋特权，我们不仅不应该抱怨或剥夺，还要感恩而且善加利用。

陪孩子玩耍是父母责无旁贷的功课。大人陪孩子一起玩耍的基本守则，应该要建立在与儿童的"对等平视关系"上，而并非传统的上对下的观点，孩子才是游戏互动关系中的主角。

陪孩子玩耍，除了创造多元机会与空间，更应确切掌握幼儿的听觉与理解特性。许多爸妈会用"大人"的角度，和"小孩"互动，间接或直接安排甚至命令孩子怎么做、怎么玩、玩什么。其实小孩就是小孩，并不是"小大人"，他们是独立的个体，也拥有自己的想法，像是一个隐藏的"神秘宝盒"，我们只能逐步开启和循序引导，不能掌控和左右。

还要鼓励每位父母，趁孩子学龄前的"黄金时光"，多陪陪孩子，不仅要陪他尽情玩耍，还要玩得有方法、有技巧。多陪他听音乐、学说话、学沟通，而且要学原生母语。当我们找到开启童心的魔法钥匙，每个大人都可以再变回孩子，重新陪你的孩子再享受一次美好幸福的童年。

十全十美的人是不存在的——放弃苛求，才能开始真正的教育

每一个父母都希望自己的孩子能十全十美，这只是一种良好的愿望，孩子肯定会存在着一些不足，胆大的孩子往往是粗心的，谦虚的孩子往往是柔弱的，直爽的孩子往往是不顾及别人的，这些都需要父母来体谅，并且以一个正确的态度来帮助孩子。如果因为孩子的某些缺点而嫌弃的话，不仅会伤害孩子的自尊心，同时也是做父母的失责。

在一间产房里，一个产妇生下了一个婴儿，等产妇清醒过来时，她向医生要求抱抱孩子。医生沉痛地看着她："夫人，我们希望你能挺住，虽然这难以令人接受。""他死了？"产妇吃惊地问。"不，他没有死。但是孩子有缺陷，他的发育不完全，他没有下肢！"产妇愣了一下，然后坚决地说："把他抱过来！"医生小心翼翼地把孩子抱给了她，几乎不忍看她的表情。"天啊！他多漂亮啊！我一定要把他教育成最优秀的孩子！"产妇惊喜地叫了起来。时间一年年过去了，那个孩子坐在轮椅上踢足球、演讲，上了重点大学、出书……他果然成了一个优秀的青年，他的名字叫乙武洋匡，是一位身残志坚的残疾人。

只要父母对孩子不放弃希望，就能相信一切障碍都可以逾越。在日常生活中，很多父母会对令他们失望的孩子说"你怎么这么笨"、"当初就不该生下你"这类伤害孩子的话，也许做父母的说完就忘了，并不记在心上，而对孩子来讲，无疑是给他们的心打上了深深的烙印。这样如何让孩子感受到父母对他的爱呢？

周婷婷从小就双耳失聪，又聋又哑，但她的父亲从没有对女儿放弃过，为了让孩子和别的小朋友一样正常地学习生活，爸爸没少费心。小学的时候，由于听不明白老师讲课，婷婷的数学非常糟糕，但是父亲一直在鼓励她，帮助她树立信心。有一次，爸爸给婷婷十道数学题目，而婷婷只做对了一道题，

父亲显得很高兴，对她说："你真是太优秀了，这么难的题目竟然做出来一道，将来一定能学好数学。"等到后来婷婷长大之后，父亲回忆起这段往事，告诉孩子说：多亏当时她做对了一道，否则的话自己真的都不知道怎样安慰女儿了。

积极的心态对于孩子的智力发展影响很大。一个自以为自己不如别人的孩子，总是倾向于向人们说自己不行，而父母如果在这时把孩子的一次失败或一时的弱点作为能力缺陷在孩子面前不断重复，孩子的自责就会得到强化，并逐渐地在心理上凝固成一种并不真实的认知，这会使孩子由一般的自责转变成自我失败主义心理，严重地压抑了孩子的进取心和创造性。

所以，无论是有天生缺陷的孩子，还是成绩不好、不爱学习的孩子，他们本来心理就比较脆弱，父母对他们更应该耐心和细心，使他们时时受到鼓励和帮助，并且克服和战胜那些缺陷给生活和学习所带来的不利与不便。同时，作为父母，为了鼓励孩子奋斗的勇气和增强对生活的信心，还应该更加细心和热情地去发现孩子的优点，发挥其长处。

育才方案：缺点的反面就是"增长点"

孩子犯错或者表现不令父母满意的时候，很多父母总是一味地抱怨甚至是批评。孩子在成长的过程中，有缺点是正常的。父母不要担心孩子犯错误，因为一个孩子在犯错的时候，正是我们教他的时候。换一种视角来看待，抓住每个机会点来教孩子。

有一个小女孩，一次忘记了带作业本上学，到了学校已经快上课了，发现自己的作业本没有带，因此受到了老师的批评。回到家之后，小女孩心中很难过，闷闷不乐的。这时爸爸看到了，知道她今天在班上挨了批评。爸爸很理解孩子现在的心情，她已经很沮丧了，不能再批评了，就和颜悦色地对她讲道："爸爸教给你一个方法，让你以后再也不会挨老师的批评。"小女孩听到爸爸这样说，眼睛亮了起来。爸爸接下来告诉她："以后你要自己准备一个小本，把第二天要交给老师的东西都记在本子上。前一天晚上睡觉之前就把小本上记的东西一一放进书包里，这样的话，以后就再也不会忘了。"小女孩也认为这是一个好方法，很高兴地开始实行，以后再也没有忘过带东西。

这位爸爸这样做的高明之处就在于，他并不像有的父母那样批评孩子"你看看你，成天到晚丢三落四的，什么时候改得了啊，真是，就欠老师说你!"这时孩子本来就已经够沮丧了,家长说这样的话无疑是给孩子泼了冷水,不仅伤害孩子的自尊心,同时也对解决问题起不到什么效果。而故事中的这位家长就是善于利用孩子犯错的机会,帮助孩子找到了解决问题的方法,还让孩子养成了良好的习惯。

孩子的错都是大人的错

一个小朋友和同学打架因而被老师扣在学校要请家长,孩子的妈妈来了之后,当着老师的面,脱口而出:"都是这些坏朋友,把我的孩子拖下水。"很多时候的家长并不从自己身上找原因,也不懂得反思,这样会永远找不到解决问题的方法:试想,为什么自己的孩子会和这些坏孩子一起玩?说明孩子的免疫性还不够好。为什么孩子的免疫性还不够好?还是与家长的工作没有做到位有关。

有一位父亲和孩子一同开车出去,半路的时候车子坏掉了。孩子就和父亲相约,自己先去修理车子,下午四点钟来这里接父亲。可是当这个孩子把车子修理好的时候,才刚刚不到两点。由于时间尚早,孩子就买了一张电影票,很舒服地看电影去了,这样不知不觉就忘掉了时间。

等电影散场之后,才发现已经快五点了。孩子急急忙忙去开车接父亲,果不其然,父亲在那里正在等他。

"今天怎么这样晚呢?"父亲很平静地问道。

"今天那家修理站人很多,我又换了一家。"孩子怕父亲会责备他,只好编了谎话。

"你在说谎。"父亲很直接地戳穿了他的谎言,"我刚从修理站回来,那里的小师傅说我们的这辆车来过并且很早就修好了。你根本没有去别的修理站。"

孩子听到爸爸这样说,心里很慌张。

"我今天很难过,不是因为你迟到了,最让我心痛的是,我一手养大的孩子居然说谎话骗我,这是我教育的失败。我要好好反思我自己,今天我决定自己走回家,作为对我的惩罚,你先开车回家吧。"父亲说完之后,就一直朝家的方向走,任凭孩子如何劝说,都不肯上车。

那里离他们家有 18 公里,父亲真的是一步一步走回家的,孩子只好开着车子在后面跟着,走到家的时候已经是半夜了。这次经历深深地印在孩子的心中，以后他再也不敢对父亲说谎了。

这位父亲最值得称道的地方就是：当孩子犯错的时候，能够认识到是自己教育的失败，这是一位负责的家长，才会有如此的教育敏感度。"养不教，父之过"，孩子所犯的错误，作为父母要先想到这是自己教育的失职。不懂得反思的父母，教育孩子的后果可想而知，孩子可能会在心里很不服气，只是他们在小的时候没有办法反抗。父母自己先以身作则，对孩子提出适当合理的意见时，相信孩子就会从内心接受父母的教诲。

育才方案：一切改变从自己开始

有一位家长曾经讲述过自己的一段教子经历。

这位家长是社会上一个很有名望的律师，无论是资历还是从经济上各方面都很有优越感。他有一个可爱的女儿正在上小学，小女孩在班上学习成绩优秀，也很踏实，每天上学放学都会路过繁华的商业区但却从不耽搁。唯一的缺点就是，这个小女孩见人从来不爱搭理，显得很没有礼貌。小女孩的爷爷看到孩子有这样的坏毛病，就责怪这位家长："看看你们啊，还都是从国外留学回来，怎么会把孩子教成这样呢？"这位家长也很纳闷，不知道孩子这样的缺点从何而来。家里来了客人，这位家长会主动让孩子和叔叔阿姨打招呼，可是小女孩把头藏在爸爸身后，就是不说话。

家长很为孩子这样的坏毛病而苦恼，但是他找不到问题的原因在哪里。都说孩子是父母教出来的，可是自己什么时候也没有这样教过孩子啊。

有一天，这位家长整装要去上班了，突然看到镜子里的自己，让他着实吃了一惊。镜子里的那个人面无表情，仰着头板着脸，实在是很难看。"原来自己一直是这副德行啊！"他及时做了反思，才终于明白为什么女儿不愿意和别人说话。

女儿的冷漠来源于家长的一种骄傲。这位律师自己讲，夫妻二人都是名牌大学的研究生毕业，也都有出国留学的背景。回国之后有很好的收入，不仅买了房子车子，而且是人前人后，很多的大老板遇到经济纠纷都来找他，可以说是万事不求人，觉得自己很了不起。虽然与人说话从不会很骄傲，但是这种心态已经潜移默化地影响他的女儿。

想明白之后，这位家长决心要从自己开始改变。从那天以后，每天上班，他都会与事务所里面的年轻律师主动打招呼，回家进入小区门口，也会主动和保安打招呼，周末带孩子回家看父母，就同着孩子给老人行礼问好，就这样一直坚持一段时间。

平时这个小女孩习惯自己闷在屋里很少出来，都是爸爸妈妈走进去哄哄孩子。有一天，这位家长下班回来刚刚迈进家门，孩子就从屋里跑了出来，向爸爸问好。他高兴极了，因为这是以前从来都没有过的。

这位父亲明白了先从改变自身做起，结果收到了意想不到的效果。只要家长找到自己的原因，做出一点小小的改变，孩子就会回报给你惊喜。有的家长遇到孩子有了某些错误，从来都不会反思到自己，如果只是批评一下孩子，那怎么可能真正解决问题呢？

只要方法得当，每个孩子都会成为精英

有人认为，孩子从出生就有了优劣之分，只有本身优秀的人才能生出优秀的子女，一般的家庭也就只能养育一般的孩子。然而事实上，遗传对孩子的智力的影响，远不如它对孩子身高、体重和外表的影响那样明显。几乎绝大部分健康的儿童，在智力上都是差不多的。即使存在天赋上的差异，经过不同的教育，也完全有不同的结果。

以教育理念闻名的老威特有一个经典的运算例证：

如果很幸运地生下一个天赋为100的天才，那么普通的孩子天赋大概只有50，低智商的孩子大概在10以下了。

要是孩子都接受相同的教育，那么他们所具备的天赋优劣就决定其命运。但是目前孩子受到的教育各不相同。有60天赋的孩子，结果只能发挥出30。如果对孩子进行可以发挥其天赋80～90的有效教育，就算生下来天赋只有50的孩子，也能比天赋有80的孩子优秀。

其实这笔账我们都会算，天赋的优劣是一回事，能否激发孩子的天赋，是另外一回事。而父母要做的，就是通过科学的方法来教育子女，尽可能地激发他们的潜能，培养他们的学习能力和处世方式，将他们引向精英之路。

正如一颗种子，给它细心的照料和任它在野外自生自灭，会有两种截然不同的形态。适当的阳光、水分和养料，可以激发它本身的潜能，长成一棵参天大树；如果落在悬崖峭壁间，栉风沐雨，能够发芽就已经是万幸。

孩子身上巨大的潜能和各种各样的特质，等待着父母去为他创造条件来施展。不同的父母教育出完全不同的孩子，不是父母对孩子的爱有深浅，而

是父母的教养方法有优劣。

美国一位心理学家在全美选出 50 位成功人士，同时又选出 50 位有犯罪记录的人，分别请他们谈谈对自己影响最深的事情。有两封回信给他的印象最深，一封来自一位政坛名流，一封来自服刑的囚犯。他们都谈到小时候，家长给他们分苹果的故事。

那位来自监狱的犯人在信中写道：记得小时候，有一天妈妈拿来几个苹果，红红的，大小各异。她把苹果放在桌上，问我和弟弟想要哪个。弟弟抢先说出我想说的话：要那个最大的。妈妈听后，很不愉快，责备他说：好孩子要学会把好东西让给别人，不能总想着自己。于是，我灵机一动，改口说："妈妈，我想要那个最小的，把大的留给弟弟吧。"

妈妈非常高兴，她在我的脸上亲了一下，并把那个又红又大的苹果奖励给我。我得到了我想要的东西，从此，我学会了说谎。为了得到想要得到的东西，我不择手段。直到现在，我被送进监狱。

而那位政界人士的故事却是：妈妈把那个最大最红的苹果举在手中，对我们说："谁都想要这个苹果。那么现在，让我们来做个比赛，我把门前的草坪分成三块，你们三人一人一块，谁修剪得又快又整洁，谁就有权得到它!"结果，我赢了那个最大的苹果。

母亲让我明白一个最简单也最重要的道理：想要得到最好的，就必须努力争第一。她一直都是这样教育我们，也是这样做的。在我们家里，只有通过努力才能得到想要的东西，这很公平，你想要什么，想要多少，就必须为此付出多少努力和代价!

同样一件事情，孩子可能从中学会说第一句谎话，也可能学会做一个靠诚实努力争第一的人。关键就在于，家长以何种方式来暗示孩子。有的人会说，"孔融让梨"不一直是我们文化中的美谈吗，孔融的自愿让梨，与在家长暗示下的说谎，实在有着天壤之别。

教育的方法就是这样利害攸关：不是将他引向平庸的生活甚至犯罪，就是让他走向成功。

育才方案：对孩子进行有效批评

很多家长都认为，孩子犯了错误之后就应该严厉地批评。而实际上，孩子的判断能力远不及大人成熟，他们时常会犯错误。但是，即使是孩子，也具有区分好坏的基本判断能力，如果犯了严重的错误，内心深处一定会有所察觉。虽然不知原因，他也会自问是否做错了。虽然意识到自己错了，如果父母在一旁呵斥，刚刚萌发的反省心也会一下子化为乌有，进而产生反感，甚至可能将错就错下去，如此就会带来相反的效果。

孩子会在被批评的过程中，学会辨别是非，学会区分哪些事情是好的、哪些事情是坏的。但是，如何批评才能达到既改正孩子缺点，又不伤害孩子的自尊心的效果，其中便有许多技巧。

首先，批评孩子，应该保持冷静的态度，向他讲道理，以理服人，而且自己的立场也要始终如一，莫名其妙地批评训斥孩子却只能起到相反的作用。另外，同样的事情今天批评他了，到了明天却不去管教，这样的做法也不值得提倡。家长应该立场坚定，一如既往地教导孩子什么是"是"、什么是"非"，不应该有丝毫的放松。

其次，批评孩子要有分寸、方法得当。

有一个孩子曾因不满学校的严格管理，做出了伙同他人一起破坏学校部分校舍的荒唐之举。学校的规章制度非常严格，所以他已做好了退学的思想准备。而校长却把他们召到校长室，流着眼泪说了下面的一段话："太令人遗憾了。我现在什么也不说，想必你们也在反省自己吧？希望你们能再一次反思一下自己所做的事情。"

校长宽宏大量的批评，深深地刺激了学生们，使他们进行深刻的自我反省。因此，采用什么样的批评方式非常重要，它既能使孩子的才能得到提高，反过来也能使之下降。

多湖辉是日本杰出的教育家，对儿童心理颇有研究。他一直主张"批评要正襟危坐"，但并不是过于严厉，在进行重要的批评时，首先必须创造一种气氛，把自己严肃认真的态度传达给孩子，他们是会感受到的。而且，不是单方面地命令别人如何去做，而要采取一种理解对方的立场、倾听对方意见的具有包容性的态度，因为孩子不管做了多么荒谬的事，肯定都是有其原因，应该很冷静地分析他们这样做的原因，有针对性地教育效果会更好。

教育孩子就是帮孩子成为他想要成为的人

孩子处在年少好动的阶段，渴望自由是他们的天性使然。当父母的无论把他们看管得多紧，他们还是会想方设法去冲破种种樊篱和桎梏，就像被关在笼子里的动物，不管你给它什么好吃的，它们永远都会处于不安分状态。只有自由的天地才是强者生存的土壤，为了自由，宁愿在险象环生的处境中生活，也不愿享受"被限制了自由的富贵"。我们的父母要想把自己的孩子培养成为生活的强者，就应该多给他们一些自由的空间。

孩子的成长需要自由的空间，而不能将他们的视野封闭起来。父母在教育孩子的过程中也尤其要注意避免用自己的想法来左右孩子，应该是尊重孩子，让他按照自己的意愿充分地发挥自己的才能。作为父母，也不必为孩子担心的太多，不需要把孩子包裹得太紧。过度的保护和期望，都会让孩子失去独立生活的能力。

一位企业家有上亿的资产，他却对自己的儿子说："你要读书，要深造，你能读到什么水平，我都会供你念书，但是你不可以胡乱花钱。我的钱，取之社会，用之社会，不会给你一分。"他的儿子要到国外去念书，这位企业家会帮孩子把学费和生活费算得刚刚好，而不是带很多钱给他。

他的太太对儿子很担心，问他说如果孩子没有钱花，去偷去抢怎么办？这位企业家很有自信地说："我们已经尽心把孩子教好了，如果他危害社会，就让社会来惩罚他吧。"

孩子在国外学习期满后就回国找工作，这位企业家对他说："儿子，现在你已经成人了，应该能够自己来做主自己的生活，你可以搬出家去住了。"孩子就自己搬了出去，靠自己的实力去应聘一家很不错的教育连锁机构。当面试官看到他写的一份策划书时，简直不敢相信是他自己写的，和他长谈了有两个小时，决定录用他，并且跟他讲，想要多少薪水，自己开。

这位企业家教育的成功之处在于，他很善于抓住问题的重点，把很原则的问题和孩子讲清楚，然后就任其发展，其他无关紧要的细枝末节就放手让孩子自己处理。另外就是不会给孩子太多的金钱，求学期间如果有很多钱，很可能会让孩子误入歧途，变花样玩耍导致玩物丧志。这位企业家对孩子也很有信心，把孩子放手之后充分信任他，不会像妈妈这样担心，说明在日常的生活中这位企业家就很重视孩子的教育，孩子早已经是训练有素。

家长有义务和责任来教导孩子，但并不是要事无巨细地来插手管，更不能以"为了孩子好为借口"帮孩子选择将来的发展，违背孩子的意愿，是非常不应该的。随着社会的进步，父母们"望子成龙"的心愿比任何时候都更加迫切，与之相应地是父母对孩子的规划越来越多，甚至于日常生活都要严加看管，时时刻刻地看护和提防，不仅引起孩子的反感，父母也是觉得耗尽了心思和精力。

育才方案：不管就是最好的"管"

　　著名的教育工作者孙云晓说："中国的父母正在辛辛苦苦地酝酿着孩子的悲剧命运，争分夺秒地制造着孩子的成长苦难。实际上，我们的父母在和自己作战，用自己的奋斗来击毁自己的目标。"父母限制孩子的自由，实际上是在制造孩子和自己的距离，在某些时候会导致"控制"和"反控制"的斗争愈演愈烈。

　　某15岁的初三女孩对父母一直把她当小孩子、限制她的自由感到特别烦恼。她说，父母就像看劳改犯一样管着她，有时比看管劳改犯还要紧。她所做的每一件事都是父母为她安排的。她感觉到自己像一个玩具，毫无自由可言，连每天吃什么、穿什么、看多长时间书、做多长时间功课、练多长时间古筝、看多长时间电视、几点上床、几点起床，甚至连她日记中写的什么内容，父母都要干预……尤其让她感到不舒服的是，学校就在家对门，父母还要坚持每天接送她，这让她在同学面前很没有面子，感觉自己是一个实实在在的囚徒……

　　我们父母所要做的，是帮助孩子，在他遇到危难的时候扶持他，在他不知所措的时候鼓励他，在他不敢走下去的时候依然信任他，并不是自己一手包办，给孩子规划他的未来，看什么样的书，报什么样的特长班，考什么样的学校，学什么样的专业，找什么样的工作……孩子成为了他们的木偶，被他们塑造着明天，这样生命的乐趣在什么地方？孩子如何能够体会到努力所带来的成就感，如何能体会到一往无前所带来的胜利喜悦，如何能有自己真正值得孜孜追求的目标，又如何尝到人生的多样滋味？

　　放手给孩子主动权，很多事情是需要孩子自己做决定的。

第二章　尊重＋平等：奏响
亲子交流的和谐圆舞曲

逗孩子开心，而不是捉弄

北京电视台曾经播出过这样一期节目。在节目的开始出场了来自河北省的五胞胎，这五个小家伙看上去可爱极了，挺胸站在那里一点也不怯场。这时主持人上台了，给这几个孩子设计了以下三个问题，让他们互相揭发。

第一个问题：你们中谁最爱告状？这五个小孩听到问题之后，由于害怕自己成为那个最爱告状的人，几个人就开始胡乱地指指点点，最后统一指到一个孩子的身上。这个孩子显得很无辜，但是有口难辩，看得出来非常难过。

第二个问题：谁挨爸爸的打最多？这几个孩子仍然是很不确定地胡乱指点，最后统一指定到一个孩子。这个被指到的孩子显得很尴尬。

第三个问题：谁最爱打人？几个孩子依旧是在乱指点，那个被指到的孩子很难为情。

这场节目的用意何在呢？

孩子们原本是很有自信地上了台，没想到在台上却被无故地批评，还被迫地说了虚假的话。也许大人会认为这无所谓，而对孩子来讲，这是心理上的一个阴影。

在家庭生活当中我们经常犯这样的错误而没有察觉。比如有的时候，大人看到小孩子的模样很可爱，会拿糖果去逗弄他，但是又不痛痛快快地给他："叫一声姥爷，就给你。"可是孩子叫了之后还是不给，"再叫一声"。很多旁人看这样的场景总是哈哈一笑了之，不知道这样的做法弊端在哪里。我们不能说大人们不爱孩子，但是设身处地地站在孩子的立场上来考虑，这样的做法给他带来的只能是一种被捉弄的感觉。看到大人们的笑，小孩子可能会感觉到莫名其妙，不知他们笑的原因是什么，不知道自己究竟是做错了什么，而小孩子又无法表达自己的意思，只有把这份疑惑和不满藏在心中，化做一种被羞辱的感觉。

我们总是以为孩子小什么都不知道，但事实不是这样的。

有一个幼儿园老师，曾经有过这样的经历。每当中午孩子们吃饭的时候，她总会在饭桌之间走上一圈，看到哪个孩子有挑食，她就过来对这位小朋友说："这个菜你为什么不夹着吃，要不要老师帮你来服务一下。"孩子看到老师来了，连连摇头，自己很主动地去夹原本不爱吃的菜。每次这位老师巡视一圈之后，有的小朋友都已经吃完走了，她才开始吃饭。

后来就有家长向这位老师反映："老师啊，我的孩子比较听你的话，他比较喜欢你啊。他回家和我们说，以前他们的老师一到吃饭的时候就说'大家一起吃'，可每次都是他先吃完。而你也是说'大家一起吃'，每次都是最后一个吃完。"老师听到家长的反馈之后，感到大吃一惊，她没有想到这么小的孩子有这样强的观察能力，也没有想到孩子的感觉会如此的敏锐。

孩子虽然小，不是不懂事，而是处于弱势。父母对小孩子不仅不能捉弄，还要格外尊重，尊重他是一个独立的个体，对孩子内心的判断力存有敬畏心。很多家长总是以自己是家长自居，觉得孩子听他的话理所应当。家长不能设身处地地考虑孩子的感受，不能感受到孩子的需要，也就没有真正明白什么是爱孩子。

中国古代有一个很廉洁的官员，有一次来到一个地方，受到当地民众的夹道欢迎。当他快要离开的时候，有几个小孩子找到他，问："明年的这个时候你还会来吗？"这位官员很慈祥地对这几个孩子说到："会的，明年的这个时候，我们在那个亭子见面好不好？"孩子们听了之后很高兴，满足地回家了。

一年之后，这位官员又来到这个地方，但是他险些忘记了当初和孩子们的约定。直到离约定的前一天才想起来，他断然地推开了公务，决定要遵守诺言去和孩子们赴约。转天当他来到当初约定的那个亭子时，这几个孩子正在那里等着，他看到这样的场景非常的感动，也庆幸自己没有失约。

这位官员真正做到了"童叟无欺"。在赞扬这样的品格之余，也能看得出孩子的天性是纯真的，不容许受到一点伤害。如果大人在有些事情上伤害了孩子，不仅伤害他们的品格和自尊，更可怕的是他们会对大人失去信心，在教育孩子上增加难度。

育才方案：在日常交流中不要哄骗孩子

我国现代著名的教育专家陈鹤琴先生就坚决反对捉弄孩子，他认为和孩子的交流也是一种德行教育，是容不得大意马虎的，并且很肯定地认为经常被捉弄的孩子会出现品德方面的缺陷。

父母在教育孩子的过程中，应该有意识让孩子感到是自己是被爱的，而不是被捉弄的。这一点尤为重要。因为一个人的自尊心和荣誉感多是从儿时开始培养的，一个经常被捉弄，处于"丑角"地位的孩子，他的内心中的自尊心和荣誉感都不能健康发展，这对他的人生将是一个极大的损害。我们知道中国古代的帝王不论多么年幼，也会受到大臣的跪拜和朝仪，这也是为了培养他的帝王之气、九五之尊。捉弄孩子影响的正是孩子对自己的认知，反复拿孩子当成把戏，一方面降低了大人在孩子心目中的可靠性，更重要的就是让孩子觉得自己的自尊心受到伤害，或者变得"没脸没皮"。孔子说"知耻而后勇"，一个不知羞耻的人，是难以承担责任、明辨是非的。

在与孩子进行亲子交流的时候，应尽量采取一些活动，既能让孩子感受到愉悦的快感，同时也要让孩子有成就感。因为"逗"孩子是以孩子的快乐为前提。

那在实际和孩子交流的过程中，用什么样的交流方法既能逗孩子开心，又会让他有成就感呢？

有一位妈妈在家中给孩子准备了一辆小车，把孩子放上去，一边扶着他骑车，一边唱着儿歌："骑自行车啊，骑车了，快快快，慢慢……"孩子坐在上面玩得不亦乐乎，很开心。

这位家长在哄孩子游戏的时候，首先是以孩子为主角，并且配合儿歌不仅容易对孩子产生快乐的情绪，而且当孩子发现自己骑的车子可以动了，会很有新鲜感和成就感，自然会很开心。这样的哄孩子对他的身心健康成长无疑是有益的。还有一位妈妈会和她一岁半的小孩子做一种叫"猜拳"的游戏。妈妈把好吃的糖果放在一只手中，然后攥紧两个拳头，让孩子猜在哪只手里。孩子根据他的判断，可能会猜错。当孩子猜错之后，妈妈就把两只手放到身后假装做些小动作，然后再叫孩子来猜。这样的游戏本身成功的几率会比较大。孩子也会觉得自己赢了这场游戏，也会很开心。

总之，家长不要总是以居高临下的姿态来对孩子，而是平等地来和孩子一起游戏，让他们感受到和家长互动的快乐，加强亲子之间的感情。

教育孩子的过程少不了陪伴的环节

据世界卫生组织公布的一项研究数据表明，平均每天能与父亲共处两个小时以上的孩子，要比其他孩子智商高。经过许多实例和科学研究表明，父母不管多忙都要抽空陪陪孩子，以满足孩子的情感需求。

孩子是父母最大的支撑，父母在社会所做的一切努力，很多都是为了孩子。但是，很多父母由于太忙了，根本就没有时间来亲自照料孩子，也很少能沉住气耐心陪陪孩子。

今天明明的爸爸终于有时间休息了，明明特别高兴。父子两人来到客厅，爸爸准备陪孩子一起读那本新买来的故事书，刚坐在一起没有五分钟，不料电话一个接一个地响起。

"儿子，坐在这里等等爸爸啊，我接个电话，马上就回来。"爸爸说着匆匆地去和客户聊开了，把明明晾在一边。

打了一通电话之后，爸爸回来找孩子，刚要开始一起读书，没想到电话铃又响了。

"明明乖啊，爸爸再去接个电话。"爸爸说着又跑开了。

这时的明明心里很难过啊，原来爸爸这样不重视我，算了，我还是自己一个人玩吧。

这是在很多家庭中都会出现的片段，父母可能不觉得有什么大不了，可是以孩子的立场来看，其实是对孩子的极不尊重。很多家长由于工作确实忙，实在没有时间来照顾孩子，内心也是充满着愧疚，只好用物质来弥补，但是这样的效果好吗？

小强的爸爸工作很忙，可以说是以岗为家，早出晚归，小强很少能看到爸爸。因为每天早上他还没有起床，爸爸就上班去了，晚上他要上床睡觉了，爸爸可能加班还没有回来。爸爸其实心里觉得很愧疚，不知道用什么样的方法来补偿孩子，他所能想到的，就是用物质来回报孩子。

每当爸爸出差回家，就会召唤小强"看爸爸给你带什么好东西回来了"，孩子跑出来，接过爸爸手中的礼物，说"谢谢爸爸"然后就回屋玩去了。以后每次爸爸出差，都不忘给孩子带礼物，孩子好像也摸清了爸爸的行动规律，每次当爸爸出差回家的时候，他总会主动地跑出来，然而眼睛不是看爸爸，而是盯着爸爸手中的礼物，说"爸爸你回来了"，接过礼物，然后跑回房间自己玩耍去了。

有一次爸爸出差回家，恰巧忘记了带礼物给孩子，而小强像往常一样出来迎接，发现爸爸这次没有给他礼物。"咦？你怎么这样就回来了？"听到孩子这样的问话，爸爸哑然。

父母可曾想过，我们努力地在外打拼，就是为了让家人生活得更好，可是在教育孩子的问题上，总是出现重大的失误，是不是有点得不偿失呢？

其实孩子最需要的，并不是这些好的玩具和礼品，而是父母发自真心的关怀，他们最需要的是父母的陪伴和交流。很多家长在年轻的时候没有时间来陪孩子，等到孩子长大之后，他们痛苦地发现，孩子也不愿意和他们沟通了。单纯地依靠物质和孩子进行沟通，那会让孩子把沟通看作很功利。这些"情感饥饿"的孩子，在他们的内心，爱是不完全的，所以会表现出情绪和心理上的不稳定。

育才方案：制定一个"属于孩子的时间"

在马克思的家庭里，父母和女儿的关系真挚融洽，充满了人生的乐趣。在孩子们还很小时，马克思常利用工作的闲暇和孩子们一起做各种游戏。孩子们兴致勃勃地把椅子摆成"马车"，然后把父亲"套"在车前，孩子们挥舞着"鞭子"，"车"上"车"下一片欢腾。"爸爸是一匹好马"，这是女儿们对父亲的评价。

每逢星期天，即使再忙，马克思也总是放下紧张繁忙的工作，听孩子们"指挥"。他带着孩子们出去尽兴而愉快地游玩，让孩子们接受大自然的熏陶，既增长他们的见识，又锻炼他们的意志和体魄。

一次，恩格斯来到马克思的家里，见他正在聚精会神伏案工作，便赶忙提醒他说："喂，你忘了今天是什么日子吗？"

马克思一听，愣了一下，拍了拍脑门，微笑着说："啊，对了，今天是星期日，星期日应该属于孩子！"于是，马克思放下工作，和恩格斯一起，有说有笑高高兴兴地领着孩子出去郊游了。

马克思的女儿们永远不会忘记，她们和父亲一起度过的那些愉快的星期日，这些美好的星期日，成为她们记忆中最快乐的日子。作为父母，我们能从马克思对待孩子的做法中受到有益的启示：无论自己平时工作多忙，每周或者每天都要抽出时间跟孩子们在一起，陪伴他们成长。这不仅仅是享受天伦之乐，重要的是让孩子知道，你是多么在意并且关注他。

好父母胜于一百个教师。马克思就是这样一位好榜样，尽管他一生都在为人类的解放事业进行着不屈不挠的斗争，却一刻也没有忘记作为一个父亲应尽的责任和义务。女儿爱琳娜在回忆父亲时深情地说："他是儿女们最理想的朋友和最可爱的、最愉快的同伴。"

有一位父亲，他每天的工作很忙碌，但是他会保证每天利用休息的十五分钟来与孩子进行互动交流，他每天给孩子讲一个中国古代的历史故事，不仅增长孩子的知识，而且帮助孩子树立正确的人生观，更重要的是在孩子心中树立起父亲的崇高形象，孩子幼小的心中觉得父亲是这样伟大的人，能感受到爸爸在爱他，在关心他。回到学校，孩子会联想爸爸给他讲的故事来回答问题，得到老师的表扬，还在课间和同学炫耀："我的爸爸每天晚上都会给我讲中国古代的历史故事听，我的爸爸懂得可多了。"周围的同学都无比地羡慕。相信这个孩子的内心会感到很幸福，也会生活得很愉快。看，这位父亲和孩子沟通，也没有用很多的时间，但是同样能收到不错的效果。

蹲下来与孩子进行交谈——平等
是最好的教育姿态

成功的家庭教育，一定是民主的。和孩子平等交流，这一点很重要。蹲下来与孩子交往会使家长的目光与孩子的目光平视，以平等的姿态进行交流，这一点会让亲子间的沟通更加顺畅。

澳大利亚是一个充满自由气氛的国家，那里的人民不仅友好热情，而且对待孩子也是一样的平等。

一位华人做客澳大利亚的朋友家。周末大家在一起吃晚饭。当家里两岁的小男孩吃饱后，就到处乱走。孩子的母亲也随即离开餐桌跟了过去，走到孩子面前，蹲下来对孩子说："你是不是应该到那边离餐桌比较远的地毯上去画画？"孩子听到母亲的提示，很高兴地就跑到那边自己玩去了。

还有一位旅居国外的华人一次请朋友到他家做客也观察到了这一点。那个朋友带来了他的两个孩子，当他们准备一同乘车去超级市场的时候，4岁的儿子因为姐姐先上的车而显得很不高兴，这位朋友看到之后，就在车门口蹲下来，两只手握住孩子的双手，目光正视着孩子，很诚恳地说："罗艾姆，谁先坐上汽车并不重要，对吗?"小男孩看到妈妈这样跟他讲话，会意地点点头，就钻进汽车和姐姐坐在了一起。转天大家又一起去公园玩，这个小男孩在公园里跑跑跳跳，不小心摔了一跤，眼泪在他的眼睛里滚动着要流出来，这位朋友看到这样的场景，很自然地蹲了下来，亲切地对儿子说:"你已经不是小宝宝了，是不是? 你已经成为大男孩了，对不对?"孩子听她这样讲，马上就不哭了，又站了起来，很自豪地玩去了。这位华人看到这里，就问为什么要蹲着和孩子讲话，朋友告诉他:"与孩子说话当然要蹲下来呀! 他们年龄小，还没有长高，只能大人蹲下来，才能平视着说话。在我小的时候，我的父母就是这样同我们说话的。我们认为，孩子也是独立的人，因为他们比我们矮一些，我们就应该蹲下来同他们说话。"

千万不要小看与孩子说话时蹲下来这个很小的动作，它传达给孩子的信息是:我们一样平等。如果家长坚持这样做，很快就会改变对孩子命令的态度。很多人不重视动作，认为这些都是形式而已，其实这些形式也会慢慢地影响人的内心。

在韩国，人们盛行见面行鞠躬礼，而且是90度的鞠躬，非常正式。后来有人专门对此提出一个命题，为什么要这些礼仪，这些很表象的东西究竟有什么样的必要? 后来通过做实验了解到，一个经常不鞠躬的人，让他习惯鞠躬之后，他就会感到自己的心态发生了变化，为人会更加谦和，并且感到自己即便是想和别人发脾气的时候都做不到了，很神奇。

同样的道理，蹲下来和孩子说话，看似是一个小小的举动，但是长时间的坚持，相信家长会发现自己不再对孩子用命令的口气说话了，而是改成了商量的口吻。而孩子也会更乐于和父母配合，亲子之间更加默契。是否和孩子蹲下来说话，这只是一个方式，更重要的是在父母心中，孩子是否也同样拥有独立的人格，这个小小的举动折射出更深层的道理:以平等的姿态才是与孩子沟通的最好方式。

著名的教育家黑幼龙曾经谈及自己在教育子女中的一件小事。有一次他和女儿黑莉莉说话，女儿对他说:"只有这一次和你说话，我感受到了父爱。"黑幼龙很奇怪地问她原因，女儿说:"只有这一次我们交谈的时候，你在用目光正视着我。"看，和孩子的目光交流也很重要，孩子可以从你的眼神中读到你的内心。

在日常生活中，我们能经常看到父母站在那里，大声地呵斥孩子:"快过来，别乱动!""一边去，别烦我"。父母的姿态看似很威严，可是在孩子的心目中，肯定是一点都不可敬。还有的父母回答孩子的问话经常是头都不抬一下，只顾忙自己的，没有照顾到孩子的心理。

您是否愿意与孩子蹲下来交谈呢？您觉得有必要维持家长的威严吗？您有没有发现孩子不愿意与您敞开心扉呢？如果发现孩子不想和您交流什么，那就要先做自我反省了。

育才方案：父母的教育应尽量的人性化

要教育孩子，首先要尊重孩子，在与孩子交流时要平等，在此基础上才会努力地去理解孩子的想法。这种平等的关系会使孩子愿意同父母交流，并能听得进父母的说教，这是做好子女教育的首要条件。为了做到这些，我们在对孩子的教育上要尽可能地多一些人性化，从子女容易接受的事和有关的问题出发，给他提建议，让他明白哪些该做、哪些不该做。孩子最初的受人尊重的感觉是从父母那里得到的，尊重别人的意识也是在日常生活中经过多次的训练、教育和不断地强化而逐渐建立起来的。而且只有那些能够得到父母的尊重与爱的孩子，才会懂得如何去尊重别人、爱别人。放下长辈的架子，蹲下身来与孩子交谈，而不要总给孩子"高高在上"的压迫感。

我们习惯了站在成人的立场、用成人的思维方式为孩子分析问题，告诉他们应该如何去做，这会使他们怯于亲身去体验。如果我们坚持认为自己的知识渊博，总是滔滔不绝地向孩子灌输，不厌其烦地纠正孩子的错误，我们就限制了孩子自己去积累知识的机会。而且这种认为孩子这也不行那也不行的态度，会极大地打击他们的积极性，使他们丧失自信。学会站在孩子的角度思考问题。我们所要表达的爱，是要对方接受的，千万不可因"爱"而生"碍"。

警惕孩子正在模仿你

台湾著名的漫画家几米有一本漫画，叫做《我的错都是大人的错》，其中有很多"金玉良言"，一针见血地说出了现代家教的矛盾：

有些父母喜欢教训孩子：吃得苦中苦，方为人上人。
但他们自己吃尽了苦头，也没有变成人上人……

大人喜欢吹牛，

却要求小孩诚实。

所有的孩子都爱吹牛，

说他们的爸爸从来不吹牛。

大人喜欢对小孩说，

永远永远不要放弃梦想。

但为什么放弃梦想的都是大人？

这些既简单又直白的语言，把大人问得哑口无言了。对啊？为什么家长总是在做自相矛盾的事情，一边说着这样的话，一边又做着那样的事。每个父母都喜欢自己能有一个称心如意的孩子，但是很抱歉几米又说出了一个真相：我知道我不是一个完美的小孩，但你们从来也不是完美的父母，所以我们必须互相容忍，辛苦坚强地活下去。

很多孩子的不完美，都是从大人的身上映射过来的。比如我们常说孩子没有什么自尊心，不知道害羞，脸皮太厚。是不是因为他的自尊心被父母伤害得太严重了，产生了"抗体"。或者是他们没有从父母的身上找到自尊的感觉，从来不知道自尊是一种怎样的东西。现在孩子身上反映出来的种种问题，都是大人教育思想或者教育行为的后果。

有的家长说孩子不爱学习，但是他自己也从来没有在家中翻阅过一本正经的读物。有一位老师曾说，他请了专门的家长培训老师去学校培训，结果有几个家长却趁机带着孩子去澡堂。"那些人的脑子才需要洗一洗呢！"

家长会上，如果是家长自由选择座位，常常可以见到大家都往后面坐，哪怕讲台上前面的位置空了很多。有很多家长迟到，或者听到一半的时候就离开了教室，或者在听课的过程中从来没想过要记笔记，或者是突然接听电话，大声说话打断老师的思路……

我们能责怪孩子听课不积极、不记笔记、不用心、不守时么？

"妈妈，今天你们都听了些什么？"一般孩子都会好奇，看老师有没有批评自己，或者有没有表扬到自己的进步。

这时候，如果妈妈能拿出来一个笔记本，一条一条说今天的学习内容，孩子马上就能知道，做好笔记很重要。但很少有家长能做到这样，甚至连讲了些什么都忘记了。

更有甚者，回家之后向孩子抱怨："今天听课真是白搞了，啥也没记住，往后再也不去听了。"这不是在告诉孩子听课没意思嘛。

家庭是孩子的第一所学校，好的或者坏的教育，都将在孩子的心中留下烙印，代代相传。孩子是大人的一面镜子，我们都可以从他们的身上看到自己。孩子身上的那些错误，很可能就是这个家族的错误，或者，就是我们大人的错误。

育才方案：为自己的错误向孩子道歉

有一位妈妈带着孩子来到同事家做客，刚进门，手机铃声就响了起来。妈妈示意孩子坐下，孩子说什么也不坐下。妈妈说到："你先坐下吧。"孩子说："妈，我不能坐。"这个妈妈着急了："叫你坐下你就坐下，听话。"孩子还是不坐。妈妈只顾着接电话，也没有理会孩子，直到打完电话之后，才领着孩子坐下，还一直嘀咕："你这个孩子啊，真是的。"孩子很委屈："老师上课讲了，大人如果不坐，我们小孩不能坐的。"

实际上，这个孩子的行为是值得表扬的。但是妈妈在一开始的时候没有理会孩子的意思，到后来即便是明白了孩子的想法，并没有给予及时的表扬，也没有向孩子道歉。如果妈妈这样跟孩子讲："刚才妈妈没有明白你的意思，你这样做是对的。我真高兴你现在变得这样懂事了。"给孩子一个肯定，才不会挫败他一颗做好事的心。

不少父母认为自己是"一家之主"，为了保持自己的威信和形象，总是用气势压倒孩子，不愿意在孩子面前承认自己的过失，不仅违背了做人的基本原则，也是犯了家庭教育中的大忌。父母如果不主动向孩子承认自己的过失，就会在孩子心中形成"父母其实总是出错"这样的观念，久而久之，一旦孩子对父母不再信任，那对父母的教诲也同样不会放在心上。

曾经有一个小朋友对老师说："老师如果你要请家长，就请我妈妈，不要请我爸爸。"老师觉得很奇怪，就问孩子原因，这个小朋友说："如果妈妈说我打我，我会乖乖的；但是如果爸爸再敢打我，我一定会去报警。"

同样是挨打挨训，在孩子的心中，他愿意接受妈妈的惩罚，但是不甘心接受爸爸的惩罚，原因就在于妈妈说他打他是循着道理，而爸爸说他打他是依着自己的脾气，自己心里不痛快了，看到孩子就批评批评，完全没有原则，所以孩子心里不服。家长如果发现自己错怪了孩子或者冤枉了孩子，一定要给孩子"平反"，否则会在孩子心中留下一个小疙瘩。

"罗宾斯，我和你讲了许多次要守时守约，否则会浪费别人的时间，也给别人留下不好的印象，你不这样认为吗？"

"的确不好，不过，也没有什么大不了的。"

父亲有些生气了："怎么能说没什么了不起呢？你养成这样的毛病，长大会怎么样呢？还有谁会信任你呢？"

看见父亲生气，罗宾斯也有些沉不住气了："你是大人了，不是也过得很不错吗？没见你有什么麻烦呀？"

"你是什么意思？"父亲没想到话题会转到了自己身上。

"你大概忘记了，好几次你答应来参加我们学校的活动，我都告诉老师你会来，你却到活动结束了都不见人影。"

"那是因为我临时工作上有事情，而且那些活动也不是一定非参加不可……"父亲注意到儿子不屑的，甚至有些讥讽的表情，尴尬地停住了。

接着他说："罗宾斯，我没有意识到自己的行为对你造成的影响，我当时的确有急事不能来，但我应当事先或事后向你解释一下，甚至去向你的老师解释，我真的很抱歉，你能原谅我吗？"

罗宾斯有些感动："没关系，我知道你很忙。下次打声招呼就可以了。"

"你们下一次家长座谈是什么时间？我一定把工作安排开。当然如有意外我会和你联系，好吗？"

"谢谢！"

父母是孩子的榜样，也不是完美的，也会犯错误。及时而真诚地向孩子道歉，相信一定会赢得孩子更多的尊重，还能引导孩子更好的发展。

有一次，著名诗人、民主战士闻一多因心烦出手打了还不懂事的小女儿，恰好被次子立雕看见了。立雕挺身而出，批评父亲不该打小妹，并且"大义凛然"地说："你自己是搞民主运动的，天天讲民主，在家里怎么就动手打人呢？"闻一多一愣，沉思片刻后走到立雕面前，十分严肃地说："我错了，不该打小妹，小时候父母就是这样管教我的，所以我也用这样的办法来对待你们。我现在知道这种方法是不对的，希望你们将来不要用这样的方法对待你们自己的孩子。"这样的道歉，无疑使父亲在孩子们心目中的形象显得更加高大。

父母应当意识到：当自己向孩子道歉时，就等于在教孩子相信他自己的洞察力。如果父母不停地批评孩子、辱骂孩子，孩子就会形成一种对生活本质和对世界的负面看法。父母应该让孩子懂得，任何人都会犯错误，父母也一样，每个人都要对自己的错误负责。通过道歉，家长塑造了自己关爱他人的行为模式。孩子会永远记住自己的父母是如何勇敢地对待自身的缺点，这种勇气与坦率会鼓励孩子做终生的探索与自我培养，而不至于迷失方向。

当一个不唠叨的家长更受欢迎

有个妈妈要出门，把明明一个人留在家里，对孩子讲："孩子，妈妈要出去啊。你一个人在家要小心，遇到坏人不要开门，遇到收物业费的也不要开门，无论这个人说什么都不要开门；还有啊就是，饭妈妈都给你准备好了，你中午要吃饭的时候，从冰箱里拿出来放到微波炉里加热就好；另外还有下午要帮妈妈坐一壶开水，记住了吗？"

妈妈一口气交代这么多事情，孩子能记住吗？估计在这时已经是一头雾水了，如果妈妈这样讲，效果就会好很多："妈妈要出去了，交代你三件事：第一，中午吃饭，从冰箱里拿出来放到微波炉热下就行了；第二，下午帮妈妈坐一壶开水；第三，只要是不认识的人敲门，一律不准开门。"这样讲就没有刚才那样啰嗦，并且层次分明，孩子会牢牢记在心里。

说话唠叨实在是个不好的毛病，以前有这样一个笑话就是讽刺一个说话唠叨的家长。

从前有个地主，家里有五个孩子，快要考科举了，这位地主把五个孩子叫过来开始训话："这次考试马上就要开始了，如果你们都考上了，我从此以后就不再叫你们大小子、二小子、三小子、四小子、五小子，而是叫你们大少爷、二少爷、三少爷、四少爷、五少爷。但是，如果你们没有考上，我就不叫你们大少爷、二少爷、三少爷、四少爷、五少爷，依然要叫你们大小子、二小子、三小子、四小子、五小子……"

读到这里，肯定有家长忍不住要发笑了，可是仔细想一想，我们在教育孩子的时候不也是在有意无意地犯这样的错误吗？

在一次学生调查中，有很多孩子反映了父母的唠叨：

1. 每天上学都要我路上小心点，天天如此，每次都说好多遍。

2. 做错一点小事就说我，还说好几遍。

3. 有一次我起床晚了，妈妈就在床边唠叨半天。

4. 有一次我把墨水打翻了，爸爸骂了我很久，并且一直用粗暴语言。

5. 一次爸爸放学接我回家，一路都在说让我成绩提高，真烦人，还不如不接我。

……

也许是太爱孩子了，也许是对孩子的期望过高，很多家长对孩子的唠叨的确是太多了自己却觉察不到。"有作业吗？作业是多还是少？你的作业写完了吗？不要看电视了，赶快写作业！学习一定要用心，不能三心二意。不好好读书，你长大就什么都做不了！"这是很多家长的口头禅，甚至孩子在家里的一举一动都成了妈妈唠叨的对象，弄得孩子不知如何是好。家长的反复唠叨，会扰乱孩子的心情，使孩子黯然神伤，孩子忍无可忍，粗暴回应，甚至是耿耿于怀，对家长不理不睬。"真是好心没好报！"很多家长还会因此而愤愤不平。

没有人喜欢被控制，也没有人喜欢人家告诉他应该怎么做，特别是如果这个"吩咐"并不有趣。家长越逼迫，孩子就越抗拒，不管他年纪多大，但这并不仅是因为他不想做。持续不断的叨念只会升高家长和孩子之间的温度，制造挑战。

育才方案：掌握克服唠叨的小办法

孩子在成长起来之后对很多问题都有自己的主见，做事情也懂得如何把握分寸，所以作为家长，应避免过分的唠叨，最好从以下几个方面来着手：

1. 别只盯着孩子的缺点

从心理学上分析，孩子是心理和行为的不成熟个体，家长必须对他们加以正确的指导和培养。但是，家庭教育中常见的问题是，父母对孩子寄予厚望，为了达到自己设定的目标，在孩子耳边不停地叮嘱、提醒。但这种做法往往收效甚微，甚至适得其反，使孩子产生厌烦情绪，还容易挫伤他们的自信心和自尊心。有些家长眼睛总是盯着孩子的缺点，翻来覆去地只讲缺点，不提进步。其实，绝大多数孩子已能分辨是非善恶，只是缺少改正缺点的自觉和毅力。如果父母总是喋喋不休地数落孩子的缺点，反反复复地教训孩子，"我讲话你就是不听"、"怎么说你才能改呢"，他们会将此视为不信任，甚至产生逆反心理。另外，唠叨的家长往往是缺乏自信、性格软弱的人，对自己讲出去的话、做的事不放心，才会一次次地重复。如果孩子一直生活在这种唠叨的环境里，每天面对软弱、紧张型性格的父母，长大后也很难形成良好的个性。所以，唠叨不但不能达到目的，还会给孩子带来伤害，家长应该了解怎么才能更有效地教育孩子。

2. 批评的话不宜多

首先，要耐心地加以指导。指导不同于唠叨：唠叨往往含有责怪、批评的味道，是一种反复的单调的刺激；而指导是亲切的、言简意赅的，它能启发孩子独立思考，帮助他们处理问题，使孩子情绪稳定、心情舒畅。聪明的父母从不去规定孩子应该做什么，不应该做什么，而是放手让孩子去做。如果没有做好，也会耐心地帮他分析原因，鼓励他不要灰心，尽力而为。学会尊重孩子也很关键。自尊心是影响孩子健康成长的重要心理因素，如果自尊受到伤害，他们会产生心理障碍，如自卑感和对抗心理等。因此，父母必须时刻注意保护并培养孩子的自尊心。在生活中，注意孩子的点滴进步，及时加以肯定和鼓励。对孩子的缺点和错误要宽容，要给孩子说话和申辩的机会。即使是批评，话也不宜多。有些父母"苦口婆心"，类似"我像你这么大的时候"、"你怎么就不能学学人家"之类的话一天要唠叨好几遍。绝大多数子女对这种说教式的谈话都采取"缄默不语，心不在焉"的对策，而且觉得自信和自尊受到了打击。

3. 注意和孩子的情感交流

唠叨，归根结底，是不懂交流的表现。和孩子交流时要充满爱心和亲切感，态度和蔼；时间最好选在吃饭时和睡觉前，因为这是孩子情绪最为平稳的时候。一个母亲，她从孩子很小时，就注意和孩子的情感交流。每天在孩子上床时都要问问他："今天过得开心吗？"孩子长大后，就形成了在睡前和父母沟通的习惯，有什么不顺心的事也愿意告诉父母。有了这样的感情基础，孩子就容易接受父母的建议和忠告，也用不着父母再费力地唠叨了。

最后要提醒父母，对孩子讲话也要经过大脑过滤，要讲在点子上，不要信口开河。说出去的话、下达的命令要算数，不能出尔反尔。

命令的口气就像是诅咒

一位16岁的高一男孩，很认真地与同班一位女孩相恋了，男孩的父亲与他进行了一次属于两个男人间的谈话。

父：儿子，你是不是觉得她是最好的女孩？

子：我觉得我认识的女孩里她最可爱。

父：爸爸相信你的眼光。但是，你才上高一，你认识的女孩有多少？

子：我心里只有她。

父：你说你要上大学，将来还要出国深造，想成为一名律师或金融家。你知道你将来会遇上多少好女孩吗？爸爸并不反对你现在谈女朋友，但是，爸爸最反感的是见异思迁。这个女孩是你到目前为止认识的最好的女孩，可是，你将来会有更多的机会，到那时你该怎么办？你会不会后悔？

子：可是，现在让我离开她，我很痛苦。

父：你初三时买的"随身听"呢？

子：前两天，您给我买了个高级的，我觉得音质比原来那个好，就把它送人了。

父：这就叫一山更比一山高。如果你能把握好每一个属于你的机会，你以后的成就只能比今天大，你面对的世界只会比今天更广阔，到时候你的选择只会比今天更好，更适合你。如果你现在与这个女孩真有那份情缘，到时候再让它开花结果多好。儿子，一个人一生不可能不做些让自己后悔的事，但是，人生大事只有几件，后悔了，就会遗憾终生。

子：爸爸，我懂了……

从此以后，男孩把对女孩的特殊感情像一粒种子般深埋心底，生命的乐章却弹奏得更欢快了。他明白，即使爱的种子发芽了，也还没有长成参天大树，更不可能结出甜美的果实。而在这之前，自己只能做一个默默耕耘的农夫，等待庄稼的成熟。

父亲面对男孩的早恋，不是用命令的口气让男孩放弃，而是选择理解男孩的需求，帮助他们树立正确的爱情观和认识爱的真谛，并以平等的态度与他们交流自己对人生、爱情、学业的感情。

想让孩子做什么，还是不想让孩子做什么，做父母的完全可以和孩子像朋友一样共同商量，分析利弊，最后再由孩子自己来拿主意，相信当父母把道理帮孩子分析透彻之后，孩子都会愉快地做出父母期待的选择。

育才方案：建立积极的家庭沟通环境

在教育孩子的过程中不能一味使用命令的语气而忽视沟通，如何和孩子进行成功的沟通呢？

第一，成功的家庭沟通，应该注意以下因素：理解、关怀、接纳、依赖和尊重。理解要求父母与孩子都能够设身处地地为他人着想；关怀不但存在于内心，更要切实付诸行动；接纳要求考虑到每个人的个性，懂得欣赏人们身上的优点；依赖是要做到既信任别人也信任自己；而尊重是指尊重他人特别是孩子的权利，尊重他们的意见和选择。

第二，要建立一种积极健康的家庭沟通交流关系，应该改变父母是决策人，孩子是接受者这样僵化的家庭角色的分配。父母在家庭教育中应该懂得进行角色交换，每一个家庭成员都可以对他表述的愿望予以积极的辩解。当孩子能够参与讨论家里的通常是成年人的问题时，他们方才能够更好地理解父母，而父母一方面可以调动孩子的主动性，使自己清楚地认识孩子的才干，另一方面可以得到有关自己教育的反馈信息。

综上，父母与孩子通过沟通，父母最后让孩子明白的是"理解、信任、承诺、准时"等观念的重要。通过沟通，最容易让孩子站在他人的立场上思考，也最容易让孩子养成理解他人的习惯。只有这样，孩子才有可能成为一个全面发展的优秀人才。

想让孩子对你敞开心扉，就要尊重他的秘密

有一个小学生问妈妈："妈妈，你有秘密吗？"

"当然，每个人都会有自己的小秘密。"

"真的是这样啊，我也有自己的小秘密了。"小学生有点兴奋地告诉妈妈。

"你的秘密是什么呢？"母亲听她幼小的女儿这样说，感到有点意外。

"我不能告诉你。"

这位母亲有点担心，但是又不好直接问。平时观察孩子也没有什么异常的举动，这就让她对孩子的这个秘密更加好奇了。

"我们做个交换，你告诉我你的秘密，我再告诉你我的秘密好吗？"

可是，小学生还是不说。

母亲为这事真是从心里着急，但是不能逼迫孩子，也不能偷看孩子的日记，想让孩子把她的小秘密说出来，真的是需要耐心地等待。后来，在这位母亲的多次试探下，孩子终于小心翼翼地说出了自己的秘密，原来有个同学告诉这个孩子他发现了一支神剑，但是这是个秘密，不可以对任何人说，否则肚子就有被划烂的危险。看来孩子真是顶着生命危险告诉妈妈这个秘密的。当妈妈知道

了孩子的这个秘密之后，终于轻松地笑了，很心疼地把孩子搂在怀里。

很多父母也像上面故事里的那个妈妈一样，当发现孩子有秘密的时候就会很担心。出于对孩子的负责，很多家长因为不知道自己孩子心中在想什么而犯愁。孩子并不是说不信任父母，而是对父母没有足够的勇气来面对。小孩子天真烂漫，还没有认识到"秘密"的真正含义，而总有一天，他们长大之后，有了自己的心事，也一定会有自己的小秘密不愿意对父母讲。父母也不要大惊小怪，因为这是每一个孩子成长必经的过程。

有位父亲曾这样面对孩子的隐私：

"我的女儿在小学五年级时就十分明确地有了自己的小秘密，发现了她的变化，我和妻都很高兴，因为这是她开始走向成熟的标志。一个毫无保留地在父母和他人面前诉说自己内心感受的傻丫头是不会成为成熟的人的。当时，她用的是我替换下来的写字台，我主动将写字台抽屉的钥匙交给她，让她学会保守自己的秘密。后来，上了初中、高中，她收到一些同学的来信，包括男生的信。我们在教育她如何与同学搞好关系、与异性交往中应注意的问题时，还嘱咐她一定要妥善收好这些信件，不要遗失在外面，免得给自己和同学带来不必要的麻烦。我们认为尊重孩子的隐私，是父母教育孩子的重要内容。"

这位父亲的做法是理智的，允许孩子有自己的小秘密，尊重孩子的隐私权，给孩子一个自由的空间，为孩子能深藏一份隐私创造条件和环境。这样，孩子在需求得到满足之后反而愿意倾吐心中的秘密，使两代人的感情更融洽。

尊重孩子的隐私，并非意味着放弃教育孩子的责任。须知心理断乳期的孩子，虽然自主、自尊意识增强了，但正确的世界观没有建立，爱独立而不知如何独立，求自由却不懂何为自由，心理意识交错复杂而充满矛盾，还不是一个理性的人。所以，对孩子的隐私要给予积极的引导。

育才方案：不要看孩子的日记

"妈妈，你不能偷看我的日记！"

"这怎么能说是偷看呢？妈妈看女儿的日记是为了多了解女儿，及时发现你有什么需要帮助的问题，妈妈好来帮助你。"

"我不需要你的帮助！你如果再偷看我的日记，一切后果你自己负责！"

见平时乖巧的女儿现在大声地和自己叫喊，妈妈也生气了："怎么说话呢？我是你妈妈，难道我把你养这么大，还没有资格看看自己女儿的日记吗?"

女儿哭着叫喊:"那是我的秘密,是我的隐私。你没有经过我的允许,就擅自偷看我的隐私,你是侵犯人权!我是你的女儿,可是我也有人权!"

说完,女儿一把夺过妈妈手里的日记,跑到自己的房间里躲了起来。

发现孩子心中藏有小秘密之后,相信很多父母都会有些不知所措甚至是担心和疑虑。如果用偷看孩子日记的方法来解决问题,一定会使孩子极为反感,甚至产生逆反的心理。因为,这个动作做出来之后,孩子的感受就是:父母并不相信我是个好孩子,父母也不尊重我,父母的行为不是光明正大的,他们不值得我尊重。

有些父母其实对此并不以为然:"孩子的生命都是我给的,更何况是一本日记、一封信呢?"并觉得自己这样做完全是出于对孩子的关心,是天经地义的。父母这样的想法,首先是不清楚孩子成长的过程,产生隐私是必然,父母应该积极引导,帮助孩子树立正确的人生观,而不是把眼光盯在孩子的隐私方面;另外就是没有注意到孩子的独立意识,还把孩子看做是父母的附属,不能真正放手,并给孩子造成精神压力。

做孩子的朋友,以平等的态度与孩子多做交谈,谈自己少年时代的所思所想、成功和挫折、经验和教训,甚至是一些可以与孩子谈论的自己童年的隐私,以达到与孩子在情感上的沟通。要努力营造民主、宽松的家庭气氛,让孩子真切感受到父母的关切之情,把父母当做可信赖的朋友。

其次,还要培养孩子自律自勉能力。即使发现孩子有不良倾向和越轨的思想行为,也不必惊慌失措,应该与孩子一起谈理想、事业、道德、人生观、价值观、金钱观等问题,引导孩子自己悟出为人处世的真谛,提高孩子按规范要求调整自己行为的能力。

父母先"统一战线",孩子才不会"南辕北辙"

很多父母都想尽心尽力地教好孩子,但是如果夫妻之间教育孩子的态度并不统一,或者双方的配合不到位,这就会很影响教育效果了。

宁宁发现妈妈总是对爸爸不满意,经常听到妈妈的抱怨声,为什么呢?因为爸爸工作忙,总是照顾不到家里,妈妈一个人忙里忙外,爸爸无法帮助她。这一天,宁宁的妈妈又开始唠叨了:"唉,看看你这个爸爸呀,整天到晚不回家,屋里屋外全都是我一个人忙来忙去!"宁宁听到这样的话,就很懂事地说："妈妈，我来帮你做。"而妈妈却说："你还在念书，你现在的任务，只要把书读好就行，其他的杂事都不要你来操心。"宁宁听话地点点头，就进屋学习去了，以后也就再也不帮妈妈做家事了。

曾经有一位教育专家提到这样的故事，会很打趣地说："这个妈妈整天在抱怨先生，却从来不让自己的儿子树立做家事的概念，恐怕往后还会有一个女人像她一样受罪。"

妈妈在孩子面前抱怨爸爸，这样的做法弊端相当大，抱怨不仅不能解决任何问题，而且还不利于在孩子面前帮爸爸树立威严。相反，下面的这一个家庭的做法就是很值得提倡的。

玲玲的爸爸经常在妈妈不在家的时候对玲玲说："孩子，你妈妈为了你很不容易啊。你出生之前一直在妈妈肚子里十个月，这十个月妈妈很辛苦啊。后来妈妈为了照顾你，不得不把原本很好的工作辞掉了。每一次你生病的时候，妈妈晚上总是睡不好……"玲玲瞪大了眼睛，这些事情如果不是爸爸跟她讲，她是不会知道的。

这一家每天晚上总是一起共进晚餐。有一次爸爸下班回家有点晚，玲玲饿了很想先吃饭，妈妈对她说："我们一起等爸爸回来吃饭好不好？爸爸每天在外面工作一整天很辛苦，如果没有爸爸的辛勤，我们就不会有这样安稳的生活了，家里优越的物质条件，都是爸爸给我们创造的。"小女孩一听，就坚持要等爸爸回家一起吃饭。

父母双方先配合好，才会让孩子感受到家里浓浓的亲情，让孩子更爱自己的爸爸妈妈。这就很需要夫妻的双方配合。假如一个爸爸这样跟孩子说："儿子呀，爸爸天天在外赚钱很辛苦，所以你今后要好好孝顺你爸爸。"这样的话，一般来说爸爸是不好意思对儿子说出口的。但如果能通过妈妈的话说出来，孩子既能感受到爸爸为家庭的牺牲，也能感受到一家人相互之间的欣赏和肯定。所以通过父母双方的配合，这个问题才能很顺利地解决。如果父母之间没有配合好，那就算是用再多的心思来教育孩子，效果也不会太理想。

同样的道理，不仅父母双方之间是要如此配合的，而且举一反三，家长和老师之间也要如此的配合，做家长的千万不能在孩子面前说老师的坏话。

在中国古代，每当父亲带着孩子去拜老师的时候，在行拜师的礼仪的时候，父亲会在孩子面前给老师先行礼，为什么呢？因为小孩子的心中，最尊敬的人应该就是自己的父亲，看到父亲对老师如此尊重，也同样会对老师产生敬畏之情，才会怀着一颗恭敬之心学。

育才方案：让孩子体会到父爱

幼儿心理学家格塞尔曾指出："失去父爱是人类感情发展的一种缺陷和不平衡。"心理学家和社会学家所做的大量调查表明：没有父爱的家庭会严重影响孩子的身心健康，造成孩子性格、心理的缺陷。所以，让孩子感受到父亲的存在，体会到父亲对自己的爱，其意义在于使孩子有一种心理寄托，获得安全感，健康地成长。

有一次，一位美国教师在演讲会上，提供许多协助儿童克服惧怕的方法，并一一举例说明，引起听众高度回响。会后，有几位听众问道："父亲不尽责，所造成的不安全感，对孩子的影响究竟有多大？"

教师解释道："就我的经验和观察，那些缺乏父亲照料的孩子，如果母亲或家人不能提供安全的爱，孩子较易自暴自弃，闹事不读书，沉沦于玩乐游荡而不能自拔，甚至犯罪。"

"怎样才能补救呢？"

"我接过许多这类个案，发现他们所需要的不是专业辅导，而是一个关心他们、了解他们，肯花时间陪他们的父亲。他们需要的也不是心理医生，而是一个他信任和尊敬的男人。因此，要唤醒那些不尽责的父亲，把他们从麻将桌上请回家，从灯红酒绿中请回家，从超工时的工厂和办公室里请回家。要他们尽一份应尽的天职，做一件非做不可的良心事。因为孩子需要他的爱、陪伴和支持。否则，他们将会在自己的人生中留下'失职的父亲'的罪恶！"

"如果找不回来呢？或者他没有父亲呢？"

"找一个能代替失职（或缺席）父亲的人，也许是老师，是一位爱心的义工或辅导员，给他关怀、支持和安全感。"

在孩子成长中，父母因性别角色、社会分工、家庭分工的不同，应各自运用不同的教育方式担负起不同的教育任务。一般来说，母亲偏重于生活和情感，父亲偏重于精神和心理；母亲强调稳定，父亲强调创新发展；父亲传递给孩子的是坚强、勇敢、承受力强等阳刚之气，母亲传递着细腻、呵护、富有同情心等阴柔的一面。两者相辅相成，共同作用，才造就了孩子健全的心理素质。相反，如果过分地强化或弱化某一方面，都将影响孩子的心理成熟和性格完善。对于孩子而言，父亲既是教育者，又是纪律执行者、社会化指导者。在很多家庭中，父亲一般比母亲受教育程度高，接触社会广，在家庭的重大问题决策上，更具权威，如果父亲将孩子的健康成长时刻放在心上，就更利于把孩子培养成适应社会所需的性格特点。此外，父亲的严格要求，以及父亲对事业的执著态度，对孩子的一生，将有不可估量的影响。

有一位父亲，下班后常带儿子玩各种游戏，教孩子做一些简单的玩具，拆拆装装，耐心回答孩子提出的各种问题，或带孩子到户外捉蚂蚱、知了。孩子五岁时活泼可爱，口齿伶俐，遇事反应灵敏，喜欢自己动手做些小玩意儿。而另一位父亲，不关心孩子，下班回家后只顾自己看电视，或找人下棋、聊天、谈生意、炒股票，很少与孩子交往，似乎孩子并不存在。为此，夫妻俩常吵架、恼气。孩子在这样的环境中，形成懦弱、胆小，没有创造性，爱哭的个性。

总之，强化父爱在培养孩子的健全心理方面，在孩子健康成长的过程中至关重要。这一作用正是母爱所不能替代的。

当然，必须强调的一点是，强化父爱，并非就要削弱母爱，淡化母亲的职责。相反，父亲和母亲都应该发挥各自的性别优势。让孩子既从母亲那里得到爱抚，学会同情心，又在父亲那里养成坚毅的品格。这一切对孩子来说，是必不可少的。

告别争吵，建"和谐型"家庭——孩子需要的是安心、安定与安全

一位曾在东南亚地区志愿教课的老师讲过这样一件亲身经历：

他是一个小学班级的班主任，班上的孩子都很听话，只有一个孩子不仅学习成绩不好，而且性格孤僻爱打人，同学都非常讨厌他。这位老师经常帮男孩指出缺点，但是这个孩子屡教不改，老师一看说教不管用，只好决定要去家访，向孩子的父母来反映这个问题。

等到老师们一起来到男孩的家里时，所有的人都严厉不起来了，并且对这个男孩充满了同情而不是先前的嫌弃。原来，男孩的爸爸喜欢赌钱，妈妈经常因此和爸爸吵架，有一次妈妈和爸爸吵得很激烈，一气之下就跑出了家再也没回来过。后来爸爸又娶了一个泰国女人当孩子的妈妈，这个泰国女人对男孩很不好，经常会找各种理由打他惩罚他。爸爸对此也是视而不见，久而久之，让一个原本快乐活泼的男孩变得仇视任何人。

由于这位老师对男孩格外地关心，男孩也把这位老师当做他最知心的朋友。有一次，小男孩对老师说："老师，我不想活下去，我想死。"这位老师

懂得教育心理学，他知道一个人只有在看不到任何希望、充满绝望的时候才会想去死，何况是一个这样小的孩子，他的心中一定也是矛盾重重。但是他很冷静地帮男孩分析原因："你为什么想去死呢？"小男孩告诉他："老师，没有人喜欢我，爸爸妈妈不爱我，同学都讨厌我，都躲着我。"

这位老师马上想办法安抚住这个孩子，问他："那你说，我会不喜欢你吗？"孩子听到这句话，瞪大了双眼看着老师，使劲地摇摇头。老师看到他的情绪稍稍稳定了下来，就跟他讲："你已经找到了问题的原因，应该是去想办法解决，以后你不要再打同学了，大家就会喜欢你。"

"老师，我知道我不对，我很想改，但是我改不了了。"孩子哭着对老师说道。

后来这位老师讲到，最让他感到痛心的就是孩子的这句话："老师，我很想改，但是我改不了。"一旦坏习惯养成了，坏品质定格了，改起来会很困难，自己也会很痛苦。而造成孩子的这些性格缺陷的，不是外界，而正是家庭。

做父母有义务要尽量把孩子培养成为心地善良、感觉敏锐和能力强的人。家庭日常生活应该是和谐、欢乐的，充满爱心的，这是首要的条件。夫妻间的互相尊重与爱护是良好的家庭教育的基础。

我们常讲，家庭是社会的细胞，父母是孩子的第一任老师，如果家庭不和谐，父母经常吵架甚至于离异，孩子将很难走出心理的阴影，对孩子的伤害也将是终身无法挽回的，还会对社会造成不小的威胁。美国是世界上离婚率最高的国家，同样美国的青少年道德教育问题也让当地政府伤透了脑筋。在美国曾经对中学生有过这样一项调查，结果显示：有71％的学生曾经作弊，68％的学生曾经打过架，35％的学生曾经在商场偷过东西，但在测试的最后，有91％的学生认为自己的行为很高尚。政府一再提高对教育的拨款数额，然而却丝毫不见好转。家庭教育的缺失，用其他任何的方法都将很难改变。

安徒生小时候是在丹麦一个叫奥塞登的小镇上度过的，他家境贫困，父亲只是个穷鞋匠，母亲是个洗衣妇，祖母有时还要去讨饭来补贴生活。他们的周围住着很多地主和贵族，因为富有，这些人便觉得自己高人一等，他们讨厌穷人，不允许自己家的孩子与安徒生一块儿玩耍。安徒生的童年孤独而落寞。

父亲担心这样的环境会对安徒生的成长不利，但是他从来没在孩子面前流露出自己的这种焦虑，反而轻松地跟安徒生说："孩子，爸爸来陪你玩吧！"父亲陪儿子做各种游戏，闲暇时还讲《一千零一夜》等古代阿拉伯故事给他听。虽然童年没有玩伴，但有了父亲的陪伴，安徒生的内心世界也充满了阳光和快乐。

温馨的家庭环境是孩子健康成长的保证，童年时代的安徒生在良好的家庭氛围中培养着自己的童话细胞，一颗善良、充满幻想的"童话"之心。

中国的一位儿童教育专家也对小学和幼儿园的孩子做了"你最喜欢什么样的家"的调查。结果发现，孩子们对父母和家庭的要求放在首位的并非是经济、物质条件，他们对吃的、穿的、用的和玩的东西似乎都不大在意，相反，却很关注自己家庭的精神生活。最喜欢的家有五种，而排在第一位的是：和睦、团结、友爱的家。孩子们最喜欢爸爸妈妈和和气气，不吵架、不斗嘴，全家老小和睦相处，让家里始终充满爱。

父母之间的恩爱，和睦的家庭氛围能够为孩子的身心成长注入生机与活力，增加孩子对生活的信心与勇气。如果孩子在一个紧张压抑的家庭氛围中成长，会逐渐变得忧心忡忡、缺乏热情、性格内向，严重的还会形成心理障碍。在良好的家庭氛围的影响下，你的孩子一定可以健康、茁壮地成长。

育才方案：陪孩子一起参与他喜欢的活动

一位母亲在给儿子的信中写道：你是一个铁杆球迷，为了看球，甚至可以不吃饭、不睡觉。说实话，我原本无法理解，对我来说，足球只是一堆人争夺一个球的无聊游戏。你常常深更半夜悄悄起来看英超、意甲转播，虽然为了不吵醒我们，你总是把音量放到最低，但是，你那压抑的激动声响，和偶尔克制不住而发出的大声喝彩，还是会惊醒我，那时，总免不了对你的一顿教训。可有一天，一个念头突然冒出来：能够让你如此如痴如醉的足球到底为何吸引你呢？我怎样才能够体会你在看足球时的快乐呢？有机会一定要尝试一下。

对此，儿子在自己的日记中也有所记载：奇迹果然出现了！不但是塞内加尔的奇迹，也是我妈妈的奇迹——她竟然从此迷上了足球，每天抢着看报纸，准时看球赛，关心贝克汉姆，询问罗纳尔多。当我们同时情不自禁地站起来，面红耳赤地给中国队加油的时候，我感到我们的心灵第一次如此相通。我心里只想说："能跟妈妈分享我的快乐，我真高兴！"

作为父母一定要知道，与孩子共同参与活动，对于亲子关系非常重要。那么，你能否与孩子换位思考，走进孩子的精神世界呢？

孩子们通常有自己的社会活动，比如学校组织的风筝大赛、校际篮球比赛、打乒乓球等。一些家长可能会认为，这只是毛孩子的游戏，关我什么事儿呀！其实这种想法是完全错误的。教育学家建议父母们，要积极参与孩子的这类活动，因为你的参与就是对他们的肯定。

斯科特先生从未忘记参加有孩子参与的每一项活动：市篮球联赛、运动会、学生音乐会、话剧表演——即使儿子只是扮演一棵树，斯科特先生是一个牙科医生，对运动一窍不通，对音乐也不大感兴趣，但他还是努力抽出时间去为儿子加油。因为他说，希望自己在孩子成长过程中尽量陪着他。最近一段时间，儿子迷上了制作遥控飞行器，为此，他甚至办了寄宿，专心地在学校里研究试验。每天，他都会给斯科特先生打电话，报告自己的新进展：他的飞行器反应更灵活了、飞得更远了……一天，儿子打来电话："爸爸，明天下午就开始比赛了，来替我加油吧!"爸爸兴高采烈地回答："太棒了！我明天一定准时去。"第二天，斯科特先生把诊所停业一天，上午跑到书店里找了很多遥控飞行器方面的书，又给儿子买了一组昂贵的飞机模型，下午准时赶到学校。遗憾的是，儿子那天并没有取得好名次，面对专程赶来的爸爸，孩子有点惭愧。斯科特先生拿出自己准备好的礼物——书和模型递给了儿子，然后用玩笑式的威胁口吻说："小子，看到了吗？这么贵的书和礼物都买了，你要是敢因为一次小小的失败就放弃，那我绝对饶不了你!"儿子大笑着接过礼物："什么放弃呀！等着吧，下次第一名就是我!"这时，他已经完全振作起来了。

腾出时间陪孩子一起做孩子所热衷的事情，是无比重要的。如果你希望孩子养成持之以恒的品质，掌握其他与工作、生活相关的技能，你就要在参与孩子活动的过程中，用你自己的兴趣、可依赖性及独特的指导，为孩子树立榜样，只有这样才是明智的。

大大方方地接受孩子的孝心

"树欲静而风不止，子欲养而亲不待。"这是千古以来孝子最大的遗憾。有双亲能奉养可以说是最大的快乐。

一个懂得孝顺父母的人，也就明白了做人的分寸，走到社会中就能够懂得尊敬长辈，在工作中也会有更强的责任心。所以孔子曾说："君子务本，本立而道生，孝悌也者，其为人之本欤？"相信普天之下的父母都希望自己的孩子将来能够是个孝顺父母的人，所以我们现在一定要小心地爱护孩子的小小心意。

有位爸爸曾经这样跟人讲："我的孩子有时会给我带一点小玩意，我心里想，小孩子净瞎糟蹋钱，买的是什么烂东西啊。可是同着孩子我还会装作很高兴，就是不想伤害孩子一颗懂得孝敬父母的心。"

相反有的父母就不懂得爱护孩子的孝心。一个孩子有一天起来向爸爸妈妈问好："爸爸妈妈早上好，昨天睡得好吗？"妈妈很奇怪自己的孩子怎么一下变得这样有礼貌，不禁摸摸他的头："你今天有不舒服吗？发烧了吗？"

当孩子做出动作要表达对父母的关切或感恩，做父母的一定要配合孩子，并且要夸奖和鼓励孩子。如果觉得孩子向父母问好或送礼物这样的举动是客套没有必要，那将会损害孩子一颗原本爱父母的心。其实孩子在这种实践的过程中能体会到父母的不容易，对他们自身的成长也是有利的。有一个小学生，在她生日的那天特别想表示一下对父母的感谢，于是她就决定自己做饭给父母吃。由于个子长得比较矮，她搬了一个小凳子放在灶台前，自己站上去炒菜。放油的时候由于烟尘很大，她就想方法，把爸爸骑摩托车用的头盔戴在头上，终于很坎坷地做好了一顿饭。后来，小女孩还得到了一个意外收获，她明白了原来做饭是这样辛苦的事情，很体谅父母，从此之后就再也不挑食了。如果父母不给孩子这样的机会，那这个小学生就不会有这样的感悟了。

有一所小学给孩子安排了实践作业：回家给妈妈洗脚。学校老师的意图在于通过这项活动使孩子产生对父母关怀的意识，但是很多家长并不理解学校的目的，有的比较配合，有的就不配合。

有一位妈妈听说孩子要给她洗脚，说什么都不让："孩子啊，妈妈现在可以自己洗，不需要你，这样的作业可以不用做的。"

有的妈妈也是不想让孩子给她洗脚，原因是怕孩子端洗脚盆端不稳会把水泼到地上，这样的话不仅容易把孩子烫到，而且会把地面弄得到处是水，反而更麻烦。

还有一位妈妈就很配合，她也很担心自己的孩子会被热水烫到，就默不作声地把热水器的水温调到了冷水的温度，在一周之后孩子完全做得熟练了，她才慢慢地把温度调到正常。为了协助孩子做好这个实践，这位妈妈洗了一周的冷水脚。

很多家长不愿意让孩子做一些家务事，原因在于怕孩子做不好给大人添麻烦。其实，当孩子做不好的时候，正是一个教育机会点的出现。家长可以告诉孩子怎样来做好，进而增长他的做事能力。

当然，如果孩子没有意识到要孝顺父母或者要帮父母做些什么，那我们作为父母的千万不可以要求孩子去做，那会起到反作用。最好的方法，是我们父母先来做表率，孝敬我们的长辈，那样小孩很快就会学会了。

育才方案：给孩子读一读中国经典的德育书

中国古代有很多经典的德育故事，经常让孩子读这样的故事，不仅开阔他的眼界和思路，同时让他了解很多古人感人的事迹，比父母干枯的说教不知道要好多少倍。

还可以让孩子多读中国的古文经典。古典文学的熏陶不仅会让人的思想更有深度，并且会时时感受到美的意境。

有一位书画鉴定家在给学生们上课，很偶然地在课堂上从口袋里摸出一本"口袋书"，原来是袖珍版的《幼学琼林》，这位书画鉴定家就很风趣地对同学说："我每天在空闲时间会拿出这本书来读一读，里面介绍的内容能开阔人的眼界。这本书是中国古代四五岁小朋友才读的，看来我还没有启蒙了。"

关于孝敬父母的书，最为著名的莫过于《孝经》，这本书是孔子亲自传授给曾子，后来由曾子整理的。曾子本人就是一个孝子，是中国古代二十四孝里面的著名人物。传说有一次曾子在山中打柴，这时正好家中来了客人，母亲很想召唤孩子回来，就只好咬了自己的手指，曾子在山中突然感觉到一阵心痛，急忙赶回家，问母亲是否出了什么状况，母亲说："我没什么事，只是家中来了客人，想召唤你早些回来。"曾子的妻子对于婆婆很是怠慢，有一次没有把梨子蒸熟就给婆婆吃，曾子知道了之后十分生气，就把妻子赶出家门，以后也再没有续娶过。孔子对曾子的孝心很是嘉奖，特意将这一部经传给了他。

除此之外，中国还有很多古代的文章都是彰显孝悌忠信这些好的行为的。因为中国的传统对这些都是非常重视，让小孩子多读一读类似的文章一定会使他们受益匪浅，父母也会惊喜地发现孩子的变化。

有一个小朋友在读过《弟子规》之后，明白了"身有伤，贻亲忧，德有伤，贻亲羞"这样的道理。有一次这位小朋友感冒了，他就在日记中写道："今天我感冒了，我心里很难过，我不是因为生病难受而难过，而是因为生病是不孝，生病说明没有爱护好自己的身体，还让父母担心。"小孩子如此幼稚的语言却打动了自己的父母和老师。这个小朋友有这样的观念，说明他懂得自爱，懂得自重，也同样会在行为举止上来约束自己。

作为父母，有义务把最好的最精华的东西呈给自己的孩子，让他们来吸取，来学习。

第三章　激励＋惩罚：拿捏分寸是艺术

多给孩子积极的心理暗示

心理学家告诉我们：父母若以正面的信念期望孩子能成为什么，将来孩子就会成为什么。父母对孩子的期待与评价经常会在言语及日常生活中有意无意地显现出来。积极正面的期待会使孩子感受到爱与支持，从而充满自信，生气蓬勃；相反的，负面的、消极的评价会使孩子失去信心与发展机会。

暗示会产生非同一般的明显效果，有人曾经做过一个实验：由两位水平相当的教师分别给两组学生教授相同的内容。所不同的是，其中一位教师被告知："你很幸运，你的学生天资聪颖。然而，值得提醒的是，正因为如此，他们才试图捉弄你。他们中有的人很懒，并将要求你少布置作业。别听他们的话，只要你给他们布置作业，他们就能完成。你也不必担心题目太难。如果你帮助他们树立信心，同时倾注真诚的爱，他们将可能解决最棘手的问题。"

另一位教师则被告知："你的学生智力一般，他们既不太聪明也不太笨，他们具有一般的智商和能力，所以我们期待着一般的结果。"

在该学年年底，实验结果表明，"聪明"组学生比"一般"组学生在学习成绩上整整领先了一年。

其实，在被试者中根本没有所谓"聪明"的学生，两组被试的全都是一般学生，唯一的区别就在于教师对学生的认知不同，导致了对他们的期望心理也不同，从而以不同的方式对待他们。其中一位教师把这些一般的学生看做是天才儿童，因而就把他们作为天才儿童来施教，并期望他们像天才儿童一样出色地完成作业。正是这种特殊的对待方式，使得一般学生有了突出的进步。

法国有句谚语说："自以为是鼠辈的人定被他人轻视、欺侮。"这从一个侧面反映了"心理暗示"给人带来的影响。经常性地给孩子一些积极而正面的"心理暗示"，孩子一旦沐浴在自信的光晕之中，将产生无比巨大的推动力，一步步向更高的人生台阶迈进。

育才方案：让孩子懂得"自我接纳"

"自我接纳心理"是指人对自身以及自身的一些特征所持的一种积极的态度，即能欣然接受现实中的自己，无论自己是完美无瑕还是有一定缺陷，都去接纳自己，喜欢自己。

自我接纳是孩子心理健康成长的前提。小孩子最初的评价源自于父母、老师以及其他长辈对他的评价。如果这些人对他的评价是肯定的，如："真漂亮!""是个好孩子!""好聪明!"那么孩子的自我接纳就是正面的，他会肯定自己，不断自我完善，并最终具备自信；相反地，一些人无意中指责孩子，说："你很笨!""不可爱!"对孩子人格进行贬低，孩子就会接受这些负面信息，认为自己真的不如别人，他对自己的认识逐渐发生一些偏差。例如：一个不懂得教育的老师整天指责一个淘气的孩子，说他得了"多动症"，一个不懂得爱的家长总是反复对着孩子强调孩子的笨拙，这些负面的评价使弱小的孩子对自己产生了怀疑，他对自己感到不满、失望，甚至否认和拒绝。

韩国 18 岁少女喜儿弹奏的钢琴曲非常动听，吸引了不少听众。

喜儿的双腿比正常人短，而且每只手上只有两根手指头，她并不聪明，只有七岁小孩的智力。但这个少女似乎对自己的命运很满意，她丝毫没有察觉自己的缺陷，还经常面带微笑和别人交流，而且非常刻苦地练习弹奏钢琴。在她看来，正是因为自己只有 4 根手指头，所以很多人才喜欢听她演奏，她觉得幸福极了。

她喜欢自己，接纳自己，丝毫不在意旁人怪异的目光。这种健康心态取决于她有一位懂得教育的妈妈。

曾经有记者采访喜儿的妈妈："当您第一次看到孩子的手指时，您是什么感受?"

妈妈说："我觉得我们家喜儿的手指很漂亮，当她晃动两根手指时，就像绽放的花朵一样美丽，我经常对喜儿说，'宝贝，你的手指真漂亮，咱们换手指，好吗?'"

喜儿的妈妈丝毫不在意别人对喜儿的评价，她总是不停地告诉喜儿："你的手指是世界上最漂亮的手指。"因此喜儿丝毫没有被身上的缺陷所伤害，她总是快快乐乐的。

如果您的孩子很自信，日常心态积极上进，那么证明您的孩子能够接纳自己。如果您的孩子总是抑郁寡欢、自卑、讨厌自己，那么很可能这段时间孩子不能够很好地接纳自己。您最好先反省自己和他人对孩子的教育，然后屏蔽那些消极的评价。您要告诉孩子客观地对待外界的评价，外来评价是好的、正确的，就可以接纳它；如果不是很正确，是偏颇的，就要勇敢拒绝它。不论自己有什么优点和弱点，最好的选择就是无条件接受。

罗森塔尔效应：用欣赏的眼光看待孩子

美国著名的心理学家罗森塔尔教授曾经做过这样一个实验。

他将一群小白鼠很随意地分为 A 组和 B 组，他告诉 A 组的饲养员说，这一组的老鼠非常的聪明，同时又告诉 B 组的饲养员说这一组的老鼠智力中等偏下。几个月后，罗森塔尔教授对这两组老鼠进行穿越迷宫式的测试，发现 A 组的老鼠居然真的比 B 组的老鼠要聪明很多，它们能够先走出迷宫并找到食物。

通过这个实验，罗森塔尔教授得到了启发：这种效应会不会发生在人的身上呢？于是他来到一所普通中学，在一个班里随便走了一趟，然后就在学生名单上圈了几个名字，告诉他们的老师说，这几个学生智力很高，很聪明。过了一段时间，教授又来到这所学校，惊奇地发现那几个被他很随意选中的学生现在真的成为了班上的佼佼者。

为什么会出现这样的现象呢？

罗森塔尔教授是著名的心理学家，在人们心中有很高的权威，老师们对他的话都深信不疑，因此就对他指出的那几个学生充满了信心，而学生也感受到了这种期望，也认为自己是聪明的，从而提高了自信心，就真的成为了优秀的学生。

这就是著名的罗森塔尔效应。

称赞就像是饲料，会给孩子以极大的鼓舞。而父母的表扬与其他人相比产生的作用会更大。心理学家经过实验发现，孩子总是在无意识中按大人的评价强调自己的行为，以得到父母的表扬和认可。

有一位母亲在擦桌子的时候，她一岁多的小孩子蹭过来，学着妈妈的样子，手里拿着一块布，在桌子上抹来抹去。其实，这么小的孩子，完全没有做家事的概念，他只是单纯地模仿而已。这位母亲则抓住了这样一个夸奖孩子的机会："小伟真懂事，这么小就想帮妈妈擦桌子，将来一定是个优秀的孩子。"孩子听到妈妈这样讲，马上来了精神，在桌子上抹得更带劲了。妈妈擦完桌子之后，告诉孩子："以后擦桌子的时候要注意，这些边边角角也要很干净，那就更好了。"孩子很满意地点点头。

还有一个小朋友第一次帮妈妈刷碗，基本上都没有刷干净，但是妈妈没有责怪这个小朋友，她努力地找了半天，终于找到一个刷得还算干净的碗，对孩子说："哇，你看这只碗刷得真干净，我第一次刷碗的时候都没有你刷得这样干净。"孩子的内心就很受鼓励，以后就经常来帮妈妈刷碗，把每只碗都刷得很干净。

我们都有这样的常识：人都喜欢听好话，对于小孩来将就更需要鼓励了。因此在日常的教育中，家长应该对孩子多一些表扬，少一些批评。对孩子的一些想法和行为，不能按照成人的标准来判定，应该发自内心地赞美孩子："你真棒，我小的时候没有你这样有创意。"孩子的进步就会越来越快，也会把父母当做自己生活中的良师益友。如果父母只是一味地指责，甚至是狠狠地训斥，那孩子的自尊心还有无限的潜能，就会被父母的训斥声所淹没。

美国有一个家庭，母亲是俄罗斯人，她不懂英语，根本看不懂儿子写的作业，可是每次儿子把作业拿回来让她看，她都说："棒极了！"然后小心翼翼地把儿子的作业挂在客厅的墙壁上。客人来了，她总要很自豪地跟人炫耀："瞧，我儿子写得多棒！"其实儿子写得并不是很好，可客人见主人这么说，便连连点头附和："不错，不错，真是不错！"儿子受到鼓励，心想："我明天还要比今天写得更好！"于是，他的作业一天比一天写得好，学习成绩一天比一天提高，后来终于成为一名优秀学生，成长为一个杰出人物。

鼓励是自信的酵母，夸奖是自信的前提。让孩子变得更加优秀，最有效的方法就是及时地夸奖和鼓励。夸奖使孩子坚定了自己的信心，从而更加努力地为成功找方法。

育才方案：多对孩子进行有效的夸奖

可能会有家长有这样的疑问：如果一味地夸奖孩子，如果把孩子教得很骄傲怎么办？如果今后听不了批评的语言怎么办？将来的孩子不听话很难教怎么办？

这种顾虑很正常，而且这种现象也的确会有。夸奖孩子其实是有要领可循的，有些方面一定要夸，而有的方面一定不能夸。

有个小女孩长得很漂亮，所有的人都会惊讶于她的美貌，看到她都会赞不绝口地夸奖："你真是太漂亮了！"这种话听得多了，小女孩便以此为骄傲，慢慢地添了很多坏习惯，整天不停地照镜子，头发每天都是一洗三梳。后来父母意识到了这一点，就提醒孩子要把心思放在学习上，但是已经无济于事。

还有一个小女孩，从小表现的非常聪明，可以背很多的单词。有一天家里来了客人，奶奶对小女孩说："我们念英文给叔叔阿姨听好不好？"接下来，奶奶就问小女孩苹果怎么说，小女孩说 Apple，又问雨伞怎么说，小女孩都是对答如流，这样一直问了很多。小女孩突然对奶奶说："奶奶，你知道大象怎么说吗？"奶奶愣了一下，说："我怎么可能会知道。"没想到，小女孩同着众人的面对奶奶说："奶奶，你怎么这么白痴啊。"

上面两个例子中提到的小孩，她们就是听众人的夸奖太多了，以至于忘乎所以，不仅自视甚高，甚至看不起长辈，这就有悖我们夸奖的初衷了。我们夸奖孩子，为的是让他能更加健康地成长，所以夸奖应该是侧重于孩子的好习惯、好态度、好品格，比如一个孩子天天坚持写日记，得到夸奖之后，会坚持得更好；一个孩子很懂得让着自己的小弟弟，得到夸奖之后就会变得更加懂事。而对于孩子的天分、长相这些内容，夸奖的意义就不大了，更不可以一次次地灌输给孩子这样的观念，这样对孩子无疑是有害的。

我们来看一看德国教育家卡尔·威特的教子方法：

一天，卡尔·威特带着他的儿子到一个朋友家参加聚会，而此时，他的儿子已经因为他的超常智力被广为传诵。一位擅长数学的客人抱着怀疑的态度想考考小威特。卡尔·威特答应了，但他要求那位客人不管小威特答得怎样，都不可以过分地表扬自己的儿子。

这位客人一连给小威特出了三道数学题，但小威特的聪明越来越使他感到惊异。而且每一个题小威特都能用两种以上不同的方法去完成。此时，客人已不由自主地开始赞扬小威特了，老威特赶紧转移话题，这样客人才想起了两人的约定。

但客人出的题越来越难，并最终走到他也难以驾驭的程度。客人非常兴奋，又拿出更难的题来"难为"小威特："你再考虑考虑这道题，这道题是一位著名数学家考虑了 3 天才好不容易做出来。我不敢保证你能做出来。"

可是，没过半小时，就听小威特喊道："做出来了。"

"不可能。"客人说着就走了过去。

但事实不得不让客人赞不绝口地说："真是天才，那么你已胜过大数学家了！"老威特连忙接过话说："您过奖了，由于这半年儿子在学校里听数学课，所以对数学很有心得。"

客人这才领会到老威特的意图，点着头说："是的，是的。"

不要认为卡尔·威特对孩子太严苛，事实上他是非常赞同赏识教育的。只不过他认为，表扬不可过多过高，不能让孩子情绪过热，过多的赞美会让孩子产生错觉，要么认为自己比任何人都要出色，要么就逐渐形成压力，为了夸奖而去做。

卡尔·威特给父母们的忠告是：我们不能让孩子在受责备的环境中成长，但是也不能让他们整天泡在赞美里。

过多过分的夸奖，会带给孩子不必要的困扰。夸奖具有启发性和鼓励作用，但夸奖过多，会带给孩子压力，形成焦虑。所以夸奖要适可而止，而应用欣赏、交谈、聆听等方式代替过多的夸奖。

物质奖励不是锦囊妙药

在目前的家庭教育中，利用物质刺激，忽视精神奖励的情况已经不稀奇了。每当孩子考试得了高分，或考取了重点中学，家长就不惜大花一笔作为奖励。作为奖励，有的家长给孩子买来电脑，孩子如愿以偿了，以后的学习就放松了，甚至后来孩子只是玩电脑、玩游戏、上网，作业都不做，成绩很快就下降了。直到此时家长才意识到：用买电脑来刺激孩子学习的方法欠妥。

实际上，这种滥用物质奖励来"激励"孩子学习的方法，很难收到效果，有时还会适得其反。奖励孩子的原则应是精神奖励重于物质奖励，否则易造成"为钱而怎么做"、"为父母而怎么做"的心态。

有两个家长在谈论彼此的教子心得。

父亲甲：我家的孩子不爱劳动，怎么哄他都不行，每天除了出来吃饭，剩下的时间不是闷在屋里就是找同学去玩。

父亲乙：我家的孩子也有这个毛病，不过最近我用了一种方法，特别见效。

父亲甲：什么方法？我也想试一下。

父亲乙：我和孩子说好了，每天晚饭后帮忙收拾桌子，奖励一元钱；每天扫一次地，奖励一元钱；每天帮家里倒一次垃圾，奖励一元钱。现在孩子就开始帮家里干活了。

父亲甲：好，回家我也试一试。

几周之后，这两个家长又遇上了，还是谈论着上次的这个话题。

父亲甲：你告诉我的那个方法，刚开始管用，后来就不管用了。

父亲乙：怎么会不管用？

父亲甲：刚开始孩子觉得很新鲜，每天都坚持帮我们劳动一下，后来就厌烦了。有一天我再让他帮我倒垃圾，他居然跟我说："今天我要休息，不做了，你也不用付钱给我。"

父亲乙：我的孩子也这样啊，没关系过几天就会好的。

……

亲子关系不是商业交易，这种教育孩子用金钱换取亲子间互助与关怀的方法，最终会导致孩子们想要零花钱时就要求"爸爸，我给你捶捶肩吧"的这种"强卖"行为，尤其对于家务，切忌用金钱承包的做法。

有些父母强调物质奖励：今天孩子画了一张画，奖励一只玩具狗；明天背了几个英语单词，奖励一件漂亮衣服；后天孩子在幼儿园得了一朵小红花，奖励一包薯片……家长用物质来引导孩子得到他们期望的结果，这样会使孩子产生钱是万能的，很可能因此而产生对物质或对金钱的崇拜。所以家长经常用物质的东西来奖励孩子，最终只能危害子女。理性的家长会善于使用金钱为孩子的健康成长提供基本条件，而不是让孩子在挥霍金钱中消磨意志，自毁前程。

育才方案：不要在孩子面前露富

美国总统西奥多·罗斯福的大儿子 20 岁时去欧洲旅行，一个多月的时间他把自己所带的路费差不多花光了，临行前他遇到了一匹非常好的马，正好它的主人要卖掉它。他太爱这匹马了，就把自己最后的一点路费拿出来买下了这匹马。然后他打电报让父亲寄点路费让他回家。罗斯福给他回了一封电报说："你和你的马游泳回来吧！"儿子只好又卖掉了马。罗斯福反对男孩依靠父母生活。他希望自己的儿子能凭自己的本事自食其力。

罗斯福贵为总统却不肯为儿子付更多的路费，而现在的中国新出现了一批"啃老族"，他们平时宅居在家，或者在外与朋友吃喝玩乐，衣食住行全部靠父母来供给，而且往往花销不菲。家长往往宠爱自己的孩子，可以说是有求必应，而最后的结果不仅是害了孩子，也给家长带来烦恼。

有一对夫妻家里非常有钱，他们也很舍得给孩子最好的物质条件，这个孩子从小花钱阔绰，长大之后由于习惯了衣来伸手的生活，也就不想出去找工作，心安理得地在家里靠父母来养活自己。孩子的父亲发现了问题的严重性，就把孩子送到部队中，希望能够让他多吃点苦。去部队两年回来之后，孩子依旧和从前一样。父亲非常生气，就决定断绝他的经济来源。这个孩子因此对父亲心怀不满，就雇来杀手杀掉了父亲，后来又雇来一个杀手要杀掉母亲，因为放钱的钥匙在母亲手里。他把杀手找来的时候，就告诉杀手：待会有一个人会从这个过道过来，穿什么样的衣服，交代得清清楚楚。这个杀手很吃惊，问你要杀什么人，怎么对她这样熟悉。这个孩子说：是我的母亲。

父母失误的地方就在于家里太有钱了，而又不懂得教育孩子，使这个孩子拿钱不当钱来看，可以想象得到一定也不懂得爱惜物品，暴殄天物，自然不会有一颗仁爱之心，当一个孩子心中充满了欲望的时候，就会变得无父无母，这个物质的诱惑就像深渊，一踏下去见不到底。所以，给孩子树立正确的金钱观，不要在孩子面前摆阔，也不要对孩子说"爸爸有的是钱，你想要什么家里都有"这样猖狂的话。

在台湾，有一个"国宝级"的企业家，他就是王永庆，被台湾当地誉为"经营之神"。王永庆的企业价值30亿，他在台湾是屈指可数的富翁，但是王永庆一直坚持着最简单的生活。一条毛巾用了十年都从来不换，家里吃的菜居然都是自己种的，即便是出席重要的场合，也只穿几千元一套的礼服，可以说是简朴至极，甚至和他的身份很不相称。而在王永庆的心中，做企业并不是用来赚钱的，他说，我们把企业做大，为的是给社会提供更多的就业岗位，帮助更多的人有好的福利，开办企业是我回报社会的平台。王永庆的以身作则不仅带动了全家人，也带动了整个台湾岛的节俭风尚。在上个世纪的80年代，台湾的富翁出手大方可以说是在世界出名了，在瑞士付现金买手表的豪气让当地的商人瞠目结舌。据统计，目前台湾全岛的百万富翁占全岛总人口的2％，然而在台湾的街道上基本看不到很高级的车子，如果不了解的人会以为台湾没有富翁。

王永庆常常用"富不过三代"自勉，也用其教育子女。

他认为"富不过三代"的是因为后代不能继续吃苦，缺乏危机感，而且过分追求享乐，把前人的家业都挥霍掉了。王永庆分析了三代人的特征，他认为：

第一代人，不怕困难，不怕吃苦，踏踏实实，克服一切困难，最后取得了成功。

第二代人，虽然没有经历创业的艰辛，但深受父辈的影响，还能够勤于自勉，努力工作，但是跟第一代人比起来，用功和吃苦的程度已经大大降低了。

第三代人，创业的艰辛，对于他们来说已经是很久远的事了，他们没吃过苦，也不知道什么是吃苦，认为今天得到的一切是理所当然的。因而随意挥霍，不知珍惜，长久下去，自然家境衰败。

"富不过三代"的谚语告诉人们，再富也要穷孩子，在竞争激烈的现代社会里，要让男孩知道，富裕的生活是要靠自己的双手成就的，不能让孩子以为父母已经提供了一个衣食无忧的环境，不需要自己奋斗。在富裕的家庭里，不在男孩面前露富是一个很重要的方面。

不要在众人面前给孩子"贴标签"

心理学中有一种"标签效应"。当一个人被某一种名词形容之后，也就是被贴上了标签，他就会做出自我印象管理，使自己的行为越来越趋近于所贴的标签。这种结果是由于贴上标签之后引起的，所以被称作"标签效应"。

心理学家认为之所以会出现"标签效应"，主要是因为"标签"具有定性导向的作用，对一个人的"自我认同"都有着强烈的影响作用，给人"贴标签"的结果，往往是使这个人向着"标签"的方向发展下去。

这一心理现象在教育上有着非常重要的意义。如果一个孩子经常受到众人的否定，那他将会对自己的能力产生怀疑，进而对自己失去信心。

某学校曾推出 30 条"教师忌语"，不允许老师对学生讲"笨蛋"、"猪头"、"连这么简单的题目都不会做"之类的语言。因为这样的话会在不知不觉中扼杀孩子的上进心，伤害孩子的自尊。比如我们看到一个大孩子在欺负一个小孩子，对大孩子的批评就很有讲究，我们说"你是虐待狂吗！怎么连比你小的孩子都欺负，回去我要揍你一顿！"还是说"我知道你是个好孩子，你并不想欺负这个小弟弟对吗？"两种不同的说法就会产生两种不同的效应，结果也大相径庭。

一个教育专家在和家长谈论对孩子的教育问题。

妈妈带着孩子来找这位教育专家，见到之后，跟孩子讲："问叔叔好。"

孩子很懂礼貌地和这位专家问好。

妈妈接着开门见山地当着孩子的面问这位教育专家："您说，我的这个孩子怎么老是比别人反应慢呢？"

教育专家示意家长不要当着孩子问这样的问题，故意把话题岔开了，但是家长并没有意识到。

等到把孩子支走之后，教育专家对这位妈妈说："大姐，我跟你说实话啊，不要在孩子面前评论他。这样还能指望他变聪明吗？"

也许有的家长会说："这样说他，是让他心里有数，否则糊里糊涂的，更不知道上进了。"但是如果家长一不小心给孩子贴上了不好的标签，也就给孩子的内心造成了不好的暗示，那就会使孩子的不良心理和行为得到强化，最终不利于他们的成长。

巧用"标签效应"，可以事半功倍，在给孩子贴标签的时候应该注意以下几个方面：

1. 不要轻易给孩子作出坏的结论。切忌动不动就给孩子分成"好孩子"或"坏孩子"，这样会使孩子不自觉地趋于划定的类别。

2. 少指责批评，多肯定表扬。儿童听了鼓励的言词，会精神焕发；受了惩罚或听了贬斥的评语，则会垂头丧气。对儿童的行为，要从多方面来观察，不能简单地训斥，多挖掘他们的长处和潜能给予鼓励，促使他们向更好的方向发展。

3. 不能虚夸、过分地表扬。孩子在有好的表现的时候，应该给予及时的鼓励和表扬，但是表扬应该是实事求是，不能不着边际。常受到称赞的孩子，一旦发现别人对他的夸奖并非属实，就会感到很沮丧，不再信任家长，也不再信任自己的优点。

育才方案：不要在气头上说话

家长一次又一次在气头上说的话，自己是过瘾了，可是孩子认识世界的渠道发生了倾斜。在成长初期，孩子往往通过家长这个窗口来认识世界，来完成和巩固对自己的判断。家长的当众评价无形中对孩子认识世界造成了一定的错误指向，孩子会认为这个世界苛求完美，不会保护个体的尊严。

妈妈和客人正在客厅聊天，孩子拿着试卷走上前来。"又考那么低！看看这分数！还好意思拿到我面前，真丢人！"妈妈抖着哗哗作响的试卷，像在寻求客人的同情。客人略显尴尬。

看着孩子没有动静，妈妈更加生气："我说错了吗？他一直都这样，我看是改不了了！我也不报什么希望了！"妈妈气愤失望的表情让儿子无地自容。

"孩子小，一两次考得不好是正常的情况，别这么说孩子。"面对客人的担忧，妈妈说："小孩子不说他就不懂，非得我来骂他两句！"。

家长的不宽容让孩子日后也变得苛刻，对别人的要求也会多。当众揭短，孩子容易自卑，走不出家长对自己的描述和定位。在以后的生活中，孩子也极容易将此要求延续到和他人的交往中，甚至以后自己组建家庭后，他的家教模式也会受到严重的影响。

在家庭教育中，教育者的心态和教育的出发点直接影响着教育结果，所以不要因为他是你的孩子，就蛮横地在众人面前让他的缺点一览无余。或者因为无法掩饰你愤怒的情绪，就无辜地伤害孩子。孩子的自尊心有时是透明的玻璃物，碎了就很难粘和起来，伤害也许是永远的。

当正准备批评孩子的时候，多给自己三秒钟的时间，自己走到另一个房间去，静坐十五分钟。你就会发现自己已经平静多了。想一想刚才几乎要脱口而出的话，你将感到庆幸：幸好我没有说那么伤害人的话啊。

不要爱出一个"自私鬼"

在汕头有这样一对夫妻，他们共有六个儿女。这对夫妻从年轻的时候就开始努力地打拼，给每个孩子都买了一套住房，帮助他们成立了自己的家庭。但最后这两位老人只沦落到租房子住的地步，六个儿女还有媳妇女婿没有一个人主动提出要照料他们。后来这两位老人生病了，医药费成了六个孩子的负担，他们互相推脱，谁都不愿意承担，最后连邻居看到都很生气，就建议两位老人将六个儿女告上了法庭。最后法庭宣判，老人的医疗费用由六个孩子平摊，事情才算是解决了。

现在，很多父母"先孩子之忧而忧，后孩子之乐而乐"，他们节衣缩食，看着孩子吃好的穿好的玩得痛快，比自己享受还要陶醉。可是他们没有意识到，他们在为孩子无条件付出的同时，也使孩子养成了自私、任性、骄横、懒惰、狭隘、霸道，缺乏责任心、缺乏爱心和同情心、不关心他人等不良品行。

父母"有了孩子，没了自己"，到头来换来的却是孩子心中"只有自己，没有父母"。抚养出这样的孩子，做父母的难道不痛心吗？然而这又是父母、家人自身的过错造成的恶果。

一项调查表明，当今的中小学生明显表现为自私和责任心差，他们以自我为中心，而对父母缺乏应有的关心。调查发现，有27％的中小学生不知道父母的爱好。调查中还发现，有100％的中小学生只知道自己的生日，而有33％的中小学生不知道父母的生日，他们关心自我、重视自我的程度早已超出了他们应尽的责任和义务。他们把父母为自己的付出看做是天经地义、理所当然的事情，而体会不到父母养育他们的艰辛。

据报载：一位母亲平时总是把削去皮的苹果给孩子吃，自己却吃苹果皮。一次当她尝了一口苹果时，三岁的儿子竟声色俱厉地吼叫道："你怎么吃苹果！吐出来！"这位妈妈声泪俱下："他那么小，就这样对待我……"

孩子如此对待妈妈，确实可怕。但问题的起源在于妈妈的权利丧失，甘愿为子女当马牛，直接导致家庭教育失败，导致了孩子自私、任性而且霸道的性格。

我国老教育家刘绍禹曾经说过："不要太关心儿童。太关心了容易养成孩子相反的自我中心心理，结果变成自私自利的人。"

孩子的自私在家庭里也许不容易看到，但来到一个集体里，就非常分明。自私的孩子总怕自己吃亏，也绝不让自己吃亏。劳动时总是拣轻的活干，把脏活、重活给别人；发新书时，把好书留给自己，把破书留给别人；出去坐车时，他总跑在最前头抢占最好的座位，不管老师在那里站着，体弱多病的同学在那里站着。关心他人的孩子却恰恰相反，他首先想到的不是自己，而是别人。他不怕吃亏，乐于助人。久而久之，就会养成无私奉献的善良品性。自然也会得到同学及伙伴的敬重和喜爱。这对孩子今后的品格塑造以及人生发展具有十分重要的影响。

育才方案：孩子第一次犯错误的时候，就是立规矩的时候

教育上有一个很重要的理念就是"先入为主"。想让孩子树立什么样的观念，想让孩子养成什么样的习惯，从一开始就应该树立好，如果在孩子犯错的开始没有抓住教育的机会点，到后来发现再想帮孩子改正过来，可能就要

有一点点困难。

有一个妈妈带着年幼的孩子到商场买东西，这时孩子看到一个很好玩的电动汽车，缠着妈妈要买给他，妈妈觉得价钱太贵了，不打算买，于是小朋友就赖在地上不起来，又哭又闹的，引起了很多人的围观。妈妈觉得面子上很难堪，于是就很勉强给孩子把他想要的玩具汽车买回家。后来只要孩子见到想要的东西，就会坐到地上撒野，每次妈妈都对他无可奈何，但是没有任何办法。

千万不要小看这些小孩子，其实他们很会"察言观色"。当他们发现在众人面前大哭大闹很有效果，以后就会频繁使用这样的方法，弄得家长就会很被动。其实，当孩子第一次哭闹的时候，家长就应该坚定自己的立场，才能真正避免以后孩子这种"死打烂缠"式的攻击。

有一个妈妈也遇到过这样的情况，当孩子走到她面前磨着她买什么东西的时候，她只会把道理给孩子讲清楚，"这些东西并不实用，我们不要买"，然后就不理会小孩的哭闹，继续做自己的事情，小孩子起初会闹得翻天覆地，但这位妈妈很沉得住气，任凭小孩如何哭闹都不理会他。最后孩子折腾累了，发现妈妈好像并没有注意他的样子，只好很没趣地自己走开了。

可能有些家长会受不了小孩这样的哭闹，招架不住就败下阵来。只要有一次小孩用过这样的方法得到了自己想要的，他一定会再使用同样的方法，结果家长会发现小孩是攻城略地，而我们是节节败退。其实，当小孩哭闹的时候，也在打探家长的底线，家长不仅要有足够的耐心来应付小孩的哭闹，同时还要有一个坚定的立场：就是让孩子明白，休想用威胁的手段来得到他想要的。所以，父母在发现孩子第一次出现这样类似的行为的时候，就要给予抵制，才能真正"免除后患"。

有一个企业家跟别人讲：当他的孩子第一次挑食的时候，他就及时把这个坏习惯制止住了。有一次晚饭，孩子看看餐桌上的菜就抱怨说不好吃，没有胃口，做出不吃饭的姿态。这位企业家同妻子使了个颜色，两个人都不理会这个孩子，就当什么都没发生一样很自然地吃饭。结果这个孩子很倔强，就真的一直没有吃饭。当夫妻二人吃过饭之后，就收了桌子，把孩子晾在一边。后来孩子在半夜的时候饿得受不了，只好起来从冰箱里找冷的东西来吃。以后，这个孩子就再也没有挑食过。

"慎于始"是很重要的教育观念，在孩子第一次犯错误的时候，就是我们家长要教他的时候。当孩子第一次撒娇的时候、当孩子第一次挑食的时候、当孩子第一次逃学的时候，在教育孩子的过程中家长也会经历很多的"第一次"，只要把这些很关键的第一次抓好，就能帮孩子杜绝很多不好的习惯，今后的教育就会越来越轻松。

与其责备孩子不如给他反省的机会

当孩子犯了错误，做父母的如果能心平气和地启发孩子，并不是直接批评他的过失。孩子不仅能很快明白家长的用意，愿意接受家长的批评和教育，而且最重要的是这样保护了孩子的自尊心。

声色俱厉地批评孩子只会让他们对父母有抵触的情绪，见到父母就像老鼠看到了猫一样，又怎么能达到教育的效果？我们父母不妨换一个表情，比如我们可以用凝重、严肃的表情来表示我们对孩子所犯错误的态度。"低沉而有力"的声音，会格外引起孩子的注意，也容易使孩子注意父母所说的话，这种低声的"冷处理"，往往比大声训斥的效果要好得多。

孩子做了错事，实际上是担心父母责备的。父母严厉的批评会使孩子的心理有一种"如释重负"的感觉，相反，如果父母能保持沉默，孩子的心理反而会紧张，更容易产生一种愧疚感，进而反省自己的错误。

育才方案：尽量避免鞭打和斥责的教育方式

孩子难免有错，有的父母生气了，就毫无顾忌地教训孩子，或打或骂。这种教育方式是不能培养优秀的人才的，只能造就出懦夫和蠢材。有时孩子犯的错误有点出圈，实在让父母无法接受，但是即便如此，也一定要注意采用有效的方式方法，而不是以打骂来解决问题。

骂孩子，可能更是有些家庭的家常便饭。

做作业的时间到了，孩子可能还在看电视，家长忍不住要生气地大吼："这都几点了还在看电视，难怪学习这么差。赶快回屋。"孩子的考试成绩下来了，和上次相比没有什么进步，家长忍不住想修理孩子一番："为什么这次考试没有进步？你就是不好好学习！"

对于孩子来说，他们的心智也许还很不成熟，自我约束的能力极差，自我纠错的能力也差。有些家长望子成龙心切，对孩子的要求过于苛刻，只要孩子犯错误了，家长就会频繁地批评。但不管家长是苦口婆心地骂，还是言辞激烈地骂，还是语重心长地骂，这种带有批评成分的教育效果都不十分理想。

如果孩子实在有必要好好教训一下，可以采用一种"三明治"方法来委婉地批评孩子，比较容易让孩子接受。所谓的"三明治"就是把批评的内容夹在表扬之间，从而使批评者愉快地接受批评。第一层是认同、赏识、肯定对方的优点或积极面；中间这一层夹着建议、批评或不同观点；第三层是鼓励、希望、信任、支持和帮助。使用这种批评方法，不仅不会挫伤受批评者的自尊心和积极性，而且还会使孩子积极地接受批评，并改正自己的不足方面。

隔代教养要有敏感度

天下的父母没有不疼爱孩子的，作为家里的爷爷奶奶来说，恐怕都疼爱得不知道再怎么疼爱了。这时父母要留神了，孩子要是长时间这样被老人宠着，就是一件比较危险的事情。

有一位老爷爷特别疼爱家里的大孙子，在一家人聚餐的时候，在饭桌上说："这是咱们家的长孙，是咱家里的命根子。你们谁要是骂他就是骂我，打他就是打我。"饭桌上，大家都顺着老人的意思，频繁地给孩子加菜。

有一位老奶奶很疼爱自己的孙子，有一次孙子打了奶奶一下，这位老人不但不生气，反而高兴地对旁人说："看，孙子打了我一下。"后来这个小家伙长大之后非常蛮横，对疼爱他的奶奶也并没有多好。当孙子口渴了的时候，大声喊道："奶奶，给我倒杯水。"老人感到很欣慰，因为在这个时候，孙子终于想到她了。

这种情况在家庭当中比较常见，虽然是人之常情，但是长期让孩子在这样的环境中成长，结果就会恃宠而骄，进而忘乎所以，这样的孩子不会懂得恭敬长辈，也不可能把父母长辈的教诲放在心上。隔代教养的危害主要有以下几个方面：

第一，过分的溺爱和放纵容易使幼儿过于"自我中心"，形成自私、任性的不良性格。老年人往往是没有原则地疼爱孩子，即便是孩子提出的不合理要求也会没有原则地满足。在这种环境下长成的孩子从小不能控制自己的行为，如果自己的愿望得不到满足就会产生情绪波动或是攻击性行为，并很难融入集体。

第二，过分地保护阻碍了孩子的独立能力和自信心的发展，使孩子有极强的依赖性。我国著名的教育专家陈鹤琴曾经说过："凡是孩子自己能做的事，让他自己去做。"而不少老人很乐于包办一切孩子的事情，为孩子扫清一切的障碍，这样做的后果只能导致孩子无法形成独立意识，将来禁不住大的风浪。

第三，隔代对孩子的疼爱无法取代孩子对父母的感情需要。从孩子成长的心理发展过程来看，儿童最需要的是父母的亲情关怀，这种情感的需要是祖辈们无法满足他们的。老人只能满足孩子的生存需要和安全需要，而情感归属必须要通过父母才能得到满足。

第四，隔代教育缺乏教育意识和得当的教育方法。父母在幼儿与他人的交往中往往总是引导孩子如何与小孩子做游戏，教会孩子如何与同伴更好地合作，用正确的方法来解决问题。而老人往往只会从自己孩子的"利益"出发，只要保证自己的孩子不吃亏就行。这就很容易使孩子滋长骄傲、霸道的不良习惯。

有眼光的父母，最好自己亲自教育孩子，如果现在怕麻烦，恐怕将来会更麻烦。

育才方案：最好自己带孩子

有这样一个家庭，由于爸爸妈妈两人都有各自的事业要忙，顾不上教育孩子，于是在孩子出生的时候就请一个保姆来看孩子。这个保姆与孩子的感情非常好，一直看到这个孩子四岁，后来保姆与父母由于薪水问题发生了争执，就离开了。而这个孩子和保姆的感情很深，一下适应不过来，整天哇哇大哭，新保姆换了一个又一个，都无法令孩子满意。后来孩子长大之后，就养成了这样的习惯，对所有的保姆都从不说话，对爸爸妈妈也没有共同语言。这种行为和意识影响到他的人生观，后来到了学校之后和同学也不能很好地交流，自己一个人很自闭。

对孩子的亲子交流是家庭教育中不能缺失的一环，尤其是孩子年龄还小的时候，对大人的依赖性最强，是加强亲子关系的关键时期。如果实在是没有时间来自己亲自带孩子，也一定要保证和孩子有足够的玩耍时间。

在日本，常常会听到"亲子"这个词汇。"亲子"是日语，翻译成中文就是父母与孩子。无论是在幼儿园还是社区，以"亲子"为中心的各种活动很常见。特别是运动会，一般的学校或幼儿园，都会让父母和孩子一起参加的项目。而父母也会积极地配合参加，他们普遍认为，这样既可以提高孩子参加体育运动的兴趣，也可以增进父母与孩子之间的感情交流。

在平时的家庭生活中，父母乐于将自己的关爱传递给孩子，日语中有很多问候的常用语，"我走啦"、"请走好"、"我就不客气啦"、"拜托了"这样的话，在父母与孩子之间经常出现，而且一点都不见外。随着教育方式的不断优化，日本人越来越愿意学习新潮的、合理的方式来教育子女，保护孩子的天性、激发他们的创新思维以及培养心灵健康的青少年成为目前日本教育由理论走向实践的关键任务。

"冷"对孩子的"牛脾气"

在生活当中，很多孩子都会出现无理取闹，乱发脾气的情况，让很多家长感到既生气又无法让孩子收敛，实在是很为难。这样的孩子，一般来讲是缺乏自制力的表现，对孩子不讲理的行为决定不能姑息纵容，因为自制力是情商的重要因素，对孩子将来的发展也至关重要。

一天晚上，一家人正在看电视，小英突然想起要吃冰淇淋。已经很晚了，商店都关了门，爸爸妈妈试图跟他解释，劝说他明天再吃。然而，小英的脾气却上来了，他倒在地上大声叫喊，用头撞地，用手到处乱抓，用脚踹所有够得着的东西……

爸爸妈妈被气得不知道该说什么，他们努力克制自己的火气，暂时没有任何语言和动作。

小英已经叫喊半天了，他奇怪地发现，居然没有人理他。于是，他又重新按他刚才的"表演"闹了一番。这次爸爸妈妈坐了下来，静静看着儿子，没有任何语言和动作。

小英不服气地又开始了第三次"表演"，然而爸爸妈妈还是没有任何表示。最后，小英大概也觉得自己趴在地上哭叫实在太傻了，他自己爬了起来，回房间睡觉去了。

从此，小英再也没朝别人乱发脾气，小英的乱发脾气因为没有得到强化而自然消失了。

"现在的孩子越来越难管了！"一些年轻的父母抱怨说，"稍不如意，牛脾气就上来了。打也不听、骂也不灵，哄他吧，他还更来劲！"生活中，确实有不少这样的孩子。那么对于孩子的"牛脾气"家长应该怎样处理呢？

心理学家认为，孩子爱发脾气是由于家庭教育不当引起的。特别是独生子女，如果从小就事事以他为中心，吃不得一点苦，要什么给什么，那么孩子就会养成遇事爱发脾气的习惯。

丁丁晚上回到家："饿啦，饿啦，妈妈做什么晚饭呢？"看到妈妈炒好的菜还有端上桌的米饭，丁丁不禁嘟哝着："我想吃面了。"妈妈说到："都已经做熟了，我们今天就吃这个好不好？"丁丁的抱怨声开始连续不断："我想吃面啊。"

开饭了，丁丁却一点都不想吃东西，真的最后就没有吃饭，很不情愿地离开了饭桌。

大约晚上九点钟了，丁丁感觉到饿得不行。妈妈看到之后，就把晚上吃剩下饭热了一下端给丁丁："你试着吃一点，真的味道很好的。"由于太饿了，丁丁最后还是把这些饭都吃了下去。

这位妈妈用很柔和的方式，没有和孩子做正面的冲突，但还是使孩子屈服了，最后吃下自己原本不想吃的东西。如果这位妈妈看到孩子不吃饭就心疼了，就给孩子下小灶去了，那无疑就是在助长孩子的脾气。要让孩子心平气和地生活，改掉喜怒无常的坏情绪，最有效的办法是采取置之不理的方法，进行"冷处理"，让其自动消失。

孩子发脾气就向他屈服是最不可取的教育态度和教子方法。当孩子乱发脾气时，父母要保持冷静，对孩子的不合理要求绝不迁就，始终要让孩子明白，无论他怎么发脾气，父母都不会"俯首称臣"，他始终都达不到自己的目的。当孩子已经"雷霆万钧"时，不妨运用冷淡计，父母及其亲人都不去理会他。事后，再当着孩子的面，分析一下他发脾气的原因，细心地引导、教育孩子，相信孩子会从一次错误的行为中吸取教训。

每个人都不希望自己的孩子是一个随意发脾气的孩子，可事实上发脾气是孩子成长过程中的必经之路，如果家长引导得不好，孩子就会养成乱发脾气的习惯，变成一个暴躁的孩子；引导得好的话，孩子的脾气就会成为每一次教育孩子成长的契机。

育才方案：不要甘之如饴地为孩子做一切

萌萌的妈妈是一个全职太太，体会到丈夫在外面工作的不易，她也要求自己把家里的事情打理得事事顺心。在对萌萌的教育上，妈妈积极地给孩子报辅导班，按时接送孩子，一日三餐都按照营养书上推荐的搭配，保证孩子的身体健康。

平时孩子的任何事情，收拾书包、穿衣梳头、放水洗澡这些都由妈妈一手操办，在家庭内务上，妈妈尽心尽力，毫无怨言。

而萌萌却没有感觉到妈妈的辛苦，在她看来，妈妈所做的一切都是理所当然的，如果哪一次她发现妈妈没有帮她把书包收好，或是给她准备的第二天上学的衣服不如意，就会委屈得掉眼泪。爸爸长期不在家，妈妈就成了萌萌最亲密的伙伴，但凡遇到困难，妈妈总是第一时间帮她解决，但是萌萌还是常常和妈妈怄气。

不论是出于补偿心理，还是出于对孩子的爱，萌萌的妈妈都绝对到了溺爱的地步。这样的妈妈可以理解，但是很遗憾是不明智的。

被溺爱的孩子很难遵守规矩，也不懂得自我约束，在他们看来，规矩就是为别人准备的。由于凡事都有家长包办，孩子往往有太多优越感，做事情眼高手低，也不善于与人相处。当别人帮助了自己的时候，在溺爱中长大的小皇帝们也不懂得感恩，反而觉得是理所当然；当他们看到别人比自己优秀的时候，不仅不会向别人学习、替别人高兴，还会产生沮丧、嫉妒的消极情绪。

在一家家庭咨询处的会客厅里，一位母亲面对专家显得忧心忡忡。

专家问，孩子第一次系鞋带的时候打了个死结，你是不是不再给他买有鞋带的鞋子？孩子第一次洗碗的时候，弄湿了衣服，你是不是不再让他走近洗碗池？孩子第一次整理自己的床铺，整整用了 1 个小时，你嫌他笨手笨脚，对吗？孩子大学毕业去找工作，你又动用了自己的关系和权力？

所有这些的答案都是"是的"，这位母亲惊愕了，从椅上站起来，凑近了专家说：你怎么知道的？

专家说，从那根鞋带知道的。大人问，以后我该怎么办？专家说，当他生病的时候，你最好带他去医院；他要结婚的时候，你最好给他准备好房子；他没有钱时，你最好给他送钱去。这是你今后最好的选择，别的，我也无能为力。

父母们溺爱孩子，都是为了让他生活得幸福，但是孩子能在父母的照顾下成长多久呢，总有一天他需要与别人一起应聘，一起工作，一起生活，到那时他的困难谁来解决？如果家长没有为孩子的将来做任何打算，就会让孩子错失很多学习成长的机会。

父母用自己的爱，给孩子埋下的却是一个温柔的陷阱，当孩子长大之后要独立面对这个社会了，却发现自己无法适应的时候，遇到困难不知如何解决的时候，到时父母即便有三头六臂，也会焦头烂额了。

真正懂得疼爱孩子，也一定懂得如何来责罚

古人讲"居则致其敬"，就是说孩子对待父母的态度应该是恭敬的，从小应该让孩子有尊敬父母的意识。父母在教育孩子的时候，应该有自己的立场，在孩子做错了事的时候给他及时的纠正，当孩子感受到父母的一片凛然正气之后，就在心中树立了父母的威严，这样也会更利于父母对孩子的管教。

东晋的大将军陶侃，由于要常常外出应酬，所以经常碰上喝酒的场合，但是他一直坚持着父亲教训他的原则，无论在什么样的场合喝酒，一定不能超过三杯。

有一次，陶侃和当时的社会名流一起聚会，大家互相兴高采烈地敬酒，陶侃喝过三杯之后，同桌的客人又开始斟酒，陶侃却把杯子收了起来，告诉在座的人："我不能再喝了。"大家都觉得很奇怪，就问陶侃："你怎么就只喝这一点点呢？"

陶侃说到："我在年轻时，常常因喝醉酒而失态，后来父亲劝导我，无论在什么样的场合喝酒，都不要超过三杯。"大家听他这样一说，就不再勉强他喝酒了。

陶侃能把父母的教诲记在心上，即便是父亲已经不在世了，但是父亲给他的建议他依然遵守，这其中包含了对父母的尊重，同时也让自己养成了一个好习惯。古时的父母给孩子立规矩来帮助他的人生不走弯路，而现在有的父母都很疼爱孩子，不舍得责备孩子，结果导致了很多的孩子都不懂得体贴父母的心意。这样的态度将最终害了孩子。

有一个小学老师回忆自己小的时候，有一次，他犯了错误，爸爸妈妈都严厉地批评了他，还惩罚了他。爷爷奶奶走过来对他说："犯了错，就要自己承担责任，这是你自己活该。"然后就直接上楼去了。当时这位老师小小的心

灵很是受伤，觉得爸爸妈妈爷爷奶奶怎么都是这样的绝情。但是现在他回想小时候的这段经历，还很感激自己的父母，幸亏当时长辈们严厉的指责，如果很溺爱的话，自己一定会成为败家子。

曾经还有一篇报道，是一个罪犯在法庭被宣布死刑的一刻，他说他只有最后一个要求，就是再吃妈妈一口奶。然后，他当场把妈妈的奶头咬掉，恨恨地说："都是你从小没有教好我，都不管我。我从第一次不写作业，第一次逃课，第一次偷东西慢慢才走到今天。"当时这位母亲泪流满面，难道她不爱自己的孩子吗？

如果只是一味地疼爱孩子，过度地溺爱孩子，甚至是看不见孩子缺点的"护犊子"，这样的父母就是放弃了对孩子最好的教育机会，对孩子个性品德的发展非常有害，而且一定不会得到孩子的尊敬和爱戴。

育才方案：对孩子也要讲究原则

在孩子面前，永远要坚持原则。任何原则问题上的姑息和怂恿，只会让孩子偏离人生的正道，滑向无极的边缘。当孩子犯了原则上的错误时，我们更不能睁一只眼闭一只眼，任其放纵下去。生活的常识告诉我们，只要有一次我们忽略孩子的原则性错误，孩子会认为已得到默许而继续犯更多的错误。明智的做法，应该及时地让孩子为自己的过错承担责任，让生活告诉孩子深刻的道理。

美国纽约市一位功成名就的建筑师，至今念念不忘父亲对他的教育，曾感慨地带着人们重温父亲当年教育他的一个情景：

11 岁那年，全家在新罕布什尔湖中岛上的别墅里度假。那里四周临水，景色迷人，是理想的钓鱼之处。

鲈鱼节开始前的子夜时分，我和父亲扛上钓竿，去过一把钓鱼瘾。鲈鱼在我们那儿只有鲈鱼节才允许钓。坐下后，只见一轮明月，波光粼粼，好一个银色世界。忽然，我觉得鱼竿那一头沉甸甸地被什么东西拖着。父亲要我沉住气，他用赞赏的目光注视我缓慢地把钓线拉回来，我小心翼翼地把那条筋疲力尽的鱼拖出水面：这是一条我们从未见过的硕大无比的鲈鱼！

父亲点燃了火柴，看了看表，10 点，离鲈鱼节开始还有两个小时。他再瞄了瞄鱼，又瞄了瞄我。"你得把它放回去，孩子！"

"爸爸……"我不解，继而放声大哭。

"这里还有其他的鱼呀!"

"可没有这条大。"我继续哭闹，顶起嘴来。

月光皎洁，湖面上静悄悄的，周围没有其他人和船。这似乎还有一线希望，我停止哭泣，用恳求的目光注视着爸爸。

父亲不再说话，这清楚地表明他的决定是不容违拗的。无奈，我只得把钩子从鲈鱼的上唇上拿下，慢慢地把它放回黑沉沉的水中，那鱼在水中唿哨一声就消失了。真懊恼，也许我永远也钓不到这么大的一条鲈鱼了。

那是 23 年前的往事，如今我是纽约市一位颇有建树的建筑师。是的，这些年来，我确实再也没有见到过像 23 年前钓到的那条大鲈鱼。那次父亲让我放生的终究不过是一尾鱼，而我却从此学会了自持。那晚，我听从父亲的告诫迈出了光明磊落的第一步。有了这个开端，在人生的道路上我处处严于律己。在建筑设计上我拒绝取巧弄乖，受到同行的赞誉；甚至亲朋好友向我透露股市内情而胜券稳操时，我也婉言谢绝。对工作像对待信仰一般抱有深沉的责任意识，已成为我自己生活的信条和教育孩子的内容。

"放回去，孩子!"那句当时听来无情的话，如今却亲切地留在我的心坎里。

个人失去了原则性，便失去了行事的内在标准。从家庭教育的角度来谈，如果我们的孩子是一个没有原则性的人，也就失去了内心中一个是非善恶的衡量标准，和良心、道德的准则。这样的孩子，将注定不可能成为大器之材，或担当什么重大的社会责任和使命。因此，在对待一些原则性的问题上，家长一定要"咬定青山不放松"，不要给孩子一丝回旋的余地。

第四章 品格＋情商：追求表里如一的优秀

黑人凭什么当州长——不容忽视的自信心

罗杰·罗尔斯是纽约第53任州长，也是纽约历史上第一位黑人州长。他出生在纽约声名狼藉的大沙头贫民窟。这里的环境又脏又差，充满了暴力和抢夺，是偷渡者和流浪汉的聚集地。罗杰·罗尔斯就在这样的环境中长大，不仅考入了不错的大学，而且还成了州长。

在罗杰·罗尔斯的就职演说会上，到会的记者不约而同地提出了一个共同的话题：是什么动力把你推向这样的位置。面对记者的提问，罗尔斯对自己的奋斗历史只字未提，他只是说要感谢一个人，他的名字叫皮尔·保罗，是他的小学校长。

1961年的美国正值嬉皮士流行的时期，学校里的孩子们整天旷课、斗殴，甚至砸烂教师的黑板。皮尔·保罗只有用看手相的方法来引导孩子，希望用这个方法来鼓励他们。

当罗尔斯伸出小手的时候，皮尔·保罗说到："我看一看你修长的小拇指就知道，将来你将是美国纽约州的州长。"这让罗尔斯大吃一惊。

罗尔斯记下了这句话，并且相信了。

从此以后，"纽约州长"就像一面旗帜一样激励着罗尔斯，他的衣服不再沾满泥土，说话时也不再夹杂污言秽语。在以后的40年中，他没有一天不按州长的身份要求自己。51岁的那年，他真的成了州长。

在罗尔斯的就职演说中，有这样一句话："信念值多少钱？信念是不值钱的，有时它甚至是一个善意的欺骗，而你一旦坚持下去，它就会迅速升值。"

美国职业橄榄球联会前主席D.杜根曾经提出过这样一条定律：强者不一定是胜利者，但胜利迟早都属于有信心的人。后人称其为"杜根定律"。它揭示了自信对人的影响力。自信为一种自我肯定性、自我鼓励、自我强化，坚信自己一定能成功的心理素养，没有自信心，你会发现就会没有生活的热情和趣味，也就没有探索拼搏的勇气和力量。

英国作家约翰·克里西年轻时立志创作，他没有大学文凭，又无靠山，但他有自信。他向所有出版社投稿，均被退回，但他没有把退稿归咎于自己的无能，没有妄自菲薄，没有一蹶不振，而是满怀信心地继续写下去，最后终于成为著名作家，使人们能欣赏到他那 4000 多万字的作品。

自信是孩子健康成长不可缺少的因素。当然其他因素也非常重要，但最基本的条件，孩子要有激励自己达到所希望的目标的积极态度。自信的孩子是了不起的，他们遇事不畏缩，也不恐惧，就是稍感不安，最后也都能自我超越。他们健壮而充满活力，时刻保持一种饱满的精神状态，他们一般意志坚定，了解自己，不会因外界的评价而或喜或悲，自信使得他们一往无前，从不受伤害。

在美国一些学校，有一门课程很受学生的欢迎。这门课程叫做"自我表现课"，无论哪个学生有什么特长，都可以在班上表演，同学们争先恐后登台，在众目睽睽之下自我表现一番。据说，这对培养学生的自信心是十分有利的。培养孩子的自信，不妨从"自我表现"开始。鼓励他去表现自己，并从中发掘自身的优点和独特之处，从生活点滴中强化自信心。

育才方案：故意"忽略"孩子小小的成就

什么时候的孩子最需要鼓励？什么时候不能过多地赞扬？这些就需要家长仔细留心。一般来说，孩子遇到困难，做不好一件事的时候是需要鼓励的。这时候家长一定要耐心，帮孩子一起把困难分解开，一步步去前进，然后在孩子每前进一小步的时候都要赞扬他。让他在被夸奖中同时体会一步步克服困难的乐趣。这种把困难分解，每一小步都让孩子体会到成功和被鼓励的快乐的方法，对于培养孩子良好的思维习惯和情商是至关重要的。

我们不可以让孩子在责备的环境中成长，但是也不可以把孩子整天泡在赞美中。很多父母认为帮孩子建立自信，只要给予足够的鼓励就可以了，并不需要什么技巧。更有父母整天向人炫耀自己的孩子有多么的优秀，实际上是给孩子造成了巨大的心理压力。

一位母亲忧虑地对老师说："我们并没有给孩子什么压力，也很少责备他，更不会疾言厉色。我们奉行以奖励代替责备，为什么孩子会越来越忧虑呢?"

老师单独和这位念中学一年级的男孩交谈,发现他担忧自己不能名列前茅,所以很用功。他经常失眠,觉得压力很大,甚至想休学。

"我很怕考不好,所以每天读到深夜。"男孩说。

"你觉得学习有困难吗?所学的功课你不会吗?"老师问。

"不是,是怕考不好。如果落到三名以外,我会觉得很没有面子。我就是怕输掉!"

"你父母亲要求你考前三名吗?"

"没有。是我自己担心考不好,我就是很在意成绩。"男孩哭了起来,"我怕失败,那很没面子。"

"对谁来说,你会觉得没有面子?"

"我怕对不起爸爸妈妈!怕得不到他们的欢心。"男孩泣不成声。

这位名列前茅的男孩,长期生活在父母和亲人的夸奖之中。由于一直保持好名次,他未曾尝过父母没有夸奖的滋味。他怕失去夸奖,并把这个惧怕当成了一种严重的威胁。

很多父母催促孩子不断上进,一方面可能是由于望子成龙心切,另一方面就是为了自己的面子,希望自己的孩子能够给他们争光,这样的盲从使父母考虑不到孩子的心声,不仅不能为孩子树立信心,还会使孩子在情绪上产生本能的厌恶。

在一次传统文化的培训班上,有一个小朋友上台来讲自己的学习心得,他说:"听老师讲了课才知道,作为一个好孩子,应该是孝顺父母,听爸爸妈妈的话,这一点我以前从来都不知道,我以前整天都在想如何谋害父母……"这个小朋友的妈妈就坐在台下听他的儿子讲,当她听到自己的孩子说"每天在想如何谋害父母"的时候,瞠目结舌,她怎么也没有想到自己辛辛苦苦栽培的孩子对他们是这样的感情。后来经过老师的了解才知道,这位小朋友电子琴弹得很好,父母经常向同事亲戚炫耀,并引以为豪,但是回到家,妈妈就会逼迫小孩要努力练习,争取更好的成绩,因此这位小朋友没有自己的娱乐时间,日子过得很痛苦也很紧张,对父母很不满。

夸奖可以建立孩子的自信心,赞扬是与孩子沟通的法宝,这的确没有错,只要给予鼓励,就能使他们形成更积极的处世态度,这一点不容置疑。

但是,任何事物都是有两面性的,不恰当的夸奖和不合理的鼓励可能达不到预期目的,还很可能会给孩子造成心理伤害。

可以认输，但是不能服输——人生中没有"失败"一词

每个孩子都渴望成功，但由于年龄小、能力有限、经历和经验缺乏以及各种因素的影响，难免会遭受失败和挫折。一次小小的失败，对成人来说是微不足道的，对孩子来说却是一个不小的打击。

小刚有一天垂头丧气地回到家，告诉父母今天和同学一起比赛踢足球，他带领的队伍输得很惨。看到小刚这样的一蹶不振，爸爸拿出了自己年轻时候的照片，递到小刚的眼前。

"你看，这是爸爸上学的时候和同学的合影。"

小刚瞅瞅照片，一声不吭。

"那次也是比赛足球，我所在的队伍也输了，可是你看，我们还是很高兴地一起合影。"

小刚不知道爸爸接下来想说什么，一下忘记了难过，想听爸爸继续讲下去。

"现在已经多少年过去了，还有谁会记得当年的那场球赛呢？现在留下来的，只有我们当时快乐的影子。你说，一场输了的球赛，在人生的分量能有多重呢？"

小刚明白了爸爸的意思，因为一场小小的比赛而把自己的情绪搞坏，那是非常不值得的。

"孩子，打起精神，下次一定会赢的。"爸爸拍拍小刚的肩膀。小刚一扫刚才的郁闷，变得和平常一样生龙活虎起来。

小刚爸爸的做法是高明的，也是值得效法的。现在父母们面临的最大挑战，就是如何面对孩子的失败而仍然有信心去鼓励和支持他。每个家长都希望孩子能获得更多的成功，从中体验竞争和胜利带来的快乐。但是，任何成功都来之不易，需要不断进取和努力，更需要面对挫折和困难。

很多时候，给孩子带来最大打击的往往不是失败本身，而是他对失败的理解。作为家长，帮助孩子正确面对失败很重要。相比之下，下面故事中明明妈妈的做法就很好。

明明是小学生，新学期刚开学时，他们班开展了"一帮一"活动，明明的任务是帮助一位考分总在 60 分上下的男生。班里只有 10 个人被分配了任

务，刚接到这个任务的时候，明明又得意又紧张。他对这个任务很上心，每天一放学，他就留在班里帮那个孩子解答难题，回家后还不忘打电话提醒那个男孩背单词。

可是这个学期快结束了，那个男孩的各科成绩还是在 60 分左右。因为这个，老师在班会上当着全班同学的面批评了明明，说他没能帮助同学共同进步。在随后改选班干部时，当了一年多小队长的明明落选了。

这件事对明明的打击很大，他哭着对妈妈说不想在这个学校读书了，想转到别的学校去。妈妈对他说："妈妈知道这件事情你受了委屈。"听了这话，刚刚忍住不哭的他眼泪又落了下来。妈妈接着问："告诉妈妈，你尽最大努力了吗？"明明使劲点了点头。"这就可以了，你要知道，世界上很多事并不是你尽力了就一定能成功的。但只要你尽最大努力就可以了。"这以后，明明深深记住了"凡事尽最大努力就好"这句话。

人们希望事事成功，然而，在现实生活中，常胜将军是没有的，在人生的道路上，失败是难免的。这是因为客观事物是纷繁复杂而又不断地发展变化的，关键问题就是尽量少些失败，多些成功，以及如何勇敢地面对失败。孩子如果没有经受过失败的痛苦，就往往不能以正确的态度对待失败。因此，父母应尽早训练孩子正确对待失败。

育才方案：帮助孩子战胜失败的打击

在我们的生活中，有这样的孩子，他们本来拥有聪明的头脑，以前也曾是全班甚至全校的尖子生，但往往因为一次考试不理想或是老师某一句话对他的打击，就变得消沉起来，学习成绩下降，上课精力不集中，甚至是逃学。在这种心态的影响下，这样的孩子就可能变得精神萎靡，消沉慵懒，做事没劲头，完全一副颓废的模样。这种心态如果得不到调整，他的一生就只能是碌碌无为，不敢面对一点困难。

面对这样的状况，家长要从以下几个重点着手，给孩子树立积极的态度，帮助他们渡过难关。

1. 父母要告诉孩子失败在人生的道路上很难避免

让孩子在思想上要有准备，如果准备好，失败就会小，即使遇到失败也容易承受，将失败的损失降到最低程度。鼓励孩子勇于承担风险，如果孩子总是躲避风险，他就会缺乏自信心，因为躲避风险会使他无法获得真正成功的感觉。那么，就鼓励他去做以前从未做过的事，在成功中寻找自信。对孩子的尝试要多加赞扬。

2. 防止消极态度

有的孩子在失败后，消极、颓废、自卑、沮丧，从此一蹶不振，失去对生活的希望，或引起不恰当的对抗行为等，这是对待失败的消极态度。父母应教育孩子防止这种消极态度，以积极态度来对抗消极态度。如果你的孩子在某一件事上失败了，绝不能责怪他、讽刺他，更不能嘲笑他，而要安慰他、鼓励他、开导他，激起他重新奋起的决心和自信心。永远不要伤及孩子的自尊，在对孩子进行批评教育时，要坚持对事不对人的原则。不应说"你真笨"、"你是一个没有用的家伙"这类话，而应该说"这件事你做错了"、"今天你不太勤快"、"这次你表现得不够好"等等。

3. 教孩子变失败为成功

常言道："失败是成功之母。"这是指失败既是坏事，又是好事。如果能从失败中吸取教训，砥砺人的意志，使人更成熟、坚强，激励人从逆境中奋起，就能使失败变为成功之母。父母训练孩子正确面对失败，就是使孩子勇敢地面对失败，变失败为成功之母。不要让孩子总是自责，当听到孩子说"我老是写不好字"、"我真笨"、"我太丑"的时候，要及时加以引导，用正面、积极的语言开导孩子，鼓励和帮助他战胜困难。

4. 告诉孩子不必太在乎外界评价

应该告诉孩子，谁都不可能总是在辩论会上得第一名，也不可能总是得奖章。要让孩子知道，就是在没有外界奖赏的情况下，他也应坚定地走自己的成功之路。如果过于在意外界的评价，他就会经不起挫折。父母要让孩子从小学会挣扎，锻炼拼搏精神，这样，当孩子遇到挫折、困难、委屈、痛苦等，就能奋起挣扎，变失败为成功，也会对孩子今后的成长大有好处。

勿畏难，勿轻略——帮助孩子架起
心中的"平衡木"

有一位书法老师，在开学的第一天就在黑板上给同学展示了一幅草书，很多同学连看都看不懂，就在心里打了退堂鼓，觉得自己肯定学不好。而老师却笑笑对大家说："其实书法是靠年复一年的积累才会看得到效果的，同学们刚开始学习，一路坚持下来，一定也能写出很棒的字。"同学中有个小明在讲台前看到老师示范，毛笔在老师的手中运用自如，顷刻间，漂亮的笔画就画了出来。小明很想找到老师那样的感觉，可是毛笔在自己的手里怎么都不听使唤，画出的笔画七扭八歪，难看极了。小明很泄气地问老师："老师啊，为什么我写出来的字，和你的相比差这么多？"老师笑着看他，很和蔼地回答："如果你刚写了几天就和我写的一样，那我不如去撞墙算了。我都已经练习书法四十一年了啊。"小明听了自己也觉得很不好意思，是啊，功夫是一点点磨炼出来的。

眼前的困难只有努力克服，越过这道坎才会迈向胜利。如果遇到障碍就停滞不前了，那就永远不会等到成功的那一天。相比之下，对待简单的事情，有的孩子却轻视了。

这是一位篆刻老师，他来上第一节课的时候没有给同学展示他高超的技艺，只是每人发了一块印章石，告诉大家："今天第一节课，我来教大家磨石头。"只见这位老师拿了一张粗砂纸，把石头放在上面，一下一下开始磨了起来。周围观摩的同学一看是磨石头，很自然地对篆刻就轻视了。是啊，磨石头谁不会呢？老师做过示范之后，大家回到自己的位置上开始磨石头了。奇怪的是，很少有同学能把石头磨好，大部分人都没有合格。

老师似乎看出了同学的困惑，心平气和地向同学解释到："刚才我给大家讲解的要领，大家都没有注意。在磨印章石的时候，四个面的用力一定是均匀的，才能保证磨出来的石头的截面是平整的。印章石的截面平整非常重要，因为如果面不平，盖在纸上的章就总会有一部分印不上。所以俗话说：会刻不会磨，不是真行家。大家不要觉得磨石头很简单，实际上是学习篆刻很重要的基本功。"同学听老师这样一解释，才了解到原来磨石头是这样重要的一个环节，再也没有人轻视磨石头了。

很多孩子总是高不成低不就，遇到了困难的事情就畏缩不前，遇到简单的事情却不屑一顾。无论是在学习上还是在生活上，这样的例子都很多。结果是简单的小事也做不好，复杂的事情做不了。被别人批评还觉得很委屈，总是能找到一大堆的理由为自己辩护。家长应该给孩子树立这样的意识，越是简单的事情，就越要认真，再不能出差错了，而越是复杂的事就越不能嫌麻烦，才能培养自己的韧性和毅力。

自古以来都没有一蹴而就的成功：宋应星的《天工开物》历时 18 年才得以完成；司马光的《资治通鉴》19 年；达尔文的《物种起源》22 年；法布尔的《昆虫记》、李时珍的《本草纲目》30 年；谈迁的《国榷》37 年；马克思的《资本论》、摩尔根的《古代社会》40 年；歌德的《浮士德》前后有 60 年……

所以一个合格的家长，在当孩子遇到了挑战和困难的时候要给他打气加油，而有的时候，看到孩子一脸的春风得意忘乎所以，也要适当地给他泼泼冷水。这样做的目的，是为了让孩子有一个好心态，无论遇到什么样的境况都能很好地把握自己。人生是一场漫长的赛跑，教会孩子把握心中的平衡，才能在日后的生活中从容应对，立于不败。

育才方案：对孩子的"耐挫"能力心中有数

跟孩子一起做下边的这个测试吧！这样可以帮助孩子了解自己，也可以帮助家长如何根据孩子的个性来对孩子进行挫折教育，引导他们该以何种心态应对挫折逆境。

人在前进的途中不可能总是一帆风顺，难免会经受不同程度的困难与考验，如何去战胜逆境是一个人必备的素质。面对逆境，你将如何面对？

假如有一天你背着降落伞从天而降，你最希望自己在什么地方降落？

A. 青葱的草原平地

B. 柔软的湖畔湿地

C. 玉树临风的山顶

D. 高耸的华厦顶楼

测试结果：

选择 A：你期盼自己有个平凡顺遂的人生，即使遇到运气不佳的时候，你也会尽其所能地使自己维持在正常的轨道中，重新寻找一个平衡的、规则的生活步调。所以基本上，你是个墨守成规的人，适合过着规律的生活。

选择 B：你的个性虽然略为保守，但在面对人生的不如意时，是能够逆来顺受的。你会在运气不顺遂的转折中，寻找改变自己的方法，偶尔也会希望打破常规，重新调整生活步伐，但是改变的幅度还是不会太大。

选择 C：你是个常常喜欢大刀阔斧，让自己改头换面的人，你认为人生就是要不断注入新的体验，才能够进步，所以在每次遇到运气不好的时候，你都会将危机化为转机，可说你拥有相当积极的人生观。

选择 D：你追求的是功成名就。当你的人生处在逆境时，尽管你心中百般恐慌，但仍旧会凭着自我的机智与耐力，去渡过难关。千方百计地让自己有更上一层楼的想法，正是你迈向成功的最佳原动力。

在现代的家庭教育中，父母要让孩子们知道，他们面临的是一个处处充满竞争的社会，"物竞天择，适者生存"，"优胜劣汰"将是普遍现象，未经锻炼的翅膀难以搏击人生的风雨，难以在未来的竞争中取胜。父母要认识到，要想让孩子在竞争中立于不败之地，必须对孩子进行挫折教育，让他们自小接受艰难困苦的磨炼，教会他们敢于面对挫折，不怕失败，以培养他们坚韧不拔的意志和毅力。经过在逆境中千锤百炼成长起来的孩子才能更具生存竞争力，这也是父母应为孩子尽到的义务和责任。

所以让孩子保持乐观的心态，微笑着面对生活是很必要的。家长在生活中应该如何引导孩子乐观地生活，乐观地面对生活的各种挫折呢？还必须注意以下几条原则：

1. 要朝好的方向想

有时，孩子变得焦躁不安是由于碰到自己所无法控制的局面。此时，你应该让他们承认现实，然后设法创造条件，使之向着有利的方向转化。此外，还可以引导孩子把思路转移到别的事上，诸如回忆一段令人愉快的往事。

2. 不要过于挑剔

大凡乐观的人往往是"憨厚"的人，而愁容满面的人，又总是那些不够宽容的人。他们看不惯社会上的一切，希望人世间的一切都符合自己的理想模式，这才感到顺心。因此尽量让孩子避免挑剔的恶习。挑剔的人常给自己戴上是非分明的桂冠，其实是在消极地干涉他人的人格。怨恨、挑剔、干涉是心理软弱的表现。

3. 偶尔也要屈服

当孩子遇到重创时，往往变得浮躁、悲观。但是，浮躁、悲观是无济于事的。我们要告诉孩子不如冷静地承认发生的一切，放弃生活中已成为他们负担的东西，终止不能取得的活动，并重新设计新的生活。大丈夫能屈能伸，只要不是原则问题，不必过分固执。

君子一诺千金重

诚实讲信用是做人的本分，孔子说："言而无信，不知其可也。"一个不讲信用的人，如何能得到别人的尊重、赞赏和重用呢？在信用危机愈演愈烈的今天，如果具有了诚实守信用的品格，无疑是为自己的综合实力加分。

战国时期的楚国有一件天下人皆知的宝贝——青铜尊盘。这是楚国用独特的失蜡法工艺制作出来的，天下无双。当时正值秦国进犯，楚国的境况危在旦夕，于是秦国就派人来和楚国讲条件，要是能拿青铜尊盘做交换，秦军就撤兵。

楚国的国君曾侯乙左右为难：如果不交出尊盘，楚国就有被攻城的危险。可是这天下无双的宝贝怎么能轻易地拱手相让呢？这时一位大臣给曾侯乙出了个主意：秦国只知道尊盘的名气，并没有见过实物，只要仿制一个样品交给秦国，问题不就解决了吗？曾侯乙想了一下，觉得这个方法可行，终于舒展开紧缩的双眉。

不料，秦国早就预料到了。当楚国派大使给秦军送上仿制的尊盘时，秦军答复："听说贵国有一位叫乐正子春的人，一辈子从来没有说过一句谎话，只有他亲口说这是一件真品，我才能相信。"楚国的使者无奈，只好回国去拜访乐正子春。

乐正子春明白了使者的来意，又看了一眼尊盘，说："这就是假的啊。"

使者对乐正子春说："国君不肯交出真宝物，才出此下策。大人您的信用天下皆知，只要你开口说这是真的，一切都好办了。"

乐正子春义正词严地说："国君爱他的宝贝，我同样爱我的信用，实在抱歉我不能帮你。"

乐正子春顶住了压力，终于保全了自己的气节。

古人把做人的本分看得比自己的生命还重要，这实在是今天的人无法相比的。遵守承诺为君子，诚信待人才显人品。一个信守自己承诺的人，是一个有人格魅力的人；而一个视承诺为儿戏的人，自然不会得到别人的信赖。在家教当中，我们要有意识地加强孩子信守承诺的认识，借以培养孩子的诚信品质。如果自己的孩子能有很好的美德，家长也一定会倍感荣耀。如果问家长，是把孩子的成绩从 90 分提高到 100 分重要呢？还是帮助孩子树立正确的做人态度重要呢？可能大多数的家长都会选择后者，但是更多的家长还是做前者的工作比较多，虽然知道德育教育的重要，但却常常忽视它。

有两个姐妹学习成绩都非常好。有一次，妹妹和姐姐说："如果有人问我问题，我不会告诉他。"姐姐对妹妹说："我会告诉他，但是我会把错的告诉他。"孩子的家长在屋外听到他们的对话，感到很忧心。虽然孩子的成绩很好，但是连最基本的品质都失掉了，那将来又能有多大的成就呢？

家长如果发现自己的小孩总是不能说到做到，甚至有说谎的习惯就应该警惕，如果不加以及时的教育，将来迟早有一天，家长就是他们最常欺骗的人。也有的家长会有顾虑："我把孩子教得很老实，如果将来他走上社会被人欺负怎么办？"这样的家长的观点只看到了眼前，却并不长远。守信用的人看似很老实，由于做人比较厚道，会发展得长长久久；不守信用的人精于机巧，以为骗过了别人，实际上是贩卖了自己。

中国的启蒙读本《弟子规》是古时候四五岁小朋友读的书，这本通俗的启蒙读本就很直白地论述了学习和做人之间的关系："不力行，但学文，长浮华，成何人"。意思就是说，如果一个孩子没有具备做人最基本的品质，那样的话即便是有很好的学问，也是空中楼阁，除了夸夸其谈，不会给社会带来任何的好处，怎么能算得上是一个有用的人呢？

育才方案：家长在孩子面前要信守承诺

优秀的父母必须让孩子知道，要言出必行，说话算话。教育孩子对别人要讲信用、负责任，首先就要从自身做起，给孩子树立榜样，答应的事情就要做到。只有说话算话的父母才能在子女心目中树立起威信来。

大明有一次到一个英国朋友家去玩，这位英国朋友有个3岁的孩子，非要跟大明一块儿洗澡，大明就敷衍他：你先洗我一会儿就去。等这孩子洗完澡后，大明仍没有去，孩子哭了，说大明骗他。孩子的妈妈也跟大明急了：你怎么能骗孩子呢？你既然答应和孩子一块儿洗澡，就要跟他洗。

大明的行为是中国众多家长的一个典型缩影。家长在答应孩子某件事情之前，要慎重考虑自己有没有能力和把握做到，对不能做到的，就不要轻易答应；对比较有把握做到的，也应留有余地，不要大包大揽。

有太多的家长在孩子面前言而无信。比如，孩子哭闹时，父母常用许诺来哄孩子："别哭了，回头妈妈给你买辆小汽车。"但家长并不兑现这轻易地许诺。孩子却信以为真，满怀希望地等待着，然而一次次的许诺都不过是"空头支票"，孩子的一次次希望都成泡影。这样下去，孩子不仅逐渐失去对家长的信任，也慢慢地学会了说谎。家长只有在孩子面前信守诺言，才能真正树立威信，同时也会给孩子良好的教育，影响孩子以后的言行。

在现实生活当中，值得我们反思的是，许多家长并没有信守"承诺"的习惯。他们往往向孩子许下这样那样的承诺，但一转身就让其随风而逝，很少有兑现的时候。久而久之，孩子对父母的做法习以为常，也就不会去遵守自己许下的承诺。要知道，承诺是必须兑现的誓言，是不容随便变更的。在哄骗中长大的孩子，已不会对自己的承诺负责，也就常常做出违反诚信原则的事情。

家长对孩子必须言而有信、以诚相待，这样，孩子才会对父母产生充分的信任感，也才愿意把自己的心里话告诉父母。父母是孩子的镜子，也是孩子模仿的对象，也只有说话算话的父母才能在子女心目中树立起威信来，才能避免为孩子说谎而头疼的事情。

被人批评是件值得高兴的事情

每个人都喜欢听到别人的赞美和肯定，不愿意听到批评和否定。只要是听到批评的话，心里就会觉得不舒服。然而静下心想想，批评是难能可贵的，每个人都是不完美的，而批评正是指出缺点、趋向完美的好方法。

战国时候，齐国有个大臣名叫邹忌，身高八尺，仪表堂堂。一天早晨，他穿戴好衣帽，照着镜子，问妻子："你看，我同城北的徐公比，谁漂亮啊？"妻子看着他，说："您漂亮极了，徐公哪能比得上您呢？"

城北的徐公，是齐国有名的美男子。邹忌不相信自己竟然比徐公还美，出门见到侍女，就又问她："我同徐公比，谁漂亮呢？"侍女小心翼翼地回答："徐公怎么能比得上您呀？"

第二天，有客人从外边来拜访，邹忌又问他："你觉得我和徐公谁漂亮？"客人说："徐公不如您漂亮。"

又过了一天，邹忌见到了徐公，觉得自己比不上徐公；回到家里照照镜子，越发觉得比徐公差远了。邹忌心里非常惭愧。

晚上，邹忌躺在床上还在想这件事：妻子说我漂亮，是因为偏爱我；侍女说我漂亮，是害怕我；客人说我漂亮，是想有求于我。大家都想讨好我，满足我的虚荣心，受蒙蔽的根源是我自己的虚荣心啊。

就是因为一颗虚荣之心，让人不敢正视自己的不足。和成人一样，孩子也同样是喜欢表扬而反感批评。孩子处于成长的时期需要多加鼓励，但是作为家长，也一定要有意识让孩子能从心理上接受批评，才不至于在孩子长大之后对批评"拒之门外"，从而不利于塑造良好的性格。

这一天，小倩回到家闷闷不乐的，原来是在学校遇到了不顺心的事情。原来在英语课上，由于小倩的发音不准，旁边的同桌在下面偷偷地笑她。小倩一紧张，又忘了句子应该怎么说，憋了一个大红脸。因为这件事，小倩一直对同桌耿耿于怀。

小倩的妈妈听了孩子的抱怨之后，笑着问她："比如说，你的鼻子上粘了一个黑点，你也没有看到就出门了，而一路上并没有人告诉你在鼻子上有黑点。你想想，那些看到你的人会怎样？"

小倩想想说："他们一定会笑话我。"

"如果有人告诉你，你的鼻子上有个黑点。你知道了之后就会把黑点擦掉，那就没有人再笑话你了对吗？"

听妈妈这样讲，小倩若有所思地点点头。

"你的缺点就像鼻子上的黑点一样，大家都看得到，只有你自己看不到。你说，有人帮我们指出来了，我们是要感谢他对不对？"

小倩明白了妈妈的意思，很认同妈妈的说法，使劲地点头："这样说的话，那位笑话我的同桌，我不应该生气，应该感谢他。"

"对呀，如果你不改正自己的缺点，一样要被人笑话的。"看到小倩明白道理了，妈妈很高兴地继续说，"还不止这些呢，有的人就专门喜欢被别人夸，喜欢戴高帽子，比如孙悟空。后来观世音给了他一个高帽子，原来是个紧箍咒。我们小倩不想戴紧箍咒对吗？"

小倩开心地点点头，不再因为刚才的事生气了。

这位妈妈就给孩子讲清楚了别人帮我们指出缺点的益处。如果有人帮我们指出了缺点，可以让我们我们少走很多弯路，无论是当面的指责，还是背后的批评，如果都能正确对待，都将成为激励我们不断向上的动力，成为检验自我的试金石，使我们的人生一路向前。

育才方案：引导孩子正确接受批评

家长在教育孩子的时候应该以表扬为主，在孩子还在牙牙学语的时候就应该有意识地让他既得到正面的肯定，也能听得到反面的批评。比如今天小孩不想学习走路了，妈妈就可以这样跟他讲："宝宝昨天走路一点都不怕累，今天怎么怕累了呢？"这样早早地引进批评可以帮助孩子体会到批评和表扬同样常见。事实上，在幼儿期就能适应批评的孩子，一般在长大后也能比较适应社会，能够正确对待他人的批评，也能表现出较好的承受挫折的能力。

家长训练孩子能够接受批评，应该从注意以下几个方面：

1. 要求孩子认真倾听

如果孩子不能做到认真倾听，那将对别人的批评领会得不全面。从小就应该有意识地让孩子在听他人讲话的时候提高注意力，因为只有认真倾听，才会领会批评中确实有几分道理，并虚心予以接受。不仅如此，对他人的批评认真倾听，也是文明的体现。

2. 允许孩子作出解释

如果孩子在接受他人批评的时候发现对方说的并不符合事实，或者提出的意见并不合理，告诉孩子面对这样的状况要有意识去做解释，解释并不是为了推卸责任，而是避免在孩子的心中承担本不该承担的负担。解释的时候一定要保持心平气和、实事求是的态度。

3. 要求孩子对批评者一视同仁

有的孩子能很虚心接受长辈的批评，但是却不肯接受同龄人的批评，这时要教育孩子，只要批评得有道理，即便这些是来自小伙伴，也应该虚心接受。

4. 对提出批评者道谢

对那些提出善意批评的人，要建议孩子做出真诚的道谢以表达自己的诚意。

无论多么细微的东西，不是自己的坚决不能拿

行为主义心理学家认为，人类的行为一般是遵循着需要——动机——行为的模式建立的。亦即当孩子看到一件自己喜欢的东西时，自然而然地就会产生一种"想拥有"的需求，这种需求就会促使他们产生"拿"的动机和行为。所以，如果把孩子拿东西的行为一律用"偷"来解释是不妥当的。

亮亮今年上小学三年级了，不仅聪明好学，而且活泼可爱，父母老师都喜欢他。而这天，发生了一件让亮亮想不到的事情。

中午吃过饭之后，孩子们在教室里休息，亮亮的同桌鹏鹏拿出了一瓶饮料，告诉亮亮说："这个瓶盖内有提示，可以兑奖，如果中奖了就可以免费再领一瓶。"说着，鹏鹏就跑出去和同学踢球去了。

坐在教室里的亮亮却对着这瓶饮料发呆了，心里很好奇：不知是否真的可以兑奖，我真想打开看看。想着想着，亮亮不自觉地就把那瓶饮料握在了手里。

"啪"的一声格外清脆，亮亮经过半天的思想搏斗，终于打开了瓶子，瓶盖上写着"谢谢品尝"，看来亮亮没有得奖。

瓶子打开了，奖品也拿不到了，还剩下满满的一瓶饮料怎么办？亮亮一拍脑瓜：管他呢，干脆喝了算了。

鹏鹏从外面踢球回来了，口渴得四处找水喝，却怎么也找不到饮料了，知道是被亮亮喝了之后，鹏鹏和他吵了起来，还向老师告状了。

亮亮觉得没有什么啊，不就是一瓶饮料吗？一会儿买一瓶还你就是了，有什么了不起呢！

亮亮自己不觉得这已经犯错误了，他觉得一瓶饮料无足轻重，根本算不上什么。实际上，东西不管是多么贵重还是多么细微，只要不是自己的，未经他人的允许一律不准拿，这是原则，必须遵守。

对于亮亮来说，他只是对这个瓶子感到好奇，并没有其他的想法，自己并没有意识到这样的行为已经成为了偷窃。在家长了解了这样的动机之后，大可不必紧张，但是要把道理给孩子讲清楚，比如妈妈可以这样对亮亮说："你看，那是鹏鹏的东西，他从外面踢完球回来口渴得难受，没有水喝多着急啊。如果你的东西被别人拿走了，你是不是也很生气呢？下次，喜欢的东西找妈妈要，我们不要拿别人的好不好？"如果父母用这样的口气与孩子来交

谈，他们一定是可以接受的。在孩子第一次做出这样的行为时，即便他是无心的，也需要父母的足够重视，不能允许孩子再犯这样的错误了。

作为家长，如果您的孩子有了拿别人东西的习惯，这是非常危险的。这时既不能大发雷霆，夸大严重性，给孩子心中留下阴影，带来心理压力；也不能不管不问，听之任之，助长其不良行为。孩子小时的不良行为得不到及时纠正，长大都很容易铸成大错，更不能碍于面子漠然处置，使孩子认识不到自己已经做错事了。子不教父之过，长大后再出现问题则追悔莫及。

育才方案：帮助孩子建立所有权的概念

心理学家亨利·霍斯金认为，建立所有权的观念，应该从小做起。当孩子两三岁的时候，就可以告诉他哪些用具、物品是爸爸的，哪些是妈妈的；让孩子知道，奥特曼是邻居家小朋友的，玩具火车是表弟的，芭比娃娃是表妹的，那本画册才是自己的。同时应该让孩子知道，在拿别人的东西之前，应该征得对方的同意。四五岁时，可以让孩子拥有自己的洗漱用具、房间、杯子、玩具等。当给孩子买了新东西的时候，可以告诉他："这是爸爸买给你的。"有了这些观念之后，孩子就自然学会了如何约束自己，不至于再随便拿别人的东西了。

小童今年刚上二年级，聪明伶俐，是个帅气的小男孩。这天下午放学后，妈妈把他接回家，督促他写完作业之后，就去厨房准备晚饭了。

客厅里响着轻柔的音乐，一向顽皮的小童，今天居然也安安静静地在屋子里看起了画册。妈妈从厨房探出头来，对他说："小童今天好乖啊。"小童拿起画册，告诉妈妈："妈妈，这本《福娃奥运漫游记》好好看！"

"你怎么会有《福娃奥运漫游记》呢？"妈妈的微笑突然一沉。

"我的！"小童理直气壮地说。

"瞎说。爸爸妈妈没有给你买过这本书。"

"我的……是爷爷买给我的。"

妈妈见小童这样的态度，没有再问他。爸爸回家后，妈妈将事情告诉了他。

晚饭后，爸爸对小童说："爷爷给你买了这么好看的画册，难道你不去谢谢爷爷啊？"爸爸追问小童。

小童见事情已经无法再隐瞒，羞愧地低下了头，向爸爸道出了事情的原委："今天下午，我看见小强的桌子上有一本非常精美的画册，我好喜欢，就趁他不注意，把它拿回来了。"

我们不能简单地将孩子的"顺手牵羊"的行为归之为偷窃，并且认为小时候偷针，长大之后就会偷牛。因为这种说法，不仅会影响孩子人格的发展，而且也会对孩子的心理产生莫大的伤害。

这时候，父母应该用冷静、温和的态度和他讨论："福娃真的是好可爱啊！和电视里的一模一样呢。妈妈知道你很喜欢它，但是小强一定也很喜欢它，现在小强找不到他的福娃，肯定会很着急，也很难过，是不是？现在妈妈和你一起去把福娃还给小强吧。"然后带着孩子当面把东西还给对方。如此一来，不但不会伤及孩子的自尊，同时也能让他了解，东西有"他的"和"我的"之分，这件东西是他的，那就不属于我，所以不能随便拿走别人的东西。

拒绝为他买上千元的西装——杜绝孩子的虚荣心

有个孩子刚刚进入中学，就和爸爸妈妈说："你们要为我买上千元的西装，因为我自己考上了学，给你们省了不少赞助费，你们给我花钱买一件好衣服是应该的。"

当孩子上了幼儿园、上了学之后，很多家长都会慢慢发现孩子出现了爱攀比的行为，衣服一定要带牌子的，鞋子一定是阿迪达斯的，连皮带都一定是鳄鱼的，每个月动辄要上百元的零花钱。家长心中很是苦恼。

孩子没有亲自赚过钱，对于金钱的意义也难以理解，当然更不了解父母赚钱的辛苦。父母可能对孩子很少言及赚钱的不容易，使孩子更加不了解生活的实际。在他们眼里，钱只是一个数字，并不了解真正价值几何。

有一个小学生是班上的班干部，无论做什么事情都会表现得很积极。有一次学校组织活动号召学生向灾区捐款，这个小学生对老师说："老师，我家里有钱，我可以捐。"老师问他你能捐多少呢。这个小学生说："捐十万。"回到家之后，这个孩子告诉爸爸妈妈："今天我已经和老师说好了，我可以向灾区捐十万块。我们家里有对吗？"爸爸妈妈听了之后目瞪口呆，孩子根本就不知道十万是个什么概念，不知道是父母每天辛勤劳动赚来的，在他的眼里只是一个数字。父母也觉得这事很不好意思跟老师解释。

孩子中出现这种爱攀比的现象，父母往往也不知道如何来做。如果顺从了孩子的意思，会给家庭的生活带来极大的负担，钱都花在了没有用的地方。可有的家长又担心如果不答应孩子的要求，孩子在同学面前丢了面子，失了自尊心怎么办？毕竟，爸爸妈妈都希望自己的孩子能够快快乐乐地成长，希望给他们最优厚的条件，有的时候，做父母的也会一忍再忍，帮助孩子实现他的愿望。

　　商纣王的时候，有一位大臣叫比干。有一次，比干看到商纣王用了一双象牙做的筷子，就说了一句："商朝要灭亡了。"比干是如何通过一双筷子来判断商朝的命运的呢？可以想见，如果筷子都是用象牙做的，那与之配套的碗盘就一定也会是很高档的，也许就会是犀角做的。高档的碗盘里装着的不可能是青菜豆腐，一定是珍馐佳肴。商王在用这么好的餐具，吃这么好的食物，一定不会穿普通的衣服，一定要穿绫罗绸缎。这些奢华的享受，是要通过搜刮民脂民膏才能得到，所以比干通过商王的这一个举动，就能预料到商朝要灭亡了。

　　我们家长可以观察自己的孩子，可能也有这样的现象，帮他买了很好的鞋子，不多久，他就会发现裤子和鞋子不配套，就会要求买好的裤子。帮他买了一个很好的铅笔盒，可能过不久他就想换一个更好一点的书包。孩子正在求学的阶段，也是正在处于树立人生观和价值观的关键时期，如果这样玩物丧志，必定对将来的成长极为不利。物质的欲望如同一个无底的黑洞，无论如何都不会填满。唯一能解决的方法，就是杜绝孩子的虚荣心。

育才方案：让孩子体会金钱的价值和意义

　　如果不给孩子创造机会来了解金钱，他永远都不明白金钱的意义和价值是什么，只会一味地找父母要钱还觉得天经地义。孩子有必要在生活中懂得金钱的交换价值，可以带着孩子在市场中走走，让他了解一斤米要多少钱，一件衣服要多少钱，家里用的电脑是父母辛苦工作多长时间才能买到。有了这些直观的了解，孩子就会对钱有一个直观的了解，不会认为花上百元过生日派对是无所谓的事情了。

　　还有很多孩子之所以不断要求父母买这买那的重要原因就是，他们没有了解到赚钱的辛苦，认为别的同学能有的，自己也一定能有。这时作为家长应该让孩子了解到他想要的东西是要花很大的代价才能换来的。

小玲很想学习钢琴，但是一架钢琴动辄上万元，实在是价值不菲。当小玲把自己的心愿向妈妈说明时，妈妈左右为难，如果嫌贵就不买，可能会断送孩子学习的机会，可是如果给她买了之后，她又不好好练习，那不就花冤枉钱了吗？妈妈绞尽脑汁，终于想出一个办法。

妈妈对小玲说："好啊，你等等，过一段时间我就给你买。"

两个星期过去了，妈妈还没有任何动静，小玲有些担心地催促妈妈。

"妈妈说给你买，一定会买给你的。"

又过了一个星期，小玲有些着急了，试探着问妈妈什么时候能给自己买钢琴。

"等等，再过一段时间好吗？"妈妈安慰心里七上八下的小玲。

再过了一个星期之后，妈妈准备了买钢琴的现金，特意把钱都换成了50元一张的。妈妈把小玲叫了过来，告诉她说："妈妈把钱准备好了，我们现在就去把钢琴买来。你以后一定要好好练习啊。"

小玲看看桌上，有些吃惊，原来她想要的东西要花这么多钱才能得到。小玲很感激妈妈，同时在心里暗暗发誓：一定要把钢琴学好。

这位妈妈的高明之处在于，首先她让孩子等了很长的时间，这样会促使孩子对得到的东西更加的珍惜。再来就是没有采取直接刷卡付费的方式，使孩子直观地看到这么多的现金，在孩子的心中形成一种震撼。让孩子更懂得珍惜自己的所得。

还有一点作为家长尤其要注意，首先自己不能有虚荣心，否则的话想让孩子不和别人攀比，那是根本不可能的。有几位妈妈家境都比较优越，她们经常在一起讨论时尚服装，一起炫耀自己新买的衣服。有一次，她们看到了巴黎服装展上的某件衣服不错，居然相约一起坐飞机去巴黎，非要把那件自己想要的衣服买来。试问：如果作为家长都是这样爱慕虚荣，又如何为孩子做表率呢？

嫉妒的心像毒蛇一样可怕

小学生娜娜是班上的数学科代表，每次数学考试都是全班第一名。老师很喜欢她，同学也很羡慕她，因为她的姥爷是大学里的数学教授。有一天，听说娜娜的姥爷过世了，同学都感到很可惜，而娜娜却长舒了一口气："他终于死了。"

娜娜的话让老师听到了，老师走过去问娜娜："那是最疼你的亲人，怎么可以这样说呢？"

没想到娜娜说："除了我的姥爷，没有人数学成绩比我更好，他死了，以后就没有人能超过我了。"

老师听了娜娜的话，感到背后发凉。

和男孩相比，女孩更容易产生嫉妒心理，因为女孩子更容易专注于一件事，并且好强，自尊心极其强烈。尤其现在的城市家庭大都是一个孩子，由于整天众星捧月一般地宠着孩子，许多孩子都染上了"娇"、"骄"二气，绝对不允许别人比自己做得好，也不愿听夸奖别人的话，所以嫉妒早已成为女孩子一种愈来愈严重的通病。

希腊著名心理学家乔治·卡纳卡基斯说："其实嫉妒是一种十分自然的反应，每个孩子都会嫉妒。""孩子的嫉妒心理从很小的时候就会有所反映，而引起嫉妒的原因很多。在许多情况下，这种嫉妒甚至会达到折磨人的程度。"

英国曾有一份研究报告指出，4个月大的婴儿就已经具有嫉妒心了。有人做过实验，15个月的孩子，如果妈妈当着他的面抱别的孩子，他就会有所反应，非要让妈妈放下别人抱自己，并紧紧搂住妈妈，好像在说："这是我的妈妈，不是你的。"

两个孩子玩游戏本来好好的，一个孩子看别人搭积木搭得又快又好，自己却怎么也搭不好，他很着急，索性把两个人的积木全都推了，"我搭不好，你也别想搭成！"

平时和自己形影不离的好朋友被选上了三好学生，心里会觉得酸溜溜的，不知道怎么会这样难过。

孩子对他人拥有的自己不具备或得不到的东西，往往会产生一种由羡慕转化为嫉妒的心理，这是很正常的现象。

要帮助孩子摆脱嫉妒心理，首先要了解孩子嫉妒的起因。

在了解孩子产生嫉妒的起因时，父母要耐心倾听孩子的心理感受。要知道，孩子的嫉妒是直观、真实甚至自然的，它完全不像成年人那样掺杂着许多其他的社会因素，它只是孩子们对自己愿望不能实现而产生的一种本能的心理反应。因此，当孩子显露出其嫉妒心时，作为家长，千万不要严加批评指责，更不要冷嘲热讽。

娟娟喜欢嫉妒人，看到别人的成绩比自己好，心里就会很难过，经常和妈妈说这个人不如我，那个人比不上我。娟娟的妈妈看在眼里急在心上，毕竟这样的心态是最不利于孩子成长的。

有一次，艺术馆举办了一场书法展览，妈妈决定带着女儿去看一看。

当母女两人走到一幅草书的前面，妈妈开始借题发挥，给女儿娓娓道来：

"这个书法家叫林散之，他的书法不仅在中国很有名，日本的书法家也很尊敬他，说他是当代的草圣。有很多日本人来到他的故乡南京，为的就是来到他的故居瞻仰。林散之这个人学问成就很高，人品也很好。他说过这样一句话：有德有才者，他会爱才；有德无才者，他会用才；无德有才者，他会嫉才；无德无才者，他会毁才。说明一个人，不但要有才华，更要有品德。如果嫉妒比自己好的人，就不是一个真正德才兼备的人，也就不会赢得周围人的尊敬。"

娟娟似乎听出了味道，觉得有点不好意思。

妈妈接着说："你们在历史课上，老师给你们讲过孙膑和庞涓的故事，庞涓嫉妒他的同学，最后他的下场是什么？还有战国的时候，秦国的丞相李斯嫉妒他的同学韩非子，就设计陷害了他。李斯容不下比自己优秀的人，也阻碍了自己，给后来的秦始皇提了很多不好的建议，把国家治理得一团糟，最后自己也被人陷害了。"

娟娟若有所悟："看来，嫉妒一点都不好。"

"当然不好了，嫉妒心重的人，就不会遇到比自己优秀的朋友，整天生气，自己生活得一点都不快乐，而且不会有更大的进步了。把自己的心打开，接纳比自己强的同学，为他们的成功喝彩，你同样会分享到他们的愉快，还会交到更好的朋友，那多好啊。"

娟娟听到妈妈的话，心里豁亮了许多。

这位妈妈爱护女儿的面子，没有直接指出女儿的缺点，而是找到一个契机，借题发挥就告诉了女儿正确的道理，既帮助孩子树立了正确的观念，又不伤害她的自尊心，实在是一种值得提倡的做法。

此外，还要在平时生活中，注意培养孩子豁达乐观的性格。告诉孩子每个人都有自己的优势和长处，但同时也都有各自的不足和短处，任何方面都比别人强是不可能也是没有必要的道理。引导孩子们发挥自己的长处，扬长避短，在学习和生活中学会正视、欣赏别人的优势和长处，从而能够向别人学习、借鉴，以弥补自己的不足，用自己的成功来赢得别人的喝彩。

育才方案：如何排除孩子的嫉妒心

嫉妒心理是一种负面的情绪，甚至会引起多种心理问题和疾病，作为家长不可以等闲视之，怎样来正视孩子的嫉妒心理呢？

1. 家长平时要多关心孩子，注意孩子身上的闪光点，及时地进行表扬和鼓励。家长对孩子的表扬要恰当，不能过分夸大。在表扬孩子的同时要指出一点不足，避免孩子会产生"不允许别人超过自己"的心理。家长忌讳故意同着自己的孩子表扬别人家的孩子，这样最容易激起孩子的嫉妒心理。

2. 父母面对孩子的"醋意"，应该将其转化为积极的前进动力。林林看到同伴有很多的小汽车，非常眼红，就对妈妈说："宁宁的汽车一定是偷来的，不然的话，他怎么会有这么多。"母亲听了之后纠正他的想法："要是你不乱买零食的话，省下的钱也可以买许多玩具了。"这样就会打消孩子的嫉妒心，并且还使他不再乱花钱。

3. 可以为孩子创造与同伴相处的机会。可以邀请好朋友到家里来做客，让孩子把自己的点心分给小朋友吃，久而久之会使孩子养成与人分享的习惯。有爱心的孩子不容易对别人心怀敌意，也就不容易嫉妒别人了。

4. 家长应该帮助孩子树立自信心。心理学家认为，缺乏自信的孩子往往更容易产生嫉妒心，家长的赞美和理解是医治自卑和克服嫉妒的良方，孩子会充满安全感和快乐感。

培养孩子宽容的品性

宽容是一种十分珍贵的情感，主要表现为对别人行为的体谅和对过错的原谅。这种感情对孩子个性的健康发展和人际关系尤为重要。缺少宽容之心的人由于不能用心来感受别人的需要，往往在人群当中得不到认同。

有一位老师回忆起自己小时候记忆犹新的一件事。有一次妈妈带他去做计程车，开到半路的时候忽然汽车出了故障，司机下车怎么都修理不好，后半路就行进得很慢，而且汽车一直发出"嘭嘭嘭嘭"的声音，好不容易才开到了目的地。母亲没有丝毫的责怪，不仅付了车费，而且又额外付了钱给司机作为修理汽车的费用。当时母亲的这个举动给这位老师留下了深刻的印象。这位老师回忆说："当时我家里条件比较好，母亲觉得这些穷苦人如果再要花钱修理车子，可能一家人的生活质量就要下降。我家里不需要很多的钱，可以帮助他们减轻一点负担。"母亲宽厚的人品影响了这位老师，使这位老师在后来的教学生涯中懂得爱护学生，受到学生的欢迎。

宽容是人的一种美德，是做人的一种风度和境界。宽容能使人性情和蔼，能使心灵有回旋的余地，能使人消除许多无谓的矛盾，化干戈为玉帛。宽容的人，时时处处都会受到人们的拥戴，因此他们能够处理好各种人际关系，能够很快地适应各种不同的环境，能够融洽地与人合作，充分实现自己的潜能。

一个翻译曾讲过这样一个故事：

在泰国的一个度假村，那时我在那里担任中英文的翻译。有一天，我在大厅里，突然看见一位满脸歉意的工作人员，正在安慰一位大约四岁的西方小女孩，饱受惊吓的小女孩已经哭得筋疲力尽了。

问明原因之后，我才知道，原来那天小孩较多，这位工作人员一时疏忽，在网球课结束后，少算了一位，将这位小女孩留在了网球场。等她发现人数不对时，才赶快跑到网球场，将这位小女孩带回来。

小女孩因为一人在偏远的网球场，饱受惊吓，哭得稀里哗啦的。现在女孩的妈妈出现了，看着自己哭得惨兮兮的小孩。

如果你是这位妈妈，你会怎么做？是痛骂那位工作人员一顿，还是直接向主管抗议，或是很生气地将小女孩带离开，再也不参加"儿童俱乐部"了？

都不是！我亲眼看见这位妈妈，蹲下来安慰四岁的小女孩，并理性地告诉她："已经没事了。那位姐姐因为找不到你而非常地紧张难过。她不是故意的，现在你必须亲亲那位姐姐的脸颊，安慰她一下！"

当时只见那位四岁的小女孩踮起脚尖，亲亲蹲在她身旁的工作人员的脸颊，并且轻轻地告诉她："不要害怕，已经没事了。"

作为父母，既可以将自己的孩子培养成胸怀广阔的人，同样也可以将孩子培养成心胸狭窄的人。但为了孩子的幸福，同样也是为了孩子的学习，为了孩子将来能有所作为，我们应当教他学会宽容。宽容是交往和沟通的润滑剂，它会让孩子在宽松的人际环境中成长，在人生的路上走得更踏实！

在生活中父母要经常对孩子进行宽容教育，宽容不是软弱畏缩，而是一种默默的克制，是一种无声的等待，是优秀人格的表现。同时要求孩子对别人宽容，自己也要以身作则，对孩子所犯的错误也要适当地给予宽容，对待别人也要宽容，这样会给孩子做出最好的榜样。也可以给孩子准备宽容教育方面的书籍，让书籍熏陶孩子的品性。

育才方案：培养孩子的宽容心

现在的孩子大多数都是独生子女，是家里的掌上明珠，三千宠爱还都不够，如果孩子在幼儿园或者学校里受了委屈，家长都心疼得不得了。于是就有家长真的会这样告诉自己的孩子："别人要是对不起你，你就不要对得起他。别人打你，你就打他。"这样的教法会对孩子将来的人际关系有很深刻的影响。如果只是教孩子张着眼睛向外看，就不会懂得反思自己，那就永远找不到出现问题的关键。

告诉孩子"严于律己，宽以待人"，告诉孩子"有则改之，无则加勉"，告诉孩子"己所不欲，勿施于人"这些正确的做人做事态度，才会让孩子把握住正确的方向。

为了孩子将来的幸福，同样为了孩子将来能有所作为，我们要让孩子有一个宽阔的胸怀，不要锱铢必较。作为成人我们应该从以下几个方面入手培养孩子的宽容精神。

1. 父母要为孩子树立榜样

父母是孩子的第一任老师。孩子最初都是从父母那里学习待人接物的。如果父母与人的态度是宽容、大度，与邻里、同事之间融洽相处，孩子就会学着父母的样子处理与同学之间的关系。

2. 让孩子试着"心理换位"

所谓的"心理换位"，就是指在双方产生矛盾的时候，要能够站在对方的角度，设身处地体谅对方的心情。如果体谅到对方的难处，就会减少很多不必要的矛盾。当孩子与别人发生冲突的时候，就要引导孩子做这种"心理换位"。

3. 教孩子理解他人的缺点

有缺点和不足是人性的必然，所以没有必要求全责备。教育孩子多原谅别人一次，多给人一次宽容和理解，同时也就为自己多找了一份好心境，也会使自己觉得在个性完善的道路上又向前迈了一步。

当然，教孩子多宽容别人并不是混淆孩子的判断力，宽容并不是对人妥协。

对于那些行为不好的同学，告诉孩子对他们敬而远之就可以了，重要的是把他们当成一面镜子，看看自己是不是也有这样的缺点才最重要。

4. 让孩子多和同伴交往

在孩子与同伴交往的过程中，父母要特别注意引导孩子，让孩子不嫉妒比自己强的同学，不嘲弄比自己差的同学，不故意为难自己的竞争对手。而是向好同学学习，帮助不如自己的同学，与竞争的对手合作。通过这样的交往，孩子能体会到宽容的意义，分享别人的成功，获得成长的乐趣，也赢得了友谊。

5. 鼓励孩子乐于接受新事物

父母要引导孩子见识多种新生事物，让孩子喜欢并乐于接受新生事物，使眼界更加宽广，就不会在小圈子里兜来兜去的。孩子一旦学会了接纳新事物，对世间的万事万物也就都具备了宽容之心。

米是从哪里来的？培养孩子的感恩心

一个小女孩和妈妈吵架了，很伤心地哭着跑出了家，决定再也不回家了。

小女孩在街上漫无目的地闲逛，不知不觉已经到了晚上，她感觉到饿了。

这时小女孩来到一家面馆前，闻到从里面飘来的香气，很想进去吃一碗面，可是她没有带钱，只好在外面呆呆地站着。

面馆里的老板娘看到了她，于是招呼她进来："小姑娘，进来吧。没有带钱没关系，今天我来请你吃，不用付钱。"

老板娘亲自下厨为小女孩做好了一碗面，端到她的面前。

"孩子，这么晚了，你怎么一个人跑出来，你不认得家了是吗？"

小女孩听到老板娘这样问她，眼泪禁不住流了下来，说到："你对我这么好，还亲自煮面给我吃，我和妈妈吵架了，从家里跑了出来。"

老板娘听了之后，笑着问小女孩："奇怪，我只不过给你煮了一碗面，你就感激成这样。你从小到大妈妈给你煮过多少碗面，你怎么都忘记了呢？"

现实生活中有很多这样的孩子，就像故事里的小女孩一样，在养尊处优的环境中长大，认为父母的付出是理所当然，根本意识不到这是父母的恩情，更不要说有感恩心了。家庭是一个互助的团体，社会也是一样的，如果孩子没有一颗感恩的心，就看不到别人的付出，不仅视父母对他们的关爱为理所当然，而且对他人给予的帮助也满不在乎。

明明一家人聚在一起吃晚饭。

"明明，你知道米是从哪里来的吗?"爸爸问道。

"是从厨房里来的。"

"那厨房里的米又是从哪里来的呢?"

"是从超市里买来的。"

"那超市里的米又是从哪里来的呢?"

"从加工厂里来的。"

"加工厂怎样才能得到米呢?"

"农民种出来的。"

"是的，"爸爸继续说到，"农民伯伯首先要把粮食种出来，然后再由加工厂里的叔叔把这些米脱皮加工，然后再送到市场，爸爸妈妈再从市场把这些米买来，做熟了，才是你现在吃的米饭。"

"啊?"明明很惊讶，"原来这小小的一碗米饭，包含了那么多人的劳动。"

明明的爸爸抓住了教育的时机，告诉了孩子即便是很微不足道的东西也是要经过多少人的努力才能换来的。明明不仅会感激爸爸妈妈做饭给他吃，还会感激所有参与劳动的叔叔阿姨。将这一颗感恩的心扩大，明明学会了感恩身边所有的人。

明明一家人照样聚在一起吃晚饭。

爸爸拿起了筷子，见明明并没有吃饭，而是在嘴里念念有词，明明对爸爸说:"我要感谢爸爸妈妈把我养大，我要感谢学校里的老师教我增长本领，我要感谢学校里的小伙伴陪我一同成长，我要感谢那些所有为社会付出的人。"

明明接着说:"我还要感谢桌椅板凳，虽然它们是东西，但是我每天都离不开它们，一样要感谢它们。"

听到明明的感恩词，爸爸很吃惊，同时也为孩子能如此懂事而感到高兴。爸爸饶有兴味地听他说了一堆，这一顿饭吃得格外的香。

不懂得感恩的孩子为数不少，有很多孩子对于父母辛苦把他养大从来不怀有半点感激，反而埋怨父母为什么不是高官，不是巨贾，为什么无法给他带来权利和财富！在西方国家，曾听说有个孩子曾因为父母长相不好而起诉父母，这也算是把恩将仇报演绎到了登峰造极的地步了。

缺乏感恩意识的孩子，无论他的能力多么出色，都难以成为真正意义上的强者，因为社会难以接受和认可不知道感恩的人。父母要想把自己的孩子造就成为一个人才，必须培养他们的感恩意识，感恩父母、感恩社会、感恩大自然，感恩每一个人。

育才方案：让孩子学会感恩

感恩之心的培育，从孩子小的时候就应该着手。每晚睡觉之前，你不妨花一点时间和孩子一起想一想，今天有什么让孩子感激的事，比如父亲的一句叮咛、母亲的一顿早餐、邻居的一个致意、同学的善意帮助、老师讲课时一个忙碌的身影，这些都是生命中爱的体现，都值得孩子去珍惜。

丰丰的爸爸，从丰丰上幼儿园开始，就让孩子学记日记，专门记生活中那些点滴的美好的事情。

例如，丰丰的日记中总会出现类似这样的记录："我的爸爸有一双勤劳的手，他每天都起早带晚地辛苦工作着。"

"今天，妈妈为我织漂亮的新毛衣，她的手都累酸了，妈妈多疼我啊。"

"今天，爸爸妈妈带我去奶奶家，奶奶给我做了好多好吃的东西，并夸我很懂事。"

这些简单的话语无不体现出孩子对家人的感激之情。

现在丰丰已经上初三了，在学校是个品学兼优的好学生，在家里很体贴父母，总是抢着帮父母做家务。在好多孩子都很自私的今天，丰丰遇事时能为别人着想，凡认识他的人无不夸他是个懂事的孩子。

丰丰父亲的家庭教育无疑是成功的。孩子已经从最初感激父母开始，学会了感激老师、感激同学、感激生活。回想那些误入歧途的孩子，除了因种种客观因素，很大程度是因为这些孩子不知道感恩，不知道去努力发现生活中点滴的美好事物，以致在黑暗中越陷越深。

让我们一同学习几个能培养孩子感恩之心的方法。

1. 培养孩子的孝心

必须让孩子从小就知道，孝心就是一种感恩的心，没有孝心的孩子不是好孩子。还要让孩子们知道父母的养育之恩，让他们知道怎样做才算是有孝心。真正有孝心的孩子，懂礼貌，责己严，为父母分忧解难。为了教会孩子明理，做父母的可以多给孩子讲些古今故事，让孩子通过形象去理解。

孝敬父母是在各种美德中占第一位的。感恩应该从自己的亲人做起，"老吾老以及人之老"，让孝敬父母的美德渐渐扩充至社会大众，乃至一切无穷无尽的众生。如果反过来，完全不念父母的养育之恩，不过问父母的生活，不关心他们的健康，则又矫枉过正，走向另一个极端化和绝对化。

2. 做人不能忘恩

你可以给孩子讲讲这样一个故事：从前有一只小鹿，它为了逃避猎人的追赶，躲进了附近一个葡萄园。当猎人刚刚从它旁边走过，它就开始大吃起葡萄叶子来。猎人发现葡萄园的叶子在微微颤动，他们猜想："这叶子下面会不会有只野兽呢？"于是猎人就开了一枪，结果可想而知，鹿被打中了。鹿在临死的时候说："我活该倒霉！因为我吃掉的，恰恰是那些救过我命的葡萄叶子。"然后告诉孩子做人不能忘恩负义的道理。另外，可鼓励孩子学会说出自己最感谢的人和事，家长在一旁表示欣赏和赞扬。

3. 让孩子体会爱

圣雄甘地说："被爱心箭射过的人，才能领会爱的力量是多么伟大的。父亲对我所采用的方式，正是用爱的箭射入我的心坎，使我体会到爱的力量是多么伟大。我下决心一定要堂堂正正地做人，光明磊落地活下去。"教孩子体味爱的过程也是教孩子学会感恩的过程。当你喂孩子菜食时，不妨说："好香，给妈妈尝尝好吗？"通常孩子会举起小勺递过来，你会对他表示赞许。如果孩子冷，你不妨问问他："爸爸是不是也冷？"在给孩子添加衣服时，问问他："爸爸衣服在哪里？""妈妈穿哪件？"这么做既可以教他日常知识，又启发了他的爱心。

让孩子获得双倍快乐的秘诀——和别人分享

有一个虔诚的基督信徒，有一天他对神父说："我很想见识一下天堂和地狱。"神父说："好吧，我答应你的要求，先带你到地狱看一看吧。"

神父把他带到了一间屋子里，屋里只有一张长桌子，桌子上摆满了各式的佳肴，桌子两侧坐满了人，每个人的面前有一双一米长的筷子。这时听到有人讲"开动"，所有的人都开始拼命地夹菜往自己嘴里送，由于筷子太长，人又太多，所以这些筷子夹住的食物就都被别人碰掉了，所有的人都吃不到菜，抱怨声、吵嚷声、谩骂声不绝于耳。

基督徒不想再看下去了："地狱的境况真是太惨了，你带我到天堂去吧。"

神父把他带到了另一间屋子，奇怪的是，这间屋子里的设施与刚才的一模一样，也是一张长桌子，桌子两侧坐满了人，每人面前一双一米长的筷子。这时听到有人讲"开动"，所有的人都夹起菜来往对面那个人的嘴里送，大家都吃到了菜，很开心。

神父告诉这个基督徒："天堂和地狱原本没有区别，只在人的一念之间。只有懂得和人分享的人，走到哪里，哪里就成为了天堂。"

家长应让孩子体会到分享的快乐，使孩子明白分享并不等于失掉自己拥有的东西。当孩子乐于与他人分享的时候，她的快乐就变成了双倍的快乐，她的忧伤也只剩下一半。

生活需要分享，快乐和痛苦也需要有人来分享。

"乐于分享"重在强调一个"乐"字：以"分享"为乐，为能够与他人分享和分享他人而感到由衷的欢乐。只有真正宽容、大方、热心的人，才会乐于与他人分享；也只有真正自信、善良、胸怀宽广的人才会乐于分享他人。

明朝时候，有一位大臣叫郑廉，他的家族共有一千余人，但是整个家庭都非常和乐，从没有一个家庭成员要提出过分家。郑廉治家的事迹得到了朝廷的表彰，明太祖亲自写了"天下第一家"的牌匾赐给他，同时还赐给他两颗水梨，暗地里叫随从的官吏观察郑廉怎样来处理这两颗水梨。官吏来到郑廉家的时候，全家所有的成员都在庭院等候，感谢皇帝的赞誉。随后，一名官吏把皇帝赐的两颗水梨交给郑廉。

只见郑廉吩咐家仆抬了两个装满水的大缸来到庭院，他将两颗水梨打碎，分别放入两个水缸当中。然后郑廉对大家说："这是皇上赐的水梨，我们每个人都从缸里舀一碗喝，每个人都有份。"全家族的一千余人都得到了皇帝的赏赐，非常的开心。明太祖知道了郑廉的所作所为之后，非常感慨：从这两颗水梨可以看出，郑廉能让家族的成员利益均沾，这是他治家的秘诀。

正是因为郑廉懂得分享，懂得让家族中的每一个人都能得到一样多的快乐。所以，每个成员都生活得非常开心。

家长是孩子最好的榜样。在日常生活中，家长关心别人、帮助别人，自然会给孩子潜移默化的影响。父母要做与人分享的模范，经常主动地关心和帮助别人。做了好吃的点心分给邻居尝尝，毫不吝惜地借给别人需用的物品等，这些小事都会为培养孩子的分享意识起表率作用。这些行为都无声地鼓励着孩子与人分享，这样的孩子也会有人愿意与他们分享。

育才方案：进行分享教育

小孩子有时会认为凡是他能得到的东西就都是属于他的。但是作为家长，必须教会孩子怎样去做。小孩子毕竟还是喜欢讨大人的欢心，如果教给他们分享，在他们五六岁时，就可以和同伴在一起好好地玩。

1. 教孩子学习与人合作

家长应该引导孩子，让他看到一起分担工作和分担任务的好处，或者让孩子了解到，他们可以得到一份好吃的，但必须是两个人分享。

茜茜家有个漂亮的芭比娃娃，萌萌来茜茜家做客，很想玩那个娃娃，这让茜茜有点为难了。这时妈妈过来告诉茜茜："你看，这个娃娃衣服已经脏了，我们一起来给娃娃换衣服好不好。茜茜，你负责给娃娃找新衣服。萌萌，你负责给娃娃换发型。我们一起来，好不好。"在妈妈的指挥下，两个小家伙都玩得很开心，而且茜茜也懂得了两个人一起玩要比一个人玩有意思得多。

2. 引导孩子与人分享

很多孩子喜欢玩别人家的玩具，但不乐意拿出自己的玩具给别人玩。这时家长就应该有意识地让孩子与别人分享一些东西，这时孩子会体会到东西虽然被别人拿走，但还是属于他的，这样就会对别人拿走了玩具这件事没有那么抵触了。

小强的爸爸给他买了好多玩具，而小强从来不喜欢拿给别人玩。小强的妈妈很想扳扳儿子的坏毛病。有一天，邻居朋朋来找小强玩。小强的妈妈就趁这个机会对小强说："你自己去从橱子里找几样玩具，然后你俩一起玩好不好？"小强很不情愿地拿出几件他不是很喜欢的玩具。妈妈对孩子的这一小小的"进步"给予肯定："小强是最听话的孩子了，对吧。"小强听到了夸奖，下次再拿玩具的时候就比这次大方多了。

3. 教孩子顺利得到别人的分享

如果孩子喜欢别人手中的玩具，要鼓励孩子很大方很礼貌地征求对方的意见，而不是自己自作主张就拿走了，更不能是从别人手中生硬地抢过来。这是家长需要注意的地方。

云云很喜欢姐姐的图画书，于是趁姐姐不在的时候悄悄地拿了过来。当姐姐突然发现自己的图画书被云云拿走了，非常生气，就这样两个孩子闹了矛盾。好在云云的妈妈很讲原则，并不因为云云小就让着他。妈妈对云云讲："你想看姐姐的图画书是吗？那你就问姐姐要吧。如果姐姐答应给你看，你就可以看了。"这样做的目的，就是让孩子明白了想要分享他人的东西，必须通过正确的途径来达成自己的愿望。

对待小人物要比对待大人物更加尊敬

印度著名咨询公司 Mind Tree 的首席运营官曾发表演说讲述他父亲的一件轶事：

政府配给父亲一辆吉普车，单位没有车库，车子就停在我家。父亲要我们都很尊重吉普车司机，就像尊重父亲单位里其他人一样。作为小孩子，我们不能直接叫他的名字。不管是在公众场合或是私下里，提到他的时候，我们必须在他的名字后面加上"叔叔"二字。我成年后拥有了自己的车和司机，我也这样教育两个女儿。她们必须叫我的司机"拉珠叔叔"。这点不同于她们的同伴，他们通常管家庭司机叫"司机"。我铭记儿时的教育——对待那些小人物，要比对待大人物更加尊敬。同样，尊重你的下属比尊重你的上级更为重要。

《周易》中讲到："天道亏盈而益谦，地道变盈而流谦，鬼神害盈而福谦，人道恶盈而好谦。"无论是天地鬼神，都更嘉奖谦虚的态度。平等地对待别人，不仅是一种美德，是自己良好修养的外在体现，更是让自己有了正确的做人处世态度，把自己放在很低的位置，然后才肯冷静地看待自己的不足，吸取别人的长处。所以人们常说："稻穗越饱满，就越会把头垂得低。"成功的人总是有这样的一种美德，就是很平等地对待比自己地位更低的人。在中国古代也有很多这样的故事。

《论语》中记载："厩焚。子退朝，曰：'伤人乎?'不问马。"孔子听说马厩失火了，首先想到的并不是自己的马，而是考虑到是否有童仆受伤。

东汉时期，有一个朝廷的官员叫刘宽。一天早上刘宽正要上朝之时，迎面走过的侍女不小心把端在手里的汤打翻了，溅到了刘宽身上。刘宽并没有责骂侍女的疏忽，而是很关切地问道："你的手是否有烫伤？"

而现在有很多孩子由于家庭的生活条件比较好就滋生了一种优越感，对待社会地位比较低或是其他方面不如自己的人会或多或少产生歧视。这种歧视心理的危害在于，凭着自己的错觉将人物划分了三六九等，很难培养一个孩子的恭敬心，不懂得恭敬他人的孩子显现出的傲慢，会让旁人不愿意帮助他，曾经有一位老师说："懂得尊重他人的孩子才会遇到贵人的帮助。"作为父母，应该及早发现孩子这种随便看不起人的行为，并给予纠正。

成成在家庭生活中表现得不懂平等待人，平时见到那些有钱有势的阿姨就很亲切，小嘴特别的甜。而对于从乡下来的穷亲戚，就没有这么热心了，对他们都是爱理不理的。

当父母发现孩子出现这样的问题了，一定要首先反思自己，是否有差异对待过别人。因为孩子不懂事的地方，很可能就折射出父母教育的问题。如果平时自己就是势利眼的话，那孩子自然会受到父母这种坏风气的影响。平等是文明的秩序，给孩子树立了平等待人的意识，将是他成功获得未来的通行证。

育才方案：让孩子懂得尊重别人

尊重别人并不是天生的，而是良好教育的结果。做父母的只要用心培养，孩子一定会懂得尊重别人。

要想做到这一点，首先父母应该懂得尊重孩子。英国著名的教育家斯宾塞说过："野蛮产生野蛮，仁爱产生仁爱。"父母以尊重的态度来对待孩子，孩子才会懂得尊重。对孩子的尊重应该在日常生活中体现出来。比如当孩子帮你做了家事的时候，要对孩子说谢谢。有些事情，我们可以用商量的口吻来和孩子说，比如"你是想吃巧克力口味呢还是草莓口味的？"像这种无关紧要的事情完全可以让孩子自己做决定。

此外，父母在家庭中也要互相尊重，父母之间的尊重，会在潜移默化中给孩子良好的影响。父母之间也应该经常说"谢谢"、"你请"、"不客气"之类的敬语。

有些父母会经常当着孩子的面互相揭对方的短，甚至是互相谩骂，父母的这些不尊重别人的行为都会给孩子带来不良的影响。当孩子有不尊重别人的行为时，可能他并不是不尊重别人而是他还不理解这样做是不尊重别人，孩子还没有意识到自己这样做会伤害别人。

如果发现孩子出现不尊重别人的行为时，父母一定要给予足够的重视。要问清楚孩子的动机，为什么要这样做，问问孩子如果别人这样对待自己，自己会有什么样的感受，然后有针对性地指出这样做的坏处。告诉孩子有教养的孩子应该同情别人，帮助别人。尊重别人的人才会受到尊重，尊重别人就是尊重自己。